1+X 药物制剂生产职业技能等级证书配套教材

药物制剂生产实训
（高级）

主编　江尚飞　王丽娟　何静

中国教育出版传媒集团
高等教育出版社·北京

内容简介

本书根据 1+X 药物制剂生产职业技能等级证书（高级）实操考核需掌握的知识和技能，以碳酸氢钠片和氯化钠注射液生产流程为主线，主要介绍制备工艺、岗位操作、质量检查等内容，同时涵盖文件管理、卫生管理和物料与产品生产过程管理等生产管理通用知识。

本书配套有一体化的数字资源，包括知识导图、PPT、视频、动画、知识拓展、实例分析和在线测试等，学习者可通过扫描二维码在线观看学习，也可登录智慧职教平台，在“1+X 药物制剂生产实训（高级）”课程页面学习。教师可通过职教云平台一键导入该数字课程，开展线上线下混合式教学（详见“智慧职教”服务指南）。

本书可供职业院校学生及社会从业人员报考药物制剂生产职业技能等级证书（高级）学习使用，也可作为职业院校药品类、药学类相关专业教材，还可供药品生产企业在职员工及社会学习者参考。

图书在版编目（CIP）数据

药物制剂生产实训. 高级 / 江尚飞，王丽娟，何静主编. -- 北京 : 高等教育出版社，2024.9

ISBN 978-7-04-061652-1

Ⅰ. ①药… Ⅱ. ①江… ②王… ③何… Ⅲ. ①药物-制剂-生产工艺 Ⅳ. ①TQ460.6

中国国家版本馆CIP数据核字(2024)第029852号

YAOWU ZHIJI SHENGCHAN SHIXUN (GAOJI)

策划编辑 吴 静　　责任编辑 吴 静　　封面设计 张志奇　　版式设计 李彩丽
责任绘图 裴一丹　　责任校对 刁丽丽　　责任印制 存 怡

出版发行	高等教育出版社	网　　址	http://www.hep.edu.cn
社　　址	北京市西城区德外大街 4 号		http://www.hep.com.cn
邮政编码	100120	网上订购	http://www.hepmall.com.cn
印　　刷	保定市中画美凯印刷有限公司		http://www.hepmall.com
开　　本	787 mm × 1092 mm　1/16		http://www.hepmall.cn
印　　张	22.75		
字　　数	490千字	版　　次	2024 年 9 月第 1 版
购书热线	010-58581118	印　　次	2024 年 9 月第 1 次印刷
咨询电话	400-810-0598	定　　价	59.00 元

物 料 号　61652-00

《药物制剂生产实训（高级）》编写人员

主　编　江尚飞　王丽娟　何　静

主　审　杨宗发　唐　倩

副主编　刘　阳　谭　韬　姜玉琴　徐　倩

编　委（以姓氏笔画为序）

马　潋（重庆医药高等专科学校）
王丽娟（重庆医药高等专科学校）
韦丽佳（重庆医药高等专科学校）
牛亚慧（重庆医药高等专科学校）
朱汉帅（江苏恒瑞医药股份有限公司）
刘　巧（重庆医药高等专科学校）
刘　阳（重庆医药高等专科学校）
刘艺萍（重庆医药高等专科学校）
江尚飞（重庆医药高等专科学校）
邱妍川（重庆医药高等专科学校）
何　静（重庆医药高等专科学校）
张天竹（重庆医药高等专科学校）
林凤云（重庆医药高等专科学校）
钟文武（重庆医药高等专科学校）
姜玉琴（重庆医药高等专科学校）
徐　倩（重庆医药高等专科学校）
黄之英（重庆药友制药有限公司）
谢　阳（重庆医药高等专科学校）
蔡应婷（重庆医药高等专科学校）
谭　韬（重庆医药高等专科学校）
谭小梅（重庆医药高等专科学校）

“智慧职教”服务指南

“智慧职教”（www.icve.com.cn）是由高等教育出版社建设和运营的职业教育数字教学资源共建共享平台和在线课程教学服务平台，与教材配套课程相关的部分包括资源库平台、职教云平台和 App 等。用户通过平台注册，登录即可使用该平台。

- **资源库平台：为学习者提供本教材配套课程及资源的浏览服务。**

登录“智慧职教”平台，在首页搜索框中搜索“1+X 药物制剂生产实训（高级）”，找到对应作者主持的课程，加入课程参加学习，即可浏览课程资源。

- **职教云平台：帮助任课教师对本教材配套课程进行引用、修改，再发布为个性化课程（SPOC）。**

1. 登录职教云平台，在首页单击“新增课程”按钮，根据提示设置要构建的个性化课程的基本信息。

2. 进入课程编辑页面设置教学班级后，在“教学管理”的“教学设计”中“导入”教材配套课程，可根据教学需要进行修改，再发布为个性化课程。

- **App：帮助任课教师和学生基于新构建的个性化课程开展线上线下混合式、智能化教与学。**

1. 在应用市场搜索“智慧职教 icve”App，下载安装。

2. 登录 App，任课教师指导学生加入个性化课程，并利用 App 提供的各类功能，开展课前、课中、课后的教学互动，构建智慧课堂。

“智慧职教”使用帮助及常见问题解答请访问 help.icve.com.cn。

总序

药物制剂生产职业技能等级证书是由江苏恒瑞医药股份有限公司牵头，联合重庆医药高等专科学校、太极集团西南药业股份有限公司、重庆药友制药有限责任公司和重庆华森制药股份有限公司等高水平院校和大型医药企业，贯彻落实《国家职业教育改革实施方案》《职业技能等级标准开发指南（试行）》要求，在全面调研医药行业发展与全国各区域药品生产企业生产核心岗位现状基础上，组织全国知名行业企业专家、职业院校专业教授共同开发制定的。该证书于 2021 年 4 月正式公布，填补了制药领域 1+X 证书的空白。为进一步推进各试点院校积极开展“书证融通”课程体系建设，提高证书的获取率和通过率，江苏恒瑞医药股份有限公司联合国内 40 家职业院校、医药企业、行业学会、信息平台的优质教学资源和培训资源，设计并组织了证书配套教材的编写工作。

配套教材的开发以《药品生产质量管理规范》（GMP）为依据，以药物制剂生产职业技能等级证书规定的职业技能要求为基础，参考江苏恒瑞医药股份有限公司等先进制药企业标准，紧密结合企业用人实际，融合全流程智能化药品生产线中的新技术、新工艺、新规范，从“人、机、料、法、环”全过程规范化培养学生的药物制剂生产职业技能，对接口服固体制剂、口服液体制剂和无菌制剂生产等核心工作领域中的典型工作岗位，力求知识储备、技能训练、综合素质与行业发展、企业能力需求“零距离”对接。

配套教材的编写采用“互联网 + 教育”理念，除传统纸质教材外，还包含丰富的知识导图、PPT、视频、动画、知识拓展、实例分析、在线测试等素材，基于物联网、5G 等技术，对接智慧职教等资源平台，打造纸质教材、在线课程和日常教学三位一体的新形态一体化教材体系，构建“以学生为中心”的双线环绕式学习空间，推进多元交互智慧教学。

配套教材基于真实工作场景编写，适配岗位需求，具有企业参与度深、内容贴近岗位职业能力、编写队伍强大、“三教”改革基础深厚、示范效应显著、配套资源丰富、纸质教材与在线资源一体化设计等鲜明特点，学生可在课堂内外、线上线下享受不受时空限制的个性化学习环境。希望本套教材的出版能够推动“书证融通”改革进程，促进教师教学和学生学习方式变革，更好地发挥学校、企业优质资源的辐射作用，服务于药学类人才培养质量与水平的不断提升。

江苏恒瑞医药股份有限公司

2023 年 1 月

前言

根据《国家职业教育改革实施方案》，为全面落实《关于在院校实施“学历证书 + 若干职业技能等级证书”制度试点方案》精神，有效、快速、平稳推进药物制剂生产职业技能等级证书的教学、培训和考核工作，江苏恒瑞医药股份有限公司联合证书考核总站点重庆医药高等专科学校、全国多所职业院校和医药生产企业，共同编写了 1+X 药物制剂生产职业技能等级证书配套教材，本教材为其中之一。教材编写以党的二十大精神为指引，根据药物制剂生产职业技能等级标准，落实配套教材编写要求，目的是使广大职业院校教师和学生、企业员工、社会学习者更好地掌握药物制剂生产职业技能等级考试实操部分的考核内容。

本教材以药物制剂生产职业技能等级证书（高级）实操考核所需要的知识和技能为依据，以碳酸氢钠片和氯化钠注射液生产流程为主线，主要介绍制备工艺、岗位操作、质量检查等内容，并融入安全生产、规范管理等内容，落实立德树人根本任务。同时，依托国家职业教育药学专业教学资源库平台，建立在线数字课程，可实现线上线下同步学习，推进教育数字化。

本教材的编写人员及分工如下：刘艺萍、黄之英，项目 1；张天竹、谭小梅，任务 2.1、任务 5.1、任务 8.1；韦丽佳、何静，任务 2.2、任务 2.3；邱妍川，任务 3.1、任务 3.2、项目 4、任务 5.8；牛亚慧，任务 3.3；马潋，任务 5.2、任务 5.3；林凤云、朱汉帅，任务 5.4；江尚飞，任务 5.5；蔡应婷、姜玉琴，任务 5.6；刘巧、徐倩，任务 5.7；王丽娟，项目 6；刘阳，项目 7、任务 8.4；谢阳，任务 8.2、任务 8.5；钟文武、谭韬，任务 8.3、项目 9。

编写过程中编者参阅了国内外相关教材和资料，吸纳了国内中高职院校近年来的教学改革经验及行业龙头企业的相关技术标准和创新成果，得到了职业院校教授学者、大国工匠、行业专家及高等教育出版社的大力支持和帮助，在此谨向这些单位及个人表示衷心感谢，也向本书所引用文献的作者表示诚挚的谢意。

因编者水平有限，疏漏不足之处在所难免，恳请读者批评指正，以利修订再版时改正和提高。

编者

2024 年 6 月

目录

模块 1　生产管理通用知识

模块 2　碳酸氢钠片的生产

模块 3　氯化钠注射液的生产

模块1　生产管理通用知识

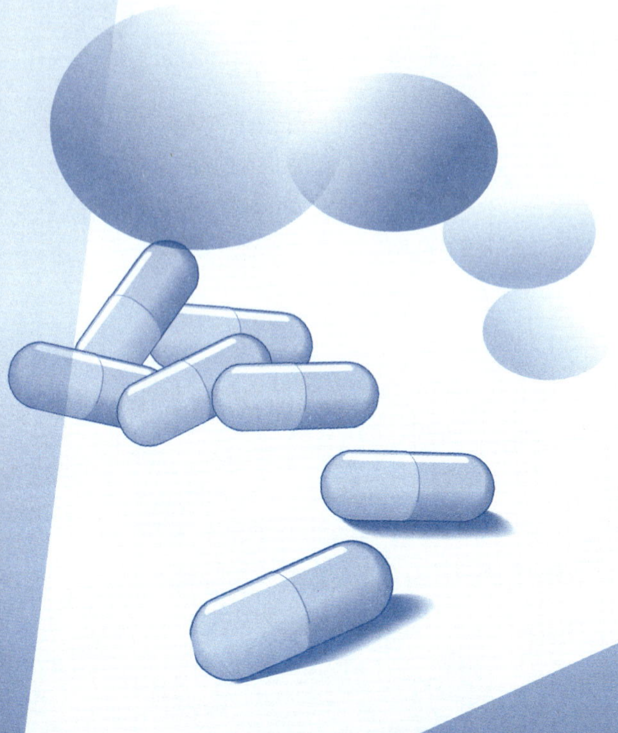

项目 1 文件管理

项目描述

文件是质量保证体系的基本要素。药品生产过程应符合《药品生产质量管理规范》(GMP)等相关的法定要求,应当规范所有的生产、管理操作及程序,因此需要制定相应的文件对其进行指导。当我们按照文件要求进行生产、管理活动时,还需留下各种记录,用于产品质量及生产过程的追溯。整个生产过程会应用并产生大量的文件,只有对这些文件进行科学、系统的管理,才能高效地管理整个生产过程,确保产品的质量。

本项目以药品生产质量管理过程中的各种文件为对象,介绍文件的类型及生命周期、文件管理的原则,重点介绍质量标准、工艺规程、批生产记录、批包装记录等主要生产文件的管理,使学员掌握主要生产文件的阅读、填写、修订等文件管理技能。

学习目标

- 知识目标

1. 掌握文件的分类及生命周期。
2. 掌握主要生产文件的编制程序。
3. 掌握批生产记录、批包装记录的正确填写。
4. 熟悉文件编制的基本原则与要求。
5. 了解文件管理制度。

- 能力目标

1. 能正确阅读药品生产管理过程中的各种规程。
2. 能正确填写药品生产管理过程中涉及的各种记录。
3. 能根据文件管理要求快速调阅文件。
4. 能按照文件修订程序对文件进行修订。

- 素养目标

1. 在文件编制、填写使用中养成精益求精、求真务实的工作作风。
2. 在文件内容的合规性上树立严守法律法规的意识。
3. 树立集体意识,培养团队合作精神。

知识导图

请扫描二维码了解本项目主要内容。

知识导图:
文件管理

任务 1.1　文件类型与周期认知

知识准备

PPT:
文件类型与
周期认知

一、文件类型

文件是信息及其承载媒体。在药品生产质量管理中，文件是指一切涉及药品生产、管理的书面标准和实施过程的记录。药品生产企业的文件基本可以分为两大类：标准类和记录类（图 1–1）。

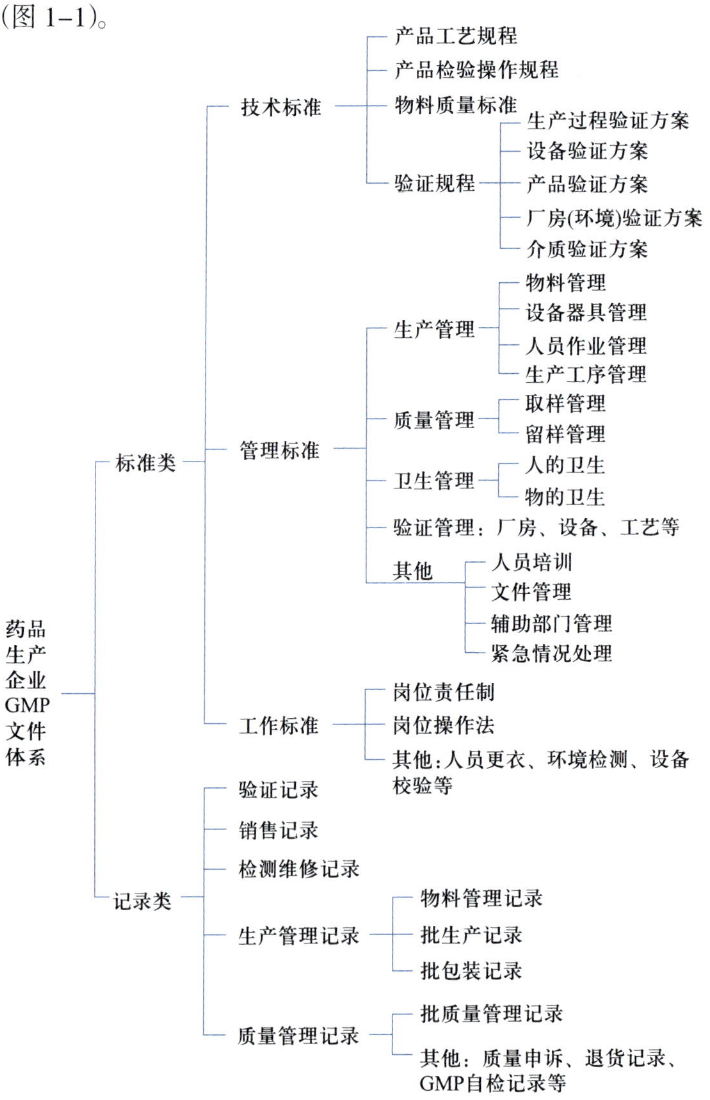

图 1–1　药品生产企业 GMP 文件体系

1. 标准类文件

根据标准内容不同主要分为技术标准、管理标准和工作标准 3 个方面。

(1) 技术标准：技术标准是由国家或地方有关部门、行业及企业颁布和制定的技术性规范、准则、规定、办法、标准和程序等书面要求。如产品工艺规程、物料质量标准、生产过程验证方案等。

(2) 管理标准：管理标准是对企业中重复出现的管理业务工作所规定的各种标准的程序、职责、方法和制度等。如安全生产管理制度、新员工培训上岗规定、上岗证发放管理办法、压力容器的管理制度等。

(3) 工作标准：工作标准是指以工作为对象，对其涉及人员、工作范围、职责权限及工作内容考核所提出的规定、标准、程序等书面要求。工作标准包括各种岗位责任制、岗位操作法、标准操作规程（SOP）等，如配料岗位操作法、剩余包装材料处理程序。

2. 记录类文件

这类文件主要用于反映实际生产过程中标准的实施情况及结果，或为产品质量追溯提供证据。根据内容及作用不同，可分为以下 3 种。

(1) 各种记录：包括验证记录、销售记录、检测维修记录、生产管理记录、质量管理记录等。如压片操作记录、胶囊工序清场记录、颗粒剂包装质量检查记录等。

(2) 凭证：包括表示物料、物件、设备和操作室状态的单、证、卡、牌及各类证明文件等。如不合格品处理回单、岗位清场合格证、成品库卡、设备状态标识牌、中间产品流转证、中间产品不合格证等。

(3) 报告：主要是对某些生产管理数据进行汇总、分析，给出结论、建议等，包括各种质量报告、工作总结报告、统计报表等。如成品检验报告、原辅料批评价报告书、产品质量统计月报表等。

二、文件的生命周期

生产管理各种文件的形成是伴随各项生产管理活动进行的，通常由企业各职能部门的工作人员根据岗位工作需要，遵循相应的程序、原则与方法，逐步形成。因此，文件也有生命周期，其常见的生命周期如图 1-2 所示。

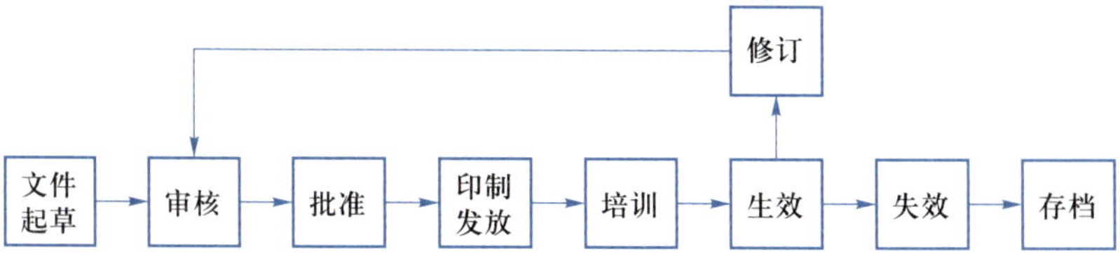

图 1-2　文件的生命周期

任务实施

标准类文件管理实例分析

阿司匹林质量标准与检验规程

技术标准：原料质量标准	起草人：张三　　起草日期：2021 年 10 月 1 日
起草部门：质量控制室	审核人：王五　　审核日期：2021 年 10 月 10 日
颁发部门：质量管理部	批准人：李四　　批准日期：2021 年 10 月 20 日
文件编码：	生效日期：2021 年 10 月 22 日　　总页数：
文件标题：阿司匹林质量标准与检验规程	
分发部门：	

1. 目的

建立阿司匹林质量标准与检验规程，保证阿司匹林质量。

2. 适用范围

本规程适用于阿司匹林入库检验，也适用于留样观察检验。

3. 职责

质量控制人员、质量保证人员执行本规程，质量管理部负责人负责监督本规程的实施。

4. 内容

(1) 技术标准

1) 本标准引用《中华人民共和国药典》(以下简称《中国药典》)(2020 年版)二部。

2) 质量指标：见表 1-1。

表 1-1　阿司匹林质量指标

项目		标准
性状	一般性状	本品为白色结晶或结晶性粉末；无臭或微带醋酸臭；遇湿气即缓缓水解
	溶解度	本品在乙醇中易溶，在三氯甲烷或乙醚中溶解，在水或无水乙醚中微溶；在氢氧化钠溶液或碳酸钠溶液中溶解，但同时分解
鉴别	显色反应	应呈紫堇色
	光谱	本品的红外光吸收图谱应与对照图谱一致
检查	溶液澄清度	应澄清
	游离水杨酸	不得过 0.1%
	易炭化物	不得更深
	有关物质	除水杨酸峰外，其他各杂质峰面积的和不得大于对照溶液主峰面积(0.5%)
	干燥失重	不得过 0.5%
	炽灼残渣	不得过 0.1%
	重金属	含重金属不得过百万分之十
含量测定	按干燥品计算，含阿司匹林($C_9H_8O_4$)不得少于 99.5%	

(2) 准备工作：仪器试剂的准备。

1) 玻璃仪器：移液管、锥形瓶、碱式滴定管、量瓶。

2) 氢氧化钠滴定液(0.1 mol/L)。

3) 乙醇(分析纯)、水杨酸对照品。

4) 酚酞指示液、三氯化铁试液、碳酸钠试液、稀硫酸、1% 冰醋酸的甲醇溶液、比色用氯化钴液、比色用重铬酸钾液、比色用硫酸铜液、乙腈－四氢呋喃－冰醋酸－水(20∶5∶5∶70)、乙腈、醋酸盐缓冲液(pH 3.5)、中性乙醇。

(3) 操作

1) 性状：本品为白色结晶或结晶性粉末；无臭或微带醋酸臭；遇湿气即缓缓水解。

溶解度：本品在乙醇中易溶，在三氯甲烷或乙醚中溶解，在水或无水乙醚中微溶；在氢氧化钠溶液或碳酸钠溶液中溶解，但同时分解。

2) 鉴别

① 取本品约 0.1 g，加水 10 ml，煮沸、放冷，加三氯化铁试液 1 滴，即显紫堇色。

② 取本品约 0.5 g，加碳酸钠试液 10 ml。煮沸 2 min 后，放冷，加过量的稀硫酸，即析出白色沉淀，并产生醋酸的臭气。

③ 本品的红外光吸收图谱应与对照图谱一致。

3) 检查

① 溶液的澄清度：取本品 0.50 g，加温热至约 45 ℃的碳酸钠试液 10 ml 溶解后，溶液应澄清。

② 游离水杨酸：取本品 0.1 g，精密称定，置 10 ml 量瓶中，加 1% 冰醋酸甲醇溶液适量，振摇使溶解并稀释至刻度，摇匀，作为供试品溶液(临用新制)；取水杨酸对照品约 10 mg，精密称定，置 100 ml 量瓶中，加 1% 冰醋酸甲醇溶液适量使溶解并稀释至刻度，摇匀，精密量取 5 ml，置 50 ml 量瓶中，用 1% 冰醋酸甲醇溶液稀释至刻度，摇匀，作为对照品溶液。照《高效液相色谱法标准操作规程》测定。用十八烷基硅烷键合硅胶为填充剂；以乙腈－四氢呋喃－冰醋酸－水(20∶5∶5∶70)为流动相；检测波长为 303 nm。理论板数按水杨酸峰计算不低于 5 000，阿司匹林峰与水杨酸峰的分离度应符合要求。立即精密量取供试品溶液、对照品溶液各 10 μl，分别注入液相色谱仪，记录色谱图。供试品溶液色谱图中如有与水杨酸峰保留时间一致的色谱峰，按外标法以峰面积计算，不得过 0.1%。

③ 易炭化物：取本品 0.5 g，照《易炭化物检查法操作规程》检查，与对照液(取比色用氯化钴液 0.25 ml、比色用重铬酸钾液 0.25 ml、比色用硫酸铜液 0.40 ml，加水使成 5 ml)比较，不得更深。

④ 有关物质：取本品约 0.1 g，置 10 ml 量瓶中，加 1% 冰醋酸甲醇溶液适量，振摇使溶解并稀释至刻度，摇匀，作为供试品溶液；精密量取 1 ml，置 200 ml 量瓶中，用 1% 冰醋酸甲醇溶液稀释至刻度，摇匀，作为对照溶液；精密量取对照溶液 1 ml，置 10 ml 量瓶中，用 1% 冰醋酸甲醇溶液稀释至刻度，摇匀，作为灵敏度试验溶液。照《高效液相色谱法标准操作规程》测定。用十八烷基硅烷键合硅胶为填充剂；以乙腈－四氢呋喃－冰醋酸－水(20∶5∶5∶70)

为流动相 A，乙腈为流动相 B，按表 1-2 进行梯度洗脱；检测波长为 276 nm。阿司匹林峰的保留时间约为 8 min，阿司匹林峰与水杨酸峰的分离度应符合要求。精密量取供试品溶液、对照溶液、灵敏度试验溶液及水杨酸检查项下的水杨酸对照品溶液各 10 μl，分别注入液相色谱仪，记录色谱图。供试品溶液色谱图中如有杂质峰，除水杨酸峰外，其他各杂质峰面积的和不得大于对照溶液主峰面积（0.5%），小于灵敏度试验溶液主峰面积的色谱峰忽略不计。

表 1-2　高效液相色谱法测定阿司匹林有关物质的梯度洗脱程序

时间 /min	流动相 A/%	流动相 B/%
0	100	0
60	20	80

⑤ 干燥失重：取本品，置以五氧化二磷为干燥剂的干燥器中，照《干燥失重检查法标准操作规程》测定，在 60 ℃减压干燥至恒重，减失重量不得过 0.5%。

⑥ 炽灼残渣：照《炽灼残渣检查法标准操作规程》检查，不得过 0.1%。

⑦ 重金属：取本品 1.0 g，加乙醇 23 ml 溶解后，加醋酸盐缓冲液（pH 3.5）2 ml，依照《重金属检查法（第一法）标准操作规程》检查，含重金属不得过百万分之十。

4）含量测定：取本品约 0.4 g，精密称定，加中性乙醇（对酚酞指示液显中性）20 ml 溶解后，加酚酞指示液 3 滴，用氢氧化钠滴定液（0.1 mol/L）滴定。每 1 ml 氢氧化钠滴定液（0.1 mol/L）相当于 18.02 mg 的 $C_9H_8O_4$。

本品含阿司匹林的百分含量（$X\%$）按干燥品计算，计算式如下：

$$X\% = \frac{V \times F \times 0.018\,02}{W} \times 100\%$$

式中，F 表示氢氧化钠滴定液（0.1 mol/L）的校正因子；V 表示供试品消耗氢氧化钠滴定液（0.1 mol/L）的体积（ml）；0.018 02 为滴定度，系指每 1 ml 氢氧化钠滴定液（0.1 mol/L）相当于 $C_9H_8O_4$ 的重量（g）；W 表示供试品的重量（g）。

（4）检验规则

1）阿司匹林应由生产厂家的质量管理部按本质量标准与检验规程的要求进行检验，并附有标明产品名称、生产日期、生产企业和“合格”字样的检验报告书。

2）不得采购非定点供应商生产的阿司匹林。特殊情况时，应遵照《物料紧急非定点供应商采购管理规程》的规定。

3）每批阿司匹林到库后，由仓储部门填写请验单，质量管理部派相关人员到现场取样。

4）质量管理部必须按本质量标准与检验规程的规定，对到库的阿司匹林进行检验，判定是否符合本标准的要求。

5）一次到货的同一生产批号的阿司匹林为一批。每批总包装数（n）≤3 时，每个包装均应取样；3<n≤300 时，抽取$\sqrt{n}+1$ 个包装；n>300 时，抽取$\sqrt{n}/2$ 个包装，取样量至少为一次全检量的 3 倍。取样操作应符合《取样管理规程》的规定。

6）入库的阿司匹林除了应符合本质量标准与检验规程的要求外，还应符合《原辅料监控管理规程》的规定。

7）检验结果如有一项或一项以上项目不合格，应重新取样、重新进行检验。第二次检验仍有一项或一项以上项目不合格的，整批产品判为不合格。检验结果如符合本标准的要求，质量管理部应开具检验合格报告书，一式三份，由仓储部门、使用部门各存档一份。质量管理部同时发给与总包装数相等的合格证，由仓储部门粘贴在包装上。

（5）标识与贮存

1）标识：本品外包装上应印有或粘贴牢固醒目的标识，内容应当注明产品名称、规格、贮藏条件、生产日期、产品批号、有效期、执行标准、批准文号、生产企业，同时还需注明包装数量及运输注意事项等内容。

2）贮存：本品应密封，在干燥处保存。贮存期超过 12 个月的阿司匹林，使用前应按本质量标准与检验规程的要求重新进行检验，合格后方可使用。

实例分析：阿司匹林质量标准与检验规程

请分析：

（1）这份文件属于什么类型的文件？

（2）如何绘制这份文件的生命周期图（标明每阶段应由哪些部门负责）？

（3）总结此类文件的基本框架和格式。

知识小结

1. 在药品生产质量管理中，文件是指一切涉及药品生产、管理的书面标准和实施过程的记录。

2. 文件分为两大类：标准类和记录类。

3. 文件的生命周期是从文件起草 / 修订、审核、批准、印制发放、培训、生效至失效、存档。

在线测试

请扫描二维码完成在线测试。

在线测试：文件类型与周期认知

任务 1.2　主要生产文件管理

知识准备

PPT:
主要生产文件管理

一、批生产指令

1. 批生产指令的内容

批生产指令是根据生产计划编制、经双人复核后，发放到车间，用于安排指导车间生产的计划性指令。其内容应包括生产指令编号、产品名称、产品批号、产品批量、生产时间等。为了明确生产本批产品用到的物料信息情况，一般还应包括含有物料名称、物料代码、物料批号、物料用量等信息的表格或记录，或者直接将这些物料信息加入批生产指令中。

2. 批生产指令的管理

批生产指令的原件和复印件均需有效控制，发放数量和去向均应有记录，做到可追溯。生产指令由生产管理部门负责制定、审核、发放，且应由专人负责制定和发放，以防混乱、差错和给出重复的生产指令编号。接收部门也应由专人负责接收和传达生产指令，以确保每位操作人员和相关人员明确本批生产的产品名称、规格、批号、批量等信息。以上工作应在正式生产之前完成并通知到位，以确保各部门做好生产前的准备工作。

二、批包装指令

批包装指令的对象为待包装产品，内容包括待包装产品名称、批号、批量、规格、包装规格、包装时间、包装材料名称、包装材料代码、包装材料用量等信息。批包装指令的管理与批生产指令的管理类似。

三、工艺规程

工艺规程是指为生产一定数量的成品而制定的一份或一套文件，内容包括产品名称、生产处方、生产工艺参数和条件、原辅料和包装材料的数量、包装操作要求、中间产品质量控制、注意事项等内容。

生产工艺规程是编制生产指令的重要依据，应具有专属性，即按照品种进行编制。如果是制剂生产，因许多工序生产操作有共性，也可按照剂型进行编制，说明此剂型生产中的共性操作，再针对每个品种分别阐明具体要求，设计形成产品的工艺规程。

所有正规生产的产品都必须制定生产工艺规程，工艺规程的制定应当以注册批准的工艺为依据，由企业技术管理部门组织专人编写，质量保证部门负责人审核，企业负责人批准后颁布执行。在工艺规程中，起草人、审核人、批准人均应签字并注明批准执行日期。工艺规程不得任意更改；如需更改，应当按照相关的操作规程修订、审核、批准。工艺规程的修订一般不超过5年，修订稿的编写、审查、批准程序与初次制定时相同。常见药品生产工艺规程的内容形式如下。

1. 原料药生产工艺规程

(1) 产品名称及概述。

(2) 原辅料、包装材料及质量标准。

(3) 化学反应过程及生产流程图。

(4) 工艺过程(包括工艺过程中必需的标准操作规程名称以及需验证的工艺过程及说明)。

(5) 生产工艺和质量控制检查(包括中间产品检查)，中间产品和成品质量标准。

(6) 技术安全与防火环境卫生。

(7) 综合利用与“三废”治理。

(8) 操作工时与生产周期。

(9) 劳动组织与岗位定员。

(10) 设备一览表及主要设备生产能力。

(11) 原材料、动力消耗定额和技术经济指标。

(12) 物料平衡。

(13) 附录(有关理化常数、曲线、图表、计算公式、换算表等)。

(14) 附页(供修改时登记批准日期、文号和内容用)。

2. 制剂生产工艺规程

(1) 产品名称、剂型、规格。

(2) 处方和依据。

(3) 生产工艺流程。

(4) 操作过程及工艺条件。

(5) 工艺卫生和环境卫生。

(6) 本产品工艺过程中所需的标准操作规程名称及要求。

(7) 原辅料、中间产品、成品的质量标准和技术参数，以及贮存注意事项。

(8) 中间产品的检查方法及控制。

(9) 需要进行验证的关键工序及其工艺验证的具体要求。

(10) 包装要求、标签、说明书(附样本)与产品贮存方法及有效期。

(11) 原辅料的消耗定额、技术经济指标、物料平衡，以及各项指标的计算方法。

(12) 设备一览表及主要设备生产能力。

(13) 技术安全及劳动保护。

(14) 劳动组织与岗位定员。

(15) 附录(有关理化常数、曲线、图表、计算公式及换算表等)。

(16) 附页(供修改时登记批准日期、文号和内容用)。

3. 中成药生产工艺规程

(1) 产品概述。

(2) 处方和依据。

(3) 工艺流程图。

(4) 原药材的整理炮制。

(5) 制剂操作过程及工艺条件。

(6) 原辅料规格(等级)、质量标准和检查方法。

(7) 半成品质量标准和检查方法。

(8) 成品的质量标准。

(9) 包装材料和包装的规格、质量标准。

(10) 说明书、产品包装文字说明和标识。

(11) 工艺卫生要求。

(12) 设备一览表及主要设备生产能力。

(13) 技术安全及劳动保护。

(14) 劳动组织、岗位定员、工时定额与产品生产周期。

(15) 原辅料消耗定额。

(16) 包装材料消耗定额。

(17) 动力消耗定额。

(18) 综合利用和环境保护。

四、标准操作规程

标准操作规程(SOP)是经批准用来指导药品生产活动如设备操作、维护与清洁、验证、环境控制、取样和检验等的通用性文件。在某一生产岗位,将各环节的工作内容进行书面规定,并经一定的程序批准后,用于指导本岗位的所有操作,即为岗位操作法。岗位操作法与相应的标准操作规程配套使用,可以确保每个人都能按照规程要求正确、及时地执行所在岗位的工作,进而确保产品的质量和个人的工作质量。

岗位操作法与标准操作规程均应由车间技术人员组织编写,经生产技术负责人批准,报质量管理部门备案后执行。岗位操作法和标准操作规程的修订不超过2年。修订稿的编写、审查、批准程序与初次制定时相同。各企业均应按照法规要求结合自身情况制定标准操作规程模板,主要内容应包括标题、编号、版本号、颁发部门、生效日期、分发部门,制定人、审核人、批准人的签名并注明日期,正文及变更历史。

五、批记录

每批药品应有批记录,包括批生产记录、批包装记录、批检验记录和药品放行审核记录等与本批产品有关的记录和文件。批记录可用于追溯所有与成品质量有关的历史信息。批记录应由质量管理部门负责管理。

批生产记录由生产指令、各工序岗位生产原始记录、清场记录、物料平衡及偏差调查处理情况、检验报告单等汇总而成。

1. 批生产记录的管理

批生产记录应当依据现行批准的工艺规程的相关内容制定，记录的设计应当避免填写差错，批生产记录的每一页应当标注产品的名称、规格和批号。

原版空白的批生产记录应由生产管理负责人和质量管理负责人审核和批准。批生产记录的复制和发放均应当按照相应的操作规程执行并有记录，每批产品的生产只能发放 1 份原版空白批生产记录的复印件。在生产过程中，应对每项操作及时记录，操作结束后，生产操作人员应对记录内容进行签字确认，并注明日期。

批生产记录可由岗位工艺员分段填写，生产车间技术人员汇总，生产部门有关负责人审核并签字。跨车间的产品，各车间分别填写，由指定人员汇总、审核并签字后送质量管理部门。该记录应具有质量的可追溯性，保持整洁，不得撕毁和任意涂改。若发现填写错误，应按规定程序更改。

批生产记录应按批号归档，保存至药品有效期后 1 年，未规定有效期的药品，批生产记录应保存 3 年。

2. 批生产记录的内容

(1) 产品名称、规格、批号。

(2) 生产以及中间工序开始、结束的日期和时间。

(3) 每个生产工序的负责人签名。

(4) 生产步骤操作人员的签名；必要时，还应当有复核人员（如称量岗位）的签名。

(5) 每种原辅料的批号及实际用量（包括回收、返工产品的批号及数量）。

(6) 相应的操作行为、工艺参数及其控制范围。

(7) 主要生产设备的编号。

(8) 中间控制结果的记录及签名。

(9) 每个工序的产量及物料平衡计算。

(10) 偏差记录。

3. 批生产记录填写要求

(1) 记录填写要求：①空白记录应纸张完整，不得有污点、褶皱。②使用蓝色或黑色钢笔、圆珠笔、签字笔按要求逐项填写，同一页记录不得有 2 种不同颜色的相同笔迹。③及时填写、字迹清晰、内容真实、数据完整。④当空格中无内容可填写时，用“—”表示，不能留空或填写其他符号。⑤页面保持整洁，不得有油污、斑点或其他与记录无关的符号，不得撕毁和任意涂改；若填写错误，应按照规定程序更改，用“—”将错误项划去，填上正确的记录，并在旁边签注姓名和日期，原数据必须清晰可辨。⑥每一页最多允许有 3 项错误更改，超过 3 项应重新更换空白记录进行填写。⑦操作人及复核人须签全名，字体端正可认；日期格式：×××× 年 ×× 月 ×× 日。⑧计量单位、符号等应符合法定计量单位和国家标准的规定。

（2）记录中数据的处理：①记录中数据的计算处理过程应完整呈现，严禁只有结果，无过程。②数据的保留位数应根据实际情况决定，有效数字最多只能保留 1 个不定数。③计算过程中数据的取舍采用“四舍六入五成双”规则；尾数≤4 则舍，尾数≥6 则入，尾数 =5 时，若 5 前面为偶数则舍，为奇数则入，当 5 后面还有不是零的任何数时，无论 5 前面是偶数还是奇数皆入。④计算过程中的有效数据保留位数，比计算前小数点后有效数字位数最少的多一位；计算结果的有效数据保留位数，与计算前小数点后有效数字位数最少的相同。

4. 批包装记录

批包装记录是该批产品包装全过程的完整记录，可以单独设置，也可以作为批生产记录中的一部分。

为了保证药品所用的标签、标示物和其他包装材料的正确性，应当制定严格的书面规程以准确定义所实施的包装作业，并记录整个操作过程，以保持包装质量的可控。批包装记录的管理与批生产记录的管理相同，批包装记录的内容应当包括以下几项。

（1）产品名称、代码、规格、包装形式、批号、生产日期和有效期。

（2）包装操作日期和时间。

（3）每个包装工序的操作人员及包装操作负责人的签名。

（4）每种包装材料的名称、代码、批号和实际用量。

（5）各项包装的检查记录。

（6）包装操作的详细情况，包括所用设备及包装生产线的编号。

（7）所用印刷包装材料的实样，并印有批号、有效期及其他打印内容；不易随批包装记录归档的印刷包装材料可采用印有上述内容的复制品。

（8）偏差管理中涉及的各种调查报告或情况说明等偏差记录。

（9）所有印刷包装材料和待包装产品的发放、使用、销毁或退库的数量、实际产量以及物料平衡检查的记录。

任务实施

主要生产文件管理实例分析

阿司匹林片工艺规程

1. 产品名称及剂型

（1）产品名称：阿司匹林片。

（2）产品剂型：片剂。

2. 产品概述

(1) 产品名称:阿司匹林片。

汉语拼音名:Asipilin Pian

英文名:Aspirin Tablets

结构式:阿司匹林

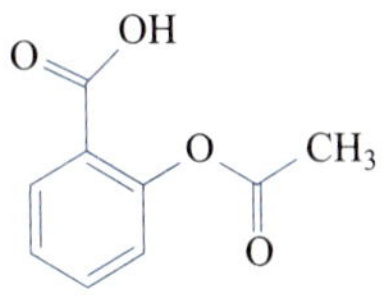

本品为2-(乙酰氧基)苯甲酸,分子式为$C_9H_8O_4$,分子量为180.16;本品含阿司匹林($C_9H_8O_4$)应为标示量的95.0%~105.0%。

(2) 产品特点

1) 性状:本品为白色片。

2) 规格:0.5 g。

3) 类别:解热镇痛非甾体抗炎药,抗血小板聚集药。

4) 用法与用量:口服。成人一次1片,若发热或疼痛持续不缓解,可间隔4~6 h重复用药一次。24 h内不超过4片。儿童用量请咨询医师或药师。

5) 贮藏:密封,在干燥处保存。

6) 有效期:3年。

(3) 处方和依据

批配料处方:

阿司匹林	60 kg
淀粉	5 kg
枸橼酸	0.6 kg
滑石粉	1.25 kg
制成	12万片

依据:执行标准为《中国药典》(2020年版)二部。

3. 操作过程及工艺条件

(1) 备料

1) 领料:从库房领取合格原辅料,送入车间称量暂存间。

2) 粉碎过筛:将物料依次粉碎过筛(表1-3),过筛后再次称量,计算物料平衡,并严格复核。

表 1-3 原辅料粒度要求

物料编码	原辅料名称	粉碎目数	过筛目数
	阿司匹林	100 目	100 目
	淀粉	—	80 目
	枸橼酸	100 目	100 目
	滑石粉	—	100 目

3）配料：见表 1-4。

表 1-4 原辅料批配料量

物料编码	原辅料名称	批配料量（12 万片）
	阿司匹林	60 kg
	淀粉	5 kg
	枸橼酸	0.6 kg
	滑石粉	1.25 kg

（2）制粒

1）配浆：称取纯化水 1 kg 置配浆锅中，加入 1 kg 淀粉，搅拌使均匀，在搅拌下冲入 9 kg 纯化水加热至糊化，配成 10% 的淀粉浆作为黏合剂。

2）制湿颗粒：将 60 kg 阿司匹林粉、4 kg 淀粉和 0.6 kg 枸橼酸粉投入高速混合制粒机中，干混 4 min 后，加入上述淀粉浆混合 5 min，开机制粒。

3）干燥：将上述湿颗粒吸入沸腾制粒机中，使设定好工艺参数（加热温度为 120 ℃ ± 5 ℃，进风温度为 75 ℃ ± 5 ℃，物料温度为 30 ℃ ± 5 ℃）的冷空气通过初效、中效、高效过滤器进入加热室，经过加热器加热至进风所需温度后进入物料室，在引风拉动下物料呈流化态干燥 45 min 至水分为 3%~4% 时，停机出料。

4）整粒：将干燥后的颗粒加入快速整粒机中，用 16 目不锈钢筛网整粒。

（3）总混：将整粒后的颗粒转入三维运动混合机中，加入 1.25 kg 滑石粉，混合 15 min。将混合后的颗粒装入无毒塑料袋中，称量，附上桶签，转入中间站待验。

（4）压片

1）片重计算：阿司匹林颗粒检验合格后，根据颗粒中阿司匹林的含量确定素片的平均片重。

$$应压片重 = \frac{标示量}{颗粒主药含量}$$

2）压片：用直径（ϕ）12 mm 的浅弧冲模压片，片重差异限度为 ±5.0%。压片机转速为 20 r/min ± 5 r/min，压力为 40~50 kN，每 20 min 抽查一次片重。

3）筛片：将素片筛去细粉、残片，将加工好的素片装入无毒塑料袋中，称量，附上桶签，转入中间站待验。

(5) 包装

1) 包装规格：0.5 g/片×1 000片/瓶×20瓶/件。

2) 领料：从库房领取合格的内、外包装材料，专人领取，计数发放。

药品包装材料批耗用量见表1-5。

表1-5 药品包装材料批耗用量

物料类别	物料编号	物料名称	单位	计划耗用量
内包装材料		阿司匹林片塑料瓶	套	
外包装材料		阿司匹林片标签	张	
		阿司匹林片说明书	张	
		阿司匹林片纸盒	个	
		阿司匹林片纸箱	个	

3) 内包装：

① 将检验合格后的素片按每瓶装1 000片在瓶装生产线上进行包装，要求瓶盖旋合严密，无破损及歪斜。

② 将内包装好的药瓶经传递窗送入外包装间。

4) 外包装：

① 打码：按批生产指令要求在标签和纸箱上打印批号、生产日期、有效期。

② 贴签：要求标签无歪斜、无褶皱、无破损，批号清晰、正确，瓶体清洁。

③ 装箱：将垫板装入成品纸箱，再将药瓶装入；装好第一层后，再放入一垫板装第二层，满箱后，放入装箱单及说明书，用不干胶带封箱。

④ 将所有成品全部寄库，待检验合格后，再办理入库手续。

4. 工艺流程图

阿司匹林片生产工艺流程见图1-3。

5. 质量监控

(1) 按生产工序设置监控点，不得遗漏。各监控点如下：粉碎过筛、配料、制粒干燥、压片、瓶内包装、外包装。

(2) 批配料处方：

阿司匹林	60 kg
淀粉	5 kg
枸橼酸	0.6 kg
滑石粉	1.25 kg
制成	12万片

(3) 依据：执行标准为《中国药典》(2020年版)二部。

(4) 制法：取阿司匹林、淀粉和枸橼酸置高速混合制粒机中混合均匀，用淀粉浆制粒；干燥；压片；瓶内包装及外包装，制得。

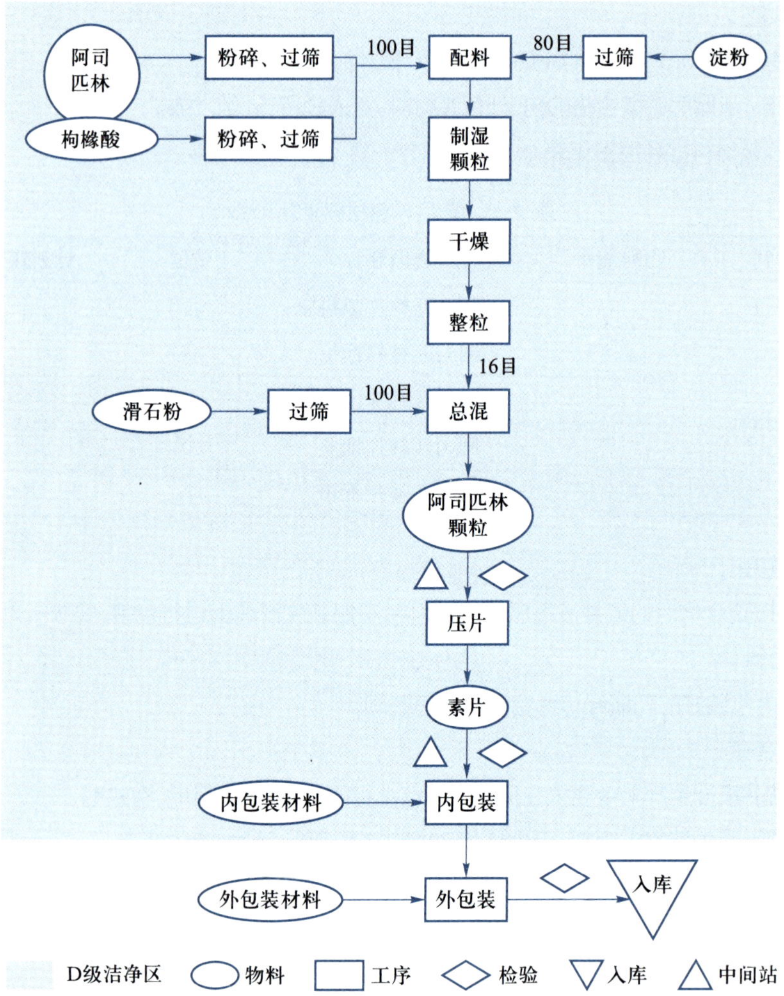

图 1-3　阿司匹林片生产工艺流程

6. 主要设备

阿司匹林片生产主要设备见表 1-6。

表 1-6　阿司匹林片生产主要设备

序号	设备名称	设备编码	型号	数量 / 台	生产厂家
1	电子秤				
2	万能粉碎机				
3	振荡筛				
4	配浆锅				
5	高速混合制粒机				
6	沸腾制粒机				
7	快速整粒机				

续表

序号	设备名称	设备编码	型号	数量 / 台	生产厂家
8	三维运动混合机				
9	旋转式压片机				
10	理瓶机				
11	数片机				
12	旋盖组合机				
13	收膜机				
14	喷码机				
15	打包机				

7. 生产周期

阿司匹林片生产周期见表 1-7。

表 1-7　阿司匹林片生产周期

工序名称	粉碎、过筛	配料	制粒	压片	包装
工序生产周期 /h	3	2	4	8	8
检验周期 /h					
产品批生产周期 /h					

注：① 工序生产周期以在岗人员完成一批料（12 万片）所需的时间计[工序生产周期 = 工序实际生产一批料所需的时间（h）]。

② 产品批生产周期：指从原料投入到成品合格入库所需的时间，即为各工序生产周期之和加上检验周期。

8. 环境保护

（1）废水的管理和处理：生产过程中产生的废水经处理符合国家排放标准后，排放入下水道。

（2）废渣的管理和处理：生产过程中产生的废料统一转运到锅炉房焚烧。

（3）废气的管理和处理：锅炉房及生产中产生的废气经处理符合国家排放标准后，排入大气。

（4）粉尘的管理和处理：对于粉尘较大的工序，车间应备有相应捕吸尘设施。

（5）卫生工艺：生产开始前和生产结束后，人员、物料、设备、环境均须符合相关卫生管理程序要求，清场按《清场管理程序》及相关清洁标准操作规程进行。

9. 技术安全及劳动保护

（1）技术安全

1）车间一般生产区及洁净区应有应急灯及紧急出口。

2）生产区的人行道和车行道必须平坦、畅通，夜间要有足够的照明设施。

3）劳动场所必须符合防火要求，并配备符合规定的消防设施和器材。

4）生产设备不准超温、超压、超负荷和带故障运行。

5）为防止和消除生产过程中的伤亡事故，应采取相应安全措施，进行安全培训。

(2) 劳动保护

1) 根据工种需要,应供给产尘岗位人员工作服、工作帽、工作鞋、手套、口罩、肥皂等劳动保护品,并适当配置防尘设施。

2) 机器和工作台等设备、设施的布置应便于岗位人员安全操作,通道宽度不应小于 1 m。

3) 操作间温、湿度应适宜,通风设备良好。

4) 洁净室内主要工作室光照度不低于 300 lx。

5) 保证洁净室内每人每小时新鲜空气量不少于 40 m^3。

(3) 劳动组织定员定岗:见表 1-8。

表 1-8 劳动组织定员定岗

岗位名称	人数
粉碎、过筛岗位	2
配料岗位	2
制粒、干燥岗位	3
总混岗位	2
压片岗位	2
包装岗位	8

10. 技术经济指标的计算及原辅料、包装材料的消耗定额

(1) 单耗

$$单耗 = \frac{实际领用量 - 本批结存量}{本批实际产量}$$

(2) 原辅料、包装材料的消耗定额及技术经济指标:原辅料、包装材料的消耗定额以厂订阿司匹林片相应规格的单耗为基准;若消耗出现异常,应分析找出具体原因所在,做好记录以便为以后修订提供依据。原辅料、包装材料消耗定额见表 1-9。

表 1-9 原辅料、包装材料消耗定额

物料类别	物料编号	物料名称	单位	单耗(以万片计)
原料		阿司匹林	kg	
辅料		淀粉	kg	
		枸橼酸	kg	
		滑石粉	kg	
包装材料		阿司匹林片塑料瓶	套	
		阿司匹林片标签	张	
		阿司匹林片说明书	张	
		阿司匹林片纸盒	个	
		阿司匹林片纸箱	个	

(3) 偏差处理：生产中若出现偏差，则按《偏差处理程序》进行处理。生产中产生的零头物料，按《零头处理标准操作规程》进行处理。

11. 附录

略。

12. 附页

略。

请分析：

(1) 这份文件属于什么类型的文件？

(2) 如果你是一位阿司匹林片压片岗位的操作人员，读完这一工艺规程你是否清楚你的工作内容和具体操作？是否还需要参考其他文件？如果需要，应是哪些文件？

(3) 如果你是一位阿司匹林片内包装岗位的操作人员，读完这一工艺规程你是否清楚你的工作内容和具体操作？是否还需要参考其他文件？如果需要，应是哪些文件？

实例分析：阿司匹林片工艺规程

知识小结

1. 在药品生产企业中主要生产文件有批生产指令、批包装指令、工艺规程、标准操作规程、批记录。

2. 以上主要生产文件的编制、审核、批准、发放、使用、保存等都必须按照相应的规程进行管理，这对药品生产过程的控制及质量追溯具有极其重要的作用。

在线测试

请扫描二维码完成在线测试。

在线测试：主要生产文件管理

任务 1.3　文件编制

知识准备

PPT：文件编制

一、文件编制基本原则与要求

GMP 规定文件是质量保证系统的基本要素。企业必须有内容正确的书面质量标准、生产处方和工艺规程、操作规程以及记录等文件。企业应当建立文件管理的操作规程，系统地设计、制定、审核、批准和发放文件。文件的内容应当与药品生产许可、药品注册等相关要求一致，并有助于追溯每批产品的历史情况。文件的起草、修订、审核、批准、替换或撤销、复制、保管和销毁等应当按照操作规程管理，并有相应的文件分发、撤销、复制、销毁记录。文件的起草、修订、审核、批准均应当有适当的人员签字并注明日期。文件应当标明题目、种类、目的以及文件编号和版本号。文字应当确切、清晰、易懂，不能模棱两可。

为使文件的编制符合 GMP 要求，我们提出以下几点编制文件的基本要求。

1. 规范性

文件应有明确的标题，标明文件的性质，便于区分。文字应规范、简明、确切、易懂，避免使用含混不清的表达，应逻辑通顺。文件中提及的各种计量单位，均应使用国家法定计量单位。原辅料、中药材、成品名称应使用《中国药典》或国家药品监督管理部门批准的法定名，可适当附注商品名或其他通用别名。

2. 合法性

文件的内容应符合国家的相关法律法规。如《中国药典》《中华人民共和国药品管理法》《药品生产质量管理规范》等。

3. 可操作性

文件规定的内容应与企业的实际情况相匹配，确保是企业经过培训、提升能够实现的。

4. 系统性

各类文件应有系统的编码、统一的格式。文件的表头、术语、符号、字体、格式等应统一。不同文件中提到的相关内容必须一致。

5. 布局合理

如文件上需要记录、填写数据，在设计时应留有足够的空间。文字、段落布局应合理，便于阅读。

6. 严肃、准确

制定、审核、批准文件的负责人均应签字。应该使用统一打印的文件，禁止使用手抄版本，防止发生差错。

7. 动态化

文件在使用过程中应不断完善、更新内容，定期对文件进行复核、修订，以符合法规变化，提高生产效率，提升产品质量。

对记录类的文件，在编制时应做到以下几点。

(1) 一致性：记录的内容与相应的标准内容相一致，关键数据必须在记录中体现出来。

(2) 合理性：需填写的空格的设计应与填写内容的形式相适应，留有足够的空间位置，要按照标准中的先后顺序设计空格位置。

(3) 责任明确：应设计为确保每位填写人员都需签字确认，关键内容还应有复核人员签字。

知识拓展：文件编制的时效性

二、文件编制程序

1. 文件的起草

文件应该主要由该文件的使用部门负责起草，文件的起草人员必须具备良好的专业素质，经过系统的GMP培训，掌握GMP的要求，具有丰富的实践工作经历，有较强的管理、合作、协调能力。如生产操作文件可以由生产部门的负责人、车间主任、工段长或工艺员起草，起草时应与部门相关的专业人员进行讨论，听取意见，总结后编写。检验操作文件则应由质量控制部门的质检主任或检验员起草。

2. 文件的修订

为适应生产技术的发展，药品生产企业应对文件进行定期审阅，及时修订，修订应按相应的程序进行。文件的修订、审核、批准程序应与文件的初次制定程序相同。技术标准文件（如质量标准、检验规程、工艺规程等）应按照现行的《中国药典》或其他法定规范要求及时修订。文件一经修订，应立即对与该文件相关的文件做相应的修订。如主要生产设备发生更换时，对应的设备标准操作规程就应该及时修订，涉及这个设备的岗位标准操作规程、药品生产工艺规程等文件都要进行修订。

当修订的文件生效后，旧版本文件自动失效，由文件管理部门公布撤销的文件名单，在分发新版本文件的同时，应回收旧版本文件。在生产管理现场不能同时出现两个不同版本的文件。

3. 文件的审核与批准

起草或修订的文件必须先交由企业质量管理部门初审，再分发至与文件相关的部门审核并提交审核意见，再由质量管理部门汇总后，返还至起草部门进行调整，形成文件终稿进入批准环节。普通文件由相应的职能部门批准生效，报质量管理部门备案。与产品质量相关的重要文件须由质量管理部门相关负责人批准生效。文件内容如涉及整个生产线，须由总工程师或企业技术领导批准生产。例如，质量管理文件应由总经理批准，设备管理规程由分管设备的副总经理批准，工艺规程、质量标准、原始空白生产记录等由质量管理部门经理批准。

4. 文件的归档保管

文件的归档包括过期文件、现行文件和各种记录的归档。对于回收的过期文件，根据文件内容的重要性，档案室或质量管理部门留档保存1~2份，其余的清点数量后，在监督人员在场的情况下，按照规程全部销毁，并做好销毁记录。对于现行文件，管理部门保留1份现行文件或样本，并根据文件变更情况随时记录在案。对于各种记录，在记录完成后，整理、分类归档，保留至规定期限。对于企业不得自行修改，需提交药品监督管理部门申请的文件，如产品注册质量标准、产品批准文件等，应单独存放。对于药品批次生产相关的各种生产记录、销售记录等，应保存至少3年或保存至产品有效期后1年。对于批生产记录、用户投诉记录、退货报表等记录数据应定期进行统计评价，以便为质量改进提供依据。

三、文件格式与编码

1. 文件的格式

药品生产企业应根据自身实际情况，制定统一的文件格式，并有相应的文件进行规定。企业文件均应按照统一的格式标准进行起草、修订。

文件表头也应统一格式，内容至少应包括文件标题、文件编码、起草人及起草日期、审核人及审核日期、批准人及批准日期、颁发部门、生效日期、分发部门。具体形式可参照表1–10。

表1–10 常见文件表头格式

文件类别：	起草人：	起草日期：	年　月　日
起草部门：	审核人：	审核日期：	年　月　日
颁发部门：	批准人：	批准日期：	年　月　日
文件编码：	生效日期：　年　月　日	总页数：	
文件标题：			
分发部门：			

文件正文部分通常会根据需要列出目的、原则、适用范围、职责、定义、标准依据等，然后是详细内容。

2. 文件编码原则

在药品生产企业中，任何一份文件都应有一个与之对应的唯一的编码，用于识别这份文件的种类及内容类别。为了便于管理，文件的编码应符合以下原则。

（1）系统性：按照文件系统建立统一的分类、编码。

（2）准确性：就像每位公民都有独一无二的身份证号码一样，文件与编码也是一一对应的，当一份文件终止使用时，此文件的编码也随即作废，不得再次启用。

（3）可追溯性：制定的文件编码系统，应做到可任意调出某一文件，亦可随时查询文件变更的历史。

（4）稳定性：文件编码系统一经确定，不得随意变动，以免造成文件管理的混乱。

（5）相关一致性：如果文件经过修订，必须给修订后的文件新的编码，且对出现该文件编码的相关文件内的编码进行同步修订，相关文件也应同步修订，更换新的文件编码。

3. 文件编码系统

各企业可根据自身情况制定文件编码系统，一般由相应的字母或数字组成。下面介绍的是常见的文件编码形式，供参考。

（1）标准类文件编码：标准类文件编码形式如图1–4所示。其中，标准类型及代码见表1–11，分类类别及代码见表1–12。

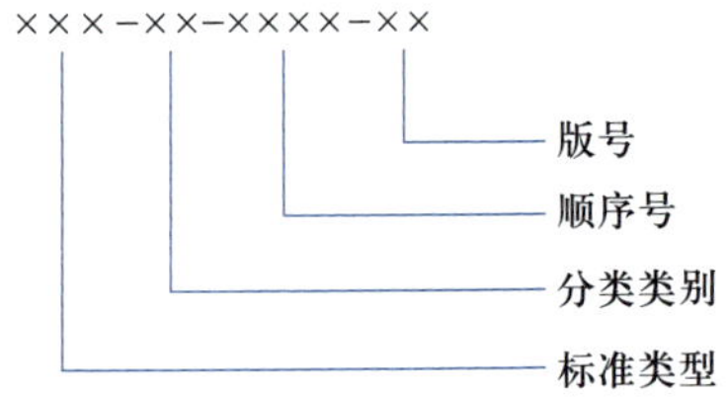

图1–4 标准类文件编码形式

表 1-11　标准类型及代码

类型	代码
管理规程	SMP
标准操作规程	SOP
技术标准	STP

表 1-12　分类类别及代码

类别	代码	类别	代码
机构与人员	JG	文件	WJ
厂房与设施	CF	生产管理	SC
设备	SB	质量管理	ZL
物料	WL	产品销售与收回	XS
卫生	WS	投诉与不良反应报告	TS
验证	YZ	自检	ZJ

顺序号用 4 位数字表示，千位数表示分类别，后 3 位数表示顺序号。如分类别为 1，序号为第 6 号的文件，用 1006 表示。

版号用 2 位数字表示，如 01 为第 1 版，02 为第 2 版。代码与顺序号、版号之间用短线分开。

例如：SMP-SC-1005-01

"SMP-SC"表示生产管理规程；

"1005"表示分类别为 1、序号为第 5 号；

"01"表示此文件为首次制定，是第 1 版。

"SMP-SC-1005-01"表示分类别为 1、序号为第 5 号的生产管理规程，此规程是首次制定的。

(2) 记录类文件编码：记录类文件编码形式如图 1-5 所示。

记录类文件类型代码为 TBL。如果是管理规程，分类类别和顺序号与记录所在的文件号保持一致；如果是标准操作规程，在分类类别前面加"O"，即"SOP"中的"O"，代表这个记录是附在某个标准操作规程（SOP）中的一个记录表格文件。

分号：分号一般用 1 位数字表示，代表这个记录在某文件相关记录中的编号，如 2 代表某个标准文件涉及的第 2 个记录。如果标准文件只有一个相关记录，1 可以省略。

版号：版号用 2 位数字表示，如 01 为第 1 版，02 为第 2 版。代码、顺序号、分号、版号之间用短线分开。

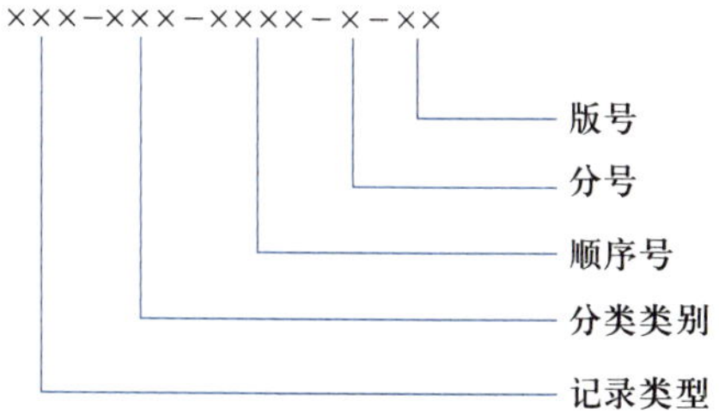

图 1-5　记录类文件编码形式

例如:TBL-OSB-1006-3-02

“TBL”表示记录;

“OSB-1006”表示此记录在设备标准操作规程1006中;

“3”表示第3个相关记录;

“02”表示此记录文件是修订过的记录表格,为第2版。

“TBL-OSB-1006-3-02”表示:这是“SOP-SB-1006-02”即顺序为1006的设备标准操作规程中涉及的第3个记录表格,此表格为第2版。

例如:TBL-JG-1001-01

“TBL”表示记录;

“JG-1001”表示此记录在机构与人员管理规程1001中;

没有分号,说明此机构与人员管理规程只涉及这一个记录表格;

“01”表示此记录文件是首次制定的,为第1版。

“TBL-JG-1001-01”表示:这是“SMP-JG-1001-01”即顺序为1001的机构与人员管理规程中唯一的一个记录表格,此表格为第1版。

任务实施

文件编制实例分析

物料取样检验操作规程案例

文件名称	物料取样检验操作规程			文件编码	
起 草 人		审 核 人		批 准 人	
起草日期		审核日期		批准日期	
起草部门	质量控制部	总 页 数		生效日期	
颁发部门	质量保证部	分发部门	质量控制部、物料管理部、生产技术部		

1. 目的

建立规范的物料取样检验操作规程,保证物料按标准取样,符合检验要求。

2. 适用范围

原料、辅料、包装材料、中间产品、成品取样。

3. 职责

质量保证(QA)人员负责对原料、辅料、包装材料、中间产品、成品按规定取样;收料员、仓库管理员协助检验员取样。

4. 内容

此处略去具体内容。

5. 相关文件及记录

《物料管理规程》《留样观察管理规程》《取样记录》。

请分析：

(1) 设定此《物料取样检验操作规程》在相关类别文件中的顺序号为 1010，且是首次编制，请为此文件编码。

(2) 如果此文件涉及的相关文件《物料管理规程》(文件编码为 SMP-WL-1001-01)进行了修订，那么应对此《物料取样检验操作规程》采取什么措施？这样做体现了文件编制的什么原则？

(3) 此文件在执行过程中要用到的记录文件是哪个文件？请为该记录文件进行编码。

实例分析：物料取样检验操作规程

知识小结

1. 文件编制应符合 GMP 的要求，应满足规范性、合法性、可操作性、系统性、布局合理、严肃准确、动态化等基本要求。

2. 记录类文件的编制应做到一致性、合理性及责任明确。

3. 文件编制的程序应有相应的操作规程进行规范管理。

4. 文件的格式应统一，并对每份文件进行系统的编码，且编码要做到一一对应，便于查阅、保存管理，做到可追溯，为产品质量的可追溯性提供有效保障。

在线测试

请扫描二维码完成在线测试。

在线测试：文件编制

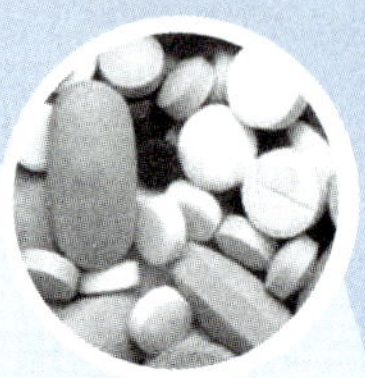

项目 2
卫生管理

项目描述

卫生管理通常包括人员卫生管理、生产区卫生管理、清场管理等内容。在实际生产过程中，应严格遵循《药品生产质量管理规范》（GMP）要求，规范人员及生产区卫生管理，监督一切生产行为按照卫生管理文件执行，防止污染发生，确保药品质量。

本项目以生产车间卫生、人员进出、物料进出、洁净室清洁消毒、设备卫生要求为基准，按照生产环节顺序，介绍实际生产车间、人员、物料、环境等卫生要点，使学员掌握药品生产中人员、物料及生产区的卫生管理要求。

学习目标

- 知识目标

1. 掌握洁净服管理要求和进出不同洁净区的程序。
2. 掌握清场程序与要求。
3. 熟悉人员卫生健康要求。
4. 熟悉生产区卫生管理要求。

- 能力目标

1. 能检查洁净区域的压差、温度、湿度、照明等。
2. 能进行洁净服管理，按规定着装进入一般生产区和洁净区，按规定洗手。
3. 能进行清场操作及相关记录填写。
4. 能解决卫生管理中的常见问题。

- 素养目标

1. 在卫生管理过程中养成一丝不苟的工作作风和高度的责任感。
2. 培养卫生管理中的辩证唯物主义思想，树立以人为本的理念。
3. 树立集体意识，培养团队合作精神。

知识导图

请扫描二维码了解本项目主要内容。

知识导图：
卫生管理

任务 2.1　人员卫生管理

知识准备

PPT：人员卫生管理

一、人员健康与卫生要求

药品生产中人员卫生是影响产品质量的重要因素，人是生产中最大的污染源，企业应建立满足生产要求的人员卫生制度，同时在药品生产过程中加强人员卫生管理，制定人员卫生相关操作规程，最大限度地降低人员对药品生产造成污染的风险。根据《中华人民共和国药品管理法》《药品生产质量管理规范》等规定，人员卫生要求主要包括药品生产人员健康要求、药品生产人员卫生习惯要求、药品生产人员着装及卫生培训要求。

1. 药品生产人员健康要求

药品生产人员进入企业后必须建立健康档案，遵循“先体检后进厂”的原则，记录职工相关信息，包括药物过敏史、既往史和家族史等相关信息，直接接触药品人员每年应进行健康体检，因岗位不同体检的项目有所不同，如验收员要求检测视力和辨色等，检查周期建议不超过半年。传染病、皮肤病患者和体表有伤口者不得从事直接接触药品的生产工作。

若药品生产人员出现腹泻、感冒、咳嗽、不明原因发热、头晕、耳鸣、眼花、浑身无力等可能影响产品质量或生产安全的疾病或症状，应在 1 h 内向主管领导汇报，主管领导要根据疾病的严重程度，以及该员工的工作性质，立即采取继续工作、对其工作进行适当的调整或要求员工回家休养治疗等方式，直到员工病愈。出入疫情中高风险地区的人员要按照国家规定进行隔离检查，转岗及长期休假的人员在返岗前须进行相应项目的体检，检查合格后方可考虑重新上岗。

2. 药品生产人员卫生习惯要求

所有药品生产人员均应具有良好的卫生和健康习惯。药品生产人员应保持良好的个人卫生，勤洗澡、勤理发、勤换衣，不得留长指甲和涂指甲油及其他化妆品。任何进入生产区的人员均应当按照规定更衣。工作服的选材、式样及穿戴方式应当与所从事的工作和空气洁净度级别要求相适应。工作服和工作帽必须及时更换，不得将与生产无关的个人用品和饰物带入车间。不得穿戴工作服、工作帽、工作鞋进入与生产无关的区域。

禁止一切人员在生产区及仓储区内吸烟和进食，禁止存放食品、香烟和其他个人用品等非生产用物品。药品生产人员应自觉遵守各项卫生制度，养成良好的卫生习惯；

操作人员应当避免用裸手直接接触药品、与药品直接接触的包装材料和设备表面。物流、人流有各自的专用通道,禁止任何人员以任何理由交叉穿行。

3. 药品生产人员着装及卫生培训要求

任何进入生产区的人员均应当按照规定更衣,企业应当指定部门或专人负责培训管理工作,应当有经生产管理负责人或质量管理负责人审核或批准的培训方案或计划,培训记录应当予以保存。与药品生产、质量有关的所有人员都应当经过培训,培训的内容应当与岗位的要求相适应。除进行着装及卫生理论和实践的培训外,还应当有相关法规和相应岗位职责、技能的培训,并定期评估培训的实际效果。高风险操作区的工作人员应当接受专门的培训。参观人员和未经培训的人员不得进入生产区和质量控制区,特殊情况确需进入的,应当事先对个人卫生、更衣等事项进行指导,合格后经审批才可进入。

二、工作服管理

工作服材质要求发尘量少,不脱落纤维和颗粒状物质;不起球,不断丝,质地光滑;不易产生静电,不黏附粒子,不易发霉;洗涤后平整、柔软,穿着舒适。洁净区工作服(简称洁净服)还应具有良好的过滤性,保证人体和内衣的尘粒不透过,同时耐腐蚀,耐清洗,耐高压蒸汽灭菌。

一般生产区和质量控制区工作服选用棉质或涤纶材料;洁净区工作服必须选用防静电纺织材料。

一般生产区及质量控制区工作鞋不应产生臭气,应易清洗;洁净区工作鞋除应达到一般生产区工作鞋要求外,还应不产尘、不脱屑、防静电。

各生产区工作服的颜色、式样应按不同卫生级别要求明显区分,不能跨区域混用;应对应工号进行编号(参观工作服除外),专人专用。工作服应以色彩淡雅、线条简洁为宜,尺寸大小应宽松合身。工作服应不设口袋、横褶、带子,边缘应封缝,接缝应内封,接缝处无纤维外露。洁净工作服的领口、袖口、裤口等要加松紧口,不应用纽扣。无菌工作服必须包盖全部头发及足部,并能阻挡人体脱落物。防护服还应考虑保护操作人员不受药物的影响。

工作服清洗周期:①一般生产区:在冬季及空调环境下,工作服每周至少换洗一次;在夏季及无空调环境下或粉尘大的工序,工作服每周至少换洗两次;工作鞋每周至少换洗一次。②D/C级洁净区:洁净工作服每天或每班次换洗一次。③A/B级洁净区:无菌工作服每次进出洁净区必须更换。④洁净工作服和无菌工作服的清洗周期,应经过企业验证后实施。

工作服清洗要求:①不同生产区使用的工作服应分别洗涤、干燥、整理;洁净工作服和无菌工作服应在洁净区内分别洗涤、干燥、整理,配套装入衣袋中。②工作服清洗、灭菌时不应带入附加颗粒物。③一般生产区、D/C级洁净区的工作服最后一步清洗采用纯化水;A/B级洁净区的无菌工作服最后一步清洗采用注射用水。洗衣用洗涤剂应采用洗衣液。④无菌工作服清洗后应集中灭菌，灭菌后做好状态标识，并注明灭菌效期等信息。应对无菌工作服的灭菌效果进行验证。

工作服清洗管理：①工作服应由专人负责清洗，专人保管，专人发放并登记，填写相关记录。②各使用部门应将待清洗工作服分区域和类别整理好，放入专用容器密闭包装好送至洗衣中心收衣间，对需要灭活或预消毒的工作服应在送至洗衣中心前进行预处理。③洗衣中心对各区域工作服分别洗涤、干燥、整理后放入易于区分的专用容器中，并做好状态标识。④洁净工作服与无菌工作服应逐套分别装于衣袋中，衣袋上应标明工作服编号。⑤洗涤前及清洗后整理时应检查工作服有无破损、拉链损坏、缝线脱落等；使用前应检查工作服是否符合要求，发现污染应及时报告并更换。

工作服发放及更换周期：①一般生产区工作服首次每人两套，原则上每两年发一次（因磨损无法使用的以旧换新）。②洁净区工作服根据工艺要求配备，出现不符合工艺要求的必须以旧换新。

三、洁净区着装要求

洁净区的工作人员应严格控制在最少人数，无关人员不得进入洁净区，所有进出洁净区的人员均应按规定登记进出时间、人数等。洁净区工作人员应养成良好的卫生习惯，如勤洗澡、修指甲和理发等；不应戴手表与首饰，不能用散发颗粒的化妆品。进入洁净区的人员应严格按照洁净路线和程序执行，穿戴洁净工作服、工作帽、口罩、工作鞋，头发、口鼻、内穿衣物等不得外露。

1. 人员进入（出）一般生产区的净化操作流程

人员进入（出）一般生产区的净化操作流程见图 2-1。

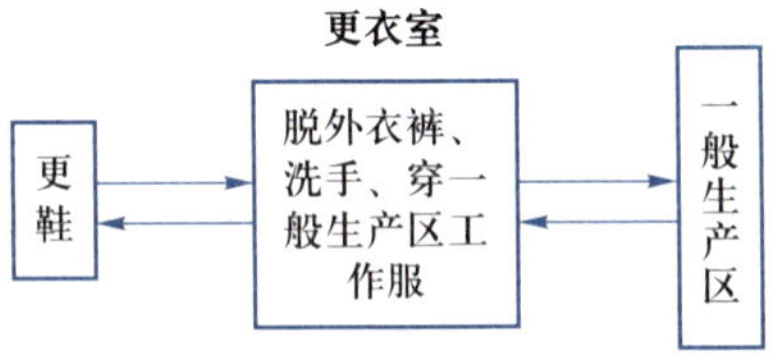

图 2-1 人员进入（出）一般生产区的净化操作流程

(1) 更鞋：进入一般生产区的生产人员，坐在更鞋柜上，将鞋子脱下，放置于更鞋柜外侧柜，转身在内侧换上一般生产区工作鞋，进入更衣室。

(2) 进入更衣室：在更衣室脱去外衣裤、摘除饰物等个人物品，放入柜内，进入缓冲洗手室洗手（七步洗手法）、烘干，戴工作帽，穿一般生产区工作服。

(3) 进入一般生产区：在镜前确认穿戴无误后，进入一般生产区。

(4) 离开一般生产区：按进入逆向顺序更衣（鞋）。人员进更衣室将一般生产区工作服脱下，放入“待清洁”标识的桶内；将一般生产区工作鞋脱下放入对应工位的鞋柜后，换上自己的鞋即可离开一般生产区。

2. 人员进入(出)不同洁净区的净化操作流程

(1) 人员进入(出)D 级洁净区的净化操作流程:见图 2-2。

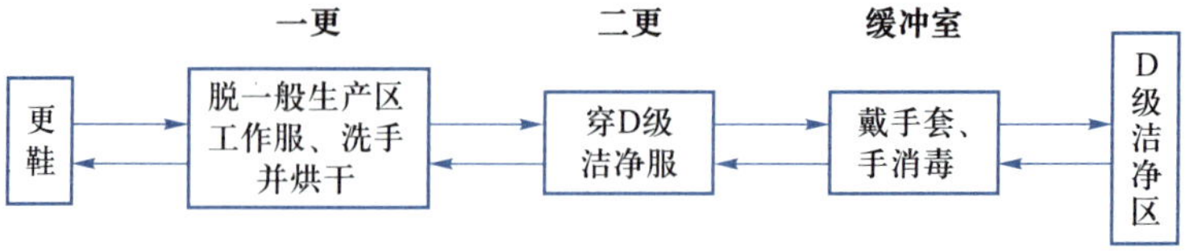

图 2-2　人员进入(出)D 级洁净区的净化操作流程

1) 更鞋:人员坐在更鞋柜上,将一般生产区工作鞋脱下放在更鞋柜外侧,转身从更鞋柜内侧鞋柜中取出与自己对应编号的 D 级洁净区工作鞋穿上,进入一更室。

2) 一更(脱外衣):人员进入一更室,将一般生产区工作服存放于衣柜中,并戴上一次性帽子,确保头发全部被遮住。

3) 洗手池(洗手并烘干):

第一步(内),洗手掌:以流水湿润双手,涂抹洗手液(或肥皂),掌心相对,手指并拢相互揉搓。

第二步(外),洗背侧指缝:手心对手背沿指缝相互揉搓,双手交换进行。

第三步(夹),洗掌侧指缝:掌心相对,双手交叉沿指缝相互揉搓。

第四步(弓),洗指背:弯曲各手指关节,半握拳把指背放在另一手掌心旋转揉搓,双手交换进行。

第五步(大),洗拇指:一手握另一手大拇指旋转揉搓,双手交换进行。

第六步(立),洗指尖:弯曲各手指关节,把指尖合拢在另一手掌心旋转揉搓,双手交换进行。

第七步(腕),洗手腕、手臂:揉搓手腕、手臂,双手交换进行。

4) 二更[穿 D 级洁净区工作服(简称 D 级洁净服)]:人员用肘部推门进入二更室后,从洁净服袋内取出与自己对应编号、有效期内的 D 级洁净服穿上,原则上由上至下完成穿戴。若 D 级洁净服为连体衣,应先戴口罩,再穿连体衣。

需遵守的原则:更衣操作时手尽量不接触洁净服的外表面;口罩要将口、鼻及腮部全部罩住,并且口罩带要系紧;内帽要尽可能将头发包住,并遮住眉部;连体外衣帽子的拉紧带要系紧,使身体尽可能少地暴露;在穿洁净连袜外裤时,一条腿穿上后直接穿上 D 级洁净区工作鞋,再穿另一条腿后,同样直接穿上 D 级洁净区工作鞋。注意洁净裤不要接触地面。人员在二更室穿好 D 级洁净服后,在镜前检查穿戴无误后,进入缓冲室。

5) 进入缓冲室:戴一次性手套,并将手套拉至盖住 D 级洁净服袖口;在自动手消毒器下使用 75% 乙醇再次对双手进行全面消毒,消毒方法是将手伸到自动手消毒器下方,手心向上,使喷淋器喷淋手心一次(消毒剂用量约 2 mL),然后手背向上,喷淋手背及手腕一次,再搓洗至消毒剂充分接触手部。

6）进入 D 级洁净区：人员由缓冲室进入 D 级各操作室。

7）人员出 D 级洁净区：D 级洁净区穿戴的工作服、鞋、帽不得离开 D 级洁净区。操作人员下班或中途离开洁净区时应按相反的程序进行更衣、更鞋，脱下的 D 级洁净服装在对应编号的洁净服袋中，放入专用的洁净服盛装桶中。

（2）人员进入（出）C 级洁净区的净化操作流程：见图 2–3。

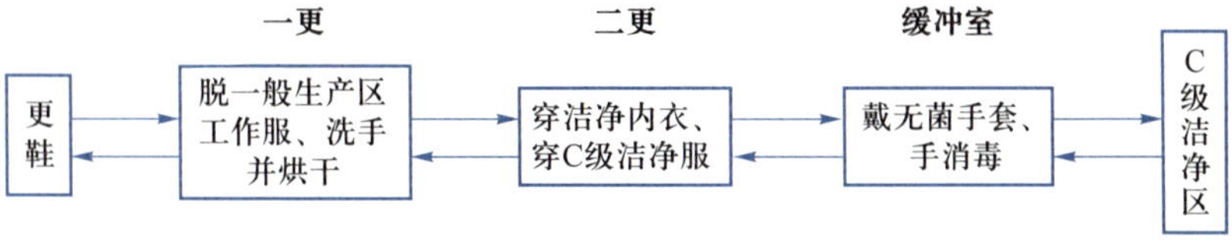

图 2–3　人员进入（出）C 级洁净区的净化操作流程

1）更鞋：人员坐在更鞋柜上，将一般生产区的工作鞋脱下并放在更鞋柜外侧，转身从更鞋柜内侧鞋柜中取出与自己对应编号的 C 级洁净区工作鞋穿上，进入一更室。

2）一更（脱外衣）：人员进入一更室，脱去一般生产区工作服和袜子，脱至贴身内衣，存放于衣柜中。按七步洗手法洗手后烘干（眼镜同步洗涤烘干），进入二更室。

3）二更（穿 C 级洁净服）：人员进入二更室，在自动手消毒器下使用 75% 乙醇对双手进行全面消毒，即将手伸到自动手消毒器下方，手心向上，使喷淋器喷淋手心一次（消毒剂用量约 2 ml），然后手背向上，喷淋手背及手腕一次，再搓洗至消毒剂充分接触手部（戴眼镜人员，眼镜应消毒）。手消毒后，取下对应编号、有效期内的洁净服套，取出衣物，戴好无菌内帽，穿上洁净内衣，再次对手部进行消毒，按从上至下顺序穿 C 级洁净服。而后，在镜前确认穿戴情况，再进入缓冲室。

4）进入缓冲室：进入缓冲室后，将无菌手套袋打开，取出无菌手套戴上，注意戴无菌手套时手不接触手套外侧，并将手套拉至盖住 C 级洁净服袖口。戴好无菌手套后，再次进行手消毒，经肘压打开室门进入 C 级操作区。应注意在 C 级洁净区进行配制、工器具组装及灌装过程中，需佩戴眼罩。

5）人员出 C 级洁净区：操作人员出 C 级洁净区时，进入脱洁净服室，将套穿的洁净服脱下放入洁净服盛装桶中，将 C 级洁净区工作鞋放入工作鞋盛装桶中，手套脱在废弃物框内。应注意脱洁净服与穿洁净服不能在同一房间。

（3）人员由 C 级洁净区走廊进入（出）B 级洁净区的净化操作流程：见图 2–4。

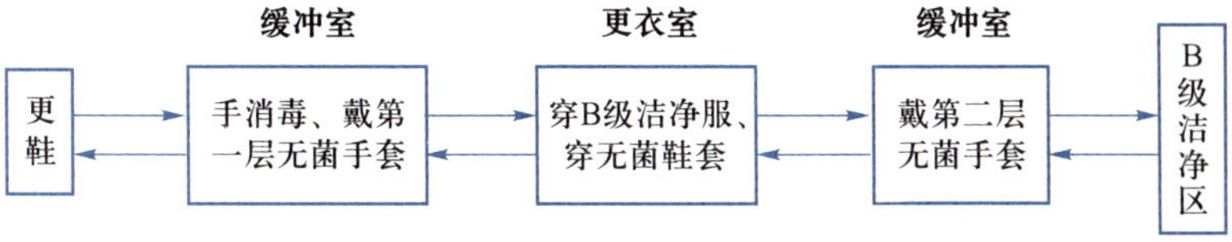

图 2–4　人员由 C 级洁净区走廊进入（出）B 级洁净区的净化操作流程

1）更鞋：人员由 C 级洁净区走廊进入缓冲室前，坐于更鞋凳外侧，脱下 C 级洁净区工作鞋，换上 B 级洁净区工作鞋。

2）进入缓冲室（戴第一层无菌手套）：在自动手消毒器下使用 75% 乙醇对双手进行全面消毒，即将手伸到自动手消毒器下方，手心向上，使喷淋器喷淋手心一次（消毒剂用量约 2 ml），然后手背向上，喷淋手背及手腕一次，再搓洗至消毒剂充分接触手部。将无菌手套袋打开，取出无菌手套戴上，注意戴无菌手套时裸手不接触无菌手套外侧，并将手套拉至盖住 C 级洁净服袖口，进入更衣室。

3）更衣（穿 B 级洁净服即连体无菌服）：人员进入更衣室后，不脱 C 级洁净服，在自动手消毒器下使用 75% 乙醇再次对双手进行全面消毒。取出无菌衣袋内的无菌口罩戴上，口罩要将口、鼻及腮部全部罩住，并且口罩带要系紧。戴完口罩后，将连体无菌服取出，先将一只脚穿进连体无菌服相应位置处，此只脚落下时直接落在踏布上，抬起另一只脚，按同样方法穿进去。待双脚都穿进后，站立起来，将整个身体、手臂连同头部一起套在连体无菌服里，拉上拉锁，系紧系带。注意全过程不要使连体无菌服接触地面。手消毒后，穿上无菌鞋套。而后再次进行手消毒，戴上护目镜。面对穿衣镜自检，要求皮肤无外露。

4）进入缓冲室（戴第二层无菌手套）：人员手消毒后，取出无菌手套，按要求戴好，用无菌手套将连体无菌服袖口扎紧。再次进行手消毒后，进入 B 级洁净区进行生产操作。

5）人员出 B 级洁净区：B 级洁净区穿戴的工作服、鞋、帽不得穿离 B 级洁净区。下班或中途离开洁净区时，操作人员进入脱洁净服室，将脱下的连体无菌服按编号装在洁净服袋中放入专用的洁净服盛装桶中，将袜套、鞋套和工作鞋装在拖鞋专用桶中。B 级洁净区操作人员每次从洁净区离开后，下次再进入，均按正常进入程序穿新的连体无菌服。所有需更换衣物均为一次性使用。

6）其他注意事项：①各操作室必须注意随手关门。②操作过程中如果手套破裂或污染，应立即更换。③生产操作期间操作人员每 10~20 min 应用 75% 乙醇对手部进行一次消毒。④脱手套时，一手捏住另一手套腕部外面，翻转脱下。再以脱下手套的手插入另一手套内，将其往下翻转脱下。脱手套时勿使手套外面（污染面）接触到皮肤。如果操作过程中所穿的无菌服受到污染，应穿备用的新无菌服。⑤护目镜每月进行一次灭菌。⑥及时填写相关记录。

知识拓展：洁净区内最大的污染源是“人”

任务实施

人员净化实例分析

某药厂车间王主任在检查车间洁净区常规运行中发现，职工 A 有咳嗽症状，职工 B 和 C 在车间奔跑打闹，遂将当班组长及相关职工 A、B、C 当作生产检查典型事件违规人员在全厂进行通报。

请分析：

(1) 身体不适的人员会造成哪些生产风险？

(2) 洁净区为何不允许奔跑打闹和做不必要的动作？

实例分析：人员净化

知识小结

1. 人员卫生要求主要包括药品生产人员健康要求、药品生产人员卫生习惯要求、药品生产人员着装及卫生培训要求。

2. 任何进入生产区的人员均应当按照规定更衣，参观人员和未经培训的人员不得进入生产区和质量控制区，特殊情况确需进入的，应当事先对个人卫生、更衣等事项进行指导。

3. 禁止一切人员在生产区内吸烟和进食，禁止存放食品、香烟和其他个人用品等非生产用物品。

4. 工作服的选材、式样及穿戴方式应当与所从事的工作和空气洁净度级别要求相适应。

在线测试

请扫描二维码完成在线测试。

在线测试：人员卫生管理

任务 2.2　生产区卫生管理

知识准备

PPT：生产区卫生管理

一、一般生产区工艺卫生管理

在 GMP 中一般生产区无洁净度要求，故工艺卫生主要从进入一般生产区的原辅料卫生、生产过程卫生、设备卫生、生产介质卫生、环境卫生等方面加强规范管理。具体要求见表 2-1。

表2-1　一般生产区工艺卫生管理

管理项目	管理要求
原辅料卫生	① 原辅料、包装材料的包装完好，无受潮、混淆、变质、发霉、虫蛀、鼠咬等，各种标记齐全，有检验合格证，方可进入车间 ② 所使用的原辅料和包装材料等符合药品标准、包装材料标准或其他相关标准 ③ 原辅料存放在规定区域的垫板上，按品种、规格码放整齐，有状态标识 ④ 原辅料进入操作间前，应在除外包装室脱去外包装（不能脱去的外包装需擦拭干净），保证清洁、无尘，整齐码放在规定位置，不能随意堆放 ⑤ 不经洗涤使用的直接接触药品的包装材料应无残留粒子，无微生物污染，不与药品发生作用
生产过程卫生	① 各药品生产车间、工序、岗位应根据品种及生产要求建立相应的清洁规程并严格执行 ② 车间内不得存放与药品生产无关的物料或杂物 ③ 清洁工具及清洁剂、消毒剂应分别存放在卫生清洁间，以免对药品生产过程造成污染 ④ 生产中使用的各种工具、容器应清洁，表面不得有异物、残留物。潮湿、高温地区（或区域）应注意防止发霉及微生物污染，不得有霉斑 ⑤ 容器具在用后应立即按清洁规程清洗干净，不得有清洁剂、消毒剂的残留物，以免污染药品 ⑥ 生产操作间或流水线、设备及容器均应有卫生状态标识。更换品种时要严格执行清场制度，保证容器、设备、包装清洁
设备卫生	① 机器、设备、管道等应按规定的设备操作、维修、保养规程，定期检查、维修、清洗、保养 ② 产尘而又暴露的加工设备应加以封闭或遮盖，并有捕吸尘装置 ③ 设备主体应清洁、整齐，无跑、冒、滴、漏，做到轴见光，沟见底，设备见本色。设备周围要做到无油垢、无污水、无油污及杂物 ④ 设备表面与加工的物料接触不得发生反应，不得向加工物料释放出物质或吸附加工物料 ⑤ 设备使用的润滑剂或冷却剂不得与药品原料、容器、塞子、中间产品或药品本身接触。应将所有需要润滑的部位尽可能与设备和产品接触的开口处或接触表面分隔开，防止对药品产生污染 ⑥ 设备尽可能安装为可移动式，便于移动到清洁间进行清洁保养。不能移动的设备要在安装时充分考虑到利于就地清洁保养。设备及管道的保温层要求全部包扎平整、光洁，不得有颗粒物质脱落，并能承受冲洗清洁、消毒而不渗漏 ⑦ 根据管道涂色规定的要求对所有管道进行油漆涂色，标明输送的介质内容和流向。管道安装要充分考虑到清洁、消毒的方便，不得有盲端、死角。管道要留有消毒、清洁口，并有一定的坡度以保证排空。最好选用卡箍式快装管道，要求材质光滑，无颗粒脱落，不与介质发生反应 ⑧ 不用的工具不得存放在车间内，应存放在指定的工具箱内，码放整齐，由专人保管 ⑨ 制剂生产中使用的药材不直接接触地面。药材洗涤用流动水，用过的水不洗涤其他药材，不同药材不在一起洗。洗涤及切制后的药材和炮制品不露天干燥 ⑩ 直接入药的药材粉末，配料前做微生物检查。中药材、中间产品、成品的灭菌方法会影响质量，生产过程中应防止物料及产品所产生的气体、蒸汽、喷雾物等引起交叉污染
生产介质卫生	① 药厂“水源”为饮用水，应符合卫生部门的饮用水标准，并定期检测。固体、口服液体制剂配制及容器、设备等最终洗涤用纯化水。纯化水应符合《中国药典》纯化水标准。药材洗涤、提取及容器等初洗用饮用水 ② 与药品直接接触的干燥空气、压缩空气、惰性气体应经净化处理，符合工艺要求。管道灭菌的蒸汽使用纯蒸汽

续表

管理项目	管理要求
环境卫生	① 药品生产企业所处环境的空气、场地、水质应符合生产要求，厂房周围应没有污染源，应远离其他工业区，尤其是化工区、居民生活密集区、交通要道处等。厂区的地面、路面和运输等不应对药品生产造成污染。下水道和厕所应合理设置，不对环境造成负面影响。厂区的地面最好只有两种：绿地和发尘量小的地面，如水泥地面。厂区的绿化面积不应低于50%，种植的树木应为四季常青的树种，不能产生花粉、绒毛、花絮 ② 厂房应保持清洁，清洁要求随不同洁净级别而定，应针对各洁净级别的具体要求制定清洁规程。在生产过程中，必要时应进行清洁工作。所用清洁剂及消毒剂应经过质量保证部门确认，清洁及消毒频率应能满足相应洁净级别区的卫生环境要求 ③ 每个洁净级别区必须配有各自的清洁设备。清洁设备必须贮藏在专用的有规定洁净级别的房间内，房间应位于相应的级区内并有明显标记 ④ 清洁剂和消毒剂不与设备、容器发生化学反应，不腐蚀设备，不产生微粒。消毒剂选用两种以上，轮换使用

二、洁净区工艺卫生管理

洁净区除了达到一般生产区工艺卫生的全部要求外，还必须达到以下几方面的要求。

1. 原辅料及工具的卫生

(1) 进入洁净区的原辅料、内包装及工具均要在物净室除去外表面的灰尘、异物后再进入缓冲间，在缓冲间脱去外包装后进入洁净区的贮存室。

(2) 洁净区内使用的物料量应控制在生产所需的最低限度，洁净区内不得存放多余的物料及与生产过程无关的物料。

2. 生产过程中的卫生

(1) 每班生产工作前必须等净化空调系统开机运行规定时间后，检查确认温度、湿度符合要求后才能开始生产。

(2) 对进入洁净区的非生产人员要严格控制和管理，严格控制洁净区的人数，严格执行非生产人员出入生产车间管理制度，并对经批准的非本生产区进出人员及时进行登记或记录。

(3) 洁净区内工作人员的操作应稳、轻，减少不必要的活动和交谈，以免对空气造成过多污染。在生产车间内，应保持安静，禁止跑、跳，以免带入灰尘。应随手关门，无特殊情况，禁止随意开门、开窗。

(4) 一批产品生产完成后，必须按清场管理制度进行清场，清场后要挂上“已清场”的状态标识。更换品种时，要严格执行清场制度，做到“四清”，即容器清、设备清、包装物清、场地清，防止发生混淆和污染。相关人员应按照标准操作规程清洁生产操作间及走廊，以保证清洁、干燥、整齐，并及时填写清洁记录。

3. 设备设施的卫生

(1) 生产前须将洁净区使用的直接接触药品的设备、容器、工具等按各自的消毒规程消毒后方可使用。生产中使用的各种器具应清洁,表面不得有异物、残留物、霉斑等。器具用完后应立即按清洁规程清洗干净,必要时灭菌后使用,并有详细记录。

(2) 产尘大的操作间应增设局部除尘设施,并应在该工序生产开始前 5 ~10 min 开启除尘设施。

(3) 洁净区的清洁工具必须采用不脱落纤维的材料,使用后按洁净区清洁工具清洁、消毒、烘干程序进行操作。清洁工具应存放在对产品不造成污染的指定地点,并限定使用区域。洁净室应有定期消毒规定,并严格执行,记录完整。

(4) 传递窗、传递门是洁净区与非洁净区之间的隔离设施,不得同时打开传递窗、传递门两侧的门。传递门不使用时要切断电源,防止非生产人员由传递门进入洁净区。

(5) 生产车间地面应无粉尘、积水、杂物、油污等,保持整洁、光亮。车间走廊、生产区内通道及生产区域要定时消毒,垃圾桶内无隔夜垃圾。墙面无尘土、杂物(蜘蛛网),无污迹附着,保持墙面光亮。墙上的电灯开关座和电闸箱内外清洁,无粉尘、杂物。车间所有门窗框要求无灰尘、杂物,保持原有本色,玻璃要擦亮。天棚无粉尘、杂物、污迹附着,灯管、灯罩玻璃、通风口无粉尘,保持清洁、干净。

4. 带入洁净区物品的要求

容器、设备、工具的材料应为不产尘的。所用纸笔均应不产尘,不能用铅笔、橡皮,应用蓝色或黑色无尘笔,并按规定程序进行清洁、消毒后方可带入洁净区。严禁携带与生产无关的物品进入洁净区,如食品、香烟、自己服用的药物、首饰、化妆品、手帕、手纸、钱包、打火机等。洁净区内的物品不得拿到非洁净区使用。

任务实施

生产区卫生管理实例分析

实例分析:生产区卫生管理

某药厂压片车间操作员小王因为家里有人生病了,所以将手机带入生产车间内,并不时查看。这一情况被日常巡视的刘主任发现,随即当班组长和小王都被当作生产检查典型事件违规人员在全厂进行通报批评。

请分析:

(1) 哪些物品不能带入洁净区?

(2) 要带入洁净区的物品应该如何处理?

知识小结

1. 在 GMP 中一般生产区无洁净度要求,故工艺卫生主要从进入一般生产区的原辅料卫生、生产过程卫生、设备卫生、生产介质卫生、环境卫生等方面加强规范管理。

2. 洁净区除了达到一般生产区工艺卫生管理的全部要求外,原辅料及工具均要在物净室除去外表的灰尘、异物后，再在缓冲间脱去外包装进入洁净区贮藏室；生产过程中应严格按洁净区要求，做好对进入洁净区非生产人员的严格管控、人员进出登记等；生产结束后，严格按照 SOP 进行清场。

在线测试

请扫描二维码完成在线测试。

在线测试：生产区卫生管理

任务 2.3　清场管理

知识准备

PPT：清场管理

一、清场基本要求

药品生产完成后，总会残留若干原辅料和微生物，如果这些残留物和微生物进入下批生产过程，必然产生不良影响。“清场”从字面上可理解为清理场地和清洁场地，它不同于平常的清洁卫生，但包括清洁卫生在内。清场是药品生产质量管理中的一项重要内容，其目的是防止药品生产中不同批号、品种、规格之间的污染和交叉污染事故发生，或者产生混批、混品种、混规格等现象。

清场至少包含以下 4 个方面：①物料包括原辅料、半成品、成品、包装材料、剩余材料、散装品、印刷的标识等。②生产中的文件包括生产指令、生产记录等书面文字材料。③生产中的各种状态标识等。④清洁卫生工作。

生产操作人员应对所操作的设备、工作台面、工作现场进行清理，确认无上次生产的遗留物及其他异物。对清场的要求包括但不限于以下方面：①地面无积尘，无结垢，门窗、室内照明灯、风管、墙面、传递窗外壳无积灰，室内不得存放与生产无关的杂物。②使用的工具和容器应清洁、无异物，无前次生产的遗留物。③设备内外无前次生产遗留的药品，无油垢。④直接接触药品的设备及容器应每天清洗或清理。⑤当生产中需更换不同规格或型号时，应将操作现场、设备、流转桶清理干净，合格品与不合格品分类存放，并将多余的标签、标识及包装材料按规定处理。⑥清场工作应有清场记录，记录应包括工序，清场前产品的名称、规格、批号，清场日期、清场项目、检查情况、清场人、复核人及其签字，清场记录应纳入批生产记录。⑦清场完毕并确认合格后，放置“已清场”状态标识。⑧停机或检修时，操作现场、设备均应清理干净。

二、设备、管道、工具与容器的清洁要求

1. 基本要求

(1) 使用后的设备、管道、工具与容器应及时清洁或消毒，应能保证经清洁后不对后续使用造成污染或交叉污染。设备、工具、容器的清洁程序有明确的清洁方法和清洁周期。

(2) 应有明确的关键设备的清洁验证方法，清洁过程及清洁后检查的有关数据要有记录并保存。

(3) 无菌药品生产设备的清洁，尤其是直接接触药品的部位和部件必须灭菌，并标明日期，必要时要进行微生物学的验证。经灭菌的设备应在 3 天内使用。同一设备连续加工同一无菌产品时，每批之间要清洁灭菌；同一设备加工同一非无菌产品时，至少每周或每生产 3 批后进行全面的清洁。

(4) 生产设备、工具、容器的卫生应与生产区域卫生级别相适应，便于生产操作，易于拆洗、消毒和灭菌。某些可移动的设备移至清洁区进行清洁、消毒和灭菌，并按要求放置。不可移动的设备应按设备清洁标准操作规程进行清洁，设备设计尽量采用自动化在线清洗或原位清洗（CIP）。较高级别洁净区药品生产采用的传送设备不得穿越较低洁净级别的生产区域。

(5) 对设备、管道、工具与容器清洁中使用的清洁剂和消毒剂的名称、浓度规定、配制要求、适用范围及原因等要做出明确规定和要求。主要包括：每种清洁剂和消毒剂适用的物质、清洁环节；清洁作业所需的清洁剂和消毒剂的浓度、最佳使用温度；清洁剂和消毒剂发挥作用所需的作业参数，如搅拌力度、次数；清洁剂和消毒剂发挥作用所需的时间等。使用后的消毒剂不应对设备、物料和成品等产生污染。消毒剂应轮换使用，以保证消毒效果。

(6) 对清洁中使用的清洁用水或溶剂应做出明确规定和要求，设备清洁用水和清洁用溶剂应不含致病菌、有毒金属离子，无异味。须根据设备、清洁工具、所用清洁剂等的要求，对于设备清洁用水和清洁用溶剂中悬浮物质（矿物质等）的最低含量、可溶性铁盐和锰盐的浓度、水的硬度等做出定量的规定和要求。建议对清洁用水的取水点进行定期消毒和微生物取样，并保存相关记录，确保清洁用水的安全可靠。须对清洁后的水和溶剂做无害化处理，检测合格后方可进行排放，确保污水经处理后不会对环境造成污染。

(7) 管道的清洁用水和清洁剂包括饮用水、2%NaOH 等。每批结束或更换品种时清洁。若超过 3 天再使用，须重新清洁；保存期限内，如发现管道内有异味或其他异常情况，应重新清洁。方法是先清除上批物料、文件及状态标识，用饮用水冲洗贮罐，使贮罐内表面无可见残余物；再在贮罐中加入 80 ℃以上的饮用水，用泵连接管道进行循环清洗 10 min；然后用 2%NaOH 溶液循环冲洗管道 20 min，排放；最后用工艺用水循环冲洗管道，直至冲洗液无色、无污物、pH 接近工艺用水的 pH 为止。易积淀污垢的管道、

拐弯等处应拆开快装接头用毛刷等清洗，清洗完毕后，应打开最低阀门，将水排干。冲洗液应无色、无污物，pH 接近工艺用水的 pH。

2. 不同种类设备、管道、工具与容器的清洁及消毒要求

(1) 对新的设备、管道、工具与容器规定详细的清洁步骤，在达到去污、除油、去蜡的效果后进行彻底清洁与消毒。

(2) 对正常生产状态下的设备清洁与消毒方式进行定义，对不同类型和不同频次的设备清洁与消毒方式、方法进行规定。清洁过程可参考如下步骤进行规定：确定需清洁的污染物性质和类型→清除所有前一批次残留的标识、印记→预洗→清洁剂清洗→冲洗、消毒→干燥→记录→正确贮存和使用。

(3) 对超过清洁有效期的设备、容器应按程序进行重新清洁。对于长时间放置重新启用的设备、容器需按照正常在线或离线清洗步骤做好彻底清洁与消毒。

(4) 故障后维修好的设备需按照正常的在线或离线清洗步骤做好彻底清洁与消毒。

(5) 对特殊产品和设备的清洁与消毒方法、频次等做出规定，不同于正常清洁要求的需详细描述清洁过程各环节的工作方法和内容，包括动作要领、使用工具、使用的清洁剂和消毒剂、清洁需达到的标准等，确定每种清洁方式的验收标准。

(6) 清洁站内用于清洁的设备、设施，其造型与设计应与生产设备要求一致。清洁站用于清洁的设备、设施应定置管理并有明显标识，不同区域（洁净级别不同、特殊产品等）的清洁设备、设施不能混用。

(7) 已清洁设备贮存的环境温度、湿度、洁净级别应与生产过程的环境保持一致，建议针对不同使用要求进行分区定置管理，必要时可采取密封、单间、专区存放等贮存形式，并制定严格的防止污染、交叉感染和混淆的措施。已清洁设备的状态标识应按照状态管理程序规定的要求进行，对清洁状态做出定义，并规定标识管理的内容，确定标识形式、标识内容。此外，应规定已清洁设备在使用前清洁状态的检查方法，确保各类设施清洁与消毒的有效性。

三、中间站的清场要求

1. 清洁范围及频率

清洁范围包括室内门窗、玻璃、地面、灯具、天棚、容器等。清洁频率为每日清洁一次，每周大清洁一次，中间站每周消毒一次。清洁工具有洁净抹布（不脱落纤维，下同）、拖布、毛刷、镊子、笤帚等。所用清洁剂及消毒剂为 0.2% 苯扎溴铵溶液（新洁尔灭）、5% 甲酚皂溶液。

2. 清洁方法

(1) 每天上班后，用洁净湿抹布擦拭门、窗、桌子、容器上的灰尘，用拖布擦地面，下班前整理室内药品，清扫地面。

(2) 每周擦玻璃、墙面、灯具、容器、天棚等。

（3）中间站除按（1）、（2）清洁外，还要用0.2%苯扎溴铵溶液或5%甲酚皂溶液对室内门窗、地面进行消毒。

3. 清洁效果评价

中间站清洁后门窗洁净，地面无杂物、尘土，桌子、容器无灰尘；室内药品摆放整齐，并挂有标识卡；天棚无灰尘，灯具明亮无灰尘。

4. 清洁工具的清洁与存放

用过的抹布，用洗衣粉水洗后漂洗干净，再消毒后晾干，放置于清洁间指定地点。拖布用饮用水冲洗干净，必要时用洗衣粉清洗干净并晾干，放置于清洁间指定地点。

四、操作间的清场要求

1. 一般生产区的清洁与消毒

（1）清洁频率及范围：操作前和生产结束后各清洁一次，主要是清除废弃物并清洗废物贮器；擦拭操作台面、地面及设备外壁；擦拭室内桌、椅、柜等外壁；擦去走廊、门窗、卫生间、水池及其他设施上的污迹。每周工作结束后进行全面清洁一次，主要清洁内容有擦洗门窗、水池及其他设施；刷洗废物贮器、地漏、排水道等处。每月工作结束后进行全厂大清洁，清洁内容是对墙面、天棚、灯具、消防设施及其他附属装置除尘，全面清洁工作场所。

（2）清洁工具、清洁剂与消毒剂：一般生产区的清洁工具有拖布、水桶、笤帚、抹布、吸尘器、毛刷、废物贮器；清洁剂有洗衣粉、洗涤剂、药皂等；消毒剂采用5%甲酚皂溶液、75%乙醇溶液等。

（3）清洁消毒方法：每班操作完毕，先按照清场标准操作规程进行清场，按照设备、工具、容器的清洁规程进行清洁。收集整理操作台面和地面，将废弃物收入废物贮器，用以饮用水浸湿的洁净抹布擦拭各操作台面和侧面。用专用拖布浸饮用水擦拭（必要时可先用饮用水冲洗，然后再擦拭）地板。用以饮用水浸湿的洁净抹布擦拭墙壁和门窗、天棚，自然干燥，必要时借助登高工具或用适宜工具擦拭。地漏的清洁按照《地漏清洁消毒标准操作规程》执行。每周清洁后，用消毒剂对室内进行喷洒消毒，卫生间每天用消毒剂喷洒消毒一次。清洁完毕后，填写清洁记录。

（4）清洁效果评价：现场无任何废弃物、无上次生产遗留物，用手擦拭任意部位应无尘迹和脱落物。废物贮器完好，外表清洁。工作台面整洁，无肉眼可见的污渍和尘埃，用净手触摸，无油污感，在工作光线下观察，手上不得染有油污和尘埃。地面无杂物、积水、肉眼可见污渍。墙面、捕虫装置无肉眼可见的尘埃、污渍和真菌斑，墙角无蛛丝，用净手触摸，无油污感。玻璃应光亮透彻，无擦拭后水迹及任何残余痕迹。天棚、门窗、照明灯具等无肉眼可见的尘埃、污渍、真菌斑和蛛丝，不得有肉眼可见的异物脱落。捕虫、捕鼠装置应每天检查并填写检查记录。

2. D级洁净区的清洁与消毒

（1）清洁频率及范围：每天生产操作前、工作结束后进行一次清洁，直接接触药品的设备表面清洁后再用消毒剂进行消毒。清洁内容包括清除并清洗废物贮器，用以纯化水浸湿的清洁布擦拭墙面、门窗、地面、室内用具及设备外壁污迹。每周工作结束后，进行一次清洁、消毒。清洁范围是室内所有部位，包括地面、废物贮器、地漏、灯具、排风口、天棚等。每月生产结束后进行一次大清洁、消毒，包括拆洗设备附件及其他附属装置。根据室内菌检情况，决定消毒频率。

(2) 清洁工具、清洁剂与消毒剂：清洁工具有拖布、洁净抹布、毛刷、塑料盆。消毒剂（每月轮换使用）采用0.2%苯扎溴铵溶液、75%乙醇溶液、5%甲酚皂溶液、碳酸钠溶液等。

(3) 清洁消毒方法：顺序为先物后地、先内后外、先上后下。先用以纯化水浸湿的洁净抹布擦拭一遍，必要时用清洁剂擦去污迹，再用消毒剂消毒一遍。输液车间地面以纯化水冲洗为宜，以控制微粒；粉针剂车间使用的消毒剂以碱性为宜，以破坏头孢类药物残留物。

(4) 清洁效果评价：目检各表面应光洁，无可见异物或污迹。由QA人员对尘埃粒子、沉降菌进行检测，应符合标准。

3. C级洁净区的清洁与消毒

(1) 清洁频率及范围：操作间每天生产前、工作结束后进行一次清洁、消毒，每天用臭氧消毒60 min；清洁范围包括操作台面、门窗、墙面、地面、用具及其附属装置、设备外壁等。每周工作结束后，进行全面清洁、消毒一次，需用消毒剂擦拭室内一切表面，包括墙面、灯具和天棚。每月室内空间用臭氧消毒150 min，根据室内菌检情况，确定消毒频率。如倒班生产，两班清洁时间间隔应在2 h以上。

(2) 清洁工具、清洁剂与消毒剂：清洁工具有拖布、洁净抹布、毛刷等。用于表面消毒的消毒剂有0.2%苯扎溴铵溶液、5%甲酚皂溶液、75%乙醇溶液等；用于空间消毒的有甲醛、臭氧等。消毒剂使用前，应经过0.22 μm微孔滤膜过滤。各种消毒剂应每月轮换使用，消毒剂从配制到使用不超过24 h。

(3) 消毒方法：先将灭菌的超细布在消毒剂中润湿，用其擦拭各台面、设备表面，然后用灭菌的不脱落纤维和颗粒的清洁布擦拭墙面和其他部位，最后擦拭地面。操作室每天清洁后，按臭氧消毒规程对房间进行臭氧消毒。遵循先物后地、先内后外、先上后下、先拆后洗、先零后整的擦拭原则。

(4) 清洁效果评价：目检各表面应光洁，无可见异物或污垢。由QA人员对尘埃粒子、沉降菌进行检测，应符合标准。

五、地漏的清洁与消毒

每个工作日下班前或在每批生产结束后的清场过程中对地漏进行清洁并消毒，清洁后应无味，无异物。常用的消毒剂有0.2%苯扎溴铵溶液、5%甲酚皂溶液。清洁地漏时，不得将水封打开，以防止下水道内的废气倒灌入生产区。一般生产区先打开地漏盖板，用毛刷蘸取清洁剂将地漏盖板刷洗干净，再用饮用水将表面的清洁剂冲洗干净，最后用大量饮用水将地漏内残存的污物冲入下水道内。高于 C 级的洁净区先用毛刷蘸取清洁剂将地漏槽、水封盖外壁刷洗干净，然后用大量纯化水将地漏槽内及水封盖外壁表面的清洁剂冲入下水道内。消毒时将配制好的消毒剂倒入地漏水封槽内，用毛刷将消毒剂均匀涂布于地漏盖板、地漏水封槽、水封盖外壁表面。

六、清场的评价与合格证发放

1. 符合下列情形之一的均应签发清场合格证

日常生产结束后，清场合格；生产或包装过程中更换品种或规格，已按规定清场；重新清场合格后首次生产前或长期停产恢复生产前的前清场合格。

2. 发放范围

药品生产车间洁净区操作间有称量间、浓配间、稀配间、灌封间、灯检间；器械车间洁净区操作间有精洗间、滤芯成型间、滤器焊接间、装配间、热合间；非洁净区操作间有灭菌间、冷却风干间、印字间、包装间。

3. 发放程序

(1) 现场检查：生产结束后，QA 人员按以下要求对操作间内进行检查、评定，应符合要求。①无本批物料、记录遗留。②容器、工具已按相关清洁规程清洁，且归位。③仪器设备已清洁，并进行了状态标识。④地面、墙面已按规定清洁。⑤废料、不合格品已清出。

(2) 发放：清场合格证一式两份，分正本与副本。检查合格后，QA 人员及时填写清场合格证，将清场合格证（正本）发给该操作间操作人员，作为本批产品生产操作区已清场证据；将清场合格证（副本）固定在该操作间门上，作为下批清场有效期的证据。

4. 清场合格证有效期

一般生产区，自清场之日起，有效期一般为 7 天；D 级洁净区，自清场之日起，有效期一般为 5 天；C 级、B 级、A 级洁净区，自清场之日起，有效期一般为 3 天。超过有效期后，生产前应重新清场。

任务实施

清场管理实例分析

某药厂 ×× 口服液灌封车间操作员小陈当班上午发现车间内有一瓶不明液体，马上向当班组长汇报，经调查发现是昨天小李生产后遗留的废液忘记清出车间了。随后小李及昨天进行清场检查的 QA 人员被当作生产检查典型事件违规人员在全厂进行通报批评。

请分析：

(1) D 级洁净区的清场应包括哪些内容？

实例分析：清场管理

(2) 清场时 QA 人员有哪些职责?

知识小结

1. 一般生产区工艺卫生管理包括进入一般生产区的原辅料卫生、生产过程卫生、设备卫生、生产介质卫生、环境卫生等方面。

2. 清场至少包含 4 个方面:①物料包括原辅料、半成品、成品、包装材料、剩余材料、散装品、印刷的标识等。②生产中的文件包括生产指令、生产记录等书面文字材料。③生产中的各种状态标识等。④清洁卫生工作。

3. 签发清场合格证的情形:①日常生产结束后,清场合格。②生产或包装过程中更换品种或规格,已按规定清场。③重新清场合格后首次生产前或长期停产恢复生产前的前清场合格。

在线测试

请扫描二维码完成在线测试。

在线测试:清场管理

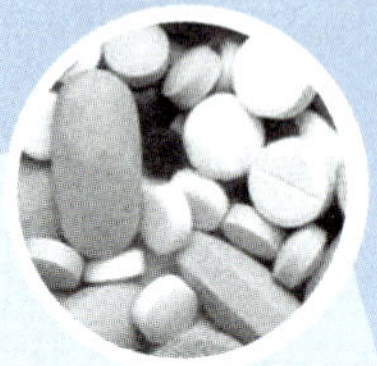

项目 3 物料与产品生产过程管理

项目描述

物料与产品生产过程管理涵盖了药品生产所需物料的购入，物料和产品的贮存与发放，以及不合格物料与产品的处理等环节。只有建立了规范的物料管理系统，才能使其流向清晰并具可追溯性，同时应制定物料与产品管理制度，确保有章可循，以保障物料与产品质量。

本项目主要介绍物料与产品生产过程中发放和使用的通用管理，包括物料与产品信息和状态标识、发放原则，不合格品与废品处理流程，偏差处理等具体内容，为后续生产实例模块领料、中间站管理等环节操作提供理论依据。

学习目标

- 知识目标

1. 掌握物料信息标识与状态标识的组成、分类、使用。
2. 掌握物料发放基本原则。
3. 掌握偏差的定义与偏差处理流程。
4. 熟悉物料生产车间存放要求，物料平衡和收率的计算。
5. 了解不合格品和废品的处理流程。

- 能力目标

1. 能进行物料和产品标识信息完整性审核。
2. 能监控生产车间物料存放和转运过程。

- 素养目标

1. 在物料与产品发放、使用过程管理中养成严谨细致和求真务实的工作作风。
2. 在特殊物料与产品管理中树立严守法律法规的意识。
3. 树立责任意识和集体意识，培养团队合作精神。

知识导图

请扫描二维码了解本项目主要内容。

知识导图：物料与产品生产过程管理

任务3.1 物料与产品发放管理

知识准备

PPT：物料与产品发放管理

一、物料与产品信息标识和状态标识

物料系指原料、辅料和包装材料等。产品包括中间产品、待包装产品和成品，其中，中间产品系指完成部分加工步骤的产品，尚需进一步加工方可成为待包装产品；待包装产品系指尚未进行包装但已完成所有其他加工工序的产品；成品系指已完成所有生产操作步骤并最终包装的产品。

物料与产品标识是物料与产品管理的重要组成部分，其主要目的在于防止发生混淆和差错，从而避免物料与产品的污染及交叉污染，当物料与产品标识出现丢失导致其无法识别时，应按偏差程序处理。

1. 物料与产品信息标识要求

药品的质量基于物料，药品生产是物料加工转换成产品的过程。物料管理与产品管理程序基本相同，要保障和追溯药品质量就必须制定物料与产品名称、企业内部物料代码和批号等。

(1) 对原辅料标识的要求：GMP规定存储区内的原辅料应当有适当的标识，并至少标明下述内容。①指定的物料名称和企业内部的物料代码。②企业接收时设定的批号。③物料质量状态（如待验、合格、不合格、已取样）。④有效期或复验期。用于同一批号药品生产的所有配料应当集中存放，并做好标识。

(2) 对中间产品和待包装产品标识的要求：中间产品和待包装产品应当有明确的标识，并至少标明下述内容。①产品名称和企业内部的产品代码。②产品批号。③数量或重量（如毛重、净重等）。④生产工序（必要时）。⑤产品质量状态（如待验、合格、不合格、已取样）。

(3) 对不合格物料、中间产品、待包装产品和成品标识的要求：不合格物料和中间产品包括进厂后经检验不合格的物料；生产过程中发现的不能使用的物料；在库房贮存保管过程中由养护不当造成的不合格物料；贮存期满，经复验不合格的原辅料和中间产品（包括正常生产中剔除的不合格产品）。不合格成品系指经检验不合格的产品、过有效期或经留样检验不合格的成品，以及来自“产品撤回”的产品。只有经质量管理部门批准放行并在有效期或复验期内的原辅料方可使用，不合格物料、中间产品、待包装产品和成品的每个包装容器上均应当有清晰醒目的标识，在隔离区内妥善保存。

(4) 对包装材料标识的要求：每批或每次发放的与药品直接接触的包装材料或印

刷包装材料，均应当有识别标识，标明所用产品的名称和批号。

2. 物料与产品信息标识的基本组成

物料与产品信息标识的3个基本组成部分为名称、代码和批号。

(1) 名称：对于被《中国药典》收载的物料和产品，采用《中国药典》中使用的名称；对于没有被《中国药典》收载的物料和产品，建议采用国际非专利名称（通用名称）作为物料和产品的名称；对于没有被《中国药典》收载且没有国际非专利名称的原辅料、产品、包装材料和其他物料，企业可按照内部规定的命名规则命名。原辅料应尽量采用通用名称或化学名称，若化学名称过长，可考虑使用商品名称。

(2) 代码：物料和产品应给予专一性的代号，相当于物料和产品的数字身份。物料代码通常采用字符串（定长或不定长）或数字标识。物料代码必须是唯一的，即一种物料不能用多个物料代码，一个物料代码不能用于多种物料。物料代码由企业根据物料和产品情况，自行确定适合本企业的物料代码编写方式和给定原则。如物料代码XXYYYYYY，前两位数字“XX”代表物料或产品的类别，后6位数字“YYYYYY”代表流水号。

(3) 批号：物料和产品应给予专一性的批号，满足物料和产品的系统性、追溯性要求。批号通常用数值标识或用字母+数字表示。需要强调的是，每批接收的原辅料、包装材料和每批产品都需要编制具有唯一性的批号；返工（除更换物料产品的内、外包装外）和再加工物料与产品需要给定新的批号，以免发生混淆和差错。

物料的名称、代码和批号，可以与条形码技术或射频识别（RFID）技术结合，进行计算机化存储管理。

3. 物料与产品状态标识

物料与产品状态标识通常包括质量状态标识和类型状态标识。

(1) 质量状态标识：通常应根据GMP要求将物料的质量状态标识分为以下几种。①待验标识：通常为黄色标识，该标识表明所指示的物料和产品处于待验状态，不可用于正式产品的生产或发运销售。②不合格标识：通常为红色标识，该标识表明所指示的物料和产品为不合格品，不得用于正式产品的生产或发运销售，需要进行销毁或返工、再加工。③合格标识：通常为绿色标识，该标识表明所指示的物料和产品为合格的物料和产品，可用于正式产品的生产使用或发运销售。④其他状态标识：主要包括已取样标识和限制性放行标识，通常以绿底为标识，但是和正常合格标识有显著差异。通常限制性放行物料不用于商业批生产，而用于其他使用目的，例如物料没有完成全检，或者虽然已经完成工厂内部检验但官方的进口检验报告还没有拿到，该批物料可以限制性放行。

(2) 类型状态标识：①物料周转标签：适用于车间内物料的周转，岗位生产操作结束后，物料周转容器上的标签通常需全部揭下，并附于生产记录中，空的容器转运到容器具清洁间，按容器具清洁规程进行清洗操作。②物料标签：标明此物料的名称、批号、数量、供应商、生产日期、有效期等信息。③中间产品标签：包含名称、批号、毛重、净重、生产日期、生产阶段、操作人和复核人等中间产品信息。④成品标签：该标签粘贴于产品的大箱等最终包装容器上，通常包括名称、批号、规格、生产日期、有效期、包装数量、毛重、贮存条件等信息。⑤成品零箱标签：表明此外包装大箱或容器中装有产品但未装满或者其中装有两个不同批号的成品，零箱标签与同批号整包装成品标签应该能够明显区分。⑥退货标签：表明产品为退货，和正常的产品有明显区别，通常包括退货名称、退货来源、物料代码、退货批号、退货接收批号、生产日期、有效期、接收人、接收日期等信息。⑦废料标签：表明此物料为废弃物。⑧剩余物料标签：表明此物料为生产过程中相关工序完成后剩余的物料，可继续使用。

二、物料与产品发放原则与要求

物料发放出库是一项细致而烦琐的工作，对于即将出库进入生产过程的物料要进行检查，以保证其数量准确、质量良好，只有经质量管理部门批准放行并在有效期或复验期内的物料方可发放与使用。

通常物料发放按照“先进先出（FIFO）/近效期先出（FEFO）”的原则。不论是生产物料还是非生产物料，其发放遵循的基本原则都是相同的。至于具体是执行 FIFO 还是 FEFO，由企业自行决定。但为了防止在执行过程中，由发放原则制定不明确而导致的物料发放混乱，采用其中一种原则即可。如果同时采用两种原则，应在企业制定的物料发放管理程序中明确定义两种原则并行使用的方法。此外，在物料发放的实际操作过程中，还应在遵循 FIFO 或 FEFO 原则的基础上，采用“零头先发、整包发放”原则。

一般来说，每批生产物料在经过取样、检验合格和放行使用后才能被使用。经检验合格的生产物料，由质量管理部门发放检验合格报告书、合格标签和物料放行单。指定人员将物料状态由待验变为合格。对检验不合格的生产物料，按品种、批号移入不合格区内，物料状态由待验变为不合格，按不合格品处理规程进行处理。

产品只有在接到交货单时才能发放。交货单的接收和产品的发放必须有文件记录，仓库管理人员须根据交货单认真核对出库成品的物料名称、批号、数量后才能发货。发放的成品必须有质量管理部门下达的成品放行通知单，外包装必须完好无损。

质量管理部门依据物料的购进情况及检验结果确定物料是否被放行。物料的发放应凭批生产指令或批包装指令限额领用并记录。在物料的发放和使用过程中，必须复核品名、规格、批号、数量、合格状态、包装是否完整等，复核无误后方可发放和使用。

发放管理强调账、卡、物和相应信息保持一致。账即物料账，是指同一物料的相关信息登记，包括来源去向及结存数量，用于统一物料的使用情况；卡即货位卡，是用于表示一种货位的单批物料的产品名称、规格、型号、数量和来源去向的卡，可以作为识别货垛的依据，并能记载和追溯该货位的来源和去向；物即实物。在物料发放的同时应在卡上进行记录，卡建立了账与物之间的联系。通过账、卡、物核对，能及时有效地发现混淆和差错。卡不仅是货物的标识，还是追溯的重要凭证，物料去向的记载须注明将用于生产的产品名称和批号。

任务实施

物料与产品发放管理实例分析

某药厂物料发放原则

某药厂针对物料发放，制定了三项原则，包括“三查六对”“四先出”及按批号发货原则。

1. “三查六对”原则

该药厂物料出库验发，首先对有关凭证进行“三查”，即查核生产或领用部门、领料凭证或批生产指令、领用器具是否符合要求；其次将凭证与实物进行“六对”，即对货号、品名、规格、单位、数量、包装进行核对。

2. “四先出”原则

该药厂物料出库，执行“四先出”，即先产先出、先进先出、易变先出、近期先出。具体要求：库存同一物料，对先生产的批号尽先出库；同一物料的出库，按进货的先后顺序出库；库存的同一物料，对不宜久贮、易变质的先出库；库存有效期相同的物料，对接近失效期的先行出库。

3. 按批号发货原则

该药厂物料出库按批号发货，也就是应按物料的批次，尽可能把同一批次物料完整发出，如果遇到一个批次数量不够，也要尽可能使混合的批次越少越好。

实例分析：某药厂物料发放原则

请分析：

(1) 结合该药厂的物料发放原则，哪些情况不能发放呢?

(2) 针对按批号发货原则，未拆封的整包装原辅料发放时，应做好哪些工作?

知识小结

1. 物料系指原料、辅料和包装材料等。产品包括中间产品、待包装产品和成品。其中，中间产品系指完成部分加工步骤的产品，尚需进一步加工方可成为待包装产品。

2. 物料管理的程序与产品管理的程序基本相同，必须制定物料与产品的名称、企业内部物料代码和批号等。

3. 物料信息标识的 3 个基本组成部分为名称、代码和批号。

4. 物料状态标识可分为：①待验标识(黄色)。②不合格标识(红色)。③合格标识(绿色)。④其他状态标识(如已取样、限制性放行标识)。

5. 通常物料发放按照“先进先出(FIFO)/近效期先出(FEFO)”的原则。

在线测试

请扫描二维码完成在线测试。

在线测试：物料与产品发放管理

任务 3.2 物料与产品使用过程管理

知识准备

PPT：物料与产品使用过程管理

一、物料生产车间存放管理

为避免原辅料、包装材料外包装上的尘埃和微生物污染药品生产环境，生产车间领取的所有原辅料均须经脱外包装后从传递窗（或缓冲室）或经适当清洁处理后，才能进入生产车间备料间（区）。

进入洁净区的物料按净化程序外清、缓冲（消毒）后进入车间放置于车间备料间（区），备料间（区）的空气洁净度级别应与生产要求一致。备料间（区）放置物料要求符合物料贮存条件，不同物料应配置相应的不同设施，如要求阴凉、恒温、恒湿等。如车间暂缺设施，可在使用前向仓库领取。有特殊管理要求的毒剧品、麻醉品、精神类药品等相关物料，车间备料间(区)内应设专柜，并由专人领取与保管，有详细的领取记录。易燃易爆、危险品等物料，除有安全防范措施外，还应控制领取量，不应在车间存放过多(通常存放一天用量)。车间备料应严格控制数量，一般不宜超过 2 天的用量，否则应有特殊规定。

知识拓展：GMP 规定的物料贮存条件

二、中间产品管理

中间产品质量取决于生产过程的质量控制，包括产品是否按批准的生产工艺生产，人员培训是否到位，机器设备是否对中间产品产生影响，厂房环境尘粒微生物是否达标等。企业质量管理人员应在生产过程中采取合理措施，确保中间产品符合企业内控标准。

《药品生产质量管理规范》(GMP) (2010 年版) 规定仓储区要有足够的空间保证中间产品的存放，标注醒目的标识，避免污染与混淆。中间产品的合理贮存与物料贮存基本相同，主要包含分类贮存码放、在规定条件下贮存、在规定期限内销售和定期养护 4 个方面：①必须按其类别、性质、贮存条件分类贮存，应有明显标识，避免相互影响和交叉污染。②必须确保有与中间产品相适宜的贮存条件，来维持其质量。③必须在规定期限内使用。④必须对存放设施、环境进行维护和清洁，并定期对中间产品进行检查、养护，采取必要的措施预防或延缓其受潮、变质、分解等。

中间产品的放行是在以上基础上进行实质的质量评价后所进行的放行与否的管理，是关乎产品质量最为关键的一环，其要求与物料的放行与发放基本相同。

三、物料平衡控制

建立物料平衡检查标准，掌握生产过程中物料收率变化，进行严格的收率控制，使其在合理的范围内，是防止差错和混淆的有效方法之一。每个品种的关键生产和包装工序中应明确规定物料平衡的计算方法和合格限度要求，出现异常情况时应按照偏差处理程序进行调查分析。

物料平衡是产品或物料的实际产量或实际用量及收集到的损耗之和与理论产量或理论用量之间的比值，应适当考虑可允许的正常偏差。物料平衡必须在批生产记录中反映出来，可通过严格的物料平衡观察与控制来判定药品生产工艺活动正常与否。

收率是一种反映生产过程中投入物料的利用程度的技术经济指标。在药品生产过程的适当阶段，计算实际收率和理论收率的百分比，能够有效避免或及时发现药品混淆事故，每批待包装产品的理论收率应与实际收率进行核对。其中，理论收率（计算收率）是指假设在实际生产过程中没有任何损失或失误，根据所用各种成分的数量，在药品的制造、加工或包装的任何阶段，应该获得的产量；实际收率是指在某种药品的制造、加工或包装的任何阶段实际获得的产量。

产量是衡量工艺稳定性的一个重要手段，应根据验证结果明确产量范围，当超出设定范围时应进行偏差调查。根据所生产剂型的特点，计算成品率或收率，用以反映工艺的稳定性和控制成本。

在实际生产中应按照规定要求进行产量和物料平衡计算。每个品种工艺规程或批生产记录中应对每个品种各关键生产工序明确物料平衡的计算方法及限度要求，物料平衡限度的制定应合理并有依据（如源于工艺验证、产品质量回顾）。在生产过程中如有跑料现象，应详细记录跑料过程及数量，跑料数量也应计入物料平衡。物料平衡计算公式如下：

$$物料平衡(\%)=\frac{实际产出量+样品量+废品量}{投入量}\times 100\% \qquad (式3\text{-}1)$$

式中：实际产出量——用于下一步工序或商业销售的产出数量；

样品量——在线检查样品、质量控制检查样品（QC样品）、文件留样、其他样品数量；

废品量——含活性成分或药品的废品数量。

对物料平衡的确认，应有质量管理部门或车间主管人员的审核。当物料平衡超出规定限度时，应按照偏差处理程序对偏差情况进行处理和分析。

对于原料药、中药提取和生物制品原液制备等工序，一般以计算收率的方式对生产过程进行控制，收率的计算见式3-2；对于原料药应当将生产过程中指定步骤的实际收率与预期收率进行比较。预期收率的范围应当根据以前的实验室、中试或生产的数据来确定。应当对关键工艺步骤收率的偏差进行调查，确定偏差对相关批次产品质量的影响或潜在影响。

$$\text{收率}(\%)=\frac{\text{实际产出量}}{\text{理论产量}}\times 100\% \qquad (\text{式 }3\text{–}2)$$

对于剩余的印有批号和生产日期及有效期的印字包装材料，在本批结束后必须作废品处理，并以撕毁或相当的方式保证不能被误用。离线打印批号、生产日期和有效期的印字包装材料需计数发放，数量平衡的限度应是 100%。

四、不合格品与废品管理

不合格品管理应强调三个“不放过”，即没找到责任和原因不放过，没找到防患措施不放过，责任人或责任方没受到教育不放过。只有坚持这种思想和理念，药品生产企业才能持续、稳定地生产出合格产品。

1. 不合格物料、产品处理流程

不合格物料、产品处理流程见图 3–1。

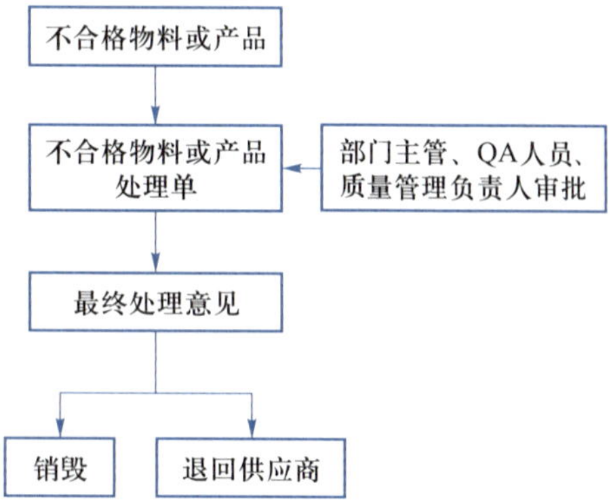

图 3–1　不合格物料、产品处理流程

合格物料的出库应严格遵循相应的流程规范操作。一般企业均设有固定专用的不合格品区域。

2. 不合格物料、产品处理方式

企业内任何不合格物料、产品的处理都应经质量管理负责人批准。产生不合格物料、产品的原因众多，因此处理方式也存在差别。对于由供应商或生产商原因引起的不合格物料(包括原辅料、包装材料)，在质量部作出不合格判定和拒收处理后，一般通过投诉流程，投诉相应的供应商或生产商，要求供应商或生产商进行根本原因调查，并采取适当的整改和预防措施避免物料不合格情况的再次发生。本企业产生的不合格产品，多数是生产过程中的偏差所致，因此不合格产品的处置方式是依据偏差的根本原因调查和风险评估而确定的。

3. 不合格品、废品销毁程序

不合格品、废品销毁程序见图 3–2。

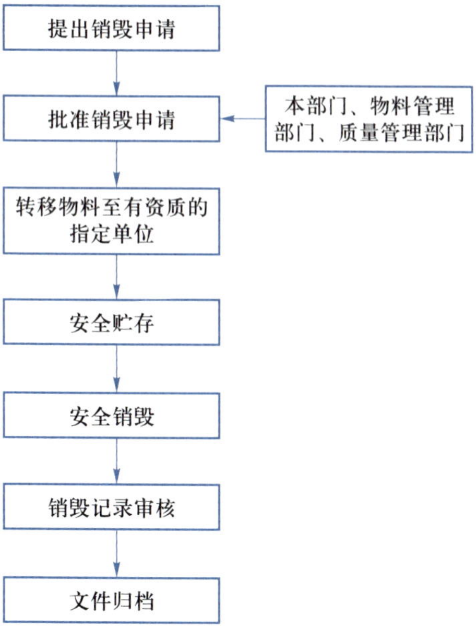

图 3–2　不合格品、废品销毁程序

对于任何需销毁的不合格品和废品，首先需提起销毁申请，销毁申请通常可由物料管理部门、质量管理部门或其余相关部门批准。

对于不合格品、废品的处理，企业一般会选择有资质的销毁公司进行专业的销毁。不合格品、废品销毁时，须确保安全、有效，企业一般会采取现场监督的方式，对不合格品、废品处理的销毁过程进行监督和管理，并须有合适的人员对相关的销毁记录进行审核。

五、物料退库管理

企业在生产经营活动过程中，可能会产生退货行为，退货管理程序的制定和实施对企业而言相当重要。应严格管理退货，以避免在退货处理过程中产生差错和混淆，同时为降低退货过程中带来的质量风险和假药风险提供必要的保障。

物料退库主要原则：①不连续生产时，剩余物料须退库。②车间更换品种和规格时需将上批次品种、规格剩余物料退库。③生产中怀疑物料质量存在缺陷或不符合生产使用的物料应退库。④连续生产，不更换品种、规格时，每批生产结束后多余物料可退库，亦可暂存于车间，但剩余物料的散装原辅料应准时密封，由操作人在包装容器上注明剩余数量、品名、规格，使用者签字，由专人保管，再次启封使用时，应核对记录。⑤因某些缘由临时停产或资料临时更改而物料已领到生产现场的可退库。⑥生产操作不当产生的不合格物料，不允许退库。⑦已印有生产批号、有效期等信息的包装材料，不允许退库，按不合格品处理。

企业应根据 GMP（2010 年版）相关规定和要求，建立退货管理的书面操作规程，内容包括退货申请、接收、贮存、调查、评估和处理（返工、重新加工、降级使用、重新包装、重新销售等），并有相关记录。

任务实施

中间产品管理实例分析

某药厂中间产品管理规程

文件名称	中间产品管理规程			文件编号	SMP-WL-1010-02
起 草 人	张三	审 核 人	李四	批 准 人	王五
起草日期	2021 年 4 月 25 日	审核日期	2021 年 5 月 18 日	批准日期	2021 年 6 月 22 日
颁发部门	质量部			生效日期	2021 年 7 月 11 日
分发部门	物料管理部、质量部、生产车间				

目的:本标准规定了中间产品的管理程序。

范围:本标准适用于车间生产的中间产品。

职责:库管员负责根据本标准对中间产品进行管理;车间班组长负责按寄库单和领料单进行领料;QC 检验员负责对中间产品进行准确检验;QA 人员负责对库管员对中间产品的管理进行监督和检查。

(1) 中间产品寄库

1) 由车间班组长填写物料寄库单交库房,注明品名、规格、批号、件数、送料人等。

2) 库管员接到物料寄库单后,及时安排好仓储位置。

3) 到库中间产品应逐件检查其包装是否符合规定,有无破损、渗漏,封口是否扎紧,标签上填写内容是否完整清楚,重量是否和所标注重量一致。

4) 经库管员查对品名、规格、数量、批号无误后方可办理接收手续,出具物料接收单。

5) 库管员及时对寄库中间产品根据编码规程编码,填写中间产品进库总账,挂上"待验"标识牌。

(2) 入库

1) 根据 QC 检验结果办理入库手续,如合格则及时取下黄色"待验"标识,换上绿色"合格"标识,不合格则及时移至不合格库(区),按《不合格品管理规程》处理。

2) 建立货位卡和分类账。

(3) 库存管理:库存的中间产品应根据其性质存放,注意库房的温湿度变化(温度在 30 ℃以下,相对湿度为 45%~75%),防止其吸潮、发霉、生虫。

(4) 发放使用

1) 车间物料员根据车间生产计划填写领料单,注明品名、规格、批号、数量和领取日期,经车间领导及 QA 人员审批后,送至库房。

2) 库房接到领料单后应认真核对其品名、规格、批号、数量,将料备齐。

3) 由车间领料员核对该批物料检验报告,确认品名、规格、数量、批号和要求一致后双方确认,在领料单上签字认可。

4) 到质量部规定的贮藏有效期的中间产品应申请复验,经复验合格后才能发放。

5) 在分类账和货位卡上注明货物去向和数量。

(5) 退料:车间须退回库房的中间产品按《退料管理规程》执行。

上述实例未提及不同品种、同一品种不同规格或批号的中间产品如何存放,请详细说明。

实例分析:某药厂中间产品管理规程

知识小结

1. 生产车间领取的所有原辅料应经脱外包装后从传递窗(或缓冲室)或经适当清洁处理后,才能进入生产车间备料间(区)。进入洁净区的物料按净化程序外清、缓冲(消毒)后进入车间放置于车间备料间(区)。

2. 有特殊管理要求的毒剧品、麻醉品、精神类药品等相关物料，车间备料间（区）内应设专柜，并由专人领取与保管，有详细的领取记录。

3. 中间产品的合理贮存与物料贮存基本相同，主要包含分类贮存码放、在规定条件下贮存、在规定期限内销售和定期养护4个方面。

4. 物料平衡计算公式：$物料平衡(\%)=\frac{实际产出量+样品量+废品量}{投入量}\times 100\%$。

5. 收率计算公式：$收率(\%)=\frac{实际产出量}{理论产量}\times 100\%$。

6. 本企业产生的不合格产品，多数是生产过程中的偏差所致，因此不合格产品的处置方式是依据偏差的根本原因调查和风险评估而确定的。

7. 对于任何需销毁的不合格品和废品，须提起销毁申请，批准后转移至有资质的指定单位进行专业销毁。

在线测试

请扫描二维码完成在线测试。

在线测试：物料与产品使用过程管理

任务3.3 偏差处理

知识准备

PPT：偏差处理

一、偏差的定义

偏差是指与批准的指令（生产工艺规程、岗位操作法和标准操作规程等）或规定的标准的偏离，是在产品检验、生产、包装或存放过程中发生的任何偏离标准的规程、处方、质量标准、趋势、设备或参数的非计划性差异。

偏差管理是指对生产或检验过程中出现的或怀疑存在的可能会影响产品质量的偏差的处理程序。偏差管理作为一种发现问题、分析问题、解决问题并持续改进质量管理体系的有效手段，对提升质量管理理念、提高质量改进的意义重大。偏差管理的目的是出现偏差并不一定意味着产品要报废或返工，而是要对偏差进行调查，查明原因，判断偏差严重程度、是否会影响产品质量、影响程度，然后做出产品的处理决定。同时应提出整改及预防措施，以防下次出现同样的错误。

任何偏差都应当评估其对产品质量的潜在影响，制药企业可根据偏差管理的范围、对药品质量的影响程度等对偏差进行分类。

1. 根据偏差管理的范围分类

根据偏差管理的范围可将偏差分为实验室偏差和非实验室偏差（生产偏差）两类。实验室偏差指由任何与检验过程相关的因素所引起的检验结果偏差，包括取样、样品容器、存放条件、检验操作、计算过程等问题引起的偏差。实验室异常的检验结果包括超标结果（OOS）和非期望结果（OOE）。其中，超趋势结果（OOT）作为非期望结果（OOE）的一种，广泛应用于稳定性研究和产品年度质量回顾中。

非实验室偏差指在排除实验室偏差以后，由其他任何因素所引起的对产品质量产生实际或潜在影响的偏差，可分为非生产工艺偏差和生产工艺偏差。非生产工艺偏差即指由操作人员未按程序操作、设备故障、生产环境或错误投料等原因所引起的对产品质量产生实际或潜在影响的偏差；生产工艺偏差即指由工艺本身缺陷引起的对产品质量产生实际或潜在影响的偏差，即使人员操作、设备和物料完全正确也不可避免。

2. 根据偏差对药品质量的影响程度分类

根据偏差对药品质量的影响程度可将偏差分为次要偏差、主要偏差和重大偏差。次要偏差属细小的对法规或程序的偏离，不足以影响产品质量，无须进行深入的调查，但必须立刻采取纠正措施，并立即记录在批生产记录或其他 GMP 受控文件中；主要偏差属较重大的偏差，可能对产品的质量产生实际或潜在影响，必须深入调查原因，采取纠正措施进行整改；重大偏差可能对产品的质量、安全性或有效性产生严重后果，或可能导致产品报废，必须按规定程序查明原因，且除必须建立纠正措施外，还须建立长期的预防性措施。

二、偏差处理流程

1. 超标结果（OOS）调查

OOS 调查是偏差调查的一种类型。产生 OOS 可能是实验室原因导致，也可能是生产过程中的差错等原因导致，因此 OOS 调查时应首先进行实验室偏差调查，而后如有必要再扩展到生产全过程的调查，质量控制实验室应建立 OOS 调查的书面程序，任何 OOS 都必须按照书面规程进行完整的调查，并有相应记录。

OOS 的识别和评估根据调查的情况可以分为两个阶段：实验室调查阶段和全面调查阶段。第一阶段主要确认是否存在明显的分析错误，实验室分析错误得到确证后，检验结果无效。纠正分析错误（如使用正确的计算公式重新计算并报告结果，或修复仪器故障），必要时进行重新检验（如确认供试溶液稀释倍数错误，应重新配制供试溶液进行检验）。实验室分析错误通常是相对罕见的。频繁的错误可能表明检验员缺乏必要培训，或工作粗心，设备维护不佳或校准失当等。一旦确认实验室分析错误，企业应该寻找错误根源，采取相应的纠正预防措施并记录在案。没有经过记录在案的调查，不得假定 OOS 是分析错误造成的。如果实验室调查无法证明分析错误的存在，检验结果看起来是准确的，也就是无法证明检验结果是无效的，企业应该按事先确定的程序开展全面的 OOS 调查。第二阶段全面调查的目的在于确认 OOS 产生的根本原因，以采取相应的纠正预防措施。全面调查应该包括生产回顾、取样过程回顾，通常还会伴随着补充检验。这个阶段的调查还可能包括评估 OOS 对已放行销售批次的影响。

2. 超趋势结果（OOT）分析

OOT 分析应用于稳定性数据分析、验证数据分析、产品质量年度回顾和环境监测中。OOT 是指按照规定的检验方法和取样周期，结果在质量标准限度内，但是超出预期期望的一系列结果（比如稳定性降解产物的增加）。

3. 偏差管理流程

偏差管理要坚持 3 个原则。①发生偏差时应及时报告、调查并处理。②要制定有效的预防措施。③避免偏差的再次发生。偏差管理的最终目的是确保产品的质量与 GMP 相符合，典型偏差管理流程见图 3-3。

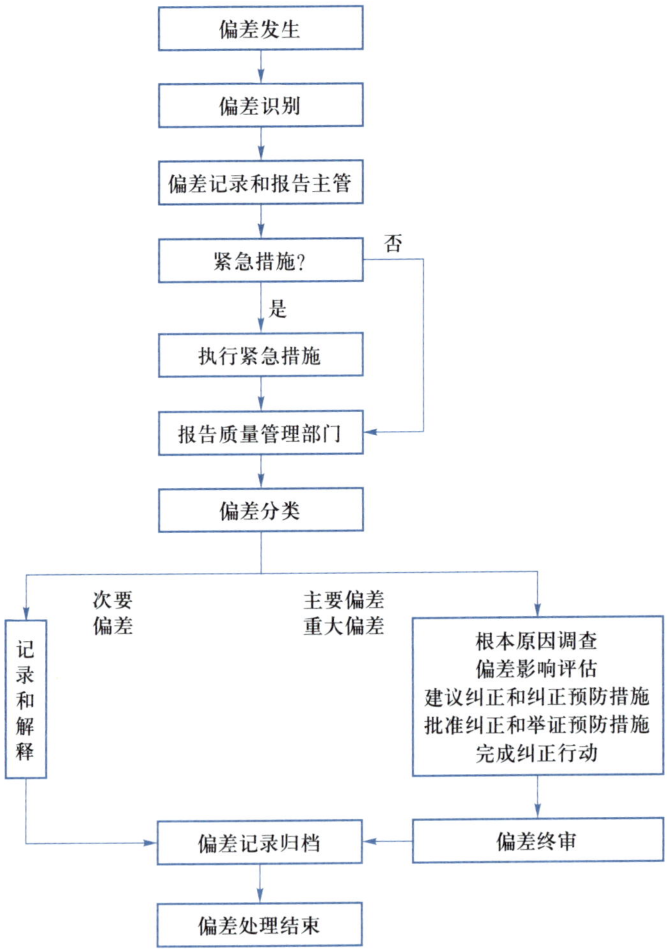

图 3-3　典型偏差管理流程

4. 生产偏差处理程序

生产偏差处理程序适用于当实验室检验结果异常，经上述偏差调查发现与实验室偏差相关性较低时，需要启动全面的偏差调查程序，主要涉及生产全过程的偏差调查；生产过程中发现的偏差，可能未引起检验结果的异常，但也需要报告、记录并开展相应的调查。

任务实施

偏差处理实例分析

某药厂 2012 年 7 月 13 日凌晨 3:04，冻干粉针剂车间冻干机控制室人员发现 5 号冻干机 2 号压缩机出现报警，此时某批号冻干产品处于一次干燥 −15 ℃保温阶段，1 号压缩机正常工作，能保证板层和冷阱所需温度。

采取的应急处理措施：产品温度未受影响，不需要停止生产。

偏差调查：根本原因为 2 号压缩机高压端的铜管破裂导致制冷剂泄漏。

偏差风险评级：主要偏差（是否重复偏差需重点评估）。

影响性评估：不涉及其他批次或产品。

纠正措施：该批次产品出箱后，对高压端管路进行维修。

预防措施：配备制冷剂泄漏检测仪器，定期检测高压端管路的完整性，并完善冻干机维护和保养程序。

产品处理：查看冻干曲线，无影响，放行。

请分析：

（1）案例中的偏差评级为什么是主要偏差？

（2）问题发生后是否均需进行偏差调查，如何判断？

实例分析：某药厂偏差处理实例

知识小结

1. 偏差是指与批准的指令（生产工艺规程、岗位操作法和标准操作规程等）或规定的标准的偏离。

2. 偏差管理是指对生产或检验过程中出现的或怀疑存在的可能会影响产品质量的偏差的处理程序。

3. 根据偏差管理的范围可将偏差分为实验室偏差和非实验室偏差（生产偏差）两类；根据偏差对药品质量的影响程度可将偏差分为次要偏差、主要偏差和重大偏差。

4. 超标结果（OOS）调查是偏差调查的一种类型。OOS 的识别和评估根据调查的情况可以分为两个阶段：实验室调查阶段和全面调查阶段。

5. 生产偏差处理程序适用于当实验室检验结果异常，经上述偏差调查发现与实验室偏差相关性较低时，需要启动全面的偏差调查程序。

在线测试

在线测试：偏差处理

请扫描二维码完成在线测试。

模块 2　碳酸氢钠片的生产

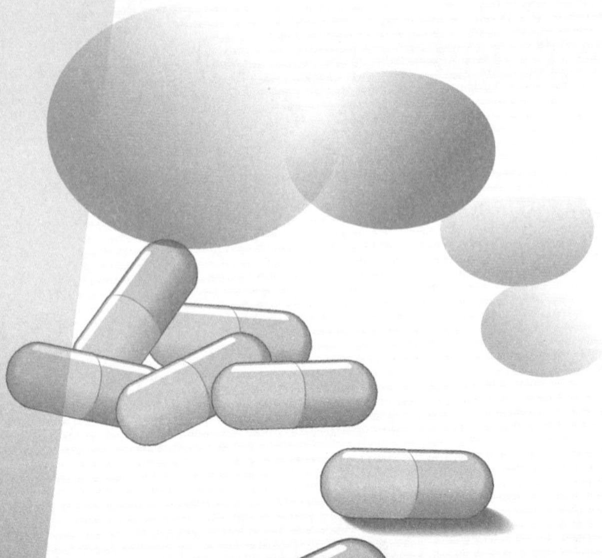

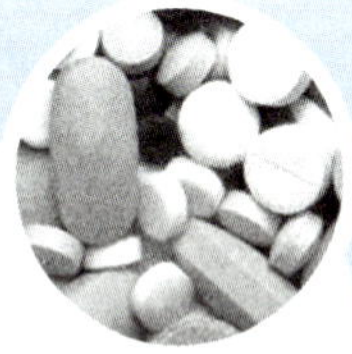

项目 4
碳酸氢钠片制备工艺

项目描述

片剂的制备通常选用湿法制粒压片法、干法制粒压片法和粉末直接压片法。其中，湿法制粒压片法适用于不能直接压片，且遇湿热稳定的药物；干法制粒压片法和粉末直接压片法可避免引入水分，适用于对湿热不稳定的药物。

本项目以碳酸氢钠片的生产为例，采用湿法制粒压片法，阐述生产工艺流程，结合实际介绍生产过程的关键控制点，为后续学习岗位操作奠定基础，使学员清晰明确生产中的关键工序和注意事项。

学习目标

- 知识目标

1. 掌握片剂不同制备方法的适用范围。
2. 掌握湿法制粒压片法制备碳酸氢钠片的生产工艺流程。
3. 掌握碳酸氢钠片生产过程的关键控制点。
4. 熟悉干法制粒压片法和粉末直接压片法工艺流程。

- 能力目标

1. 能明晰碳酸氢钠片生产工艺流程。
2. 能明晰碳酸氢钠片生产过程中关键监控项目的标准要求。

- 素养目标

1. 养成以生产工艺流程联系实际、实事求是的科学态度。
2. 培养坚定自主研发的科学精神、创新精神和精益求精的工匠精神。
3. 树立集体意识，培养团队合作精神。

知识导图

请扫描二维码了解本项目主要内容。

知识导图：碳酸氢钠片制备工艺

任务 4.1　工艺规程学习

知识准备

PPT：工艺规程学习（碳酸氢钠片生产）

一、产品概述与工作任务

1. 产品概述

碳酸氢钠片是抗酸药，为白色片剂，含碳酸氢钠应为标示量的 95.0%~105.0%。本品主要用于缓解胃酸过多引起的胃痛、胃灼热感（烧心）、反酸症状，但其作用较弱，持续时间较短，中和胃酸时所产生的二氧化碳可能引起嗳气、继发性胃酸分泌增加。

2. 工作任务

为确保生产任务有效推进与实施，制药企业相关部门应起草撰写生产指令（包括批生产指令和批包装指令）。通常，生产调度根据生产计划编制生产指令，工艺员根据生产指令出具工艺卡，生产计划调度主管复核无误后，车间内勤发放空白生产记录并装订成册，装订好的批生产记录随生产指令由车间主任审核无误后下发至各岗位进行生产。

（1）批生产指令：批生产指令的内容一般包括生产指令编号、产品名称、批号、规格、生产批量、起草人、起草日期、审核人、审核日期、批准人、批准日期、物料代码及用量、作业时间及期限、有效期和特殊说明等。以碳酸氢钠片为例，其批生产指令见表 4–1。

表 4–1　碳酸氢钠片批生产指令

<table>
<tr><td>产品名称</td><td colspan="2">碳酸氢钠片</td><td>规格</td><td colspan="2">0.3 g/片</td></tr>
<tr><td>批　号</td><td colspan="2">20210923</td><td>指令编号</td><td colspan="2">××××</td></tr>
<tr><td>生产批量</td><td colspan="5">16.7 万片</td></tr>
<tr><td>工艺规程及编号</td><td colspan="5">碳酸氢钠片工艺规程；编号：××××</td></tr>
<tr><td>起 草 人</td><td colspan="3">李四</td><td>起草日期</td><td>2021 年 9 月 17 日</td></tr>
<tr><td>审 核 人</td><td colspan="3">张五</td><td>审核日期</td><td>2021 年 9 月 18 日</td></tr>
<tr><td>分发部门</td><td colspan="5">生产部</td></tr>
<tr><td>批 准 人</td><td>王七</td><td>批准日期</td><td>2021 年 9 月 19 日</td><td>生效日期</td><td>2021 年 9 月 20 日</td></tr>
<tr><td>指令接收部门</td><td>固体制剂生产车间、质量部、物料供应部</td><td>接收人</td><td>何一</td><td>接收日期</td><td>2021 年 9 月 20 日</td></tr>
<tr><td>作业时间及期限</td><td colspan="5">2021 年 9 月 23 日—2021 年 9 月 24 日</td></tr>
</table>

续表

所需物料清单	名称	物料代码	用量	生产厂家
	碳酸氢钠	××××	50 kg	×× 药业有限公司
	玉米淀粉	××××	5 kg	×× 药用辅料有限公司
	硬脂酸镁	××××	0.15 kg	×× 药用辅料有限公司
备注				

注：本指令一式三份，生产车间一份，质量部一份，物料供应部一份。

(2) 批包装指令：批包装指令内容一般包括包装指令编号，产品名称、批号、批量、规格，包装规格、计划包装数量、工艺规程及编号、包装材料名称及用量、起草人、起草日期、审核人、审核日期、批准人、批准日期、接收人和接收日期等。以碳酸氢钠片为例，其批包装指令见表 4-2。

表 4-2　碳酸氢钠片批包装指令

<table>
<tr><td>产品名称</td><td colspan="2">碳酸氢钠片</td><td>规格</td><td colspan="2">0.3 g/片</td></tr>
<tr><td>批　　号</td><td colspan="2">20210923</td><td>指令编号</td><td colspan="2">××××</td></tr>
<tr><td>批　　量</td><td colspan="5">16.7 万片</td></tr>
<tr><td>包装规格</td><td colspan="5">0.3 g/片 ×100 片 / 袋 ×20 袋 / 中包（盒）×10 中包 / 箱</td></tr>
<tr><td>计划包装数量</td><td colspan="5">1670 袋 /84 盒 /9 箱</td></tr>
<tr><td>包装日期</td><td colspan="5">2021 年 9 月 24 日</td></tr>
<tr><td>工艺规程及编号</td><td colspan="5">碳酸氢钠片工艺规程；编号：××××</td></tr>
<tr><td>起 草 人</td><td colspan="2">李四</td><td>起草日期</td><td colspan="2">2021 年 9 月 17 日</td></tr>
<tr><td>审 核 人</td><td colspan="2">张五</td><td>审核日期</td><td colspan="2">2021 年 9 月 18 日</td></tr>
<tr><td>分发部门</td><td colspan="5">生产部</td></tr>
<tr><td>批 准 人</td><td>王七</td><td>批准日期</td><td>2021 年 9 月 19 日</td><td>生效日期</td><td>2021 年 9 月 20 日</td></tr>
<tr><td>指令接收部门</td><td>固体制剂生产车间、质量部、物料供应部</td><td>接收人</td><td>何一</td><td>接收日期</td><td>2021 年 9 月 20 日</td></tr>
<tr><td rowspan="4">所需包装材料清单</td><td>名称</td><td>物料代码</td><td>用量</td><td colspan="2">厂家</td></tr>
<tr><td>塑料袋</td><td>××××</td><td>1 670 袋</td><td colspan="2">×× 药品包装材料有限公司</td></tr>
<tr><td>纸盒</td><td>××××</td><td>84 盒</td><td colspan="2">×× 药品包装材料有限公司</td></tr>
<tr><td>纸箱</td><td>××××</td><td>9 箱</td><td colspan="2">×× 药品包装材料有限公司</td></tr>
<tr><td>备注</td><td colspan="5"></td></tr>
</table>

注：本指令一式四份，生产部一份，物料供应部一份，内包装、外包装岗位各一份。

二、生产工艺流程

片剂的制备方法按制备工艺一般分为制粒压片法与直接压片法两种。制粒压片法可分为湿法制粒压片法和干法制粒压片法；直接压片法可分为粉末直接压片法和结晶压片法。片剂制备通常选用湿法制粒压片法、干法制粒压片法和粉末直接压片法。其中，湿法制粒压片法适用于不能直接压片，且遇湿热稳定的药物；干法制粒压片法和粉末直接压片法可避免引入水分，适用于对湿热不稳定的药物。

1. 湿法制粒压片法

湿法制粒压片法指将药物和辅料粉末混合，加入黏合剂或润湿剂、内加崩解剂制备软材，通过制粒技术制得湿颗粒，经干燥和整粒，再压制成片的工艺方法。湿法制粒压片法工艺流程见图 4-1。

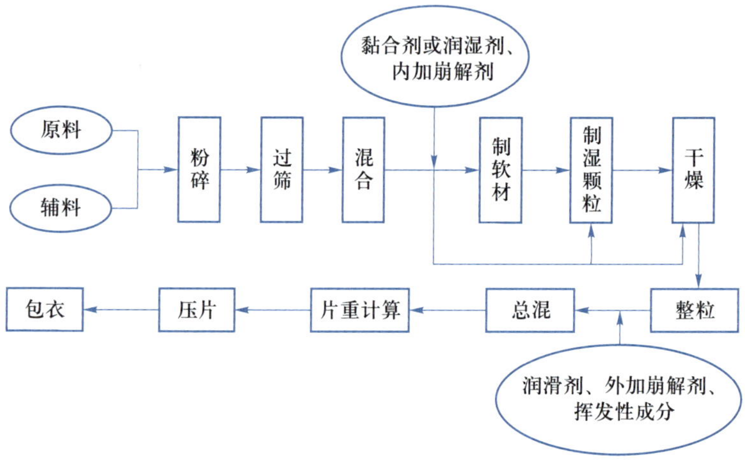

图 4-1　湿法制粒压片法工艺流程

视频：片剂颗粒的制备

2. 干法制粒压片法

干法制粒压片法指将药物和粉状辅料混合均匀，采用滚压法或重压法压成块状或大片状后，再将其粉碎成所需大小的颗粒，经整粒、总混，最后压制成片的工艺方法。干法制粒压片法工艺流程见图 4-2。

动画：压片操作

3. 粉末直接压片法

粉末直接压片法指将药物粉末和适宜辅料混合均匀，不制粒直接进行压片的方法。粉末直接压片法工艺流程见图 4-3。

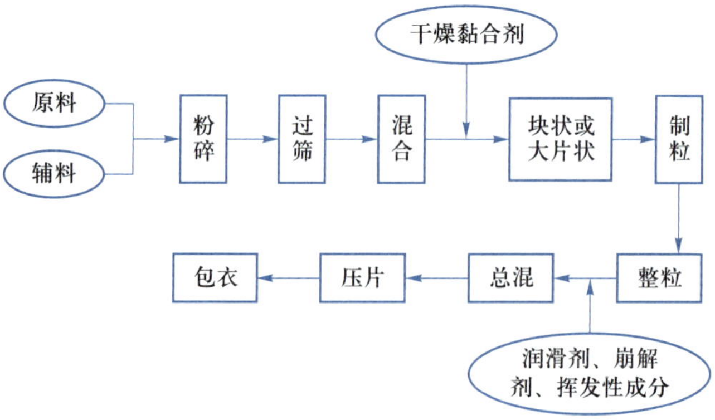

图 4-2　干法制粒压片法工艺流程

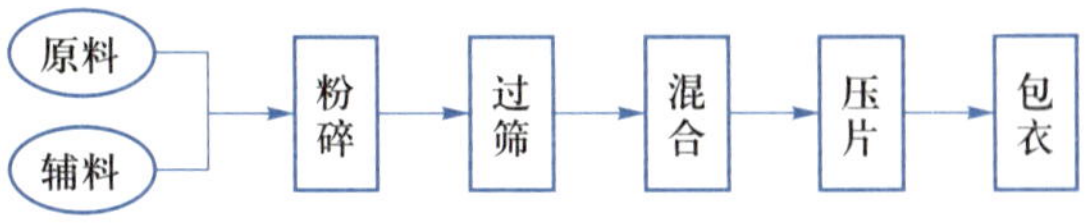

图 4-3　粉末直接压片法工艺流程

任务实施

碳酸氢钠片生产工艺流程学习

1. 碳酸氢钠片处方

碳酸氢钠	50 kg
淀粉	5 kg
硬脂酸镁	0.15 kg
10% 淀粉浆	适量

2. 碳酸氢钠片生产工艺流程

碳酸氢钠片采用湿法制粒压片技术进行生产，其工艺流程见图 4-4。

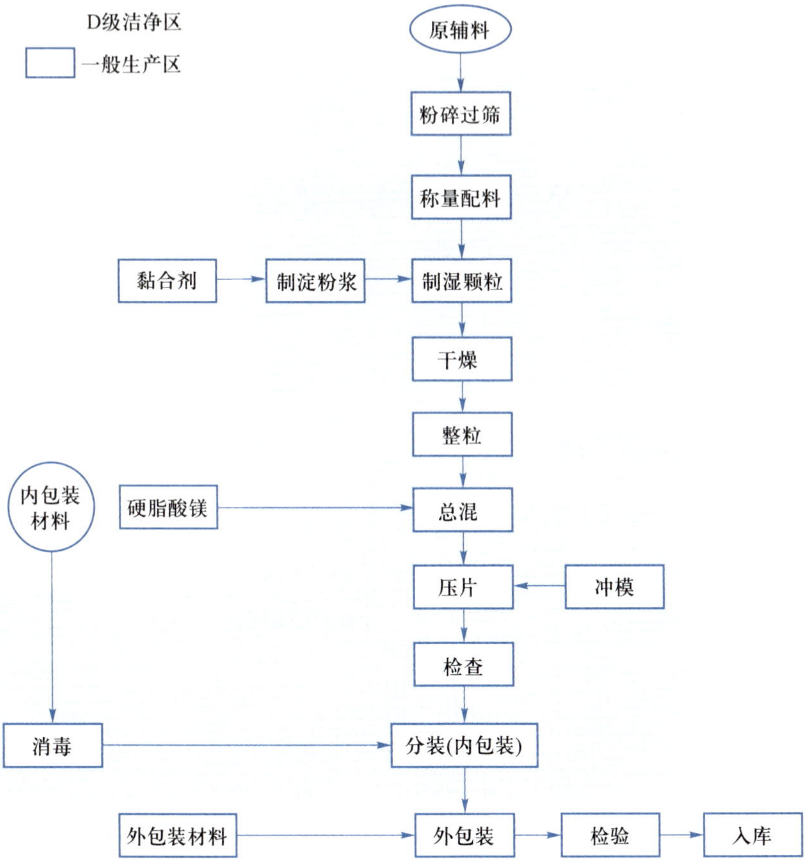

图 4-4　碳酸氢钠片湿法制粒压片工艺流程

知识小结

1. 碳酸氢钠片是抗酸药，为白色片剂，含碳酸氢钠应为标示量的 95.0%~105.0%，主要用于缓解胃酸过多引起的胃痛、胃灼热感（烧心）、反酸症状。

2. 片剂常用的制备方法有湿法制粒压片法、干法制粒压片法和粉末直接压片法，国内以湿法制粒压片法为主，该方法适用于不能直接压片，遇湿热稳定的药物。

3. 片剂的湿法制粒压片过程包括粉碎、过筛、混合预处理操作，加入黏合剂或润湿剂、内加崩解剂等制备软材，选用适宜制粒技术制备湿颗粒，经干燥和整粒得到干颗粒，加入润滑剂、外加崩解剂及挥发性成分等进行总混，最后经压片、包衣、包装和质量检验得到成品。

4. 以碳酸氢钠片为例，采用湿法制粒压片技术进行生产，工艺流程包括粉碎过筛、配料称量、制淀粉浆、制湿颗粒、干燥、整粒、总混、压片、检查、包装、检验和入库等主要操作过程。

在线测试

请扫描二维码完成在线测试。

在线测试：工艺规程学习（碳酸氢钠片生产）

任务 4.2 关键控制点掌握

知识准备

PPT：关键控制点掌握（碳酸氢钠片生产）

片剂生产过程关键控制点

片剂生产过程中需要进行质量控制，具体要求见表 4-3。

表 4-3 片剂生产过程质量控制点

工序	质量控制点	质量控制项目	频次
粉碎	原辅料	异物	每批
	粉碎过筛	细度、异物	每批
配料	称量	品种、数量、状态	1 次 / 班
制粒	混合	均匀度	每批
	湿粒	性状	每批
	干粒	可压性、疏散度	每批

续表

工序	质量控制点	质量控制项目	频次
烘干	烘箱	温度、时间、清洁度	随时 / 班
	沸腾床	温度、滤袋、清洁度	随时 / 班
压片	片子	平均片重	随时 / 班
		重量差异	1~2 次 / 班
		硬度、崩解度、脆碎度	1 次以上 / 班
		含量、均匀度、溶出度（规定品种）	每批
		外观	随时 / 班
包衣	包衣片	外观	随时 / 班
		含量	随时 / 班
		重量差异	随时 / 班
		崩解时限	定时 / 班
洗瓶	纯化水	《中国药典》全项	1 次 / 半月
	瓶子	清洁度	随时 / 班
		干燥	随时 / 班
内包装	塑料瓶、填充物	清洁度、密封性	1 次 / 每班
	铝箔、聚氯乙烯材料	清洁度、密封性、批号	1 次 / 每班
外包装	包装品	装量、封口、瓶签、填充物	随时 / 班
	装盒	批号、数量、说明书、封口签	随时 / 班
	标签、说明书	批号、内容、数量、使用记录	随时 / 班
	装箱	批号、数量、装箱单、印刷内容	随时 / 班
	捆箱	胶带封口质量、捆箱质量	每箱

任务实施

碳酸氢钠片生产过程关键控制点

生产规格为 0.3 g/片的碳酸氢钠片，按照 100 片 / 袋包装，该片剂生产过程关键控制点见表 4–4。

表 4–4　碳酸氢钠片生产过程关键控制点

工序	质量控制点	监控项目	标准要求	频次
粉碎	粉碎过筛	细度、异物	过 80 目筛，不得有可见异物	每批
配料	称量	品种、数量、状态	与配料称量指令品种、数量、状态相符	1 次 / 班

续表

工序	质量控制点	监控项目	标准要求	频次
制粒	制粒	湿粒	符合工艺要求	1 次 / 批
	干燥	水分	水分≤3.0%	1 次 / 批
	干粒	性状	白色或类白色颗粒	随时 / 班
	总混	均匀度	色泽均匀、无花纹、无色斑	1 次 / 批
压片	片子	平均片重	符合规定	随时 / 班
		重量差异	0.285~0.315 g	1~2 次 / 班
		崩解度、脆碎度	崩解时限：≤15 min 脆碎度：<1%，并不得检出断裂、龟裂及粉碎的片	1 次以上 / 班
		含量	标示量的 95.0%~105.0%	每批
		外观	片面白色、光洁	随时 / 班
分装	片子	装量差异	符合《中国药典》	3~4 次 / 班
包装	包装品	装量、封口	每袋装量为 100 片，封口严密	随时 / 班
	中包装	数量、说明书、封口签	清晰正确	随时 / 班
	标签、说明书	批号、内容、数量、使用记录	清晰正确、粘贴牢固	随时 / 班
	装箱	批号、数量、装箱单、印刷内容	数量准确，包装完好，箱面干净	随时 / 班

知识小结

碳酸氢钠片中间产品质量控制点涉及粉碎细度、水分、混合均匀度、重量差异等监控项目，主要标准要求包括水分≤3.0%，混合颗粒色泽均匀、无花纹、无色斑，分装封口严密等。

在线测试

在线测试：关键控制点掌握（碳酸氢钠片生产）

请扫描二维码完成在线测试。

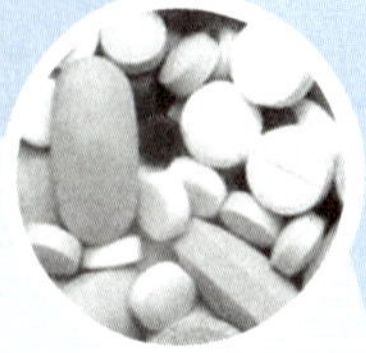

项目5

碳酸氢钠片生产岗位操作

项目描述

片剂是指药物与适宜的辅料经混匀压制而成的圆形或异形片状的固体制剂。片剂具有质量稳定，分剂量准确、含量均匀，携带、运输、服用方便，生产的机械化、自动化程度较高，产量大、成本低，适用于多种治疗用药的需要等特点。

片剂的生产过程包括物料的粉碎、过筛、配料、制粒、干燥、整粒、总混、压片、包衣和质量检查等。其制备技术根据制备工艺不同分为直接压片法和制粒压片法，而直接压片法又分为粉末直接压片法和结晶压片法；制粒压片法又分为湿法制粒压片法和干法制粒压片法，其中湿法制粒压片法应用最广泛。在实际生产过程中，应严格遵循《药品生产质量管理规范》(GMP)要求，规范生产岗位操作，监督一切生产行为按照生产管理文件执行，以确保药品质量。

本项目以碳酸氢钠片的制备为例，基于普通岗位操作人员身份，按照生产岗位顺序，介绍实际岗位生产、关键制药设备使用、岗位清场操作要点，使学员掌握片剂生产中人员净化、生产前检查与准备、配料与称量、混合与制粒、干燥、整粒、总混、压片等岗位技能。

学习目标

- 知识目标

1. 掌握片剂生产关键岗位操作与制药设备使用方法。
2. 掌握片剂单元操作安全技术、安全防护要求。
3. 熟悉片剂关键设备维护、管理要求。
4. 了解清场有效期验证程序与要求。

- 能力目标

1. 能进行一般生产区与D级洁净区更衣洗手操作。
2. 能进行片剂生产原辅料、中间产品领料、退料、交接等操作。
3. 能进行片剂生产前检查与准备、生产操作、岗位清场和批生产记录填写。
4. 能解决片剂生产中的常见问题。

- 素养目标

1. 立足岗位职责，树立责任意识、集体意识，培养团队合作精神。
2. 养成规范操作、安全生产、自我防护的意识。
3. 在实际岗位操作中树立保障药品质量与人民健康的社会责任感和社会参与意识。

知识导图：碳酸氢钠片生产岗位操作

知识导图

请扫描二维码了解本项目主要内容。

任务 5.1　人员净化操作

PPT：人员净化操作（碳酸氢钠片生产）

知识准备

人员进入（出）一般生产区净化操作流程见图 5–1。

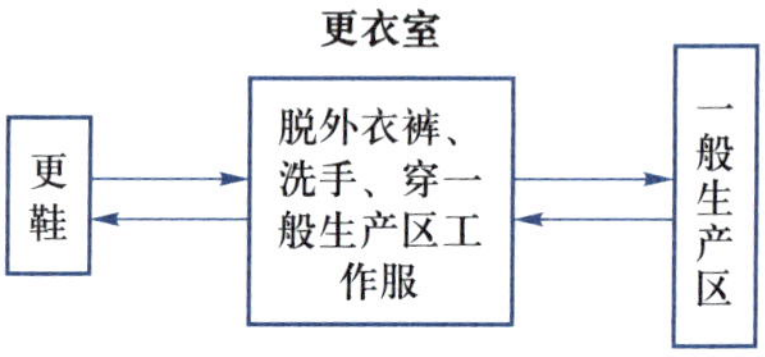

图 5–1　人员进入（出）一般生产区净化操作流程

人员进入（出）D 级洁净区净化操作流程见图 5–2。

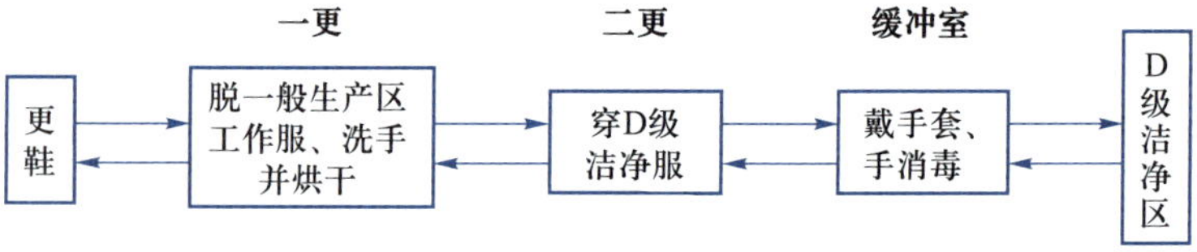

图 5–2　人员进入（出）D 级洁净区净化操作流程

任务实施

一、人员进出一般生产区净化操作

人员进出一般生产区净化操作见表 5–1。

表 5–1　人员进出一般生产区净化操作

序号	步骤	操作要点	示意图
1	更鞋	坐于更鞋柜上，将鞋脱下，放置于更鞋柜外侧柜，从更鞋柜内侧柜取出一般生产区工作鞋换好	 更鞋

续表

序号	步骤	操作要点	示意图
2	洗手	脱去外衣裤，按七步洗手法洗手并烘干	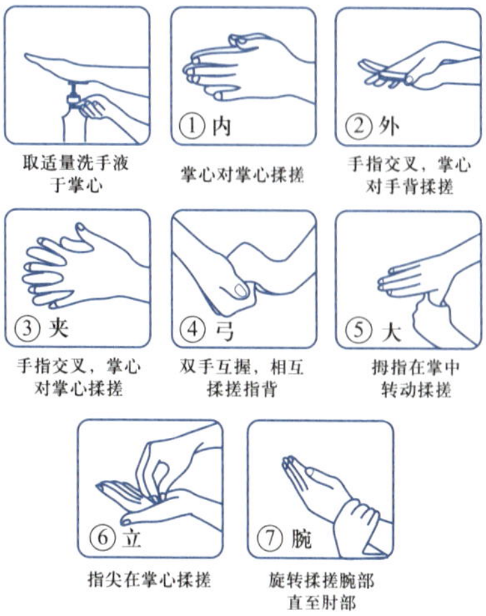 七步洗手法
3	更衣	戴上工作帽，将头发完全包在帽内，不得外露；穿上一般生产区工作服	 工作帽
4	进入一般生产区	经走廊缓步进入各操作间	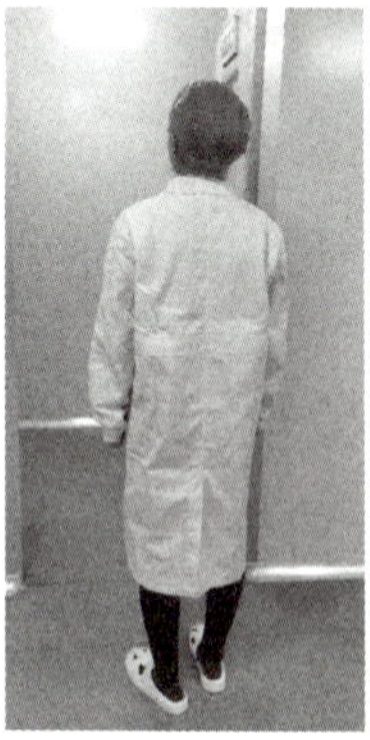 进入一般生产区
5	离开一般生产区	按进入一般生产区的逆向顺序更衣(鞋)。将脱下的工作服放入有“待清洁”标识的桶内，工作鞋放入鞋柜后即可离开一般生产区	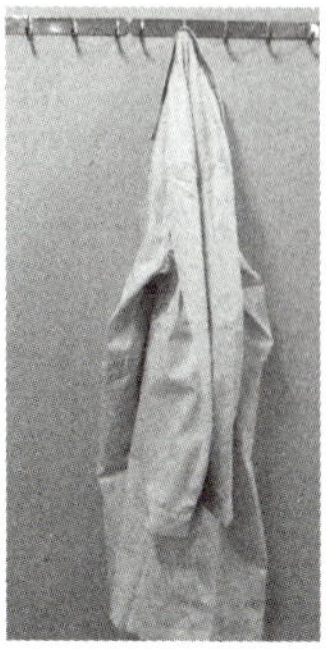 工作服

二、人员进出 D 级洁净区净化操作

人员进出 D 级洁净区净化操作见表 5-2。

表 5-2　人员进出 D 级洁净区净化操作

<table>
<tr><th>序号</th><th>步骤</th><th>操作要点</th><th>示意图</th></tr>
<tr><td>1</td><td>更鞋</td><td>先由 D 级洁净区入口进入缓冲室，坐在更鞋柜上，将一般生产区的工作鞋脱下放在更鞋柜外侧柜，脚悬空，身体旋转 180°，从更鞋柜内侧柜中取出与自己对应编号的专用工作鞋穿上</td><td>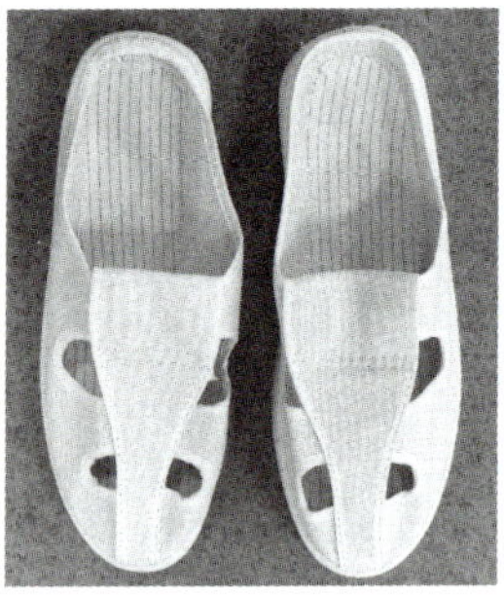
D 级洁净区工作鞋</td></tr>
<tr><td rowspan="2">2</td><td>一更
(脱外衣)</td><td>人员进入一更室，将一般生产区工作服脱下挂在衣钩上，并戴上一次性帽子</td><td>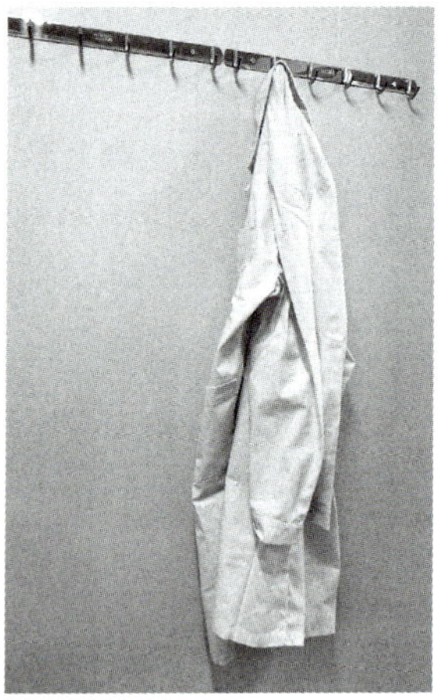
一般生产区工作服</td></tr>
<tr><td>一更
(洗手)</td><td>在一更室的洗手池使用纯化水、洗手液按七步洗手法对双手及手腕进行清洗，洗净双手后使用手烘干器吹干，准备进入二更室</td><td>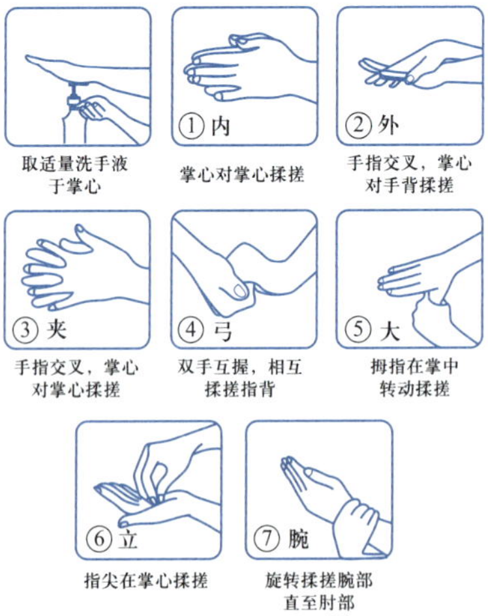

七步洗手法</td></tr>
</table>

续表

序号	步骤	操作要点	示意图
3	二更（穿 D 级洁净服）	用肘部推门进入二更室后，取出与自己对应编号、在有效期内的 D 级洁净服穿上	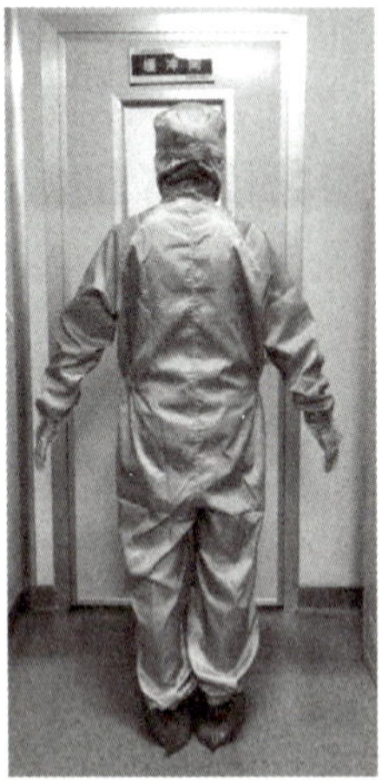 穿 D 级洁净服
4	进入缓冲室	进入缓冲室，戴手套（根据工作需要），进行手消毒后，进入 D 级洁净区各操作室	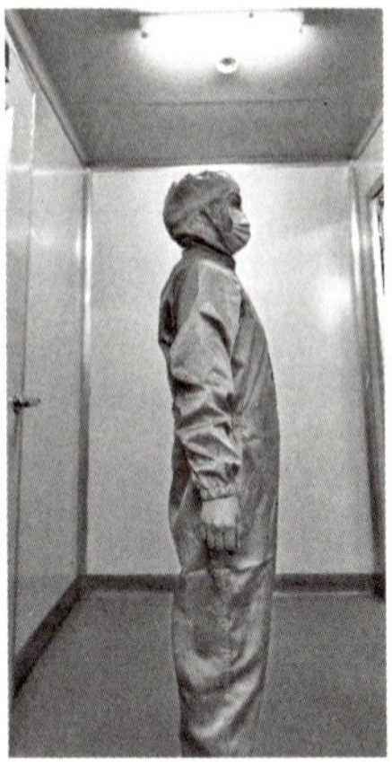 缓冲室
5	出 D 级洁净区	D 级洁净区穿戴的洁净服、工作鞋、工作帽不得穿离 D 级洁净区。操作人员下班或中途离开洁净区时应按进入时相反的程序更衣、更鞋，脱下的 D 级洁净服如果不再穿，应装在对应编号的洁净服袋中，放入专用的洁净服盛装桶中；如果还需穿，则需把洁净服按编号整齐地挂在衣钩上	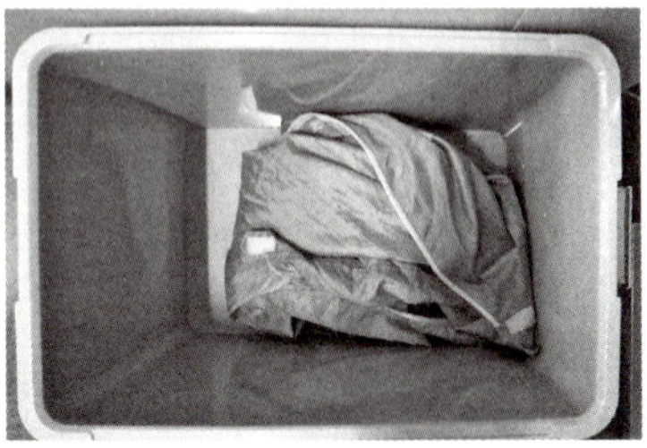 洁净服盛装桶

三、更衣记录填写

1. 填写要求

更衣记录由岗位更衣人员填写，岗位负责人及有关规定人员复核签字。不允许事前先填或事后补填，填写内容应真实。填写记录应注意字迹工整、清晰，不允许用铅笔填写，且要求用笔颜色保持一致。记录不能随意更改或销毁，若确实因填错需更改，务必在更改处画一横线后，将正确内容填写在旁边，并签字标明日期。

考核时为确保考评公平公正，原则上不允许岗位操作人员填写真实姓名，应填写准考证号或考试代号等。

2. 更衣记录样例

更衣记录见表 5–3，温湿度记录见表 5–4。

表 5–3　更衣记录

日期	姓名	到达工序	进入洁净区目的	进入时间	出去时间	进入时间	出去时间	备注

表 5–4　温湿度记录

日期	上午（9:00—11:00） 下午（13:00—16:00）	记录时间	温度/℃	相对湿度/%	记录人	判断
	上午					□合格　□不合格
	下午					□合格　□不合格
	上午					□合格　□不合格
	下午					□合格　□不合格

任务考核

一、考核要求

1. 在线测试（5 min）

请扫描二维码完成在线测试。

在线测试：人员净化操作（碳酸氢钠片生产）

2. 实践考核（20 min）

在规定时间内完成人员净化操作，并填写更衣记录。

（1）分组要求：此项目为必考项目，无分组需求，学生须穿着洁净服进入下一考核项目。

（2）场景设置：应至少设有更鞋室、一更室、二更室，配备手消毒器、更衣记录、洁净服等。

(3) 其他要求：考核过程中应按照操作要点规范操作，及时如实填写更衣记录等。

二、评分标准

人员净化操作评分标准见表 5-5。

表 5-5　人员净化操作评分标准

序号	考核内容	分值 / 分	评分要点	考生得分	备注
1	七步洗手法	8	1. 顺序正确（4 分） 2. 使用水的种类（2 分） 3. 总时间不少于 30 s（2 分）		
2	更衣规范	72	1. 流程正确（8 分） 2. 正确戴口罩（8 分） 3. 规范更衣［抓衣领，翻裤（袖）筒，过程中衣服不落地，手不接触外表面，检查］（48 分） 4. 正确戴手套（8 分）		
3	其他	20	1. 记录填写正确、规范、真实（4 分） 2. 进出过程中独立、互锁、单向（8 分） 3. 25 min 内完成（8 分）		
岗位总分					

任务 5.2　物料的领取

知识准备

PPT：物料的领取

岗位职责

生产车间根据生产指令制定相应的领料单，领料单应包括物料代码、物料名称、规格、批号、领用数量、实发数量、领取 / 发放人和日期等信息。正式生产前应制定、审核、发放领料单，并通知相关部门，同时应预留足够的时间确保物料管理部门、生产部门或其他相关部门完成相应的生产前准备工作，使每位操作人员和相关人员清楚正在生产或将要生产的产品名称、规格、批量等信息。生产车间相关人员根据物料领取标准操作规程从仓储部门领取生产产品所需的相应物料。

任务实施

一、原辅料领料

原辅料的领料主要涉及 1+X 药物制剂生产职业技能等级证书（高级）考核岗位的物料领取岗位，产品正式生产前，应根据批生产指令填写领料单，领取生产所需原辅料，并运送至车间物料暂存间。不连续生产时，在批生产结束后由各班组清点原辅料结存后退回仓库。

1. 领料

原辅料的领料操作见表 5-6。

表 5-6　原辅料的领料操作

序号	步骤	操作要点	示意图
1	填写领料单	领料员根据生产指令填写领料单，内容包括：物料代码、物料名称、规格、批号、领用数量、实发数量等。一式三份，由车间主任签名	 领料单 班组：　仓库名称：　领料日期： 物料代码 | 物料名称 | 规格 | 批号 | 领用数量 | 实发数量 | 备注 领料员：　仓库管理员：　车间主任： 领料单
2	提交领料单	车间指定领料员将领料单交给仓库管理员，仓库管理员核实领料单内容	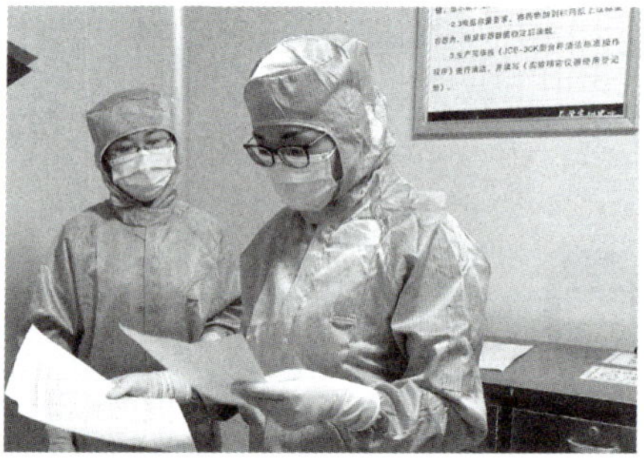 核对领料单
3	领取物料	仓库管理员填写发料单中的发料栏，领料员核对原辅料的名称、进厂编号、发放数量和检验报告单是否与仓库管理员填写的原辅料发料单一致，核对无误后在收料人一栏签字。非整包发放物料时，应一人称量，一人复核	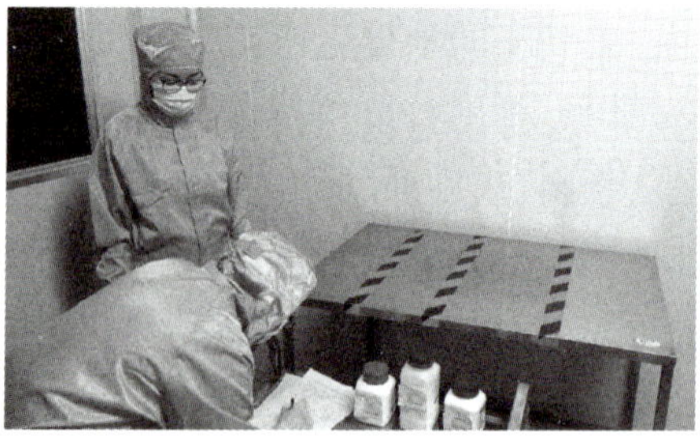 领料签字

续表

序号	步骤	操作要点	示意图
4	运回	物料要平稳地摆放在物料车上，运输过程中做好防护，避免运输途中有物料落地	 领料工具
5	脱包	领料员将原辅料从库房领回后，先检查物料的外包装，目视外包装完好后，再在外清室脱去外包装。领料员在无标识的内包装袋上贴上带有物料名称 / 规格、物料代码、数量、批号等信息的已脱包物料标识卡	**已脱包物料标识卡** 物料名称/规格： 物料代码： 数量： 批号： 生产厂家： 有效期至： 操作人：　　　　脱包时间： 已脱包物料标识卡
6	暂存	物料进入洁净区后，放入相应的暂存间，按区域存放，如果暂存间存放一种以上物料，要留有足够的空间，悬挂醒目的标识来区分。应将物料码放整齐，并做好物料货位卡	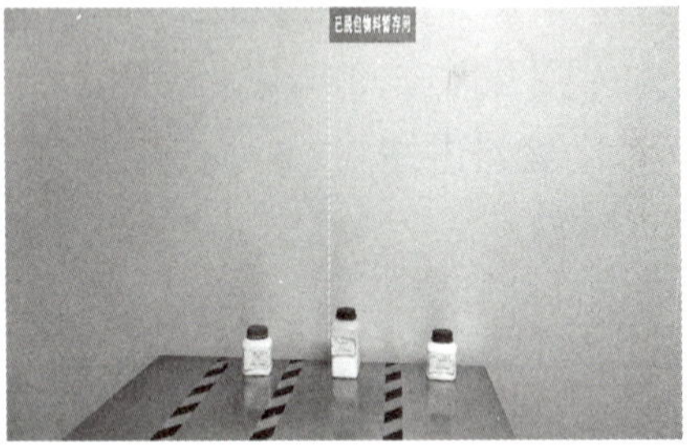 暂存间

2. 退库

原辅料退库操作见表 5-7。

表 5-7　原辅料退库操作

序号	步骤	操作要点	示意图
1	清点物料	车间各班组在每班生产结束后，清点原辅料、内外包装材料的数量，填写物料暂存间进出台账，并由记录人及复核人签字。不连续生产时，在批生产结束后，由各班组清点原辅料、内外包装材料结存后退回仓库	 物料暂存间进出台账

物料暂存间进出台账

物料名称	批号	收料					发料				
		日期	净重	入站人	物料暂存间管理人	岗位	日期	净重	物料暂存间管理人	领料人	岗位
微晶纤维素			g			脱包	/	/	/	/	/

续表

序号	步骤	操作要点	示意图
2	填写退库单	退库时由退库人员填写退库单，写明品名、数量、规格等，由退库人和车间负责人分别签字后，退回仓库	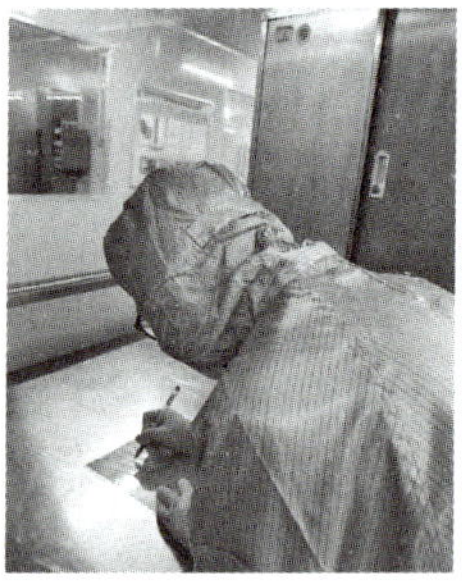 退库单填写
3	退库	退库时与仓库管理员当场清点物料数量、名称等内容，确认无误后由仓库管理员签字，退库工作结束	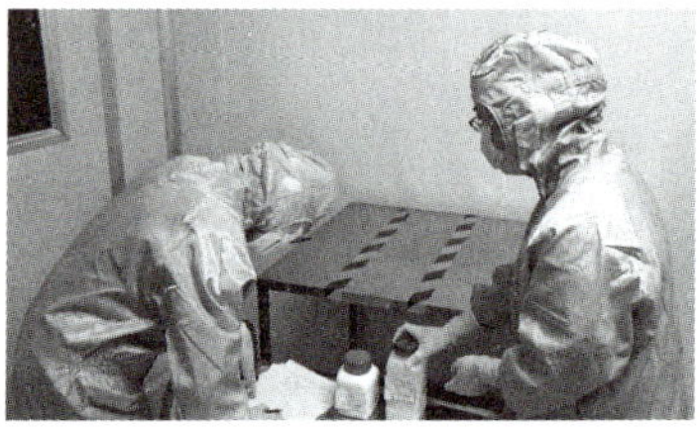 退库签字

二、中间产品领料

中间产品领料主要涉及1+X药物制剂生产职业技能等级证书（高级）考核岗位的整粒及混合岗位，中间站主要用于存放中间产品、待重新加工产品等。

1. 物料进站

物料进站操作见表5-8。

表5-8　物料进站操作

序号	步骤	操作要点	示意图
1	物料清洁	所有进入中间站的物料，容器外表面应干净	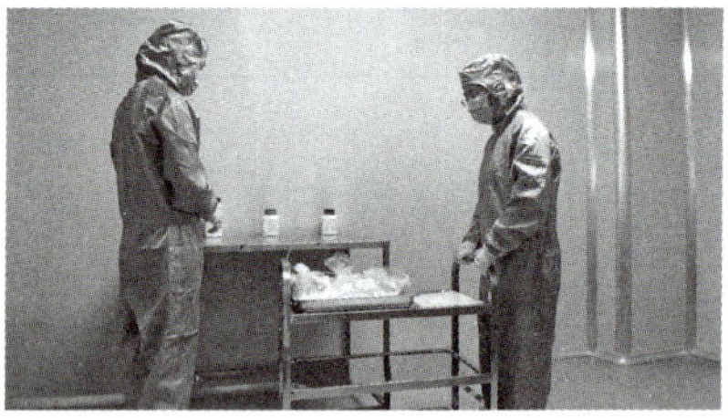 中间站物料
2	复核	中间站管理员根据容器中的物料状态标识，对物料的品名、规格、重量等进行复核，复核无误后填写物料进出站记录和台账，并由双方签名	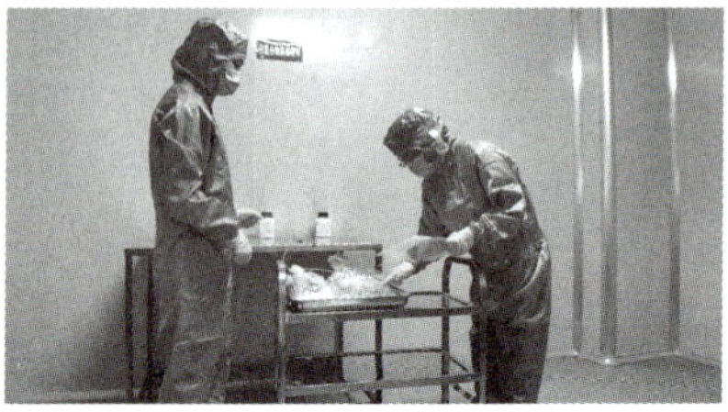 物料复核

续表

序号	步骤	操作要点	示意图
3	悬挂标识	物料进站后，中间站管理员应定置放置，填写物料请验单，通知质量管理部前来取样。同时将每一容器挂上黄色的“待验”状态标识	 物料“待验”状态标识
4	整洁	随时保持站内物料处于洁净状态，不得有散落的物料，地上散落的物料不得回收	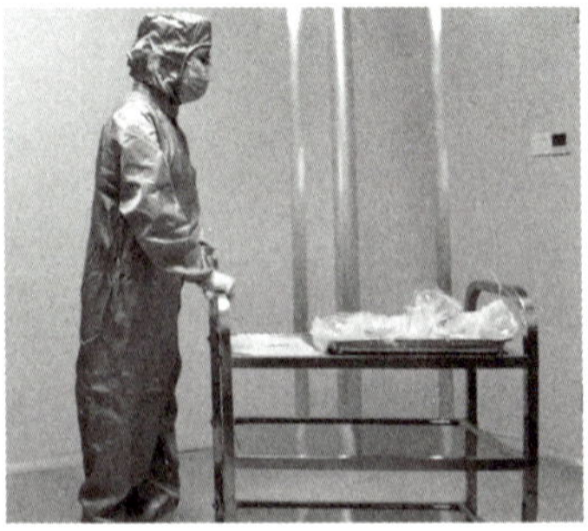 物料整洁

2. 物料出站

物料出站操作见表 5-9。

表 5-9　物料出站操作

序号	步骤	操作要点	示意图
1	接收中间产品检验报告单	质量管理部将检验报告单交予车间监控员，若检验合格，车间监控员签发《中间产品流转证》，中间站管理员将物料换上绿色的“合格”状态标识。若检验不合格，立即由中间站管理员将物料转移到专门划分的不合格区，并填写红色的“不合格”状态标识，按《车间不合格品管理规程》处理	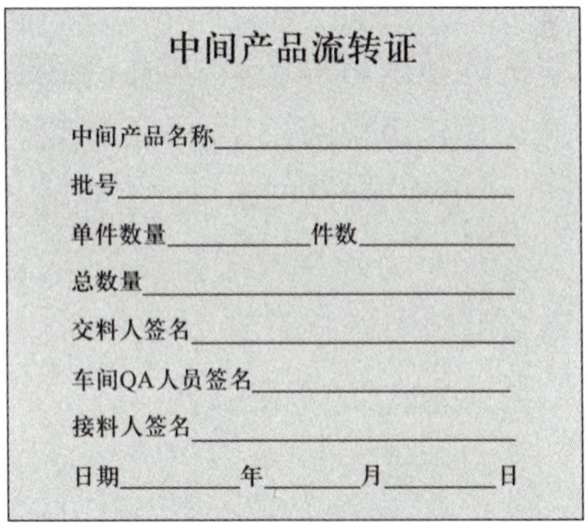 中间产品流转证 中间产品名称______ 批号______ 单件数量______件数______ 总数量______ 交料人签名______ 车间QA人员签名______ 接料人签名______ 日期____年____月____日 中间产品流转证  物料合格

续表

<table>
<tr><th>序号</th><th>步骤</th><th>操作要点</th><th>示意图</th></tr>
<tr><td>2</td><td>领料</td><td>领料员根据岗位工艺指令来中间站领料，复核中间产品交接单中的品名、规格、批号、数量、重量等，确认无误后填写中间站物料进出台账，并由双方签名</td><td>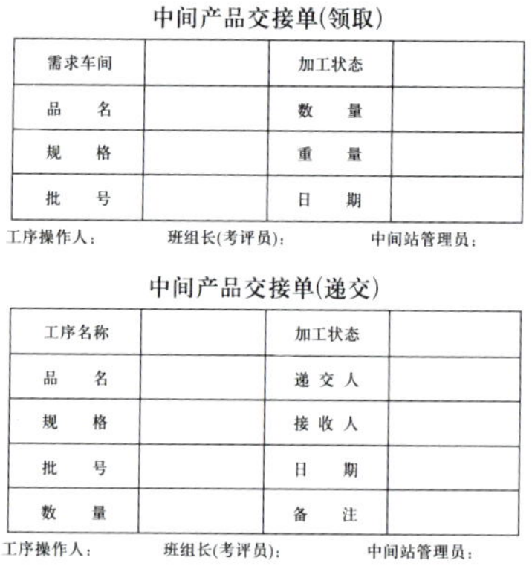
中间产品交接单(领取)
<table>
<tr><td>需求车间</td><td></td><td>加工状态</td><td></td></tr>
<tr><td>品　名</td><td></td><td>数　量</td><td></td></tr>
<tr><td>规　格</td><td></td><td>重　量</td><td></td></tr>
<tr><td>批　号</td><td></td><td>日　期</td><td></td></tr>
</table>
工序操作人：　班组长(考评员)：　中间站管理员：
中间产品交接单(递交)
<table>
<tr><td>工序名称</td><td></td><td>加工状态</td><td></td></tr>
<tr><td>品　名</td><td></td><td>递 交 人</td><td></td></tr>
<tr><td>规　格</td><td></td><td>接 收 人</td><td></td></tr>
<tr><td>批　号</td><td></td><td>日　期</td><td></td></tr>
<tr><td>数　量</td><td></td><td>备　注</td><td></td></tr>
</table>
工序操作人：　班组长(考评员)：　中间站管理员：
中间产品交接单</td></tr>
<tr><td>3</td><td>每日清点</td><td>中间站管理员在每日下班前清点所有中间产品，要求账、卡、物相符。若不符必须查明原因，否则不准下班，必要时向车间监控员和车间主任报告</td><td>
中间产品进出站台账
<table>
<tr><td rowspan="2">物料名称</td><td rowspan="2">批号</td><td colspan="5">收料</td><td colspan="5">发料</td></tr>
<tr><td>日期</td><td>净重</td><td>入站人</td><td>中间站管理人</td><td>岗位</td><td>日期</td><td>净重</td><td>中间站管理人</td><td>领料人</td><td>岗位</td></tr>
<tr><td></td><td></td><td></td><td></td><td></td><td></td><td>包装</td><td></td><td></td><td></td><td></td><td></td></tr>
</table>
中间产品进出站台账</td></tr>
</table>

三、物料领取记录填写

1. 填写要求

物料领取记录由岗位操作人员填写，岗位负责人及有关规定人员复核签字。不允许事前先填或事后补填，填写内容应真实。填写物料领取记录应注意字迹工整、清晰，不允许用铅笔填写，且要求用笔颜色保持一致，不能随意更改或销毁，若确实因填错需更改，务必在更改处画一横线后，将正确内容填写在旁边，并签字标明日期。

考核时为确保考评公平公正，原则上不允许岗位操作人员填写真实姓名，应填写准考证号或考试代号等。

2. 物料领取记录样例

领料单见表 5-10。

表 5-10　领　料　单

班组：　　　　　　仓库名称：　　　　　　领料日期：

物料代码	物料名称	规格	批号	领用数量	实发数量	备注

领料员：　　　　　　仓库管理员：　　　　　　车间主任：

任务考核

一、考核要求

1. 在线测试（5 min）

请扫描二维码完成在线测试。

在线测试：物料的领取

2. 实践考核（40 min）

以角色扮演法进行分组考核，要求在规定时间内完成碳酸氢钠片物料领取岗位操作，并填写批生产记录。

（1）分组要求：小组人数不少于 3 人，1 人扮演中间站管理员或暂存间管理员，1 人扮演考评员，1 人扮演岗位操作人员。

（2）场景设置：应至少设有物料暂存间、中间站、称量间，配备房间与设备状态标识牌、不锈钢勺与桶、塑料袋与扎带、可粘贴标签、清洁工具等。

（3）其他要求：考核时应提前穿戴洁净服，考核过程中应按照操作要点规范操作，及时如实填写批生产记录等。

二、评分标准

物料领取岗位操作评分标准见表 5-11。

表 5-11　物料领取岗位操作评分标准

序号	考核内容	分值 / 分	评分要点	考生得分	备注
1	领料前准备	30	1. 正确填写领料单（20 分） 2. 领料用工具洁净（10 分）		
2	领料	50	1. 准确核对领料单与物料信息是否一致（10 分） 2. 准确核对发料单与所领物料信息是否一致（10 分） 3. 正确脱去物料外包装（10 分） 4. 正确填写已脱包物料标识卡（10 分） 5. 正确存放已脱包物料（10 分）		
3	记录	20	1. 及时规范填写物料领取记录（10 分） 2. 正确粘贴已脱包物料标识卡（10 分）		
岗位总分					

任务 5.3　配料与称量

PPT：配料与称量

知识准备

岗位职责

称量是药品生产过程中非常重要的一个环节，若出现差错，最终将导致生产出的药品成分含量不符合国家药品标准而出现劣药。同时，为降低污染和交叉污染的风险，配料与称量岗位可采用隔离技术、局部吸尘及捕尘设施、直排等手段来防止尘埃产生和扩散。

岗位人员按批生产指令，全面负责制剂的前期（配料与称量）管理工作。上岗前按规定做好个人卫生，着装整洁，上岗后及时检查本岗位场所内及设备卫生，做好操作前的一切准备工作。按生产指令对称量的物料品名、规格、批号、数量、化验是否合格进行核对负责。严格按处方要求、工艺规程及岗位操作程序进行操作，必须做到称量准确，标识醒目，不准出现任何差错。

工作期间，严禁串岗，不得做与本岗位无关事务，不得擅自离岗，加强工作责任心。及时、准确填写生产记录，做到字迹清晰、内容真实、数据完整，不得任意涂改和撕毁。班前班后，投料前后均必须核对物料品名、规格、编号（或批号），复核称量，不得有误。工作结束时应及时做好仪器设备、用具的清洁，必须按有关标准操作规程进行操作。

任务实施

一、配料称量操作

1. 生产前检查与准备

配料与称量岗位生产前检查与准备操作见表 5-12。

表 5-12　配料与称量岗位生产前检查与准备操作

序号	步骤	操作要点	示意图
1	接收批生产指令	① 接收批生产指令、称量批生产记录（空白）、中间产品交接单、物料标签（空白）等文件 ② 仔细阅读批生产指令，明确产品名称、规格（0.3 g/片）、各物料用量、注意事项等指令 ③ 对照批生产指令检查、核对其与房间标识卡上的产品名称、规格、批号等要求是否一致 ④ 在批生产指令上签上姓名、日期及时间	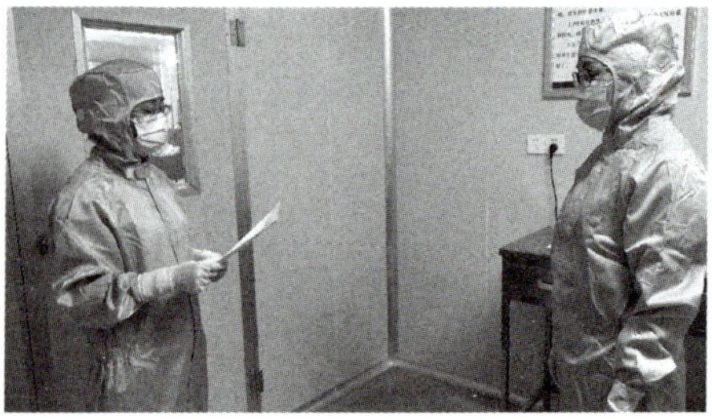 接收批生产相关文件

续表

<table>
<tr><th>序号</th><th>步骤</th><th>操作要点</th><th>示意图</th></tr>
<tr><td>2</td><td>复核清场</td><td>① 检查生产场地是否有上一批生产遗留物
② 检查称量间门窗、墙壁、地面等是否干净，有无浮尘，是否光洁明亮
③ 检查操作间清场合格证和状态标识是否在有效期内
④ 检查台秤是否悬挂有绿色“已清洁”和“完好”状态标识、黄色“待运行”状态标识</td><td>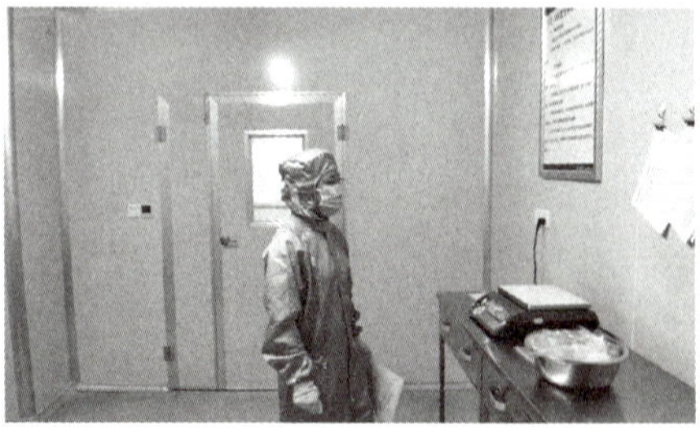
环境检查
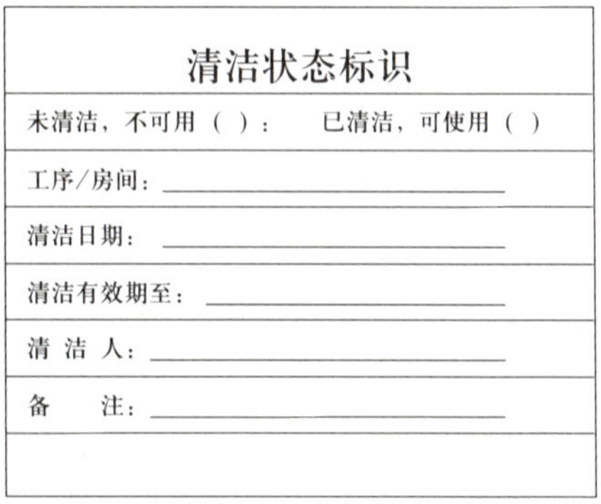

生产前房间与设备状态标识</td></tr>
<tr><td>3</td><td>温湿度与压差检查</td><td>检查称量间温湿度、压差是否符合要求：温度应在 18~26 ℃，相对湿度应在 45%~65%，称量间保持相对负压</td><td>
温湿度记录
<table><tr><th>日期</th><th>上午(9:00–11:00)
下午(13:00–16:00)</th><th>记录时间</th><th>温度/℃</th><th>相对湿度/%</th><th>记录人</th><th>判断</th></tr><tr><td></td><td>上午</td><td></td><td></td><td></td><td></td><td>□合格 □不合格</td></tr><tr><td></td><td>下午</td><td></td><td></td><td></td><td></td><td>□合格 □不合格</td></tr><tr><td></td><td>上午</td><td></td><td></td><td></td><td></td><td>□合格 □不合格</td></tr><tr><td></td><td>下午</td><td></td><td></td><td></td><td></td><td>□合格 □不合格</td></tr><tr><td></td><td>上午</td><td></td><td></td><td></td><td></td><td>□合格 □不合格</td></tr><tr><td></td><td>下午</td><td></td><td></td><td></td><td></td><td>□合格 □不合格</td></tr><tr><td></td><td>上午</td><td></td><td></td><td></td><td></td><td>□合格 □不合格</td></tr><tr><td></td><td>下午</td><td></td><td></td><td></td><td></td><td>□合格 □不合格</td></tr></table>
温湿度记录</td></tr>
<tr><td>4</td><td>称量用具的准备</td><td>① 检查称量用具是否已清洁，是否在有效期内，若不符合要求，应重新领取
② 检查一次性手套、洁净塑料袋是否干净，有无破损，并放于指定位置</td><td>

用具“已清洁”标识</td></tr>
</table>

续表

序号	步骤	操作要点	示意图
5	物料核对	按批生产指令核对领取的物料品名、用量、生产厂家、批号等，应确保一致	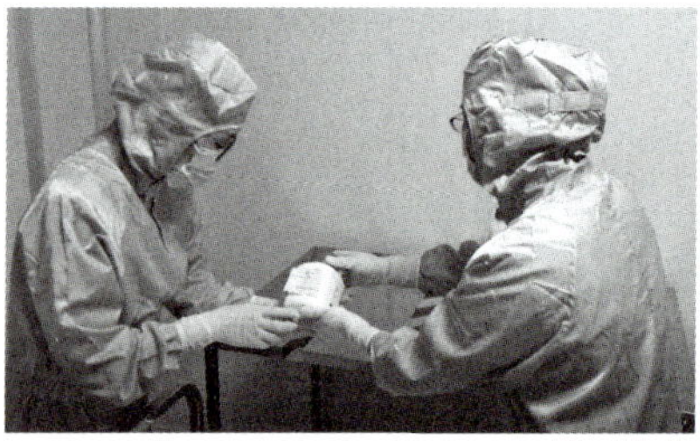 核对信息
6	QA 人员检查复核	① 按照批生产记录中生产前检查操作要点复核，任何一条不符合要求则不能进入下一程序 ② QA 人员现场复核无误后签字准产	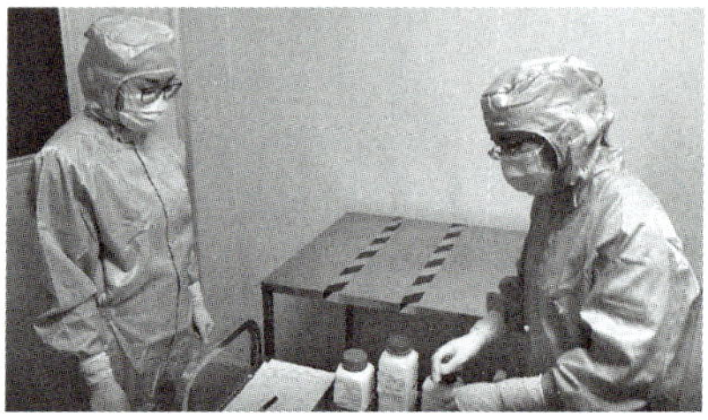 复核准产
7	记录填写	① 按照批生产记录填写要求，填写配料与称量岗位生产前检查与准备记录 ② 粘贴上批清场合格证（副本）于记录相应位置	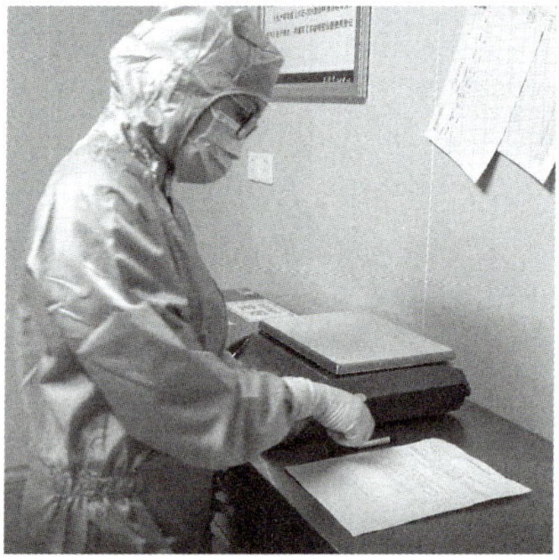 记录填写

2. 配料称量过程

配料称量操作见表 5-13。

表 5-13　配料称量操作

序号	步骤	操作要点	示意图
1	天平校验	①根据产品投料量选择合适量程和精度的电子天平，并开机预热 15~20 min ②用标准砝码对电子天平进行校验，并填写校验记录，相符方可使用 ③操作人员按照工艺规程的公式根据物料信息对原料进行折干折纯计算	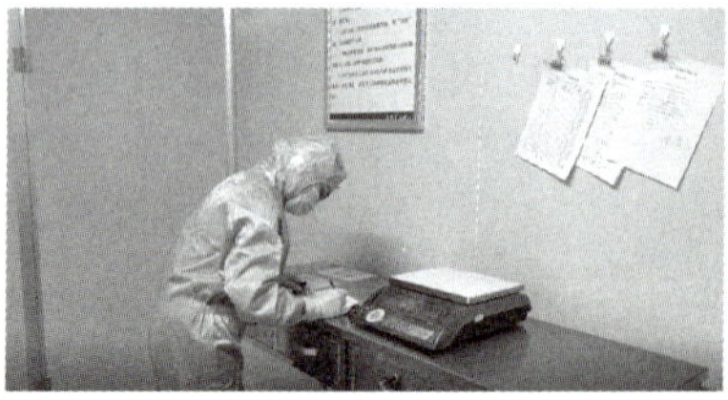 校验记录填写

续表

序号	步骤	操作要点	示意图
2	配料与称量	① 将计量器具空载，根据批生产指令进行配料 ② 操作人员在称量的同时对物料外观性状进行目测，确认无异常后按照《电子天平标准操作规程》进行称量操作 ③ 根据配料量选取合适的计量器具，称量时一人称量，另一人复核。称量人和复核人及时填写记录 ④ 称量用的容器、取料工具应清洁(每次称量时取料工具应每料一个，不得混用，避免污染)，容器外无原有的任何标记。称量后，扎紧塑料袋，填写已称量物料标识卡，一份粘贴在物料塑料袋外，另一份粘贴于批记录原辅料配料称量单相应位置 ⑤ 结束称量后，应将计量器具进行使用后校验，并合格，填写校验记录 ⑥ 称量间内同一时间只能称取同一种物料。一种物料称量结束后，用扎带将称量好的物料与剩余物料分别采用回头扎方式及时封口。对于剩余物料，应填写好封口签(注明启封日期、剩余数量及使用者)粘贴在封口处，放置回已脱包物料暂存间贮存，如不连续生产，要将物料及时退库 ⑦ 下一种物料称量前，应清洁秤盘表面，更换手套和料铲 ⑧ 配料完毕，关闭电子天平电源，称量操作结束后至少开启捕尘设施 10 min 后再关闭 ⑨ 操作结束后将物料移交至下一生产操作工序	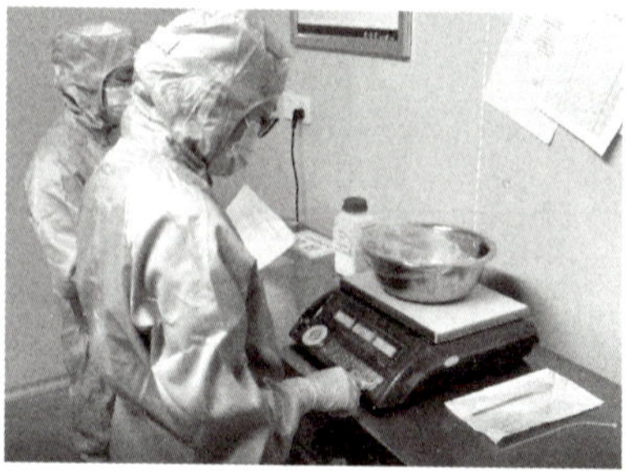 物料称量 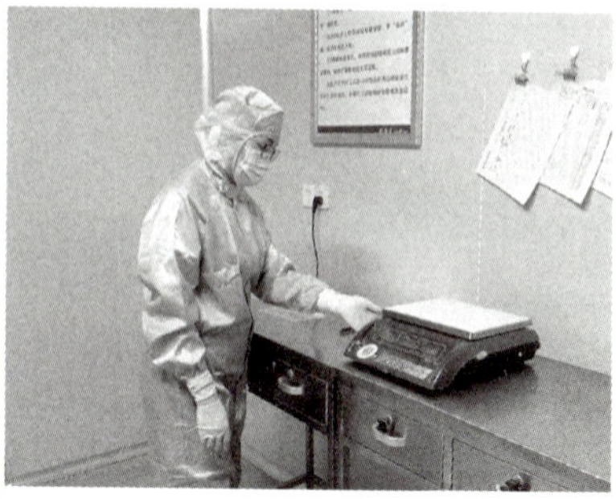 关机
3	清场	① 设备与房间分别换上“待清洁”和“待清场”状态标识 ② 按《配料与称量岗位清场标准操作规程》清场，清洁捕尘系统和抹布，清理人员身上、手上，以及物料台、秤盘表面、地面、工作台上的粉尘，将已使用过的料铲放入指定的袋中保存 ③ 填写清场记录 ④ 电子天平按《电子天平清洁标准操作规程》清洁	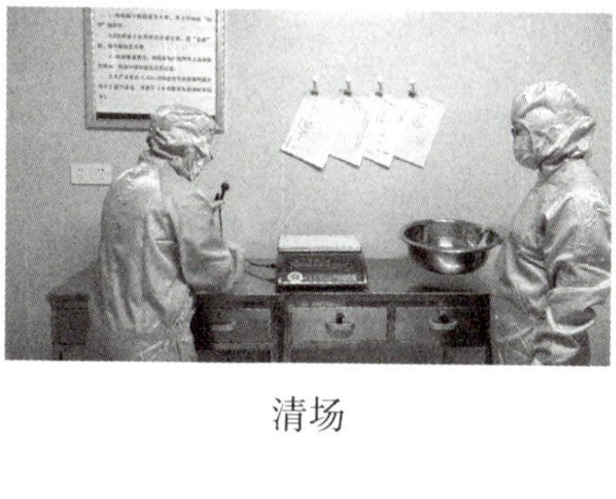 清场

续表

序号	步骤	操作要点	示意图
3	清场	⑤ 清场完毕联系 QA 人员进行清场效果检测，如不合格需重新清场直至检查合格，并及时填写清场记录。QA 人员检查合格后，在清场记录上签名并发放清场合格证 ⑥ 及时更换生产设备状态标识为“已清洁” ⑦ 将 QA 人员发放的清场合格证（正本）粘贴在批生产记录相应位置上，清场合格证（副本）挂 / 贴在操作现场	

二、天平的标准操作

以 TCS-150 电子秤为例，称量标准操作见表 5-14。

表 5-14　称量标准操作

序号	步骤	操作要点	示意图
1	开机	插上电源，按开机键，开机，预热 15 min	 开机
2	校正	用标准砝码校准后进入称量状态	 天平校正记录表
3	去皮	将用于称量的不锈钢称量桶放在秤台上，按“去皮”键，此时显示值为零	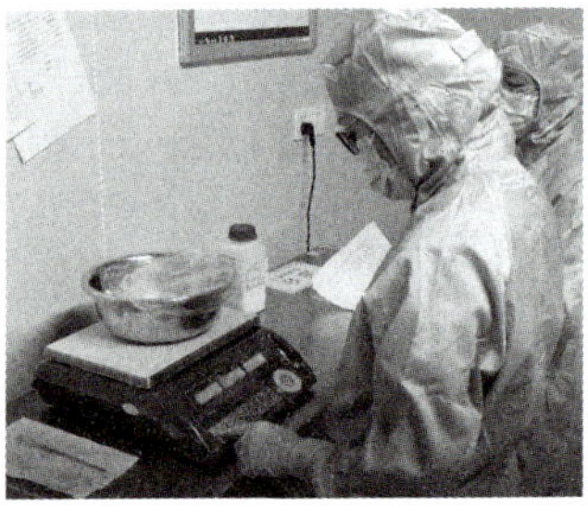 去皮

天平日常校正记录

天平型号：　　编号：________　　计量合格证明编号：________

校正日期	温度	湿度	分度值	电源是否正常	标准砝码/g	校正结果/g	标准	结论	校正人	复核人
				□是 □否				□合格 □不合格		
				□是 □否				□合格 □不合格		
				□是 □否				□合格 □不合格		
				□是 □否				□合格 □不合格		
				□是 □否				□合格 □不合格		
				□是 □否				□合格 □不合格		

续表

序号	步骤	操作要点	示意图
4	称量	① 将待称量物料放入不锈钢称量桶中，待电子秤的数值稳定时，该值便是此次称量的去皮重数据 ② 当称同一物料或同一批数量的物料时，可按“累计”键把单次重量进行贮存，称完之后再按“累计重示”键可显示出此次所称物料的毛重。如想随时查看累计重量，按“累计重示”键，则显示已累计次数及累计重量值，保持 2 s 后，返回称重状态。如想长时间查看，则按住“累计重示”键不放。如要清除累计，可同时按“扣重”和“累计重示”键，即可清除累计结果，此时累计指示符号熄灭，中途开、关机后，累计结果不再出现	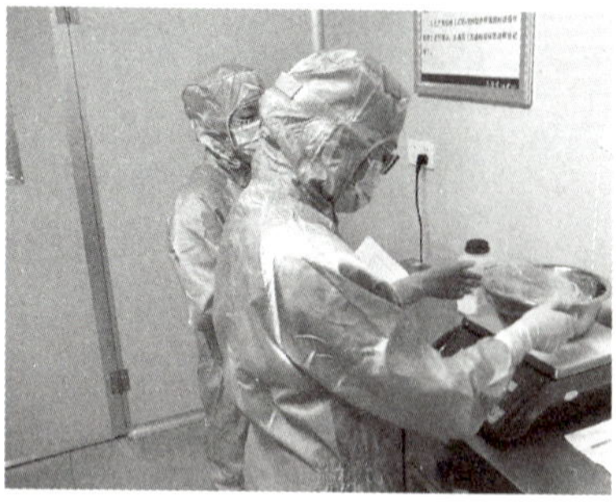 物料称量
5	关机	称重完毕后按“开 / 关”键便进入关机状态	 关机
6	退库	将剩余物料退回至原辅料暂存间，对剩余量进行过秤登记，备下批使用或按退库处理	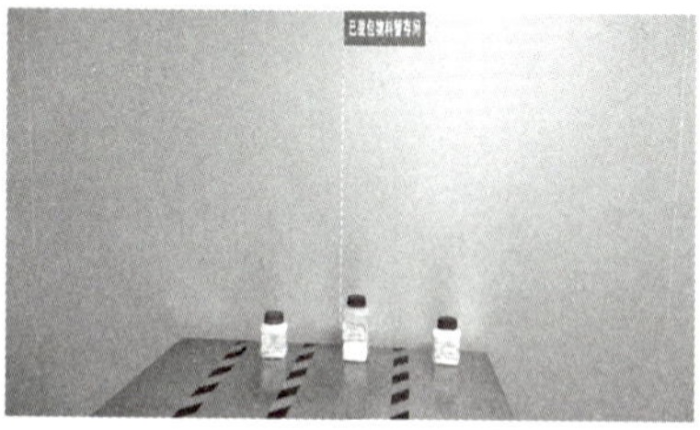 物料暂存间
7	清洁	对电子秤按《电子秤清洁标准操作规程》清洁，清洁完毕，挂上“已清洁”状态标识	 清洁状态标识更换

三、天平的清洁

每日生产结束，更换品种前，中途停产，清洁合格证超过有效期再开工前，发生异常影响产品质量时，均应对天平进行清洁。具体清洁过程见表 5-15。

表 5-15　天平清洁操作

序号	步骤	操作要点	示意图
1	纯化水擦洗	用洁净抹布浸纯化水擦净电子天平表面，擦洗时间为 5 min	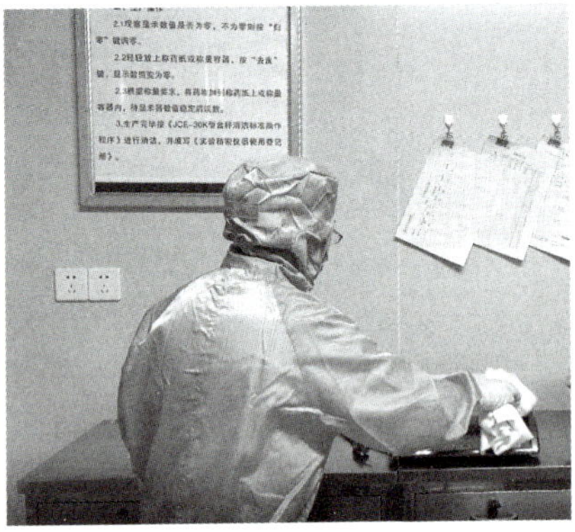 天平清洁
2	洗洁精擦洗	使用洁净抹布浸 1% 的洗洁精擦拭电子天平表面，擦洗时间为 8 min	
3	纯化水擦洗	再用洁净抹布浸纯化水擦洗电子天平表面，擦洗时间为 6 min	
4	消毒	用洁净抹布浸消毒剂对电子天平进行擦拭消毒，消毒剂每月进行更换，以防产生耐药菌株，如单月用 75% 乙醇溶液，双月用 0.2% 的苯扎溴铵溶液。消毒结束后有效期为 72 h	
5	目检	① 目检已清洁的电子天平表面，应无任何污渍、纤维、色斑、残余物料等 ② 若目检不符合要求，须按上述程序重新清洗	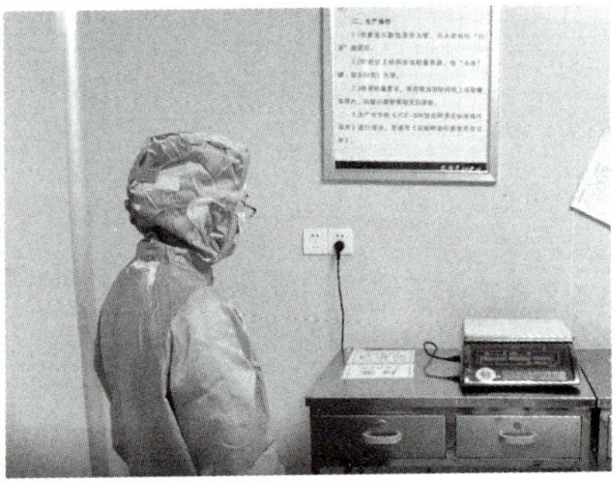 目检
6	悬挂标识	将清洁后的电子天平表面用洁净抹布擦干，待 QA 人员检查合格后悬挂“已清洁”状态标识	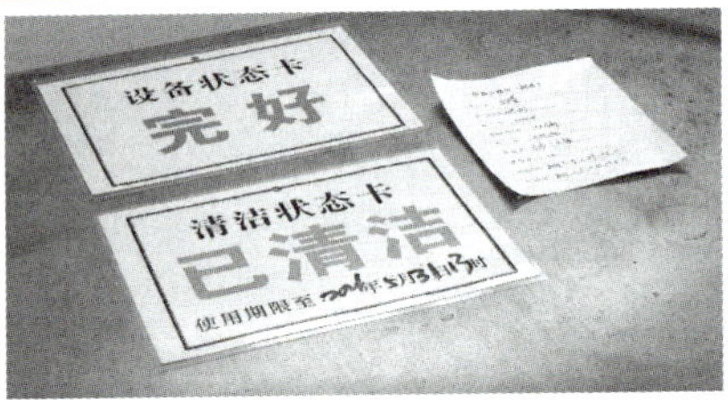 状态标识

四、岗位清场操作

每批生产结束时，清场有效期超限时，生产过程中发生异常情况可能会造成产品污染时，均应进行清场。应本着先物后地、先内后外、先上后下、先拆后洗、先零后整的原则进行清洁清场。清洁工具常选用洁净抹布和清洁桶，清洁剂选用 1% 氢氧化钠溶液、纯化水，消毒剂选用 75% 乙醇溶液和 0.2% 苯扎溴铵溶液（交替使用），均按《清洁剂、消毒剂配制和使用标准操作规程》使用、存放。具体清场过程见表 5-16。

表 5-16　配料与称量岗位清场操作

序号	步骤	操作要点	示意图
1	剩余物料的处理	生产结束后将前次生产剩余物料退回已脱包物料暂存间	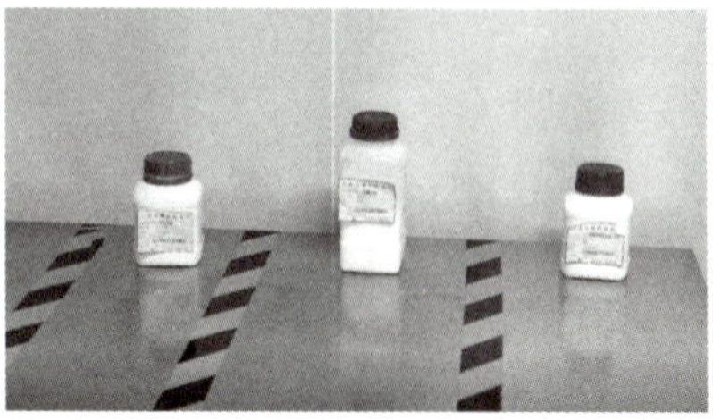 暂存间
2	废品处理	将本批的废品、落地药粉存放在指定的容器内，按《车间物料管理规程》统一处理	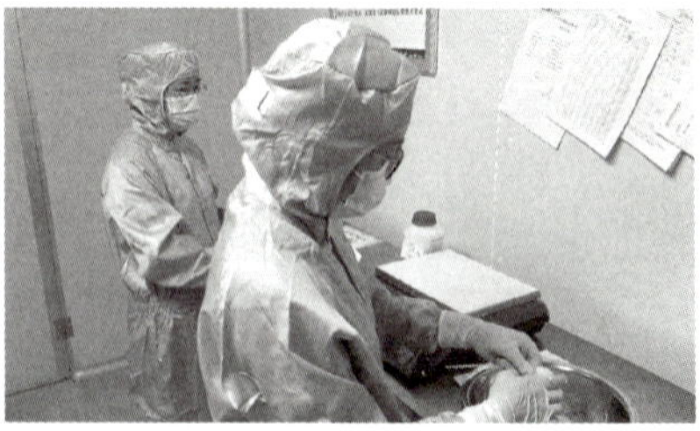 废品处理
3	环境清洁	每天工作结束后进行日常清洁，用洁净抹布擦拭门窗、墙壁、工作台面、不锈钢凳、地面，并填写清洁记录	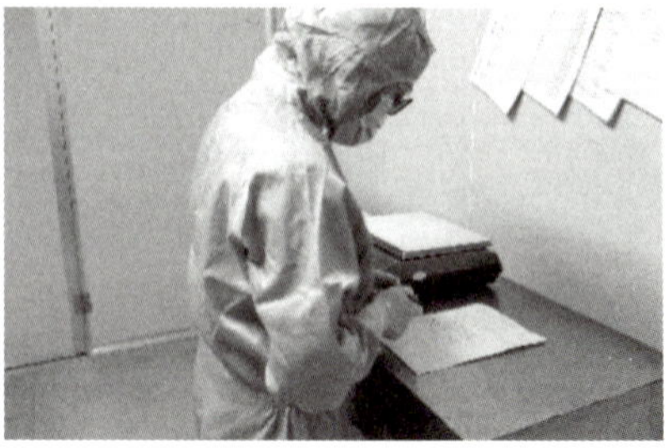 清洁记录填写
4	电子天平的清洁	按《电子天平清洁标准操作规程》清洁电子天平	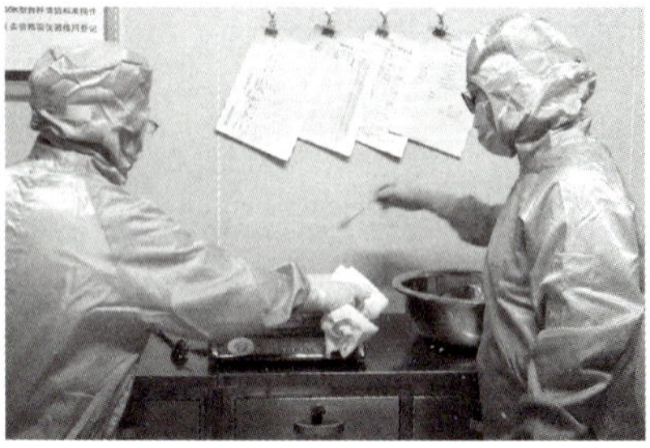 天平清洁
5	设施设备的清洁	按《洁净区区域清洁标准操作规程》清洁操作室、钟表、温湿度计、压差计、通信设施等	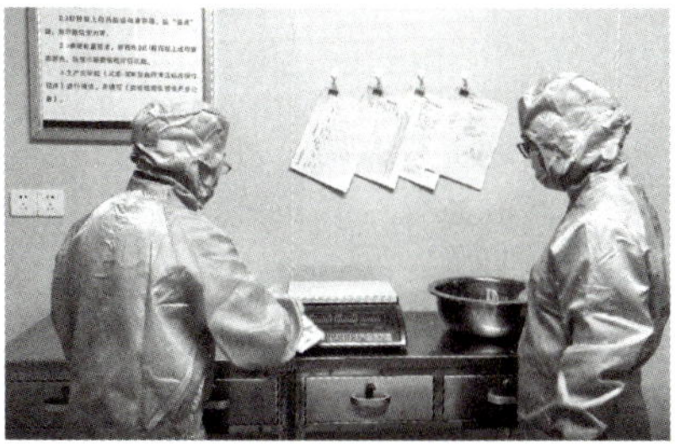 操作室清洁

续表

序号	步骤	操作要点	示意图
6	送、回风口的清洁	取洁净抹布浸消毒剂擦拭送、回风口	 送、回风口
7	清洁工具的清洁	按《洁净区工器具、容器具清洁标准操作规程》清洁工器具，消毒后存放在洁净区内洁具清洁间	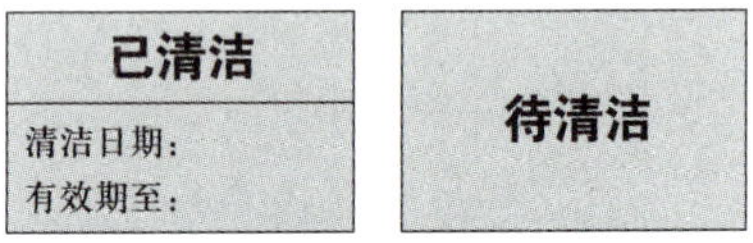 清洁标识
8	本批生产文件的清除	清除与本批产品相关的文件资料、生产标识	 生产文件清除
9	记录填写	清场后填写清场记录	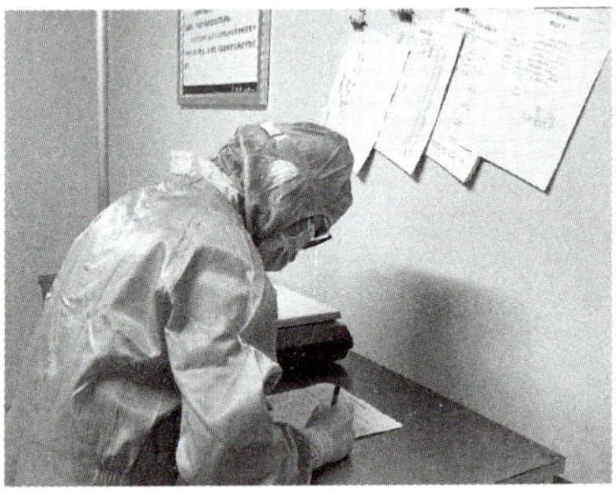 记录填写
10	QA 人员检查	由 QA 人员确认是否清场合格，合格后由 QA 人员在清场记录上签字并发放清场合格证，正本附入批生产记录，副本挂在操作现场。若检查不合格，应按程序重新清洁，直至检查合格	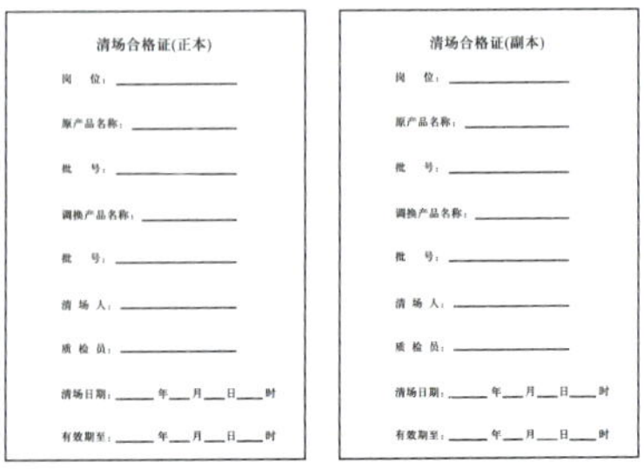 清场合格证（正本） 岗　位：______ 原产品名称：______ 批　号：______ 调换产品名称：______ 批　号：______ 清场人：______ 质检员：______ 清场日期：___年__月__日__时 有效期至：___年__月__日__时 清场合格证（副本） 岗　位：______ 原产品名称：______ 批　号：______ 调换产品名称：______ 批　号：______ 清场人：______ 质检员：______ 清场日期：___年__月__日__时 有效期至：___年__月__日__时 清场合格证

五、岗位记录填写

1. 填写要求

配料与称量岗位批生产记录由岗位操作人员填写，岗位负责人及有关规定人员复核签字。不允许事前先填或事后补填，填写内容应真实。填写批生产记录应注意字迹工整、清晰，不允许用铅笔填写，且要求用笔颜色保持一致。批生产记录不能随意更改或销毁，若确实因填错需更改，务必在更改处画一横线后，将正确内容填写在旁边，并签字标明日期。

考核时为确保考评公平公正，原则上不允许岗位操作人员填写真实姓名，应填写准考证号或考试代号等。

2. 生产记录样例

(1) 配料与称量岗位生产前检查与准备记录样例：见表 5-17。

表 5-17　配料与称量岗位生产前检查与准备记录

<table>
<tr><td>产品名称</td><td></td><td>规格</td><td></td><td>产品批号</td><td></td></tr>
<tr><td>操作间</td><td></td><td colspan="2">生产批量</td><td colspan="2">万片</td></tr>
<tr><td colspan="6">主要计量器具检查</td></tr>
<tr><td colspan="2">计量器具名称</td><td colspan="2">型号</td><td colspan="2">是否在检定效期内</td></tr>
<tr><td colspan="2"></td><td colspan="2"></td><td colspan="2">[　]是 [　]否</td></tr>
<tr><td colspan="2"></td><td colspan="2"></td><td colspan="2">[　]是 [　]否</td></tr>
<tr><td colspan="2"></td><td colspan="2"></td><td colspan="2">[　]是 [　]否</td></tr>
<tr><td colspan="6">生产前检查与准备</td></tr>
<tr><td colspan="4">检查内容</td><td colspan="2">检查记录</td></tr>
<tr><td colspan="4">1. 复核清场：确认在清场有效期内，并将清场合格证（副本）粘贴在“清场合格证副本（粘贴处）”，确认无上次生产遗留物，没有与本批次生产无关的物料和文件</td><td colspan="2">[　]是 [　]否</td></tr>
<tr><td colspan="4">2. 确认温度和相对湿度在合格范围内（温度为 18~26 ℃，相对湿度为 45%~65%），称量间和洁净走廊保持相对负压</td><td colspan="2">[　]是 [　]否</td></tr>
<tr><td colspan="4">3. 准备物料标签、扎带、洁净分料袋</td><td colspan="2">[　]是 [　]否</td></tr>
<tr><td colspan="4">4. 确认电子台秤、电子计重秤是否有计量合格证且在有效期内，是否用标准砝码校准</td><td colspan="2">[　]是 [　]否</td></tr>
<tr><td colspan="4">5. 开启并检查称量设备是否运行正常</td><td colspan="2">[　]是 [　]否</td></tr>
<tr><td>检查人</td><td colspan="2"></td><td>复核人</td><td colspan="2"></td></tr>
</table>

清场合格证副本（粘贴处）

(2) 称量过程记录样例：见表 5-18。

表 5-18　称量过程记录

产品名称		规格		产品批号	
操作间		生产批量		万片	

操作要点：
1. 依次称取物料，一种物料全部称完再称下一种物料
2. 填写已称量物料标识卡，注明品名、规格、产品批号、配料量、皮重、净重、总重、称量人、配料人、中间站、存放有效期
3. 临压前加入辅料：称取硬脂酸镁、二氧化硅、滑石粉分别装入洁净分料袋中做好标识，装入容器中
4. 黏合剂：称取聚乙烯吡咯烷酮（PVP）装入洁净分料袋中做好标识，装入容器中

物料称量					
称量开始时间	[　　]年[　　]月[　　]日[　　]时[　　]分				
物料名称	批号	物料代码	检验报告单号	皮重	净重
称量人			复核人		
称量结束时间	[　　]年[　　]月[　　]日[　　]时[　　]分				
班组长			中间站操作人		

备注：

(3) 配料与称量岗位清场记录样例：见表5-19。

表5-19　配料与称量岗位清场记录

产品名称		规格		产品批号	
操作间		生产批量		万片	
清场类型	[　]大清场　　[　]小清场				
清场要求	1. 同品种当天生产结束、换批时进行小清场；大清场后超过有效期进行小清场 2. 同品种连续生产超过7天、换品种、停产3天以上执行大清场 3. 小清场执行小清场操作，大清场执行大清场操作 4. 执行操作在“是”前[　]内打“√”，未执行操作在“否”前[　]内打“√”				

清场记录		
清场操作内容		清场记录
1. 将称量物料移交给中间站操作人转运至中间站或相应制粒间		[　]是　[　]否
2. 清除称量过程中产生的废弃物		[　]是　[　]否
3. 将与后续产品无关的文件等移出		[　]是　[　]否
4. 设备、工具、容器等	小清场：先将设备、设施台面上的异物清理干净，再按照相关设备清洁标准操作规程进行清洁，并对工具、容器等进行清洁，定置	[　]是　[　]否
	大清场：除小清场要求外，需对设备管道进行彻底清洁、消毒，定置	[　]是　[　]否
5. 生产环境	小清场：门窗和工作台、凳及地面清洁至无可见残留物	[　]是　[　]否
	大清场：除小清场要求外，需对回风口、天棚、墙面、地漏进行彻底清洁，清洁顺序为从上到下	[　]是　[　]否
6. 生产设备和房间状态标识准确、清楚		[　]是　[　]否
7. 清场结束后由班组长或QA人员检查清场是否合格，检查合格后签发清场合格证		[　]是　[　]否

清场结束时间	[　]年[　]月[　]日[　]时[　]分		
清场人		复核人	

清场合格证正本（粘贴处）

视频：
配料与称量岗位操作

六、常见问题与处理方法

称量过程中的常见问题、原因及处理方法见表 5-20。

表 5-20 称量过程中的常见问题、原因及处理方法

常见问题	原因	处理方法
称量误差	没有按照所称物料选用相应量程的台秤	根据所称物料重量选择合适量程的台秤
记录填写	没有及时填写或随意涂改、损坏称量记录	上岗前,应对配料与称量岗位人员进行培训,及时、准确填写称量记录
混淆	物料标识不清晰,未认真仔细核对	仔细核对所称物料的品名、批号、称样量等信息,核对无误后方可进行操作
污染与交叉污染	称量间内同时称取多种物料,称量用具未清洁	称量间内同一时间只能称取同一种物料。一种物料称量结束后,用扎带将称量好的物料与剩余物料分别采用回头扎方式及时封口。每次称量时取料工具应每料一个,不得混用,避免污染

任务考核

一、考核要求

1. 在线测试(5 min)

请扫描二维码完成在线测试。

在线测试：配料与称量

2. 实践考核(10 min)

以角色扮演法进行分组考核,要求在规定时间内完成碳酸氢钠片配料与称量岗位操作,并填写批生产记录。

(1) 分组要求:小组人数不少于 3 人,1 人扮演中间站管理员,1 人扮演考评员,1 人扮演岗位操作人员。

(2) 场景设置:应至少设有称量间、中间站,配备房间与设备状态标识牌、不锈钢勺与桶、塑料袋与扎带、可粘贴标签、清洁工具等。

(3) 其他要求:考核时应提前穿戴洁净服,考核过程中应按照操作要点规范操作,及时如实填写批生产记录等。

二、评分标准

配料与称量岗位操作评分标准见表 5-21。

表 5-21　配料与称量岗位操作评分标准

序号	考核内容	分值 / 分	评分要点	考生得分	备注
1	生产前检查	25	1. 正确检查复核房间状态标识(4 分) 2. 正确检查复核设备状态标识(4 分) 3. 正确检查岗位生产所需空白文件(4 分) 4. 检查房间温湿度及压差(4 分) 5. 正确检查配料与称量岗位所需仪器、用具(4 分) 6. 正确粘贴上批清场合格证(副本)(5 分)		
2	称量过程	40	1. 正确核对物料品名、批号、规格等信息(8 分) 2. 正确选用台秤(8 分) 3. 正确使用称量桶(8 分) 4. 正确包装已称量物料(8 分) 5. 正确填写已称量物料标识卡(8 分)		
3	清场	15	1. 正确更换状态标识(5 分) 2. 正确清洁台秤(5 分) 3. 正确清洁地面、台面(5 分)		
4	生产记录	20	1. 准确、及时填写生产前检查与准备记录(5 分) 2. 准确、及时填写称量过程记录(5 分) 3. 准确、及时填写清场记录(5 分) 4. 正确粘贴本批清场合格证(正本)(5 分)		
岗位总分					

任务 5.4　混合与制粒

知识准备

PPT:
混合与制粒

岗位职责

混合是将两种或两种以上的不同物料,经掺和、搅和或捏合等作用而成均匀状态的单元操作。混合操作是药品生产过程中非常重要的一个环节,其目的是使处方中各成分含量均一,确保用药剂量准确、制剂安全有效。在片剂生产中,若处方成分较多且各成分处方量差异较大,可将物料在制粒前进行干粉预混,通常采用 V 形混合机、三维运动混合机、方锥形混合机等进行混合,混合机内的粒子经随机的相对运动完成混合,其混合原理主要有扩散、对流和剪切 3 种,混合操作规程和注意事项见任务 5.7。

制粒是将粉状、块状、熔融液、水溶液等状态的物料经加工后,制成具有一定形状与大小的颗粒状物的操作。对于固体制剂来说，制粒不仅可以改善物料的粉体学性质如流动性、填充性和压缩成型性，还可以减少粉尘飞扬，提高混合效率，改善药物含量均匀度等。

混合制粒岗位操作人员应严格按照混合岗位、制粒岗位职责要求，在固体制剂车间混合制粒组班组长领导下，履行工作职能。

1. 生产准备

进岗前按规定着装，进岗后执行混合制粒岗位标准操作规程，认真检查混合、制粒设备是否清洁干净，清场状态是否符合规定。根据生产指令，按规定程序从配料与称量岗位领取物料，核对混合制粒所用物料的名称、数量、规格、外观等，确保不发生混药、错药。

2. 生产操作

严格按照生产指令、混合制粒岗位标准操作规程和混合制粒设备标准操作规程进行生产。混合、制粒过程中不得擅自离岗，发现异常应及时进行排除并如实上报。

知识拓展：制粒技术

制粒操作是片剂生产过程中的关键操作，制备的颗粒应干燥，大小均匀，色泽一致，无吸潮、软化、结块、潮解等现象。根据制粒时采用的润湿剂或黏合剂的不同，制粒方法通常分为湿法制粒和干法制粒两大类。

湿法制粒技术是指在物料中加入润湿剂或液态黏合剂进行制粒的方法，是目前颗粒剂和片剂制粒压片的主流方法。湿法制成的颗粒具有流动性好、圆整度高、外形美观、耐磨性较强、压缩成型性好等优点。

干法制粒技术是将药物和辅料混合均匀，压缩成大片状或板状后，再粉碎成所需大小颗粒的方法。这种方法适用于对热敏感的物料、遇水易分解的药物。

根据制粒技术的不同，常用的设备有高速混合制粒机、沸腾制粒机、喷雾干燥制粒机、摇摆式制粒机、旋转式制粒机、滚压式制粒机和锥形整粒机等。

（1）高速混合制粒机：是以机身作为支撑，制粒锅为盛料器，搅拌转动与切割刀转动为动力，在搅拌桨的搅拌作用下，使物料在短时间内翻滚混合均匀，再由切割刀制成颗粒，最后从出料口排出，改变搅拌和切割刀的转速，可获得不同大小的颗粒的设备（图 5-3、图 5-4）。高速混合制粒机操作简单、快速，8~10 min 即可制成一批颗粒；黏合剂用量少，较传统方法少用 15%~25%；在密闭容器内生产，符合 GMP 生产管理要求；所得颗粒质地结实，大小均匀，流动性和可压性好。高速混合制粒机适合大多数物料的制粒，但对黏性大又不耐热的物料，如乳香、没药和全浸膏

图 5-3　高速混合制粒机

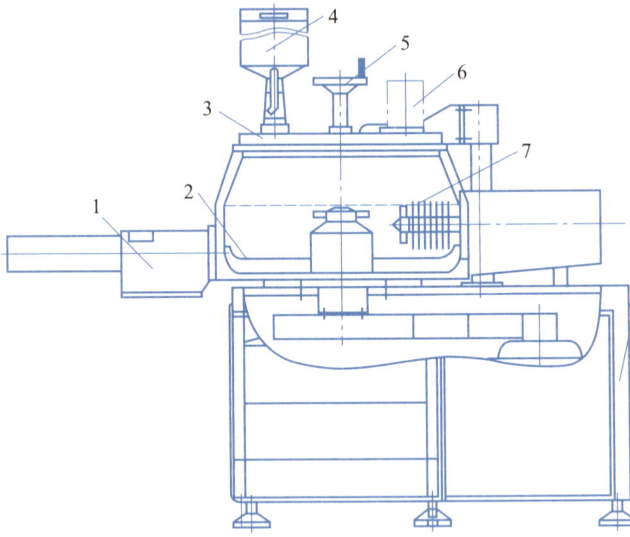

1—气动出料阀；2—搅拌桨；3—顶盖；4—黏合剂加料口；
5—刮粉器；6—排气筒；7—制粒刀；8—基座。

图 5-4　高速混合制粒机结构示意图

动画：
高速混合制粒机制粒原理

等，不宜用其制粒，且此设备为间歇操作，不能连续生产。

（2）沸腾制粒机：由物料容器、喷雾室、物料捕集室、喷枪、加热器、引风机等系统组成(图 5-5)。该设备能一步完成物料的混合、制粒和干燥，所以也被称为“一步制粒机”。沸腾制粒机生产工艺简单，生产时设备密闭，符合 GMP 要求，自动化程度高，生产条件可控，制得的颗粒密度小，流动性和可压性好。沸腾制粒机适用于黏性大、普通湿法制粒不能成型的物料制粒，特别适合中药颗粒剂的生产。

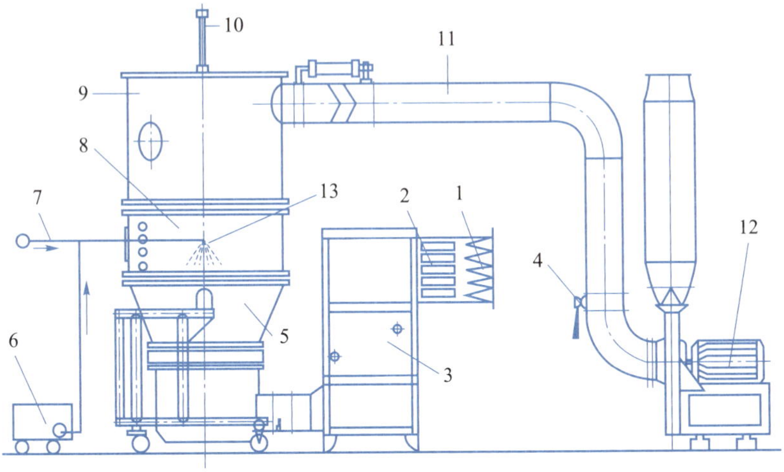

1—初效过滤器；2—亚高效过滤器；3—加热器；4—调风阀；5—物料容器；
6—输液泵；7—压缩空气；8—喷雾室；9—物料捕集室；10—清灰气缸；
11—排风管；12—引风机；13—喷枪。

图 5-5　沸腾制粒机结构示意图

动画：
FZ 系列沸腾制粒机

(3) 喷雾干燥制粒机：与沸腾制粒机的结构相似，主要由鼓风机、加热器、喷枪、盛料器、供液装置、干料贮器等系统构成(图 5-6)。生产时，该设备直接将药物与黏合剂制成含固体 50%~60% 的混悬液或混合浆，通过喷枪将其雾化喷出，热风将液滴干燥后制得球形细小颗粒。此设备生产时若仅以干燥为目的，则称为喷雾干燥机。

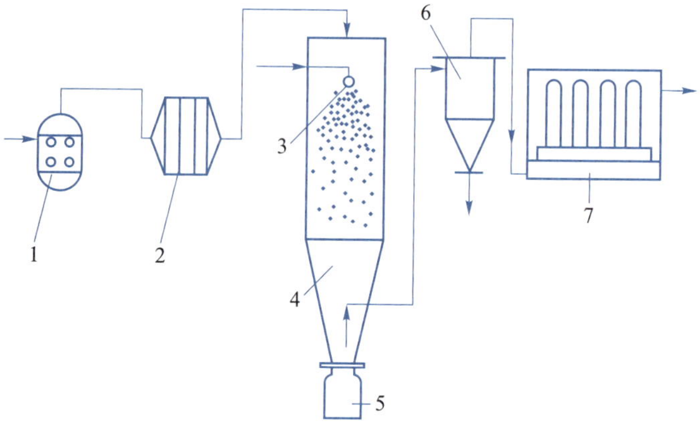

1—空气过滤器；2—加热器；3—喷嘴；4—喷雾塔；
5—干料贮器；6—旋风分离器；7—袋滤器。

图 5-6　喷雾干燥制粒机结构示意图

动画：
喷雾干燥制粒机制粒原理

(4) 摇摆式制粒机：主要由加料斗、制粒滚筒、筛网、筛网管夹等系统组成(图 5-7、图 5-8)。摇摆式制粒机结构简单，操作、清理方便，产量较大，适用于多种物料的制粒及干颗粒的整粒。不足之处在于筛网使用寿命较短，筛网更换较为频繁。

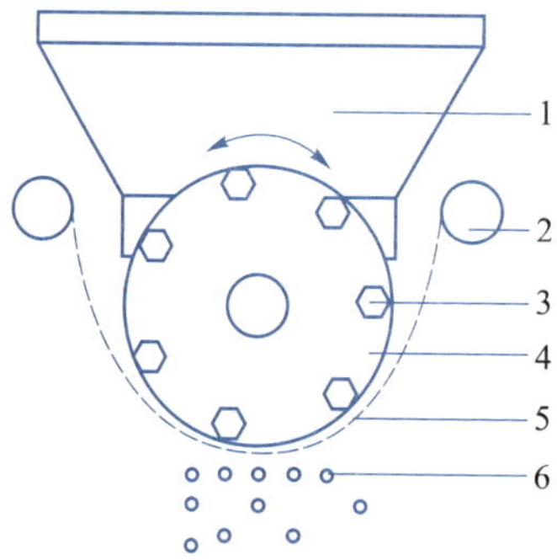

1—加料斗；2—筛网管夹；3—六边形凸棱；
4—制粒滚筒；5—筛网；6—颗粒。

图 5-7　摇摆式制粒机结构示意图

图 5-8　摇摆式制粒机

动画：
摇摆式制粒机工作原理

(5) 旋转式制粒机：由电机、减速机、筛筒、碾刀、挡板、颗粒接收盘等组成，工作原理与摇摆式制粒机相似，利用挤压力将制备好的软材挤过筛网制成颗粒(图 5-9)。此设备结构简单，产量大，适用于黏性较高物料的制粒。

(6) 滚压式制粒机：主要由加料斗、螺旋推进器、辊压轮、压力调节器、粉碎装置、整粒装置等构成(图 5-10)。此设备与传统的重压制粒相比，制得的颗粒更均匀，成品率更高，是干法制粒的首选设备。

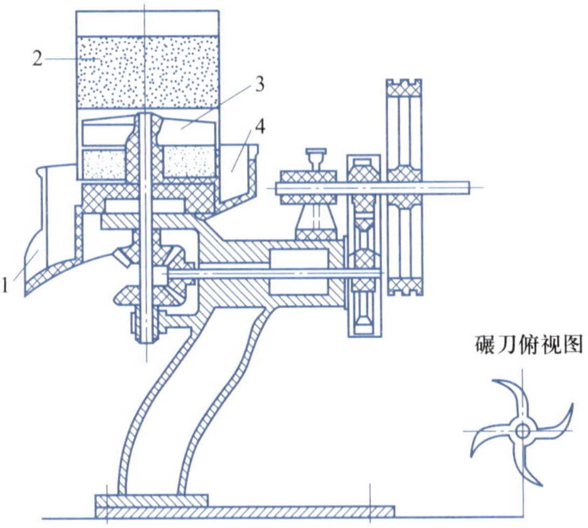

1—颗粒出口；2—筛筒；3—挡板；4—颗粒接收盘。

图 5-9　旋转式制粒机

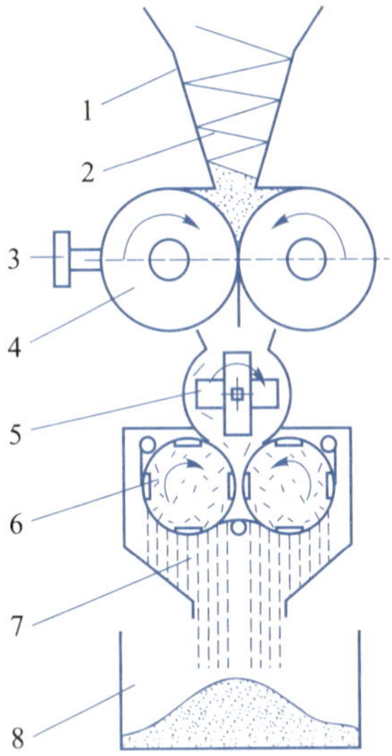

1—加料斗；2—螺旋推进器；3—压力调节器；4—辊压轮；5—粉碎装置；6—整粒装置；7—颗粒；8—物料槽。

图 5-10　滚压式制粒机

动画：干法制粒机制粒原理

(7) 锥形整粒机：主要用于湿颗粒的整粒。其原理是将湿颗粒加入整粒机的进料口后，颗粒落入锥形工作室，由旋转回转刀对颗粒起旋流作用，并以离心力将颗粒甩向筛网面，同时由于旋转回转刀的高速旋转与筛网面产生剪切作用，颗粒在旋转回转刀与筛网间被粉碎成小颗粒并经筛网排出(图 5-11)。粉碎的颗粒大小由筛网的数目、筛网形状、旋转回转刀与筛网之间的间距及回转转速的快慢来调节。

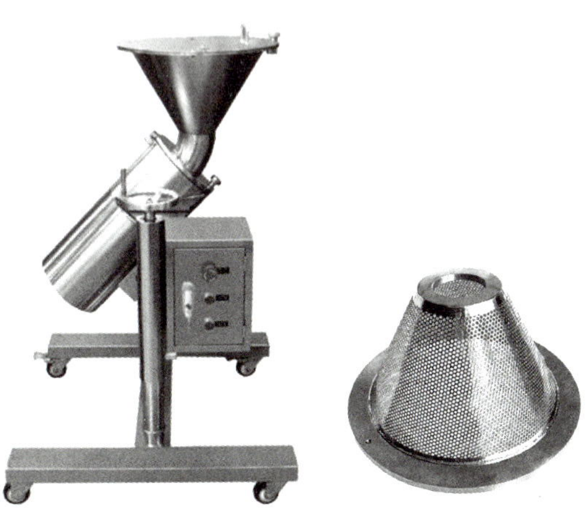

图 5-11　锥形整粒机及筛网

1+X 药物制剂生产职业技能等级证书考核建议使用高速混合制粒机（图 5-3）。本任务以 SMG3/6/10 高速混合制粒机为例讲述制粒操作过程。

3. 生产结束

生产完毕，按规定进行物料移交，按要求填写移交单据，并认真如实填写各种生产记录，做到字迹清晰、内容真实、数据完整，不得任意涂改和撕毁。余料按规定退至中间站。

工作结束或更换品种时，严格按干燥设备清洁标准操作规程清洁设备，按本岗位清场标准操作规程清场，认真填写相应记录，经 QA 人员检查合格后，悬挂清场合格标识。

4. 其他要求

上岗前按规定搞好个人卫生，着装整洁，上岗后及时检查本岗位场所内及设备卫生，做好操作前的一切准备工作。按生产指令对生产物料品名、规格、批号、数量进行核对负责。严格按处方要求、工艺规程及岗位操作程序进行操作，必须参数准确，标识醒目，不准出现任何差错。

工作期间严禁脱岗、串岗，不做与岗位工作无关之事，加强工作责任心。及时、准确填写生产记录，做到字迹清晰、内容真实、数据完整，不得任意涂改和撕毁。做到生产岗位各种标识准确、清晰明了；经常检查设备运转情况，注意设备保养，操作时发现故障应及时上报。班前班后，进料前后均必须核对物料品名、规格、编号（或批号），复核称量，不得有误。工作结束时应及时做好仪器设备、用具的清洁，按有关标准操作规程进行操作。

任务实施

视频：制粒岗位标准操作规程

一、混合制粒岗位操作

1. 生产前检查与准备

混合制粒岗位生产前检查与准备操作见表 5-22。

表 5-22　混合制粒岗位生产前检查与准备操作

序号	步骤	操作要点	示意图
1	接收批生产指令	① 接收批生产指令、制粒批生产记录（空白）、中间产品交接单、物料标签（空白）等文件 ② 仔细阅读批生产指令，明确产品名称、产品规格、各物料用量、注意事项等指令 ③ 对照批生产指令，检查、核对其与房间标识卡上的产品名称、规格、批号等要求是否一致 ④ 在批生产指令上签上姓名、日期及时间	（见下表） 生产相关文件

产品名称	碳酸氢钠片	规格	0.3 g/片		
批　　号	20210923	指令编号	××××		
生产批量	16.7 万片				
工艺规程及编号	碳酸氢钠片工艺规程；编号：××××				
起 草 人	李四	起草日期	2021 年 9 月 17 日		
审 核 人	张五	审核日期	2021 年 9 月 18 日		
分发部门	生产部				
批准人	王七	批准日期	2021 年 9 月 19 日	生效日期	2021 年 9 月 20 日
指令接收部门	固体制剂生产车间、质量部、物料供应部	接收人	何一　2021 年 9 月 20 日		
作业时间及期限	2021 年 9 月 23 日—2021 年 9 月 24 日				
所需物料清单	名称	物料代码	用量	生产厂家	
	碳酸氢钠	××××	50 kg	×× 药业有限公司	
	玉米淀粉	××××	5 kg	×× 药用辅料有限公司	
	硬脂酸镁	××××	0.15 kg	×× 药用辅料有限公司	
备注					

续表

序号	步骤	操作要点	示意图
2	复核清场	① 检查生产场地是否有上一批生产遗留物 ② 检查制粒间门窗、墙壁、地面等是否干净,有无浮尘,是否光洁、明亮 ③ 检查制粒间清场合格证和状态标识是否在有效期内 ④ 检查高速混合制粒机是否已清洁,是否悬挂有绿色“已清洁”和“完好”状态标识及黄色“待运行”状态标识	 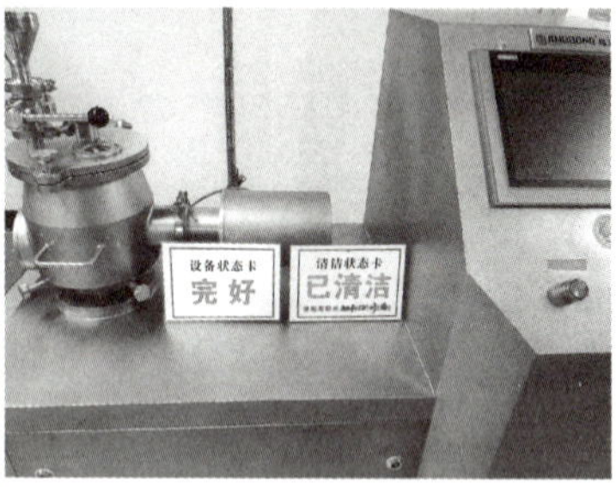 **清洁状态标识** 未清洁，不可用（ ）：　已清洁，可使用（ ） 工序/房间： 清洁日期： 清洁有效期至： 清 洁 人： 备　　注： 生产前房间与设备状态检查
3	温湿度与压差检查	检查制粒间温湿度、压差是否符合要求:温度应在 18~26 ℃,相对湿度应在 45%~65%,制粒间需保持相对负压	 温湿度记录
4	称量用具的准备	检查配液用具、洁净不锈钢盆、硅胶刷是否已清洁,是否在有效期内,若不符合要求,应重新领取	**已清洁** 清洁日期: 有效期至: 用具清洁标识

续表

序号	步骤	操作要点	示意图
5	物料核对	按批生产指令核对物料品名、用量、批号等，应确保一致	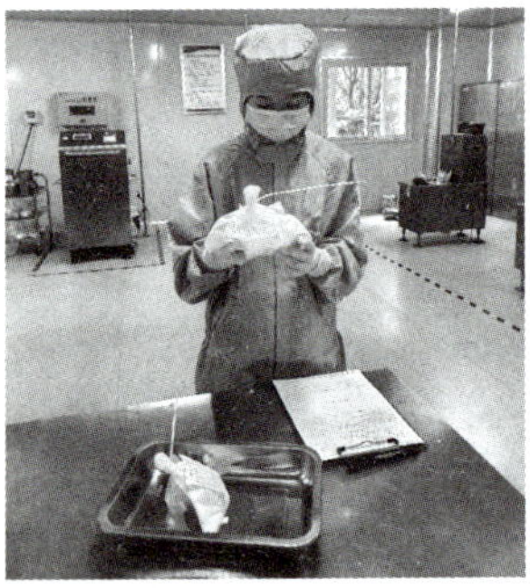 物料核对
6	QA 人员检查复核	① 按照批生产记录中生产前检查操作要点复核，任何一条不符合要求则不能进入下一程序 ② QA 人员现场复核无误后签字准产	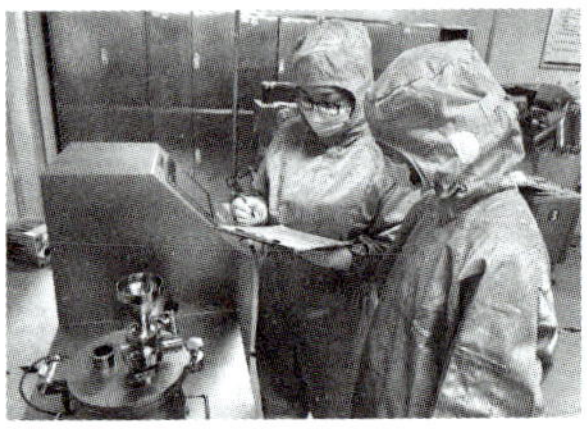 复核准产
7	记录填写	① 按照批生产记录填写要求，填写制粒岗位生产前检查与准备记录 ② 粘贴上批清场合格证（副本）于记录相应位置	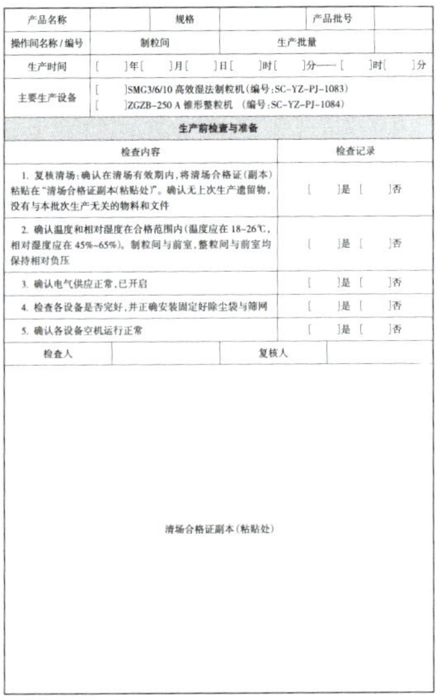 产品名称 / 规格 / 产品批号 操作间名称 / 编号：制粒间 / 生产批量 生产时间：[　]年[　]月[　]日[　]时[　]分——[　]时[　]分 主要生产设备：[　]SMC3/6/10 高效湿法制粒机（编号：SC-YZ-PJ-1083） [　]ZGZB-250 A 锥形整粒机（编号：SC-YZ-PJ-1084） 生产前检查与准备 检查内容 / 检查记录 1. 复核清场：确认在清场有效期内，将清场合格证（副本）粘贴在"清场合格证副本(粘贴处)"。确认无上次生产遗留物，没有与本批次生产无关的物料和文件　[　]是 [　]否 2. 确认温度和相对湿度在合格范围内（温度应在 18~26℃，相对湿度应在 45%~65%）。制粒间与前室，整粒间与前室均保持相对负压　[　]是 [　]否 3. 确认电气供应正常，已开启　[　]是 [　]否 4. 检查各设备是否完好，并正确安装固定好除尘袋与筛网　[　]是 [　]否 5. 确认各设备空机运行正常　[　]是 [　]否 检查人 / 复核人 清场合格证副本（粘贴处） 混合制粒岗位生产前检查与准备记录
8	状态更换	① 操作人员按照生产指令更换房间状态标识 ② 操作人员及时将设备状态标识更换为"运行"	 "运行"状态标识

2. 生产过程

混合制粒岗位生产操作见表 5–23。

表 5–23 混合制粒岗位生产操作

序号	步骤	操作要点	示意图
1	开机前检查	① 检查各机械部分、电气按钮、开关各部分是否正常 ② 打开压缩空气阀门，关闭容器密封盖及出料口，系紧除尘袋 ③ 关闭出料活塞，关闭容器密封盖	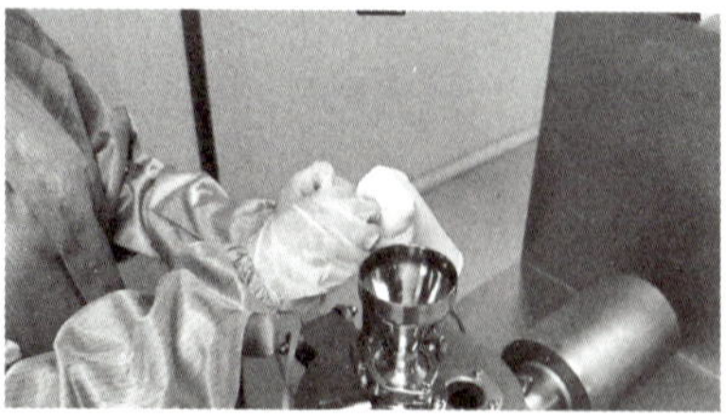 系紧除尘袋
2	开机	① 按下绿色开机按钮，等待 5 s，进入主界面 ② 检查主界面报警指示数字，确认为“0” ③ 在登录框内输入用户名和密码，进入系统，点击“操作”，进入操作界面 ④ 设定混合、制粒参数，点击“容器密封”，待密封完成，依次点击“混合”“制粒”，均空转 30 s，检查设备能否正常运行	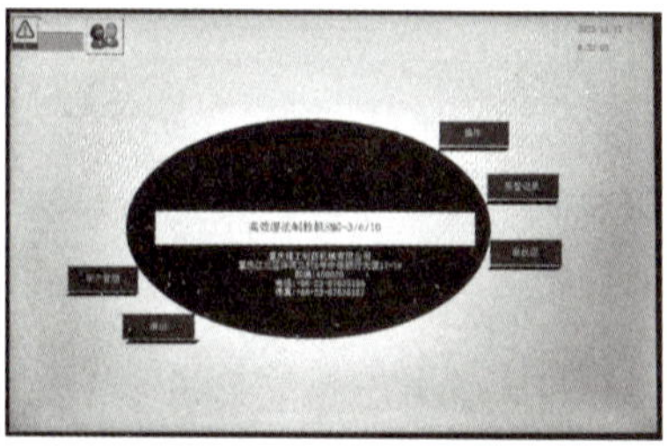  开机试运行
3	装料	① 关闭“容器密封”按钮，关闭压缩空气 ② 打开容器密封盖，按工艺规定加入原辅料，然后关闭容器密封盖	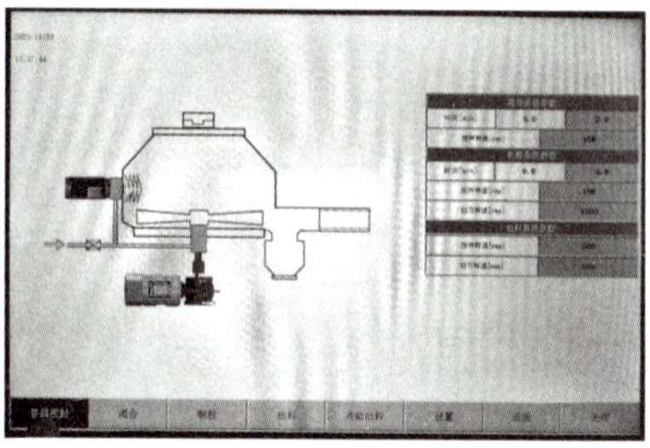  装料操作

续表

序号	步骤	操作要点	示意图
4	制粒	① 按工艺要求设定混合、制粒、出料的工艺参数 ② 先点击“容器密封”，再点击“混合”按钮 ③ 混合结束，关闭“容器密封”，经漏斗加入处方量的黏合剂，加料完毕后，关闭漏斗 ④ 先点击“容器密封”，再点击“制粒”按钮 ⑤ 待制粒结束，打开上盖，检查制成的颗粒是否符合工艺要求	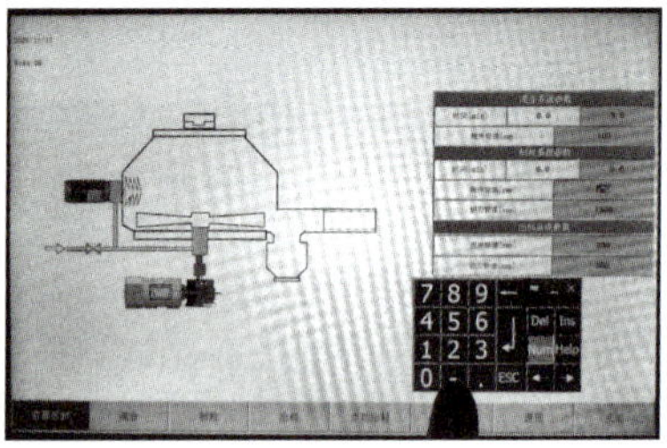 设定制粒参数
5	出料	① 关闭上盖，打开出料活塞，在容器密封状态下，点击“出料”或“点动出料”，搅拌桨停止转动约 20 s 方能开启上盖。检查出料是否完全，若不完全，再次重复操作 ② 出料完毕后，关闭出料口	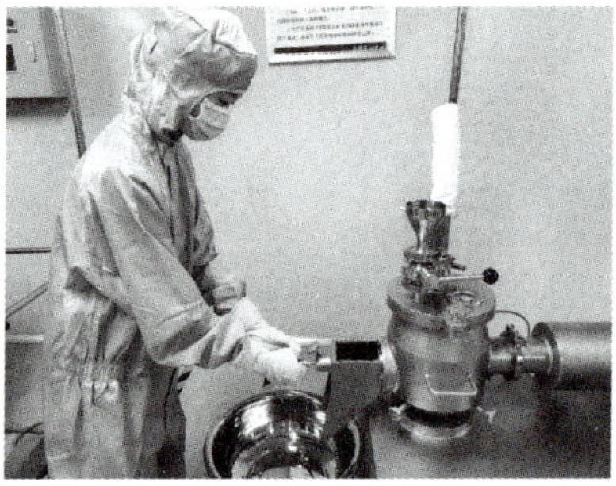 出料操作
6	湿颗粒整粒	将湿颗粒放入整粒机内进行湿法整粒	 整粒操作
7	记录填写	按照批生产记录要求填写制粒记录	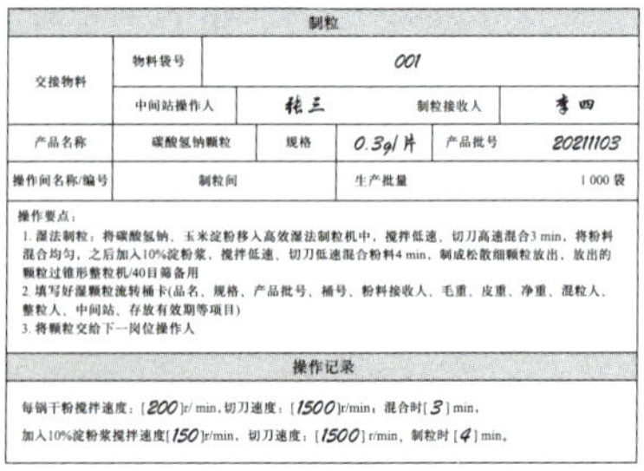 制粒 交接物料：物料袋号 001；中间站操作人 张三；制粒接收人 李四 产品名称：碳酸氢钠颗粒；规格 0.3g/片；产品批号 20211103 操作间名称/编号：制粒间；生产批量 1 000 袋 操作要点： 1. 湿法制粒：将碳酸氢钠、玉米淀粉移入高效湿法制粒机中，搅拌低速、切刀高速混合3 min，将粉料混合均匀，之后加入10%淀粉浆，搅拌低速、切刀低速混合粉料4 min，制成松散细颗粒放出，放出的颗粒过锥形整粒机/40目筛备用 2. 填写好湿颗粒流转桶卡(品名、规格、产品批号、桶号、粉料接收人、毛重、皮重、净重、混粒人、整粒人、中间站、存放有效期等项目) 3. 将颗粒交给下一岗位操作人 操作记录 每锅干粉搅拌速度：[200]r/ min，切刀速度：[1500]r/min，混合时[3] min。 加入10%淀粉浆搅拌速度[150]r/min，切刀速度：[1500] r/min，制粒时 [4] min。 记录填写

续表

序号	步骤	操作要点	示意图
8	物料交接	① 将湿颗粒移交至中间站 ② 工序操作人填写物料交接单，一式两份（一份粘贴于批生产记录中，一份保存于中间站管理员处）	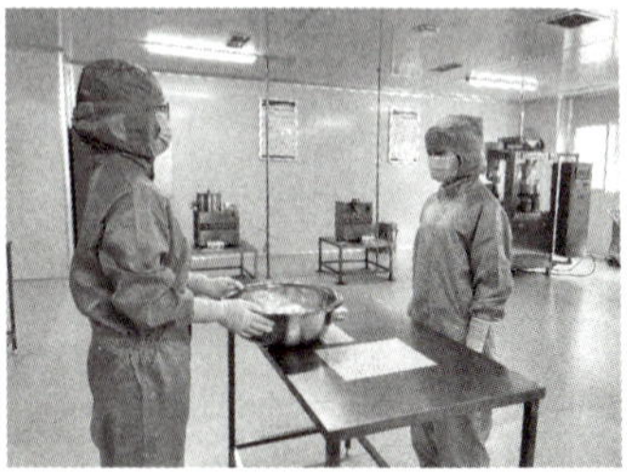 物料交接
9	清场	① 设备与房间分别换上“待清洁”和“待清场”状态标识 ② 按《制粒设备清洁标准操作规程》清洁设备，按《制粒岗位清场标准操作规程》清场 ③ 认真填写相应记录。粘贴清场合格证（正本）于记录中 ④ 经 QA 人员检查合格后，悬挂清场合格标识	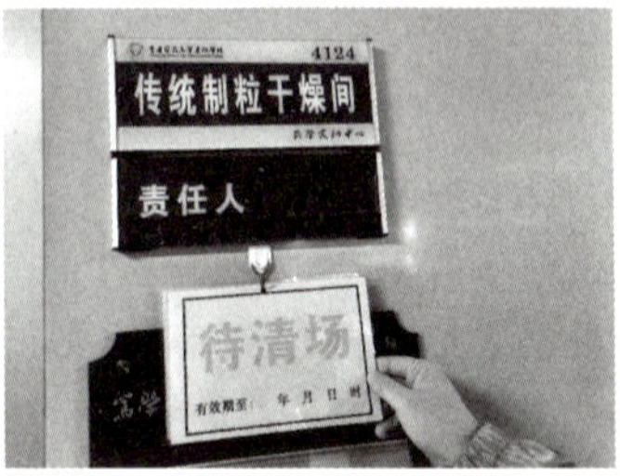 更换状态标识

二、黏合剂的配制

黏合剂的配制操作见表 5-24。

表 5-24　黏合剂的配制操作

序号	步骤	操作要点	示意图
1	生产前检查	① 确认容器、工用器具的清洁符合要求 ② 确认黏合剂、纯化水所需用量及物料合格，玉米淀粉浆浓度为 10%	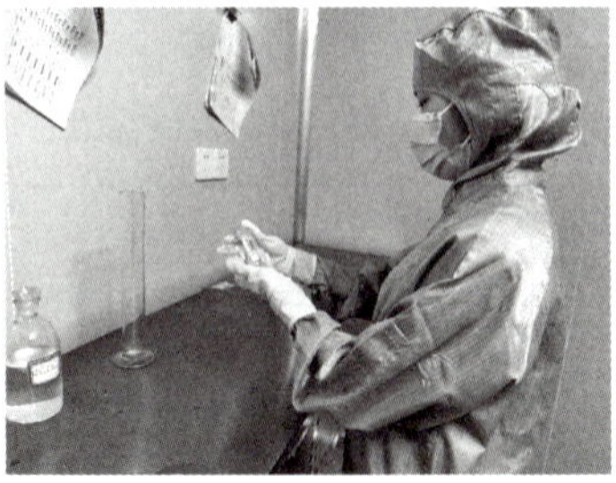 确认设备清洁
2	配制	① 先取处方量的纯化水，在搅拌下润湿处方量的玉米淀粉 ② 将容器置于水浴中加热使淀粉糊化 ③ 加热过程中随时搅拌，淀粉浆变为无色透明黏稠液体时即得	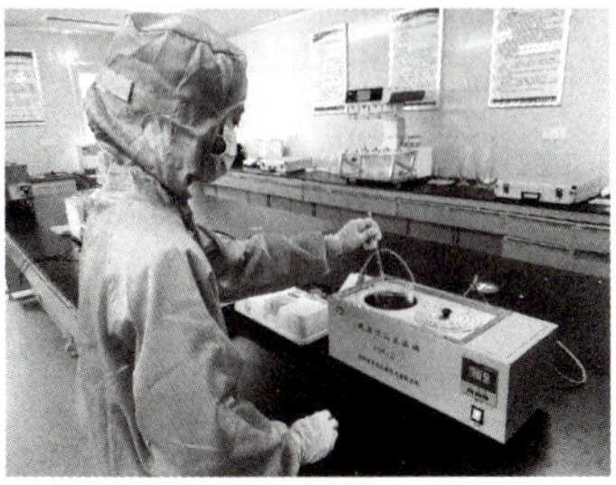 制备淀粉浆

续表

<table>
<tr><th>序号</th><th>步骤</th><th>操作要点</th><th>示意图</th></tr>
<tr><td>3</td><td>记录填写</td><td>按照批生产记录要求填写黏合剂配制记录</td><td>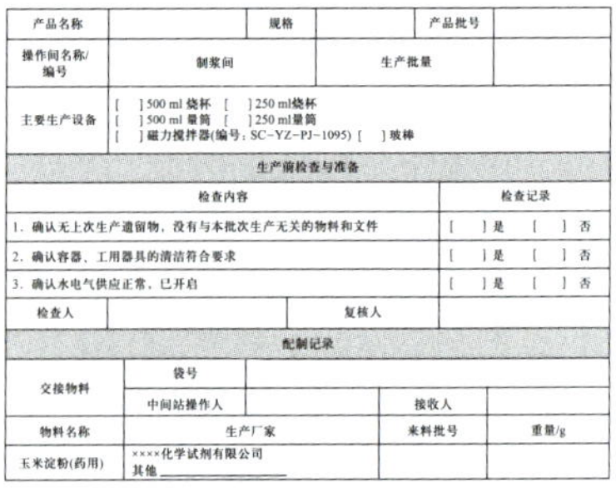
<table>
<tr><td>产品名称</td><td></td><td>规格</td><td></td><td>产品批号</td><td></td></tr>
<tr><td>操作间名称/编号</td><td colspan="2">制浆间</td><td colspan="2">生产批量</td><td></td></tr>
<tr><td>主要生产设备</td><td colspan="5">[ ] 500 ml 烧杯 [ ] 250 ml烧杯
[ ] 500 ml 量筒 [ ] 250 ml量筒
[ ] 磁力搅拌器(编号：SC-YZ-PJ-1095) [ ] 玻棒</td></tr>
<tr><td colspan="6">生产前检查与准备</td></tr>
<tr><td colspan="4">检查内容</td><td colspan="2">检查记录</td></tr>
<tr><td colspan="4">1. 确认无上次生产遗留物，没有与本批次生产无关的物料和文件</td><td colspan="2">[ ] 是 [ ] 否</td></tr>
<tr><td colspan="4">2. 确认容器、工用器具的清洁符合要求</td><td colspan="2">[ ] 是 [ ] 否</td></tr>
<tr><td colspan="4">3. 确认水电气供应正常，已开启</td><td colspan="2">[ ] 是 [ ] 否</td></tr>
<tr><td>检查人</td><td colspan="2"></td><td>复核人</td><td colspan="2"></td></tr>
<tr><td colspan="6">配制记录</td></tr>
<tr><td rowspan="2">交接物料</td><td>袋号</td><td colspan="4"></td></tr>
<tr><td>中间站操作人</td><td></td><td>接收人</td><td colspan="2"></td></tr>
<tr><td>物料名称</td><td colspan="2">生产厂家</td><td>来料批号</td><td colspan="2">重量/g</td></tr>
<tr><td>玉米淀粉(药用)</td><td colspan="2">××××化学试剂有限公司
其他________</td><td></td><td colspan="2"></td></tr>
</table>
黏合剂配制记录</td></tr>
<tr><td>4</td><td>物料交接</td><td>将制备好的黏合剂移交给制粒操作人</td><td>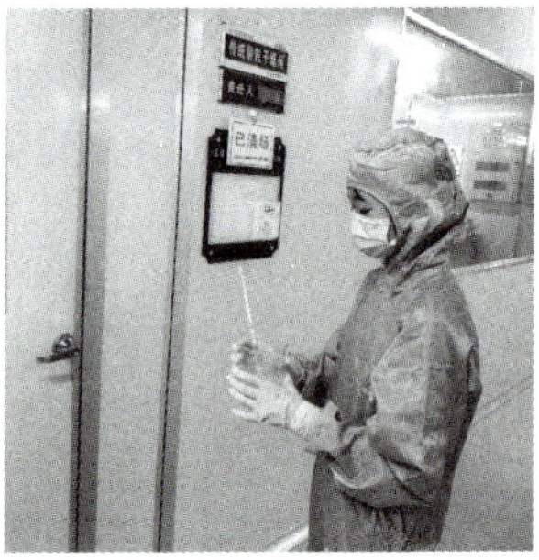

移交黏合剂</td></tr>
<tr><td>5</td><td>清场</td><td>① 设备与房间分别换上“待清洁”和“待清场”状态标识
② 按照《黏合剂配制清场标准操作规程》清场，清洁设备、仪器与房间
③ 认真填写相应记录，粘贴清场合格证（正本）于记录中
④ 经 QA 人员检查合格后，悬挂清场合格标识</td><td>
<table>
<tr><td>产品名称</td><td></td><td>规格</td><td></td><td>产品批号</td><td></td></tr>
<tr><td>操作间名称/编号</td><td colspan="2">制浆间</td><td colspan="2">生产批量</td><td>120 袋</td></tr>
<tr><td colspan="6">清场</td></tr>
<tr><td>清场开始时间</td><td colspan="5">[ ]年[ ]月[ ]日[ ]时[ ]分</td></tr>
<tr><td colspan="5">清场操作内容</td><td>清场记录</td></tr>
<tr><td colspan="5">1. 将制备的黏合剂移交制粒操作人</td><td>[ ]是 [ ]否</td></tr>
<tr><td colspan="5">2. 清除生产过程中产生的废弃物，将与后续产品无关的文件、记录移出</td><td>[ ]是 [ ]否</td></tr>
<tr><td colspan="5">3. 设备、设施、工具、容器等清洁、定置</td><td>[ ]是 [ ]否</td></tr>
<tr><td colspan="5">4. 地面、门窗内墙清洁</td><td>[ ]是 [ ]否</td></tr>
<tr><td colspan="5">5. 生产设备和房间状态标识准确、清楚</td><td>[ ]是 [ ]否</td></tr>
<tr><td colspan="5">6. 清场结束后由班组长或QA人员检查清场是否合格</td><td>[ ]合格 [ ]不合格</td></tr>
<tr><td>清场结束时间</td><td colspan="5">[ ]年[ ]月[ ]日[ ]时[ ]分</td></tr>
<tr><td>清场人</td><td colspan="2"></td><td>复核人</td><td colspan="2"></td></tr>
</table>
黏合剂配制清场记录</td></tr>
</table>

视频：SMG3/6/10 高速混合制粒机标准操作规程

三、高速混合制粒机的标准操作

高速混合制粒机的标准操作见表 5-25。

表 5-25　高速混合制粒机的标准操作

序号	步骤	操作要点	示意图
1	操作前准备	① 查看设备的使用记录。了解设备的运行情况，确认设备能正常运行 ② 检查设备的清洁情况（锅内有无异物），并进行必要的清洁 ③ 检查各机械部分、电气按钮、开关各部分是否正常（搅拌桨与切割刀是否按要求紧固）	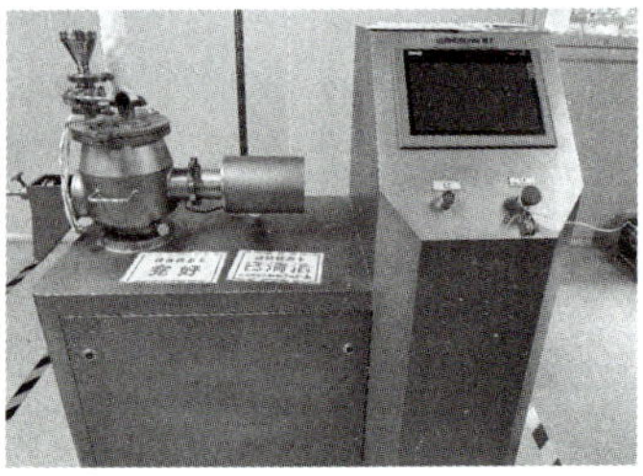

知识拓展：SMG3/6/10 高速混合制粒机操作说明书

续表

序号	步骤	操作要点	示意图
1	操作前准备	④ 打开压缩空气阀门,关闭容器密封盖及出料口,系紧除尘袋	 设备检查
2	生产操作	① 按下开机按钮,进入主界面 ② 检查主界面报警指示数字,应为"0",若不为"0",点击报警指示,按指示检查并排除报警信息;若不能排除,应立即与设备管理人员联系,待报警排除后方能进行后续操作 ③ 在登录框内输入用户名、密码,进入系统,点击"操作",进入操作界面 ④ 设定混合参数、制粒参数、出料参数。点击"容器密封",待密封完成,依次点击"混合""制粒""出料""点动出料",空转,检查设备能否正常运行(一般混合、制粒时应低速搅拌,高速切割,如搅拌速度为 120 r/min,切刀速度为 1 500 r/min;而出料时则应加快搅拌速度,减慢切刀速度,如搅拌速度为 200 r/min,切刀速度为 1 000 r/min。试运行时间均为 30 s) ⑤ 点击"容器密封"按钮,关闭压缩空气。打开容器密封盖,按工艺规程加入定量的物料,加料完毕后应清洁台面,最后关好上盖 ⑥ 按工艺要求设定混合、制粒、出料的工艺参数 ⑦ 先点击"容器密封",再点击"混合"按钮 ⑧ 混合结束,关闭"容器密封",经漏斗加入处方量的黏合剂,加料完毕后,关闭漏斗 ⑨ 先点击"容器密封",再点击"制粒"按钮 ⑩ 待制粒结束,打开上盖,检查制成的颗粒是否符合工艺要求	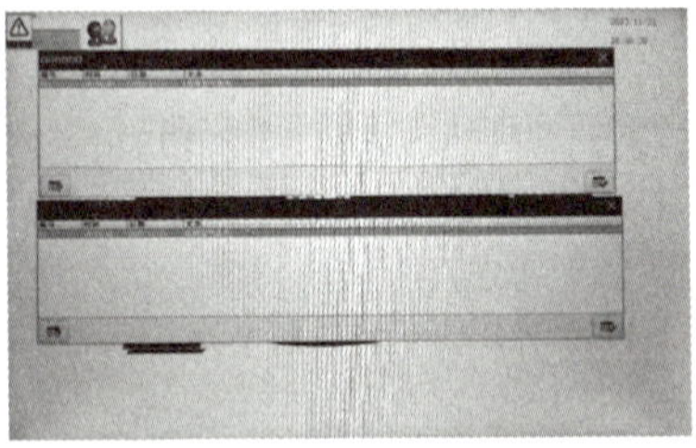 故障排除 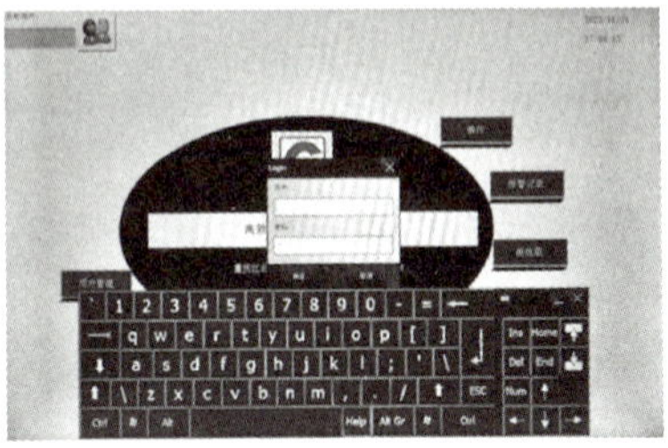 开机操作 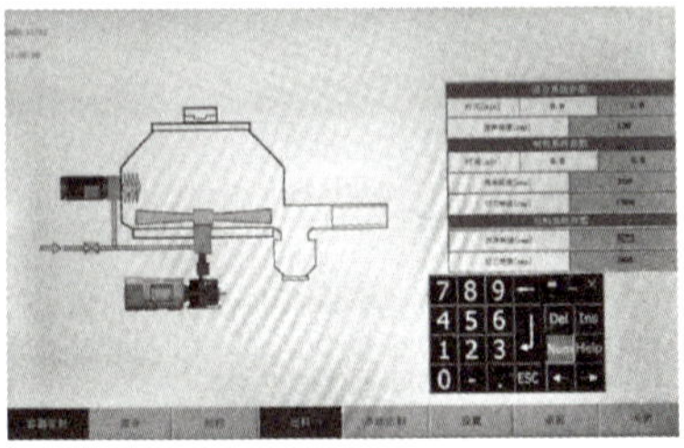 设置参数 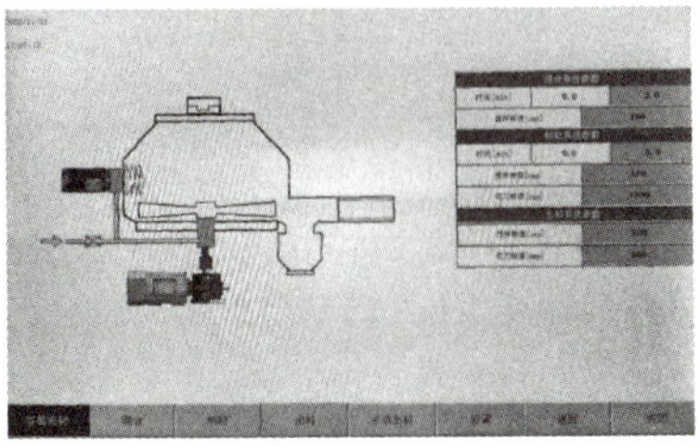 容器密封

续表

序号	步骤	操作要点	示意图
2	生产操作	⑪ 关闭上盖，打开出料门，在容器密封状态下，点击“出料”或“点动出料”，搅拌桨停止转动约 20 s 方能开启上盖。检查出料是否完全，若不完全，再次重复操作 ⑫ 出料完毕后，关闭出料口 ⑬ 按要求准确及时填写设备使用记录。生产过程中随时保持设备的清洁	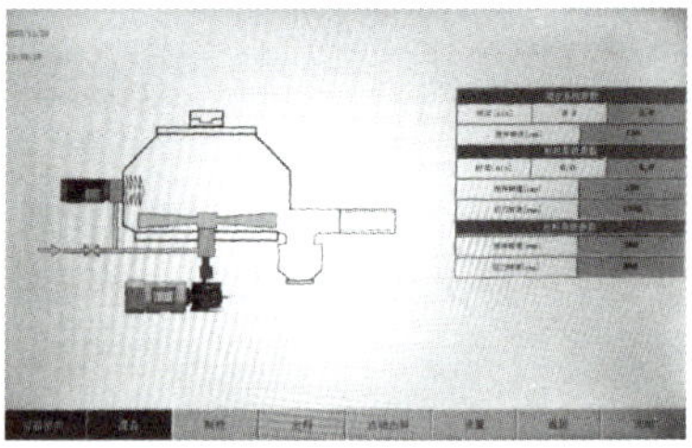 空机运转 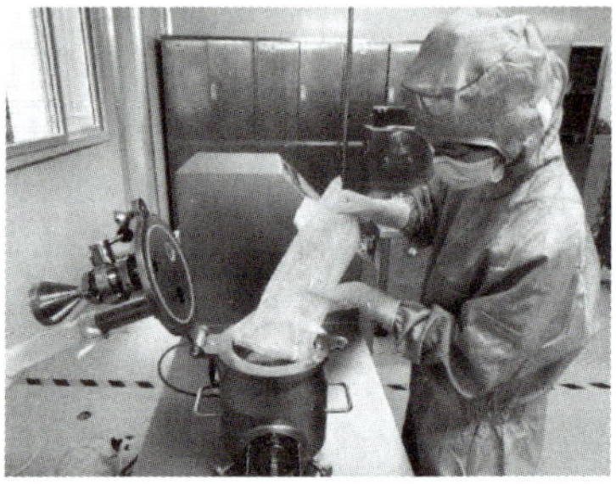 加入物料  加入黏合剂 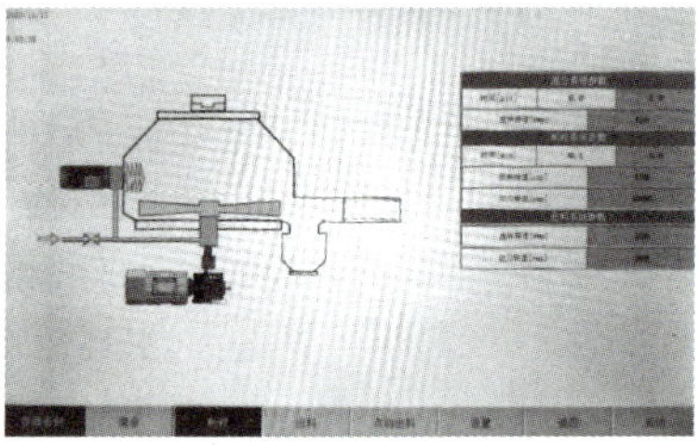 制粒 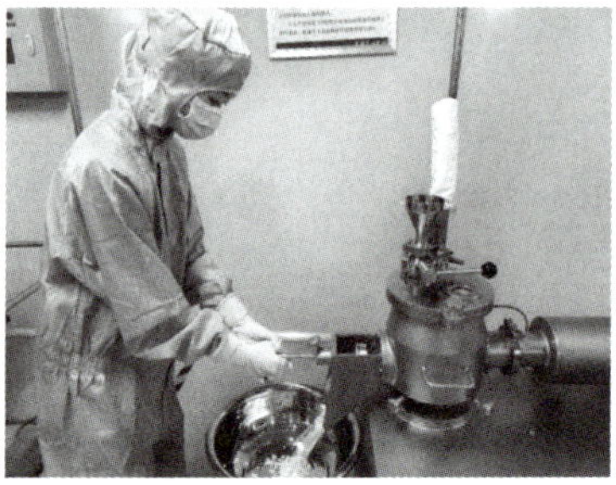 出料

续表

序号	步骤	操作要点	示意图
3	关机	① 制粒结束后关机，点击“返回”进入开机界面，点击“退出”，进入关机界面，点击“关机”，设备系统关机。也可以再次点击电源键，待屏幕进入关机界面，点击“关机”，设备系统关机 ② 关闭空气压缩机，关闭电源，关闭有关阀门	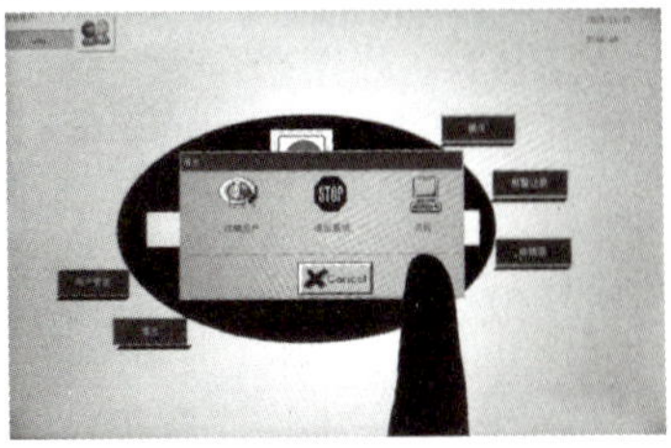 关机操作
4	清洁	按照《制粒设备清洁标准操作规程》清洁设备，清洁完毕后，挂上“已清洁”状态标识	 设备清洁

实例分析

制粒工小王在使用高速混合制粒机制备碳酸氢钠片时，发现制得的湿颗粒中细粉偏多。请分析：

（1）可能的原因有哪些？

（2）可采用哪些方法解决？

实例分析：湿颗粒细粉过多

四、高速混合制粒机的清洁

每班生产结束、超过清洁有效期进行小清洁；换品种、停产 3 天、连续生产同一产品超过 7 天、设备大修、发生突发事件、设备被污染、闲置设备重新启用时进行大清洁，大清洁需要拆卸视窗、搅拌桨、切割刀等直接接触药品的部件，采用手工冲洗法进行清洗。具体清洁过程见表 5-26。

视频：高速混合制粒机清洁标准操作规程

表 5-26　高速混合制粒机的清洁操作

序号	步骤	操作要点	示意图
1	除尘	拆下除尘袋，用毛刷刷去除尘口、锅盖上残留的粉末	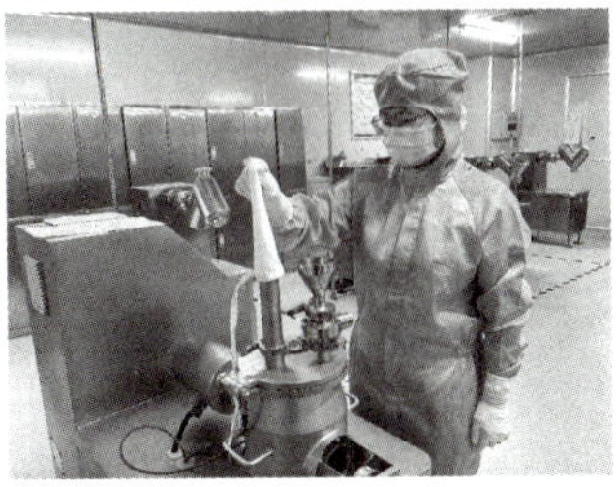 拆下除尘袋

续表

序号	步骤	操作要点	示意图
2	除残料	用铲刀、毛刷清理出锅内残料	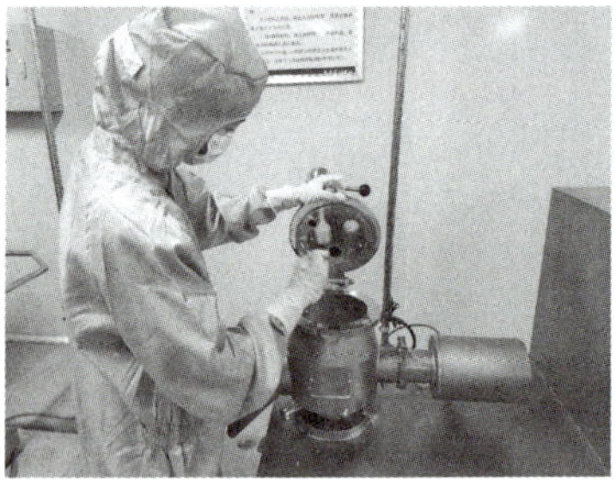 除残料
3	饮用水清洗	① 在容器密封状态下，向锅内注入1/3容积的饮用水，关闭锅盖及出料口 ② 设定制粒转速，启动制粒按钮，运转3 min，从出料口放出清洗水 ③ 打开锅盖，用洁净浅色抹布擦拭锅体内表面、混合桨轴、切刀轴至无残留物 ④ 拆下搅拌桨、切割刀、视窗、加液漏斗及相应密封垫圈 ⑤ 用洁净深色抹布擦拭设备外表面	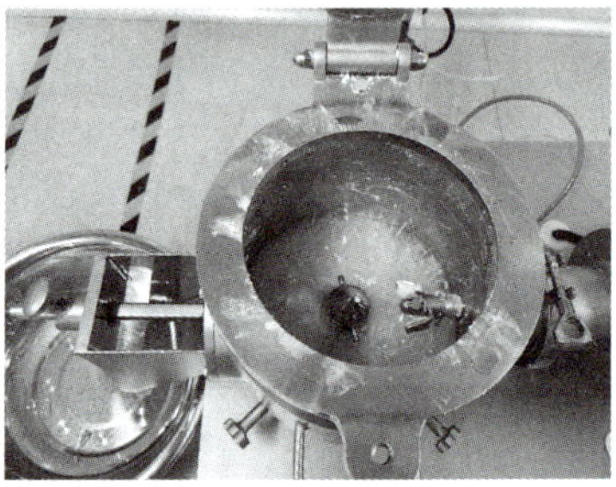 注入饮用水 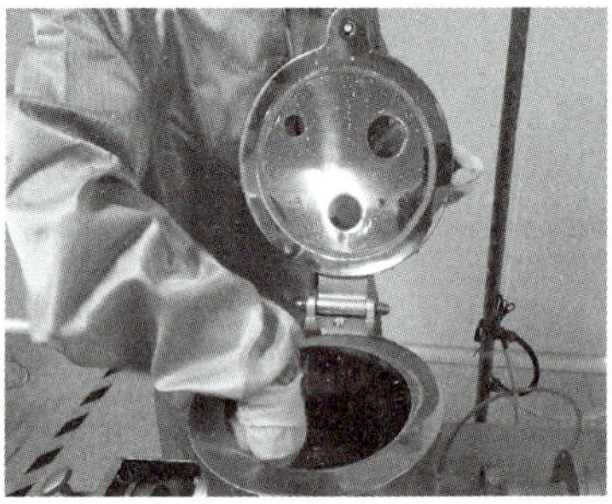 清洁锅内壁 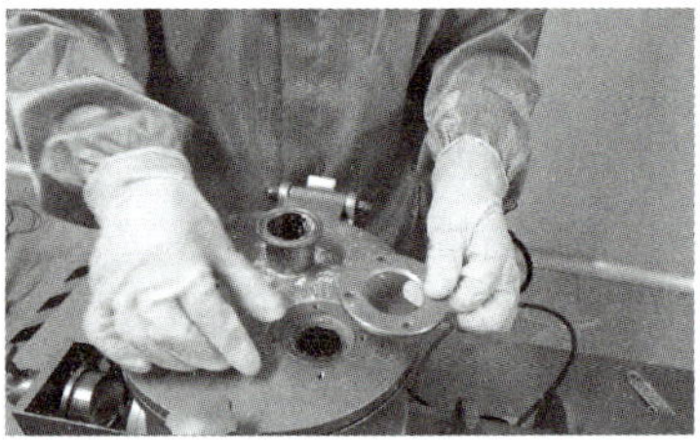 拆卸清洗
4	纯化水清洗	① 将除尘袋、搅拌桨、切割刀、视窗、加液漏斗及相应密封垫圈用纯化水冲洗至无可见残留物 ② 将除尘袋、搅拌桨、切割刀、视窗、加液漏斗放入烘箱（80~90 ℃）烘干，密封垫圈用洁净抹布擦干	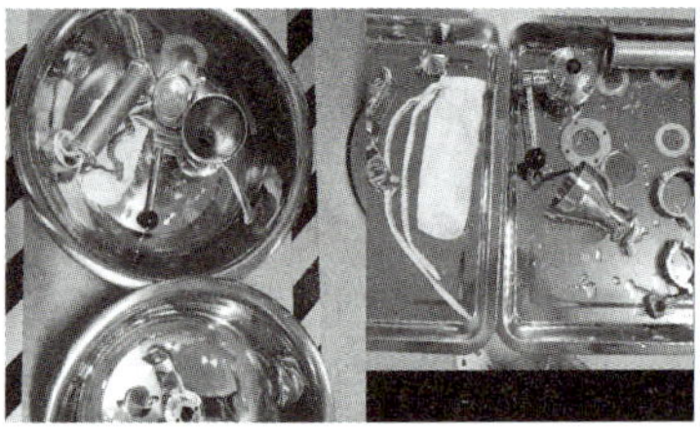 可拆卸部件清洗干净

续表

序号	步骤	操作要点	示意图
4	纯化水清洗	③ 用纯化水清洗设备内外表面，用洁净浅色抹布擦拭物料容器、锅盖、出料口至洁净，再用洁净深色抹布擦拭设备外表面至洁净	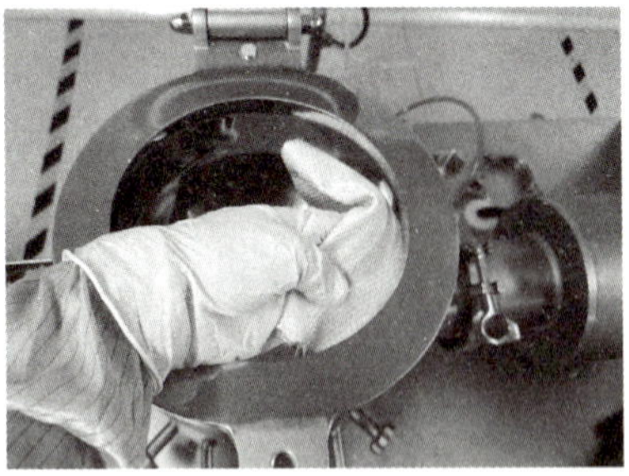 设备内表面清洁 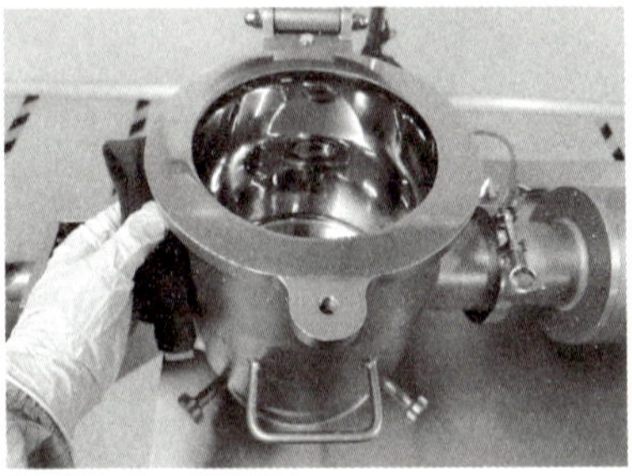 设备外表面清洁
5	消毒	清洁后，用 75% 乙醇擦拭或喷洒锅体内表面、搅拌桨及切割刀等直接接触药品的部位 3 遍，自然风干	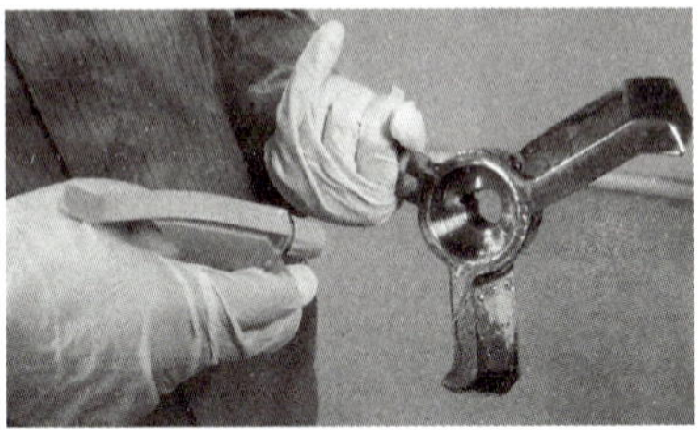 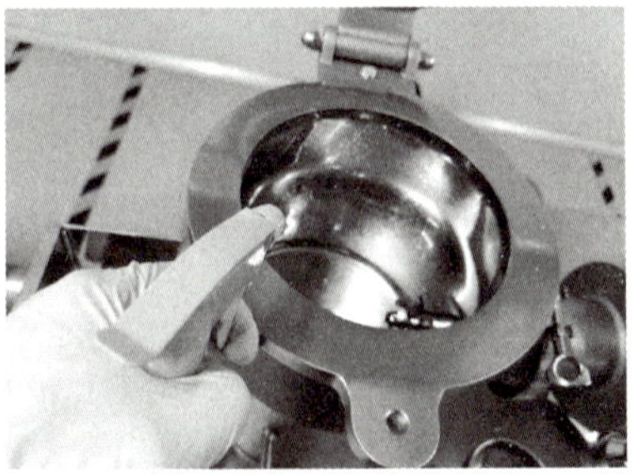 设备消毒
6	目检	已清洗设备内外表面、搅拌桨及切割刀等应光亮，表面目测无可见残留物，各部位无水迹；用白色洁净抹布擦拭搅拌桨及切割刀后，应无可见污迹。若不符合要求，须按上述程序重新清洗	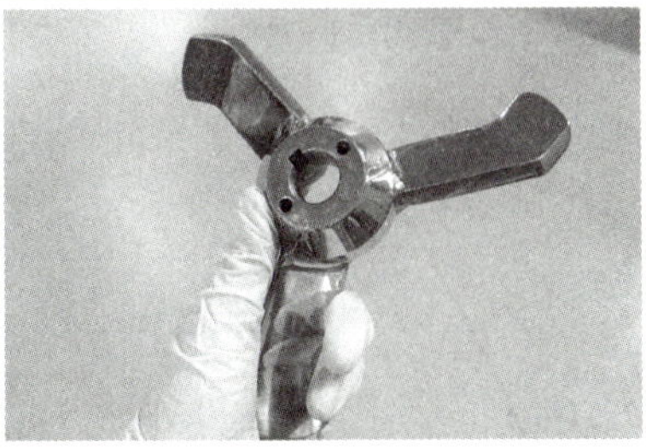 目检

续表

序号	步骤	操作要点	示意图
7	悬挂标识	将清洗后的设备表面用洁净抹布擦干，待 QA 人员检查合格后悬挂“已清洁”状态标识	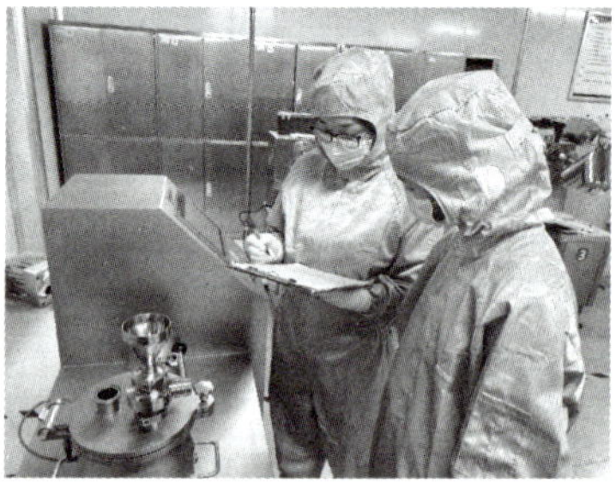 QA 人员检查 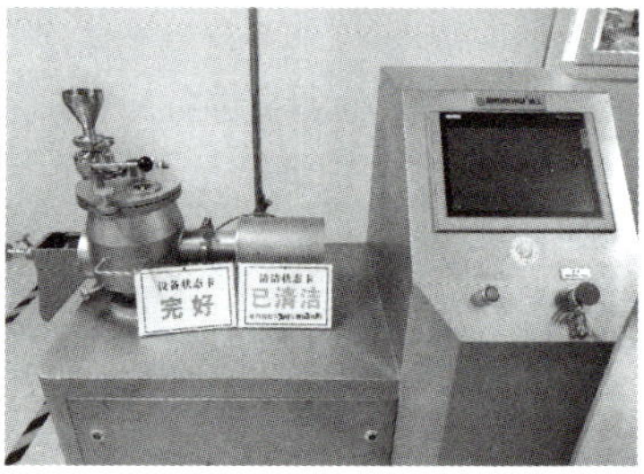 更换标识

五、锥形整粒机的标准操作

锥形整粒机的标准操作见表 5–27。

视频：锥形整粒机标准操作规程

表 5–27　锥形整粒机的标准操作

序号	步骤	操作要点	示意图
1	操作前准备	① 检查设备是否有“完好”“已清洁”状态标识，是否在有效期内；检查各紧固螺母是否拧紧，各零部件是否齐全，筛网孔径及垫圈高度是否符合要求 ② 接通电源，按绿色“启动”按钮，再按“向下”按钮，使显示屏显示为赫兹数 ③ 旋转调节旋钮，将数字调节至 20~30，点击“RUN”按钮，检查机器运转是否正常，有无杂音，确认无误后方可使用	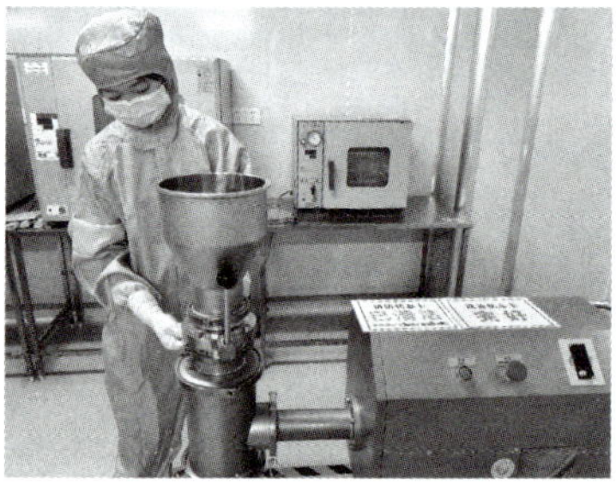 检查设备  开机

续表

<table>
<tr><th>序号</th><th>步骤</th><th>操作要点</th><th>示意图</th></tr>
<tr><td>1</td><td>操作前准备</td><td>④ 检查完毕，先将旋钮调至“0”，再点击“STOP”按钮，停机</td><td>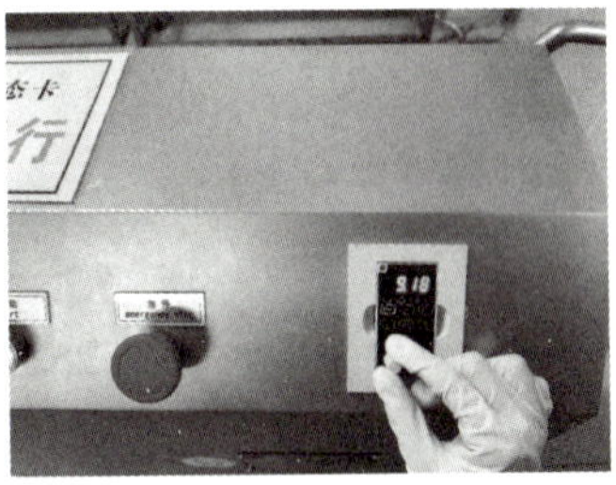
设置转速

试运行</td></tr>
<tr><td>2</td><td>生产操作</td><td>① 逆时针旋转整粒机料斗盖上的紧固螺栓，打开整粒机料斗盖，将制备好的湿颗粒放入整粒机料斗内，并放不锈钢桶于出料口下方
② 根据工艺规程要求旋转调节旋钮至工艺要求所需赫兹数，点击“RUN”按钮，调节进料速度开始整粒
③ 待整粒结束后，调节速度为“0”，再按下红色的“STOP”按钮，将赫兹数归零，然后点击红色“急停”按钮，按顺时针方向旋转到底，机器停止运转，关闭总电源</td><td>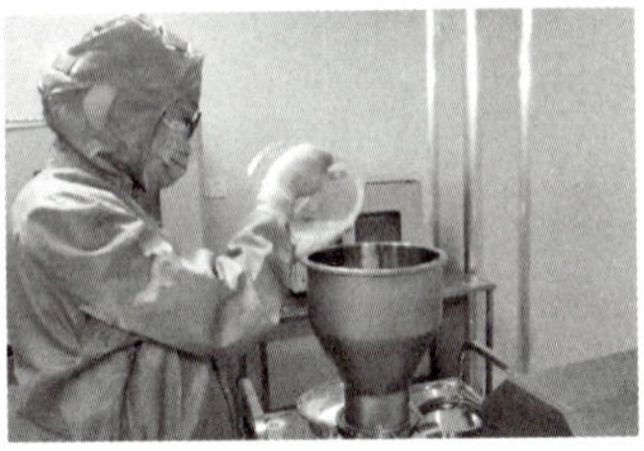
开盖
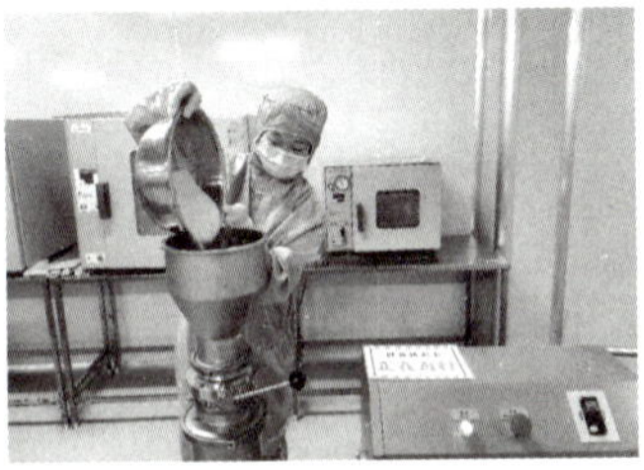
加入颗粒

调节进料速度</td></tr>
</table>

续表

序号	步骤	操作要点	示意图
2	生产操作	④ 按要求准确及时填写设备使用记录。生产过程中随时保持设备的清洁	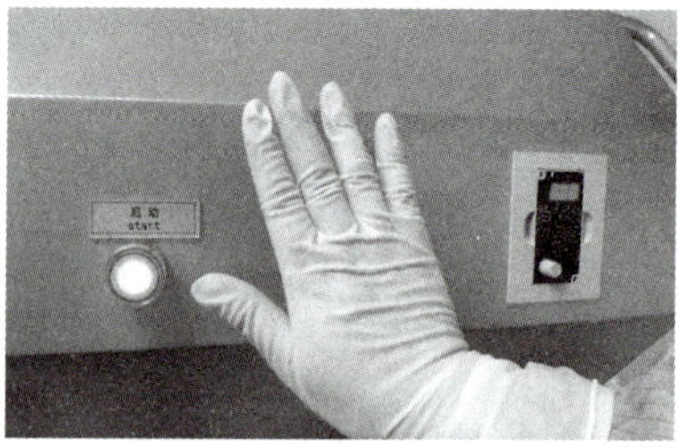 按下“急停”按钮 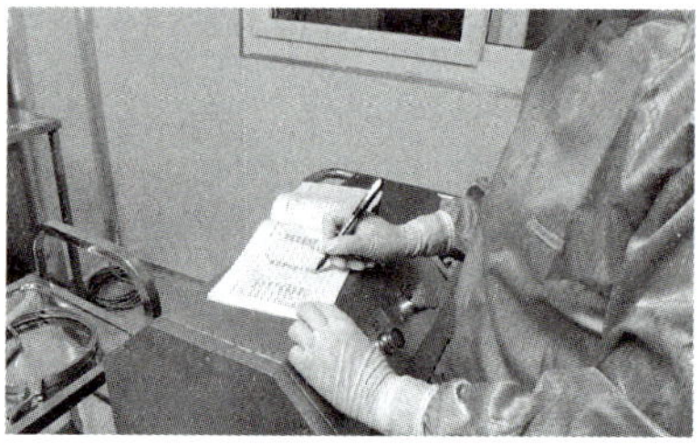 填写记录
3	关机	整粒结束后关机。生产结束后关闭总电源	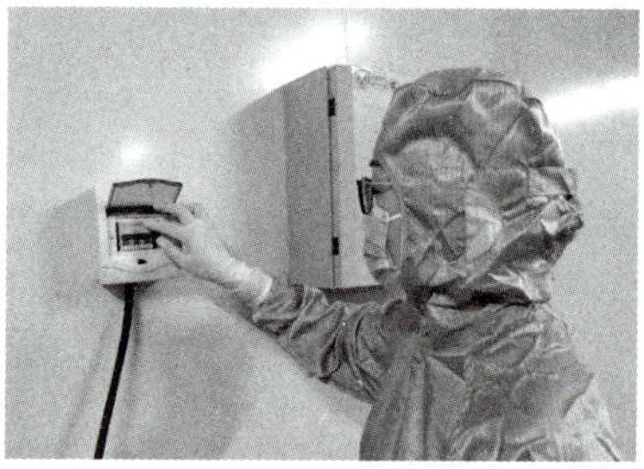 关闭总电源
4	清洁	按照《整粒设备清洁标准操作规程》清洁设备，清洁完毕后，挂上“已清洁”状态标识	清洁状态卡 已清洁 清洁日期： 年 月 日 时 有效期至： 年 月 日 时 “已清洁”状态标识

六、摇摆式制粒机的标准操作

若无锥形整粒机，可采用摇摆式制粒机进行湿颗粒整粒操作。

摇摆式制粒机的标准操作见表 5-28。

表 5-28　摇摆式制粒机的标准操作

序号	步骤	操作要点	示意图
1	操作前准备	① 检查设备清洁状况 ② 筛网检查：根据品种要求，领取所需目数的筛网，并检查筛网有无破损或变形 ③ 将洁净干燥的刮粉轴装入机器，装上刮粉轴前端固定压盖，拧紧螺母 ④ 将卷网轴装到机器上，筛网的两端插入卷网轴的长槽内 ⑤ 卷动卷网轴的手轮，将筛网包在刮粉轴的外缘上，并调松紧至适当	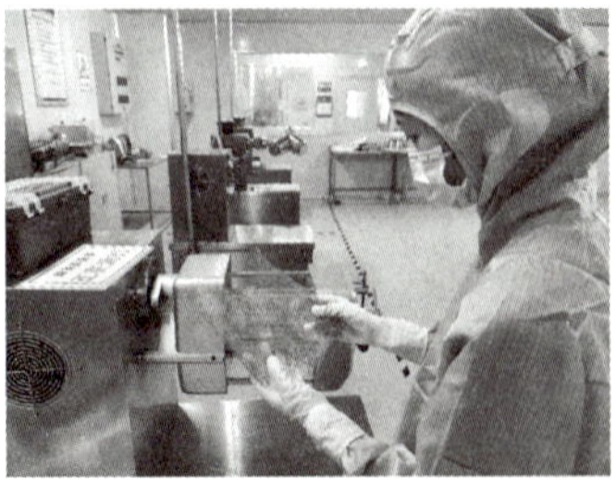 检查筛网 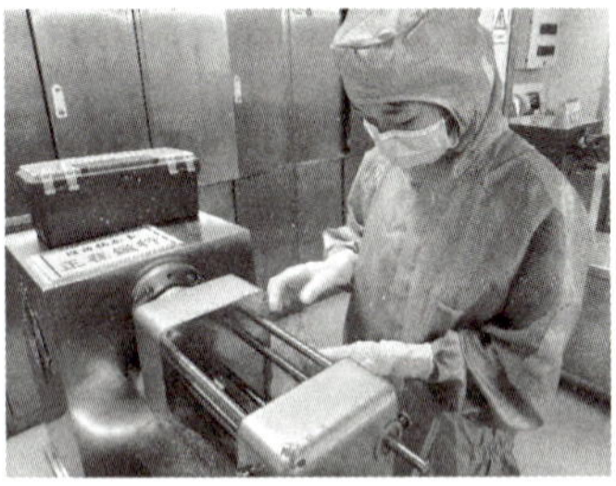 安装筛网
2	生产操作	① 接通电源，打开控制开关，观察机器运转情况，无异常声音，刮粉轴转动平稳则可投入正常使用。注意不要将手或其他物品接近刮粉轴以防受伤或损坏设备 ② 将物料均匀倒入料斗内。根据物料性质控制加料速度，物料在料斗中应保持一定的高度。加入的软材量要适当，太少不利于成粒，太多影响设备和筛网寿命，软材加入太多也易结团，影响出料 ③ 当料斗中软材颗粒形成拱桥时，可用不锈钢铲翻动，以使软材能顺利出料。但要注意铲子不得与刮粉轴平行，防止铲子插入刮粉轴内而损坏设备	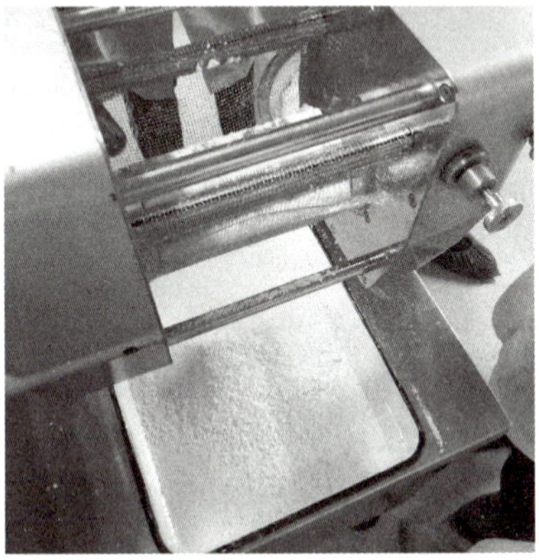 整粒操作
3	关机	整粒结束后关机	 “已清洁”状态标识
4	清洁	按照《整粒设备清洁标准操作规程》清洁设备，清洁完毕后，挂上“已清洁”状态标识	

七、锥形整粒机的清洁

每班生产结束、超过清洁有效期进行小清洁；换品种、停产 3 天、连续生产同一产品超过 7 天、设备大修、发生突发事件、设备被污染、闲置设备重新启用时进行大清洁，大清洁需要拆卸设备中可拆卸管道和密封垫圈，采用手工冲洗法进行清洗。具体清洁过程见表 5-29。

表 5-29　锥形整粒机的清洁操作

序号	步骤	操作要点	示意图
1	除尘	用毛刷除去物料粉碎室、物料管道内残留的物料	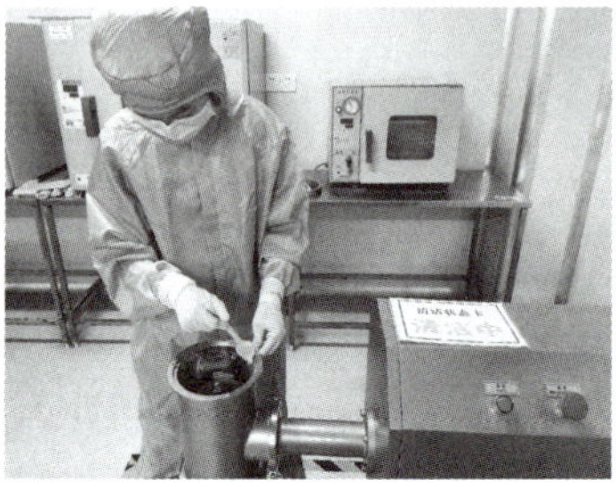 除尘
2	饮用水清洗	① 拆下搅拌桨和筛网，用饮用水冲洗 ② 设备内外表面初洗干净后，先用洁净浅色抹布擦拭物料粉碎室、加料斗等内表面至洁净，再用洁净深色抹布擦拭设备外表面至洁净	 拆卸部件清洁
3	纯化水清洗	① 将搅拌桨和筛网用纯化水冲洗至表面无可见异物 ② 将搅拌桨和筛网用烘箱（80~90 ℃）烘干 ③ 设备内外表面精洗干净后，先用洁净浅色抹布擦拭物料粉碎室、加料斗等内表面至洁净，再用洁净深色抹布擦拭设备外表面至洁净	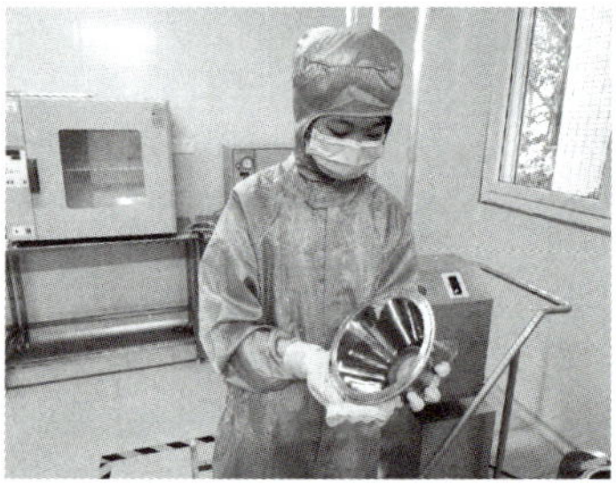 清洁设备
4	消毒	用 75% 的乙醇喷洒并擦拭 3 遍消毒，自然风干	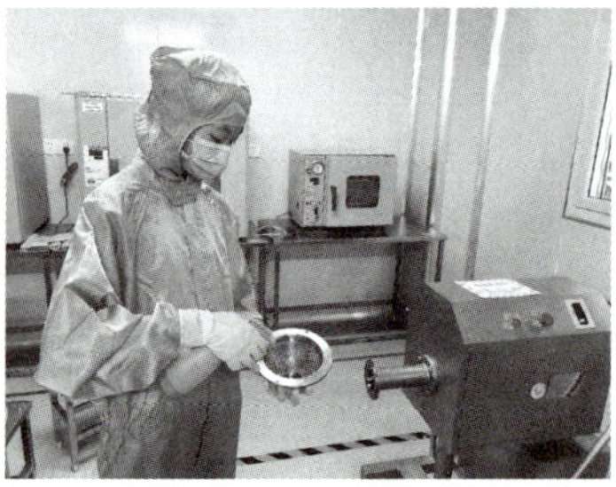 75% 乙醇消毒

续表

序号	步骤	操作要点	示意图
5	目检	已清洗设备表面目测无可见残留物、各部位无水迹；用白色洁净抹布擦拭搅拌桨、筛网后，应无可见污迹。若不符合要求，须按上述程序重新清洗	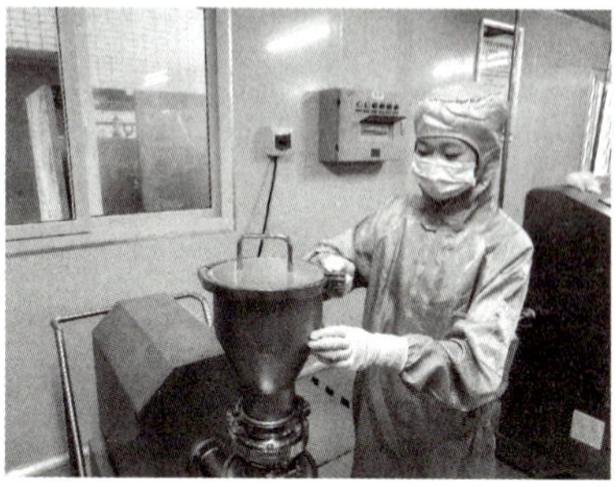 目检
6	悬挂标识	将清洗后的设备表面用洁净抹布擦干，待 QA 人员检查合格后悬挂“已清洁”状态标识	 “已清洁”状态标识

知识拓展：摇摆式制粒机的清洁

八、岗位清场操作

每批生产结束时，清场有效期超限时，生产过程中发生异常情况可能会造成产品污染时，均应进行清场。应本着先物后地、先内后外、先上后下、先拆后洗、先零后整的原则进行清洁清场。清洁工具常选用洁净抹布和清洁桶，清洁剂选用 1% 氢氧化钠溶液、纯化水，消毒剂选用 75% 乙醇溶液和 0.2% 苯扎溴铵溶液（交替使用），均按《清洁剂、消毒剂配制和使用标准操作规程》使用、存放。具体清场过程见表 5-30。

表 5-30　混合制粒岗位清场操作

序号	步骤	操作要点	示意图
1	更换房间状态标识	制粒结束，更换房间状态标识为黄色“待清场”	 “待清场”状态标识

续表

序号	步骤	操作要点	示意图
2	清场与复核检查	① 将本批的废弃物放在指定的容器内，统一处理。每天工作结束后进行日常清洁，用洁净抹布擦拭门窗、墙壁、工作台面、不锈钢凳、地面 ② 按《干燥设备清洁标准操作规程》清洁制粒机、整粒机 ③ 取洁净抹布浸消毒剂擦拭送、回风口。清洁操作室、钟表、温湿度计、压差计、通信设施等 ④ 将清洁工具移至清洁间，将其清洁干净 ⑤ 由 QA 人员确认是否清场合格，合格后由 QA 人员在清场记录上签字并发放清场合格证，正本附入清场记录，副本置于操作现场。如检查不合格，须按程序重新清洁，直至检查合格	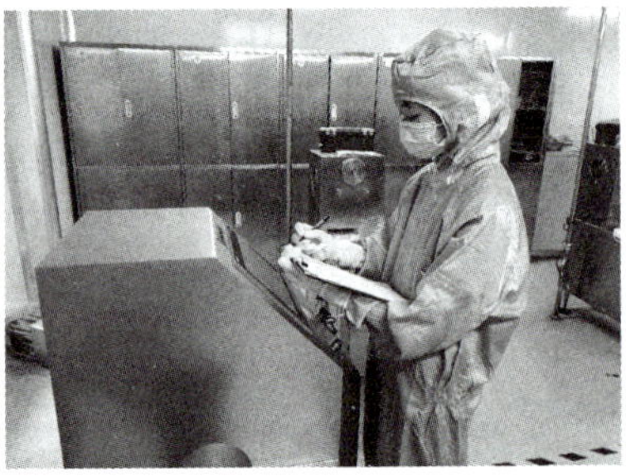 填写清场记录
3	更换房间状态标识	清场复核结束，更换房间状态标识为绿色“已清场”	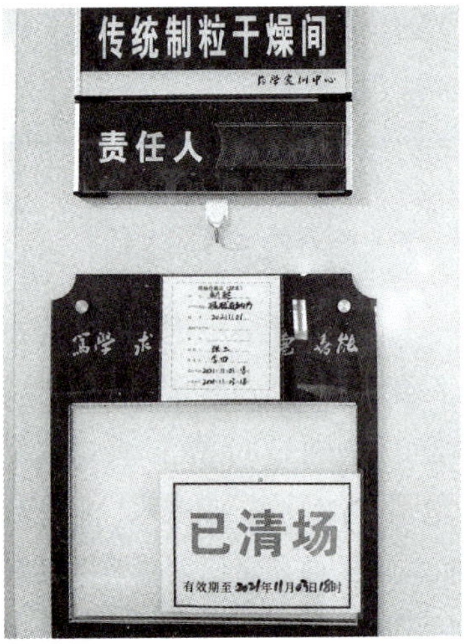 更换“已清场”状态标识

九、岗位记录填写

1. 填写要求

混合制粒岗位批生产记录由岗位操作人员填写，岗位负责人及有关规定人员复核签字。不允许事前先填或事后补填，填写内容应真实。填写批生产记录应注意字迹工整、清晰，不允许用铅笔填写，且要求用笔颜色保持一致。批生产记录不能随意更改或销毁，若确实因填错需更改，务必在更改处画一横线后，将正确内容填写在旁边，并签字标明日期。

考核时为确保考评公平公正，原则上不允许岗位操作人员填写真实姓名，应填写准考证号或考试代号等。

2. 生产记录样例

（1）混合制粒岗位生产前检查与准备记录样例：见表 5–31。

表 5–31　混合制粒岗位生产前检查与准备记录

<table>
<tr><td>产品名称</td><td></td><td>规格</td><td></td><td>产品批号</td><td></td></tr>
<tr><td>操作间名称 / 编号</td><td colspan="2">制粒间</td><td colspan="2">生产批量</td><td></td></tr>
<tr><td>生产时间</td><td colspan="5">[　　]年[　　]月[　　]日[　　]时[　　]分——[　　]时[　　]分</td></tr>
<tr><td>主要生产设备</td><td colspan="5">[　　]SMG3/6/10 高速混合制粒机（编号：SC–YZ–PJ–1083）
[　　]ZGZB–250 A 锥形整粒机（编号：SC–YZ–PJ–1084）</td></tr>
<tr><td colspan="6">生产前检查与准备</td></tr>
<tr><td colspan="4">检查内容</td><td colspan="2">检查记录</td></tr>
<tr><td colspan="4">1. 复核清场：确认在清场有效期内，将清场合格证（副本）粘贴在“清场合格证副本(粘贴处)”。确认无上次生产遗留物，没有与本批次生产无关的物料和文件</td><td colspan="2">[　　]是 [　　]否</td></tr>
<tr><td colspan="4">2. 确认温度和相对湿度在合格范围内(温度应在 18~26 ℃，相对湿度应在 45%~65%)。制粒间与前室，整粒间与前室均保持相对负压</td><td colspan="2">[　　]是 [　　]否</td></tr>
<tr><td colspan="4">3. 确认电气供应正常，已开启</td><td colspan="2">[　　]是 [　　]否</td></tr>
<tr><td colspan="4">4. 检查各设备是否完好，并正确安装固定好除尘袋与筛网</td><td colspan="2">[　　]是 [　　]否</td></tr>
<tr><td colspan="4">5. 确认各设备空机运行正常</td><td colspan="2">[　　]是 [　　]否</td></tr>
<tr><td>检查人</td><td colspan="2"></td><td>复核人</td><td colspan="2"></td></tr>
</table>

清场合格证副本（粘贴处）

(2) 制粒过程记录样例：见表 5-32。

表 5-32　制粒过程记录

<table>
<tr><th colspan="6">制粒</th></tr>
<tr><td rowspan="2">交接物料</td><td>物料袋号</td><td colspan="4"></td></tr>
<tr><td>中间站操作人</td><td></td><td colspan="2">制粒接收人</td><td></td></tr>
<tr><td>产品名称</td><td></td><td>规格</td><td>/包</td><td>产品批号</td><td></td></tr>
<tr><td>操作间名称 / 编号</td><td colspan="2">制粒间</td><td colspan="2">生产批量</td><td></td></tr>
<tr><td colspan="6">操作要点：
1. 湿法制粒：将碳酸氢钠、玉米淀粉移入高速混合制粒机中，搅拌以低速、切刀以高速混合 3 min，将粉料混合均匀，之后加入 10% 淀粉浆，搅拌以低速、切刀以低速混合粉料 4 min，制成松散细颗粒放出，放出的颗粒过锥形整粒机 /40 目筛备用
2. 填写好湿颗粒流转桶卡（品名、规格、产品批号、桶号、粉料接收人、毛重、皮重、净重、混粒人、整粒人、中间站、存放有效期等项目）
3. 将颗粒交予下一岗位操作人</td></tr>
<tr><th colspan="6">操作记录</th></tr>
<tr><td colspan="6">每锅干粉搅拌速度：[　　　]r/min，切刀速度：[　　　]r/min；混合时间：[　　　]min，加入 10% 淀粉浆搅拌速度：[　　　]r/min，切刀速度：[　　　]r/min</td></tr>
<tr><td>袋号</td><td colspan="3">加 10% 淀粉浆量 /g</td><td colspan="2">湿混时间 /min</td></tr>
<tr><td>1</td><td colspan="3"></td><td colspan="2"></td></tr>
<tr><td>锥形整粒机</td><td colspan="2"></td><td>方孔筛网直径</td><td colspan="2"></td></tr>
<tr><td>操作人</td><td>复核人</td><td>下一岗位操作人</td><td>工序负责人</td><td colspan="2">QA 人员</td></tr>
<tr><td></td><td></td><td></td><td></td><td colspan="2"></td></tr>
</table>

备注：

（3）混合制粒岗位清场记录样例：见表 5–33。

表 5–33　混合制粒岗位清场记录

<table>
<tr><td>产品名称</td><td></td><td>规格</td><td></td><td>产品批号</td><td></td></tr>
<tr><td>操作间</td><td></td><td colspan="2">生产批量</td><td colspan="2">万片</td></tr>
<tr><td>清场类型</td><td colspan="5">[　]大清场　　[　]小清场</td></tr>
<tr><td>清场要求</td><td colspan="5">1. 同品种当天生产结束、换批时进行小清场；大清场后超过有效期进行小清场
2. 同品种连续生产超过 7 天、换品种、停产 3 天以上执行大清场
3. 小清场执行小清场操作，大清场执行大清场操作
4. 执行操作在“是”前[　]内打“√”，未执行操作在“否”前[　]内打“√”</td></tr>
<tr><td colspan="6">清场记录</td></tr>
<tr><td colspan="4">清场操作内容</td><td colspan="2">清场记录</td></tr>
<tr><td colspan="4">1. 将制得的颗粒移交给中间站操作人转运至中间站或下一工序操作间</td><td colspan="2">[　]是 [　]否</td></tr>
<tr><td colspan="4">2. 清除制粒过程中产生的废弃物</td><td colspan="2">[　]是 [　]否</td></tr>
<tr><td colspan="4">3. 将与后续生产无关的文件、记录移出</td><td colspan="2">[　]是 [　]否</td></tr>
<tr><td rowspan="2">4. 设备、工具、容器等</td><td colspan="3">小清场：先将设备、设施台面上的异物清理干净，再按照相关设备清洁标准操作规程进行清洁，并对工具、容器等进行清洁，定置</td><td colspan="2">[　]是 [　]否</td></tr>
<tr><td colspan="3">大清场：除小清场要求外，需对设备管道进行彻底清洁、消毒，定置</td><td colspan="2">[　]是 [　]否</td></tr>
<tr><td rowspan="2">5. 生产环境</td><td colspan="3">小清场：门窗和工作台、凳及地面清洁至无可见残留物</td><td colspan="2">[　]是 [　]否</td></tr>
<tr><td colspan="3">大清场：除小清场要求外，需对回风口、天棚、墙面、地漏进行彻底清洁，清洁顺序为从上到下</td><td colspan="2">[　]是 [　]否</td></tr>
<tr><td colspan="4">6. 生产设备和房间状态标识准确、清楚</td><td colspan="2">[　]是 [　]否</td></tr>
<tr><td colspan="4">7. 清场结束后由班组长或 QA 人员检查清场是否合格，检查合格后签发清场合格证</td><td colspan="2">[　]是 [　]否</td></tr>
<tr><td>清场结束时间</td><td colspan="5">[　　]年 [　　]月 [　　]日 [　　]时 [　　]分</td></tr>
<tr><td>清场人</td><td colspan="2"></td><td>复核人</td><td colspan="2"></td></tr>
</table>

清场合格证正本（粘贴处）

十、常见问题与处理方法

高速混合制粒机的常见问题、原因及处理方法见表 5-34，摇摆式制粒机的常见问题、原因及处理方法见表 5-35。

表 5-34　高速混合制粒机的常见问题、原因及处理方法

常见问题	原因	处理方法
有异常声音	1. 可能投料过多造成搅拌桨停转 2. 搅拌桨或制粒刀脱落 3. 有金属物混入物料中等	1. 立即停机 2. 停机检查 3. 停机清除混入的金属物
频频出现黏壁现象	1. 可能是黏合剂种类选择不当或用量过大 2. 加热温度过高 3. 搅拌时间太长	停机，刮下壁上黏附的物料；重新调节处方和工艺参数
控制面板失控	线路连接不良等	立即断开电源
检查得不到合格颗粒	药粉与润湿剂比例不合适或黏合剂、润湿剂加入方式不好等	最好预制颗粒得到可靠参数
制粒机无法启动	1. 电源未接通 2. 急停按钮被按下 3. 搅拌速度过慢 4. 锅盖未关闭或关闭不良 5. 容器密封未开启	1. 检查通电是否正常 2. 复位急停按钮 3. 调整搅拌速度至 30 r/min 以上 4. 关闭锅盖 5. 先开启容器密封

表 5-35　摇摆式制粒机的常见问题、原因及处理方法

常见问题	原因	处理方法
通电后刮粉轴不转动	刮粉轴被异物卡住	关机，取下刮粉轴，将异物清除掉
机器振动，有异响	地面不平	搬至平坦地方进行操作
所制出的颗粒不均匀	筛网被损坏	更换筛网
颗粒表面粗糙	含水率高	降低含水率
颗粒中含粉过多	含水率低	提高含水率

视频：颗粒剂企业生产反面案例

任务考核

一、考核要求

1. 在线测试（5 min）

请扫描二维码完成在线测试。

在线测试：混合与制粒

2. 实践考核(30 min)

(1) 依据《药品生产质量管理规范》《中国药典》(2020 年版),1+X 药物制剂生产职业技能等级证书考核大纲、配套教材和数字化资源组织现场考试。

(2) 场景设置:模拟 GMP 场地或实训室,至少应设有制粒间、中间站,配备房间与设备状态标识牌、不锈钢勺与桶、塑料袋与扎带、可粘贴标签、清洁工具等。

(3) 其他要求:考核时应提前穿戴洁净服,考核过程中应按照操作要点规范操作,及时如实填写批生产记录等。

二、评分标准

混合制粒岗位操作评分标准见表 5-36。

表 5-36 混合制粒岗位操作评分标准

序号	考核内容	分值 / 分	评分要点	考生得分	备注
1	开机前检查	15	1. 正确检查机械部分、电气按钮、开关各部分是否正常(3 分) 2. 正确打开压缩空气阀门,关闭容器密封盖及出料口,系紧除尘袋(3 分) 3. 正确开机,进行空机运转(9 分)		
2	开机运行	30	1. 正确更换设备状态标识(3 分) 2. 正确开机,检查主界面报警指示(6 分) 3. 正确设定制粒参数(6 分) 4. 正确加入制粒物料(3 分) 5. 正确加入黏合剂(3 分) 6. 混合制粒流程正确(3 分) 7. 正确观察、判断物料制粒状况(3 分) 8. 正确出料(3 分)		
3	停机	5	停机程序正确(5 分)		
4	整粒	15	1. 开机前,正确检查筛网孔径(3 分) 2. 根据工艺要求设定整粒速度参数(3 分) 3. 正确进行湿法整粒(3 分) 4. 正确关机,更换设备状态标识(3 分) 5. 正确移交物料(3 分)		
5	清洁清场	15	1. 更换房间状态标识和设备状态标识(5 分) 2. 正确选择清洁工具,清洁清场程序正确(10 分)		
6	记录填写	20	1. 及时填写生产记录(8 分) 2. 正确填写设备使用记录(4 分) 3. 正确填写生产前检查与准备记录(4 分) 4. 过程中正确粘贴清场合格证(副本)(4 分)		
岗位总分					

任务 5.5 干 燥

知识准备

PPT:
干燥

岗位职责

干燥岗位操作人员应严格按照干燥岗位职责要求，在固体制剂车间干燥组班组长领导下，履行工作职能。

1. 生产准备

进岗前按规定着装，进岗后执行干燥岗位标准操作规程，认真检查干燥设备是否清洁干净，清场状态是否符合规定。根据生产指令，按规定程序从中间站领取物料，核对干燥所用物料的名称、数量、规格、形状等，确保不发生混药、错药。

2. 生产操作

严格按照生产指令、干燥岗位标准操作规程和干燥设备标准操作规程进行生产。干燥过程中不得擅自离岗，发现异常应及时排除并如实上报。

知识拓展：
干燥机制

干燥是制剂生产重要的单元操作，在制剂生产中涉及干燥操作的岗位有：中药材的干燥、制剂中间产品（如中药浸膏、片剂的湿颗粒）的干燥、制剂成品（如颗粒剂、丸剂）的干燥以及包装材料的干燥等。干燥的物料大部分为固体，也有半固体和液体。干燥程度根据制剂工艺的要求而有所不同。

根据干燥常用技术的不同，常用的设备有厢式干燥设备、喷雾干燥设备、流化床干燥设备及隧道干燥设备等。

（1）厢式干燥设备：是空气干燥的常用设备。小型的称为烘箱，大型的称为烘房。该设备主要以水蒸气或电能为热源，为间歇式干燥器。其设备简单，操作方便，适应性强，适用于小批量生产物料的干燥，干燥后物料破损少、粉尘少。缺点是干燥时间长，物料干燥不够均匀，热利用率低，劳动强度大。厢式干燥设备多用于药材提取物及丸剂、散剂、颗粒等的干燥，亦常用于中药材的干燥。

（2）喷雾干燥设备：由雾化器、干燥器、旋风分离器、风机、加热器、压缩空气等组成。其工作原理是空气经过滤和加热，进入干燥器顶部空气分配器，沿切线方向均匀地进入干燥室。原料液经干燥器顶部的高速离心雾化器，喷雾成极细微的雾状液滴，与热空气接触在极短的时间内可干燥为成品。成品连续地由干燥器底部和旋风分离器中输出，废气由风机排空。

（3）流化床干燥设备：也称沸腾干燥设备，有立式和卧式两种，在制剂工业中常用卧式多室流化床干燥器。它由空气过滤器、沸腾床主机、旋风分离器、布袋除尘器、高压离心通风机、操作台等组成。其工作原理是将湿物料由加料器送入干燥器内多孔气体分布板(筛板)上,空气经预热器加热后吹入干燥器底部的气体分布板,当气体穿过物料层时物料呈悬浮状做上下翻动,使物料得到干燥,干燥后的产品由卸料口排出,废气由干燥器的顶部排出,经袋滤器或旋风分离器回收其中夹带的粉尘后排空。流化床干燥设备广泛地应用于颗粒的干燥。

(4) 隧道干燥设备:通常由隧道和小车或传送带组成。其工作原理是将被干燥的物料放置在小车内、传送带或架盘上,使物料沿着隧道式的干燥通道缓慢向前移动,如此循环,达到干燥目的。隧道干燥设备加料和卸料在干燥隧道的两端进行,热源可采用水蒸气、电能、红外线等,干燥隧道越长,干燥得越均匀。隧道干燥设备可用于中药材、中药饮片、中药丸剂、安瓿等的干燥。

1+X 药物制剂生产职业技能等级证书考核建议使用流化床干燥设备(图 5-12、图 5-13)。本任务以 DPL-Ⅱ型实验型多功能流化床为例讲述干燥操作过程。

图 5-12　流化床

知识拓展:常用干燥技术

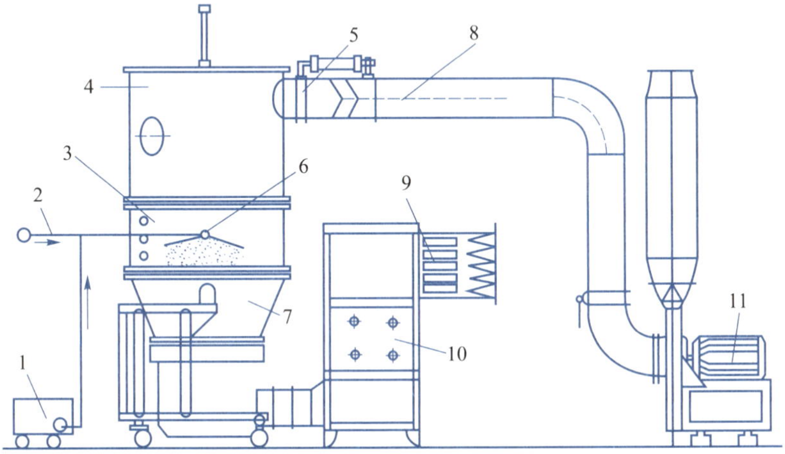

1—输液泵;2—压缩空气;3—喷雾室;4—收集室;5—风门;6—喷枪;7—物料容器;8—排风管;9—空气过滤器;10—加热器;11—引风机。

图 5-13　流化床结构示意图

3. 生产结束

生产完毕后,按规定进行物料移交,按要求填写移交单据,并认真如实填写各种生产记录。做到字迹清晰、内容真实、数据完整,不得任意涂改和撕毁。余料按规定退至中间站。

工作结束或更换品种时,严格按干燥设备清洁标准操作规程清洁设备,按本岗位清场标准操作规程清场,认真填写相应记录,经 QA 人员检查合格后,悬挂清场合格标识。

4. 其他要求

工作期间严禁脱岗、串岗，不做与岗位工作无关之事；做到生产岗位各种标识准确、清晰明了；经常检查设备运转情况，注意设备保养，操作时发现故障应及时上报。

任务实施

一、干燥岗位操作

1. 生产前检查与准备

干燥岗位生产前检查与准备操作见表 5–37。

表 5–37　干燥岗位生产前检查与准备操作

序号	步骤	操作要点	示意图
1	接收批生产指令	① 接收批生产指令、空白片干燥记录（空白）、中间产品交接单等文件 ② 仔细阅读批生产指令，明确产品名称、产品规格、各物料用量、注意事项等指令 ③ 对照批生产指令，检查、核对其与房间标识卡上的产品名称、规格、批号等要求是否一致 ④ 在批生产指令上签上姓名、日期及时间	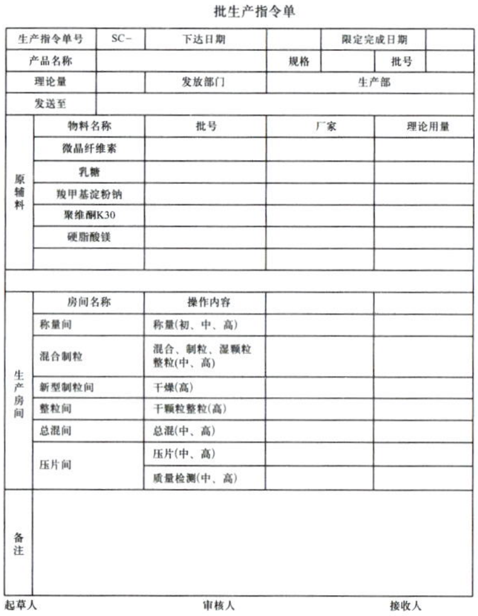 批生产指令
2	复核清场	① 检查生产场地是否有上一批生产遗留的物料 ② 检查干燥间门窗、墙壁、地面等是否干净，有无浮尘，是否光洁、明亮 ③ 检查干燥间清场合格证和状态标识	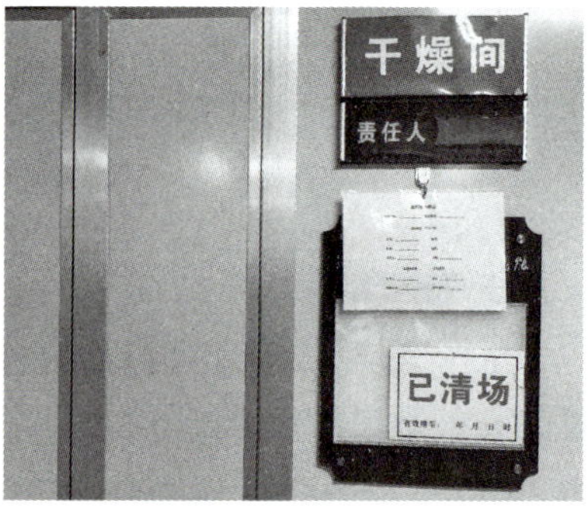 生产前房间状态标识

续表

<table>
<tr><th>序号</th><th>步骤</th><th>操作要点</th><th>示意图</th></tr>
<tr><td>2</td><td>复核清场</td><td>④ 检查流化床机身、物料容器等是否已清洁，是否悬挂有绿色“已清洁”和“完好”、黄色“待运行”状态标识
⑤ 检查是否遗留上一批次批生产记录等文件</td><td>
生产前设备状态标识</td></tr>
<tr><td>3</td><td>温湿度与压差检查</td><td>检查干燥间温湿度、压差是否符合要求：温度应在 18~26 ℃，相对湿度应在 45%~65%，干燥间需保持相对负压</td><td>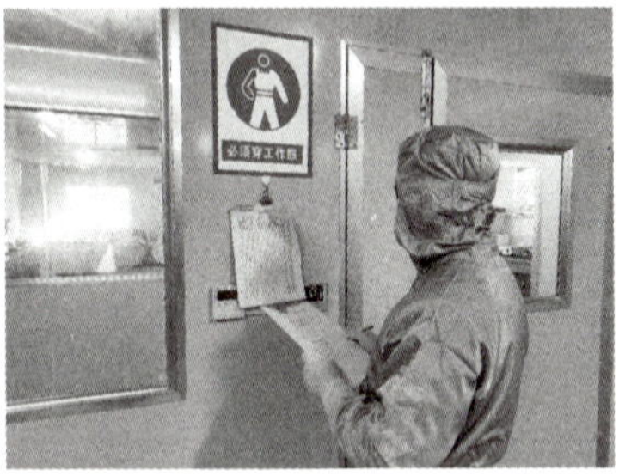
温湿度检查</td></tr>
<tr><td>4</td><td>物料领取</td><td>操作人员按物料领取程序领回湿颗粒，并做好登记</td><td>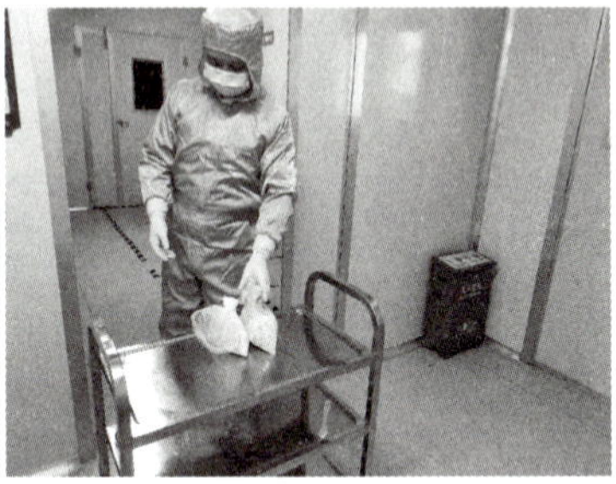
待干燥物料领取</td></tr>
<tr><td>5</td><td>QA 人员检查复核</td><td>① 按照批生产记录中生产前检查操作要点复核，任何一条不符合要求则不能进入下一程序
② QA 人员现场复核无误后签字准产</td><td>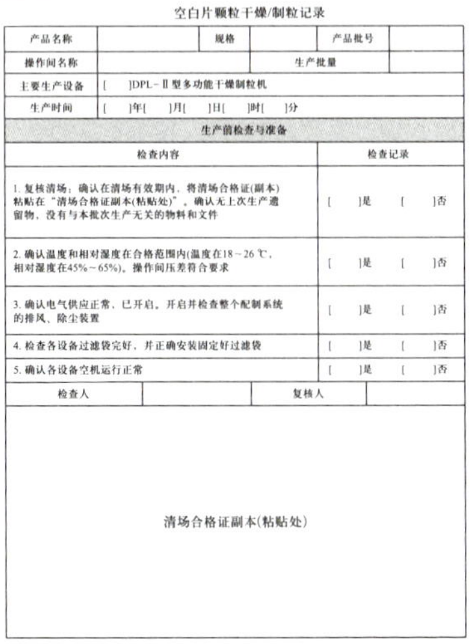
空白片颗粒干燥/制粒记录
<table>
<tr><td>产品名称</td><td></td><td>规格</td><td></td><td>产品批号</td><td></td></tr>
<tr><td>操作间名称</td><td colspan="2"></td><td colspan="2">生产批量</td><td></td></tr>
<tr><td>主要生产设备</td><td colspan="5">[　]DPL－Ⅱ型多功能干燥制粒机</td></tr>
<tr><td>生产时间</td><td colspan="5">[　]年[　]月[　]日[　]时[　]分</td></tr>
<tr><td colspan="6">生产前检查与准备</td></tr>
<tr><td colspan="4">检查内容</td><td colspan="2">检查记录</td></tr>
<tr><td colspan="4">1. 复核清场：确认在清场有效期内，将清场合格证(副本)粘贴在“清场合格证副本(粘贴处)”，确认无上次生产遗留物，没有与本批次生产无关的物料和文件</td><td colspan="2">[　]是　[　]否</td></tr>
<tr><td colspan="4">2. 确认温度和相对湿度在合格范围内(温度在18～26 ℃，相对湿度在45%～65%)，操作间压差符合要求</td><td colspan="2">[　]是　[　]否</td></tr>
<tr><td colspan="4">3. 确认电气供应正常、已开启，开启并检查整个配制系统的排风、除尘装置</td><td colspan="2">[　]是　[　]否</td></tr>
<tr><td colspan="4">4. 检查各设备过滤袋完好，并正确安装固定好过滤袋</td><td colspan="2">[　]是　[　]否</td></tr>
<tr><td colspan="4">5. 确认各设备空机运行正常</td><td colspan="2">[　]是　[　]否</td></tr>
<tr><td>检查人</td><td colspan="2"></td><td>复核人</td><td colspan="2"></td></tr>
<tr><td colspan="6">清场合格证副本(粘贴处)</td></tr>
</table>
QA 人员生产前检查复核</td></tr>
</table>

续表

<table>
<tr><th>序号</th><th>步骤</th><th>操作要点</th><th>示意图</th></tr>
<tr><td>6</td><td>记录填写</td><td>① 按照批生产记录填写要求，填写干燥岗位生产前检查与准备记录
② 粘贴清场合格证（副本）于记录中</td><td>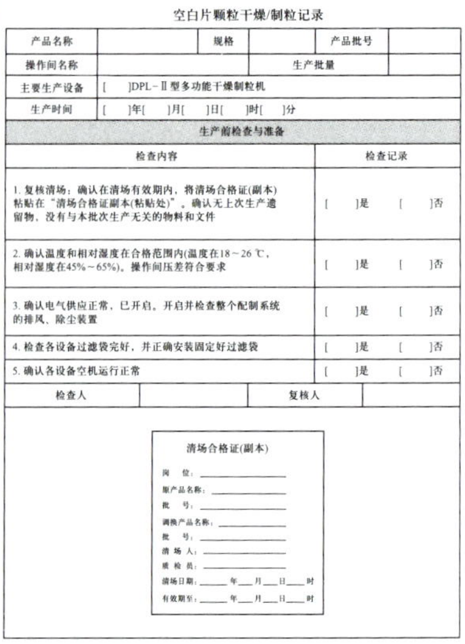
空白片颗粒干燥/制粒记录
<table>
<tr><td>产品名称</td><td></td><td>规格</td><td></td><td>产品批号</td><td></td></tr>
<tr><td>操作间名称</td><td colspan="2"></td><td colspan="2">生产批量</td><td></td></tr>
<tr><td>主要生产设备</td><td colspan="5">[　]DPL－Ⅱ型多功能干燥制粒机</td></tr>
<tr><td>生产时间</td><td colspan="5">[　]年[　]月[　]日[　]时[　]分</td></tr>
<tr><td colspan="6">生产前检查与准备</td></tr>
<tr><td colspan="4">检查内容</td><td colspan="2">检查记录</td></tr>
<tr><td colspan="4">1. 复核清场：确认在清场有效期内，将清场合格证(副本)粘贴在“清场合格证副本(粘贴处)”。确认无上次生产遗留物，没有与本批次生产无关的物料和文件</td><td colspan="2">[　]是　[　]否</td></tr>
<tr><td colspan="4">2. 确认温度和相对湿度在合格范围内(温度在18～26 ℃，相对湿度在45%～65%)。操作间压差符合要求</td><td colspan="2">[　]是　[　]否</td></tr>
<tr><td colspan="4">3. 确认电气供应正常，已开启。开启并检查整个配制系统的排风、除尘装置</td><td colspan="2">[　]是　[　]否</td></tr>
<tr><td colspan="4">4. 检查各设备过滤袋完好，并正确安装固定好过滤袋</td><td colspan="2">[　]是　[　]否</td></tr>
<tr><td colspan="4">5. 确认各设备空机运行正常</td><td colspan="2">[　]是　[　]否</td></tr>
<tr><td>检查人</td><td colspan="2"></td><td>复核人</td><td colspan="2"></td></tr>
</table>
清场合格证(副本)
岗　位：________
原产品名称：________
批　号：________
调换产品名称：________
批　号：________
清 场 人：________
质 检 员：________
清场日期：____年___月___日___时
有效期至：____年___月___日___时
粘贴清场合格证（副本） </td></tr>
</table>

2. 生产过程

干燥岗位生产操作见表 5–38。

表 5–38　干燥岗位生产操作

<table>
<tr><th>序号</th><th>步骤</th><th>操作要点</th><th>示意图</th></tr>
<tr><td>1</td><td>开机前检查</td><td>① 检查插销、螺丝、阀门、气管、温度测定探头是否安装牢固
② 拉出原料容器（移动床）、扩散干燥室，仔细检查捕集袋有无破裂和小孔，如有破损，立即更换或修复</td><td>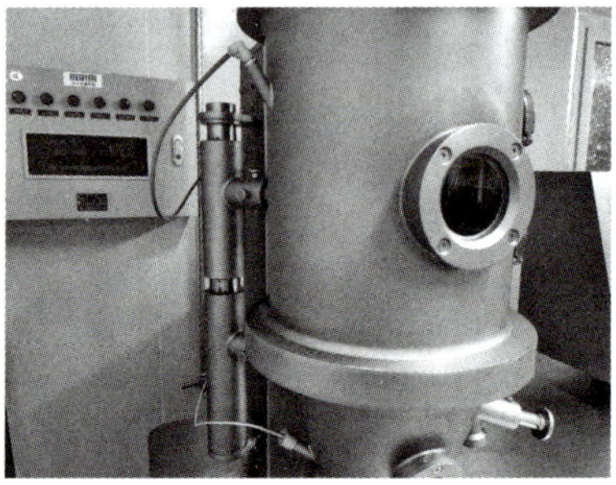
检查附件

检查捕集袋</td></tr>
</table>

续表

序号	步骤	操作要点	示意图
2	开机	① 启动空气压缩机及配电柜内的电源开关，确认电气供应正常、已开启 ② 旋转复位“急停”按钮，启动控制台面板上的总电源开关，其总电源按钮的自带指示灯亮，可编程控制器得电，系统上电完成自检后，将显示开机画面，点击“操作”按钮，进入主页面，输入用户名及开机密码，进入操作界面，开机完成 ③ 设定温控仪上的温度控制范围，设定风机频率 ④ 点击“容器升”控制按钮，使主机密闭，使原料容器与扩散干燥室连为一体（注意检查主机密封后法兰间有无泄漏现象）。启动风机，待运转 10~15 s后，点击操作界面中的“程序”按钮，空载运行 1~3 min，停机	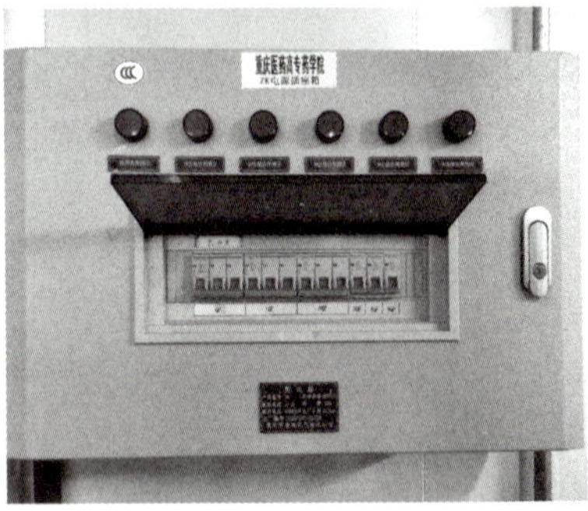 配电电源  控制台面 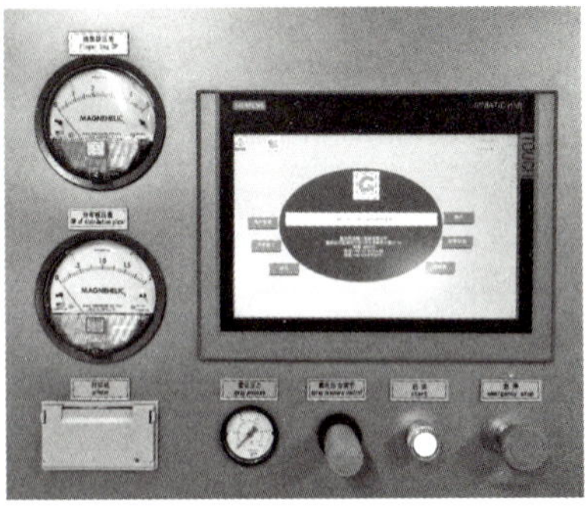 开机界面
3	装料	① 向左旋出原料容器，将湿颗粒装入原料容器内，加料时注意动作要轻，尽量避免物料损耗 ② 再向右旋入原料容器，与扩散干燥室上下对位准确	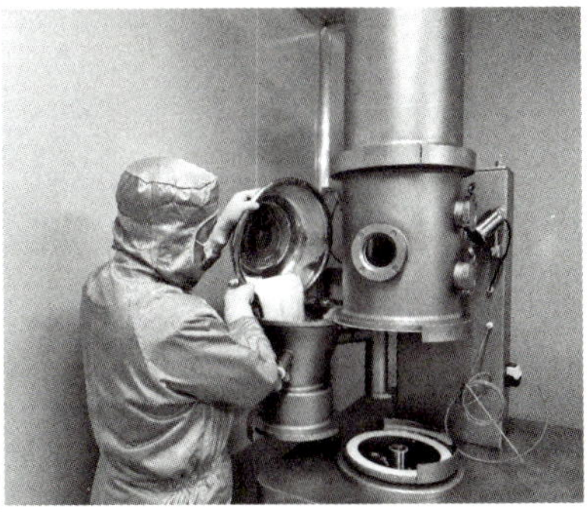 装料

续表

序号	步骤	操作要点	示意图
4	干燥	① 容器对位闭合，点击“容器升”控制按钮，使主机密闭，使原料容器与干燥室、捕集室连为一体 ② 点击“风机启”启动风机，待正常运转 10~15 s 后，点击操作界面中的“程序”按钮，使物料沸腾混合（沸腾高度以喷枪安装位置为准）。点击“加热”按钮开始加热，升温干燥 ③ 在干燥过程中，应通过视窗经常观察物料沸腾流化状态和干燥状况（在取样筒取样观察）。根据情况，随时调整风量、风压、温度等有关参数，使其达到最佳理想流化干燥效果 ④ 当物料在流化床内出现结团、沟流及塌床时，可点击“鼓造”，通过对风门的反复开关控制风流进而冲击物料以获得好的流化状态 ⑤ 干燥过程中可点击“抖袋”开启抖袋功能，避免过多的物料吸附在捕集袋上。用橡胶锤适当敲击流化床外壁也可抖落吸附在干燥室内壁的物料	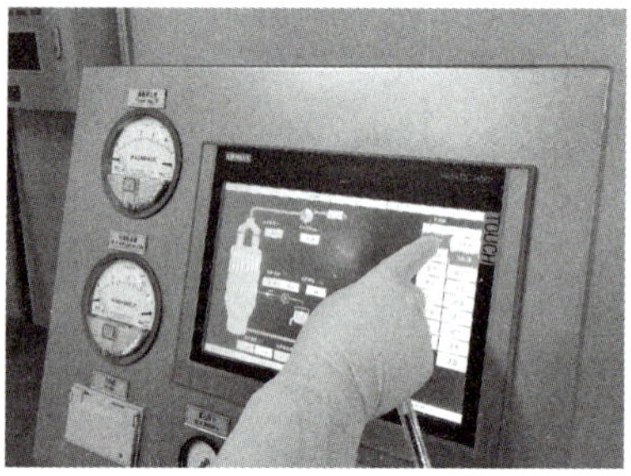 点击“容器升” 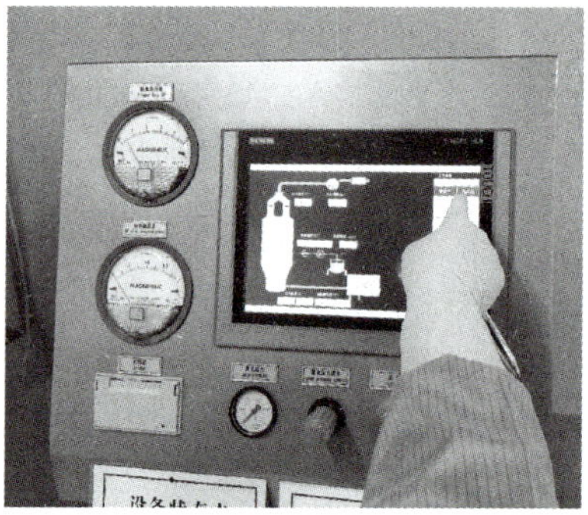 点击“风机启” 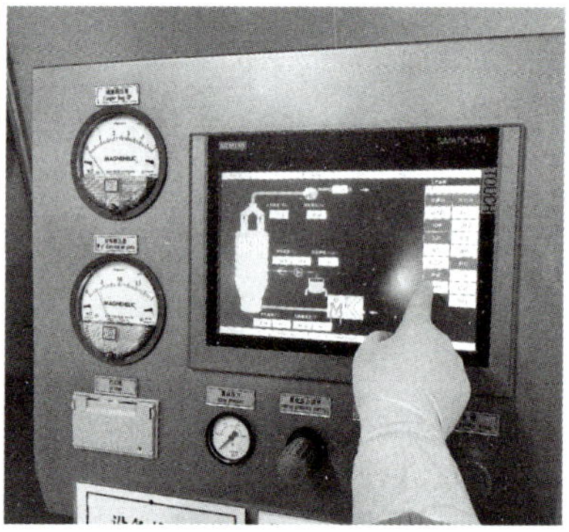 点击“程序”—“加热”—“鼓造”  橡胶锤敲击

续表

<table>
<tr><th>序号</th><th>步骤</th><th>操作要点</th><th>示意图</th></tr>
<tr><td>5</td><td>出料</td><td>① 干燥结束后，物料温度较高，为便于出料和减少成品的吸潮性，应先点击“加热”关闭加热，引风沸腾一段时间，待物料温度降至室温后，方可关机出料
② 点击“风机停”，点击“双抖袋”按钮，使捕集袋上的物料下落回容器，点击“容器降”按钮，待干燥室与物料容器下降后，向左旋转容器，取下固定螺丝与插销，将容器倾斜45°~90°到需要位置，倒出物料并收集</td><td>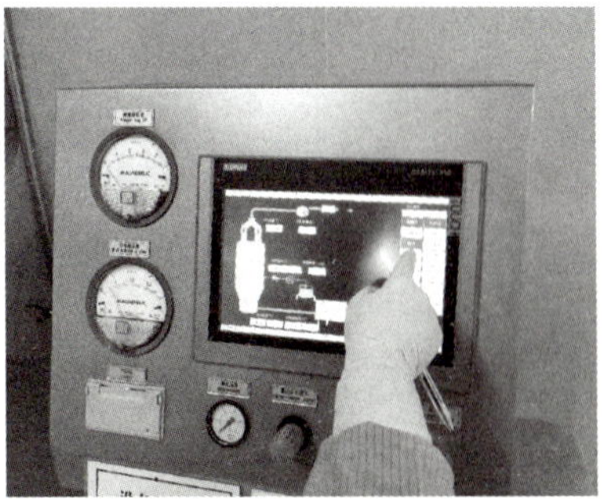
关闭程序
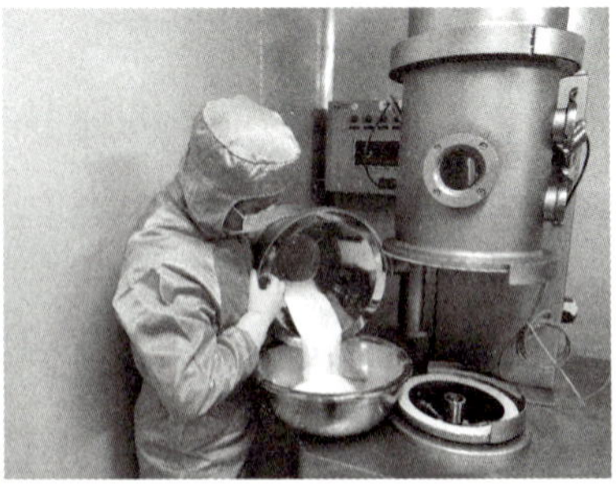
出料</td></tr>
<tr><td>6</td><td>记录填写</td><td>按照批生产记录要求填写干燥记录</td><td>
<table>
<tr><th colspan="6">干燥</th></tr>
<tr><td>交接物料</td><td>物料桶号 / 袋号</td><td colspan="4"></td></tr>
<tr><td colspan="6">操作要点：
将湿颗粒装入流化床干燥设备，设定加热温度、进风温度、物料干燥温度，通风干燥，随时观察颗粒流化状态，干燥 20~30 min（时间根据各校情况自行调整），保证颗粒彻底干燥（考核时不进行水分检查），将颗粒放出</td></tr>
<tr><th colspan="6">操作记录</th></tr>
<tr><td colspan="6">设定加热温度为[　　]℃，进风温度为[　　]℃，物料干燥温度为[　　]℃</td></tr>
<tr><td>桶号 / 袋号</td><td>物料干燥温度 /℃</td><td colspan="4">干燥时间</td></tr>
<tr><td></td><td></td><td colspan="4">起：[　　]时[　　]分——止：[　　]时[　　]分</td></tr>
<tr><td>操作人</td><td></td><td colspan="3">复核人</td><td></td></tr>
<tr><td rowspan="2">物料情况</td><td>总　重</td><td colspan="4">原辅料净重</td></tr>
<tr><td></td><td colspan="4"></td></tr>
<tr><td colspan="6">备注：</td></tr>
</table>
干燥记录</td></tr>
<tr><td>7</td><td>物料移交</td><td>① 将干燥物料移交至中间站
② 工序操作人填写物料交接单，一式两份（一份粘贴于批生产记录中，一份保存于中间站管理员处）</td><td>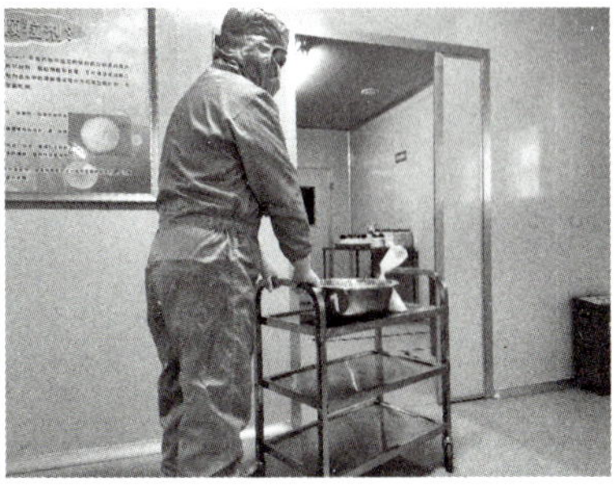
物料移交</td></tr>
</table>

续表

序号	步骤	操作要点	示意图
8	清场	① 设备与房间分别换上“待清洁”和“待清场”状态标识 ② 按照《干燥设备清洁标准操作规程》清洁设备，按照《干燥岗位清场标准操作规程》清场 ③ 认真填写相应记录。粘贴清场合格证（正本）于记录中 ④ 经 QA 人员检查合格后，悬挂清场合格标识	清场合格证(正本) 岗　位： 原产品名称： 批　号： 调换产品名称： 批　号： 清 场 人： 质 监 员： 清场日期：____年____月____日____时 有效期至：____年____月____日____时 清场合格证（正本）

二、多功能流化床干燥标准操作

多功能流化床干燥标准操作见表 5-39。

表 5-39 多功能流化床干燥标准操作

序号	步骤	操作要点	示意图
1	操作前准备	① 检查机器各部分是否正常 ② 检查插销、螺丝、阀门、气管、温度测定探头是否安装牢固 ③ 检查捕集袋有无破裂和小孔，如有破损，立即更换或修复 ④ 安装捕集袋，放下捕集袋支架，将捕集袋依次按序系于捕集袋支架上拴牢，将捕集袋底盘翻转于捕集室法兰圈上，拴紧。捕集袋装好后，将干燥室旋入捕集室下，再旋入原料容器，确保上下法兰对位准确	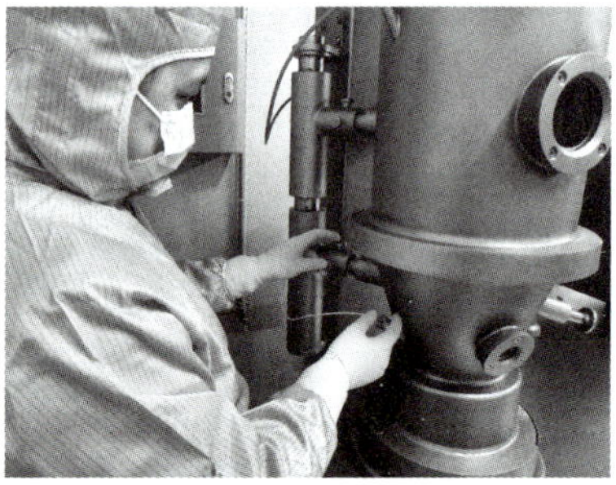 检查机器 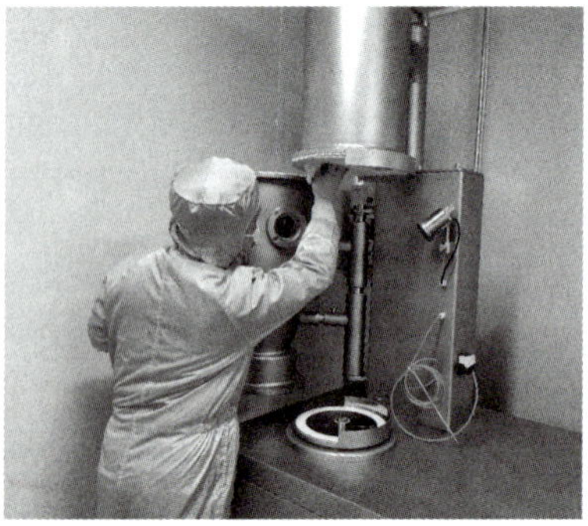 检查安装捕集袋

续表

序号	步骤	操作要点	示意图
2	生产操作	① 启动空气压缩机及配电柜内的电源开关 ② 旋转复位“急停”按钮，启动控制柜面板上的总电源开关，显示开机画面，点击“操作”按钮，输入用户名及开机密码，进入操作界面 ③ 设定温控仪上的温度控制范围（一般将加热温度控制在 80 ℃左右，进风温度控制在 65 ℃左右，物料温度控制在 50 ℃左右），设定风机频率（一般为 15~20 Hz）。 ④ 向左旋出原料容器，将干燥物料装入原料容器内；再向右旋入原料容器，与干燥室上下对位准确 ⑤ 点击“容器升”控制按钮，使主机密闭，使原料容器与干燥室、捕集室连为一体	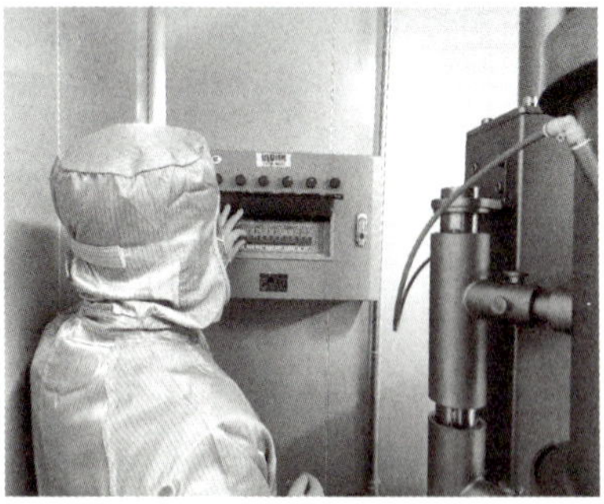 打开配电电源  旋转复位“急停”按钮 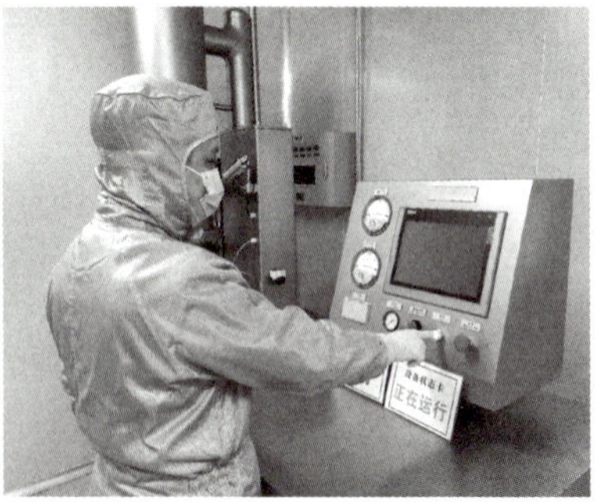 打开总电源开关 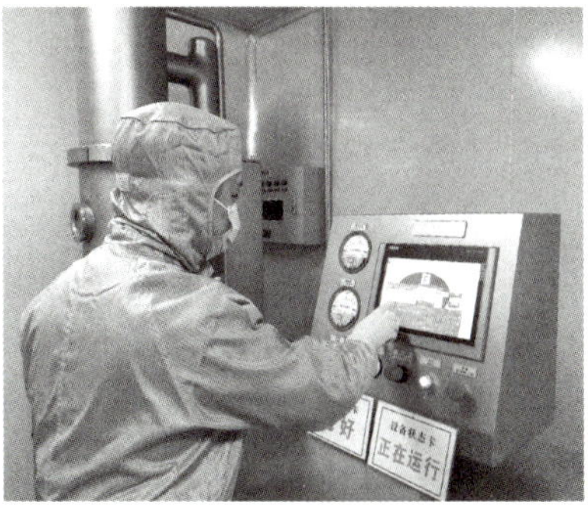 输入用户名及开机密码

续表

序号	步骤	操作要点	示意图
2	生产操作	⑥ 点击“风机启”按钮启动风机，待正常运转 10~15 s 后，点击操作界面中的“程序”按钮，使物料沸腾混合(沸腾高度以喷枪安装位置为准)。点击“加热”按钮开始加热，升温干燥 ⑦ 干燥结束后，点击“加热”按钮关闭加热，待物料温度降至室温后，依次点击“风机停”“双抖袋”“容器降”按钮，旋出流化床，取下固定螺丝与插销，出料	 设定参数 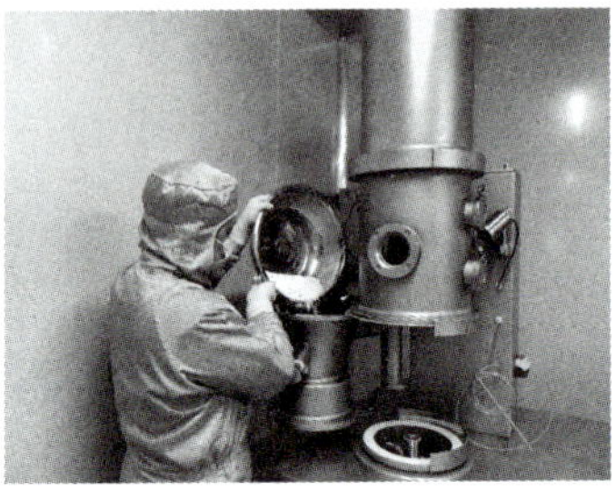 加料  干燥
3	关机	① 干燥结束后关机，点击“返回”进入开机界面，点击“退出”，进入关机界面，点击“关机”，设备系统关机。也可以再次点击电源键，待屏幕进入关机界面，点击“关机”，设备系统关机 ② 关闭空气压缩机，关闭电源，关闭有关阀门	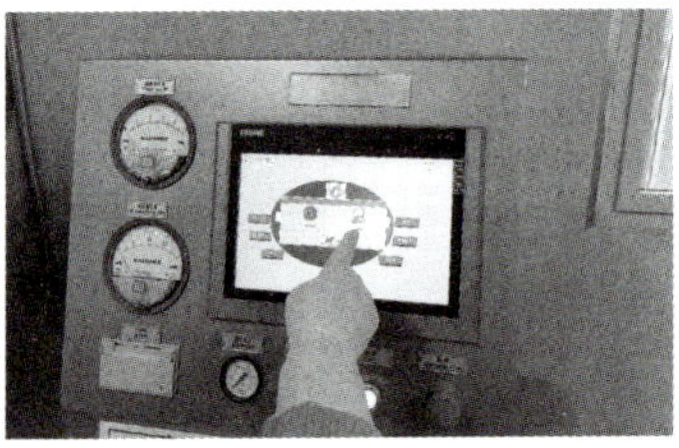 关机
4	清洁	按照《干燥设备清洁标准操作规程》清洁设备，清洁完毕，挂上“已清洁”状态标识	 清洁后挂标识牌

三、多功能流化床的清洁

每班生产结束、超过清洁有效期进行小清洁；换品种、停产 3 天、连续生产同一产品超过 7 天、设备大修、发生突发事件、设备被污染、闲置设备重新启用时进行大清洁，大清洁需要拆卸捕集袋、流化床分布板等直接接触药品的部件，用手工冲洗法进行清洗。具体清洁过程见表 5-40。

表 5-40　多功能流化床的清洁操作

序号	步骤	操作要点	示意图
1	除尘	用毛刷除去物料容器、干燥室、捕集室中残留的粉末	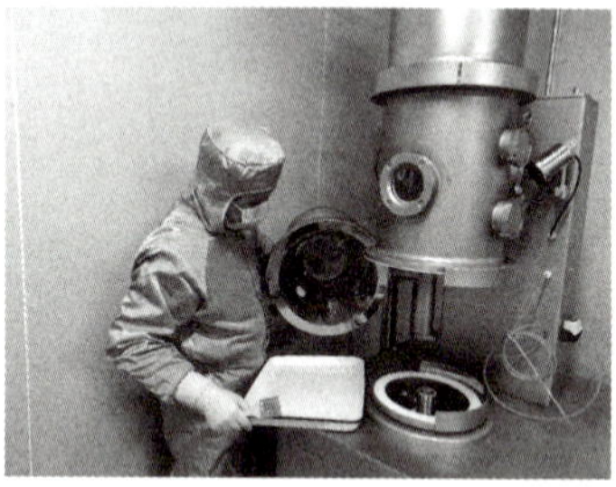 除尘
2	饮用水清洗	① 取下捕集袋，送至清洗间清洗 ② 先将设备内外表面以饮用水初洗干净后，用洁净浅色抹布擦拭物料容器、干燥室、捕集室内部至洁净，再用洁净深色抹布擦拭设备外表面至洁净	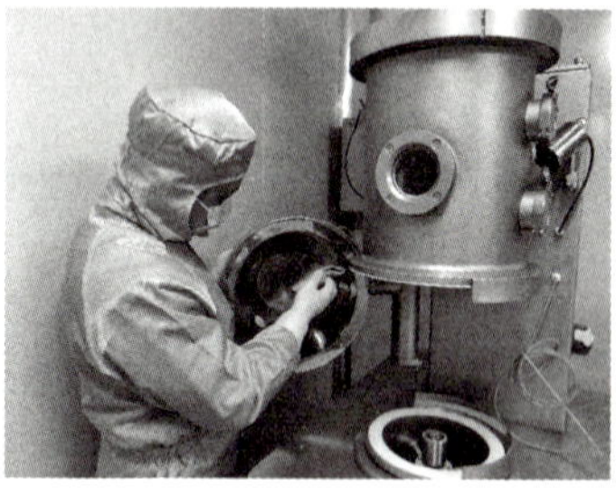 用洁净浅色抹布擦拭
3	纯化水清洗	设备内外表面以纯化水精洗干净后，用洁净浅色抹布擦拭物料容器、干燥室、捕集室内部至洁净，再用洁净深色抹布擦拭设备外表面至洁净	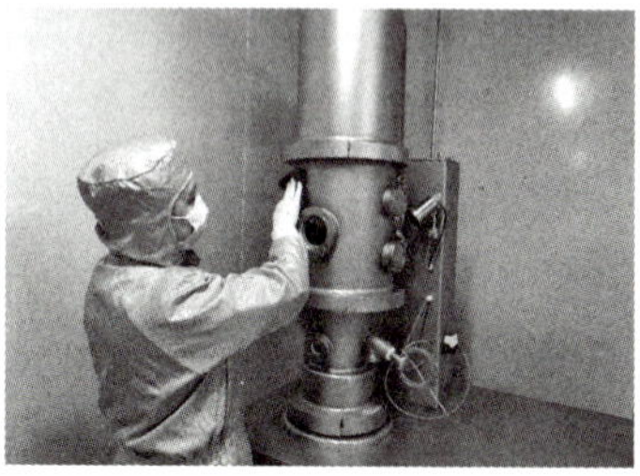 用洁净深色抹布擦拭
4	消毒	用 75% 乙醇喷洒并擦拭 3 遍，自然风干	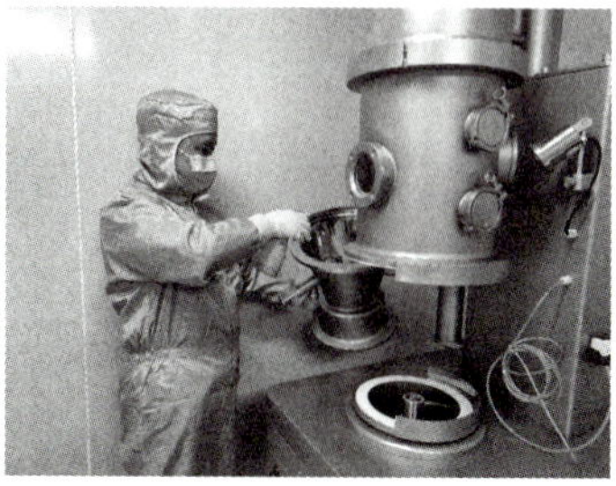 用 75% 乙醇消毒

续表

序号	步骤	操作要点	示意图
5	目检	已清洗设备表面目测无可见残留物，各部位无水迹；若不符合要求，须按上述程序重新清洗	 目测检查
6	悬挂标识	将清洗后的设备表面用洁净抹布擦干，待 QA 人员检查合格后悬挂“已清洁”状态标识	 悬挂标识

四、岗位清场操作

每批生产结束时，清场有效期超限时，生产过程中发生异常情况可能会造成产品污染时，均应进行清场。应本着先物后地、先内后外、先上后下、先拆后洗、先零后整的原则进行清洁清场。清洁工具常选用洁净抹布和清洁桶，清洁剂选用 1% 氢氧化钠溶液、纯化水，消毒剂选用 75% 乙醇溶液和 0.2% 苯扎溴铵溶液(交替使用)，均按《清洁剂、消毒剂配制和使用标准操作规程》使用、存放。具体清场过程见表 5-41。

表 5-41　干燥岗位清场操作

序号	步骤	操作要点	示意图
1	更换房间状态标识	干燥结束后，更换房间状态标识为黄色“待清场”	 更换“待清场”状态标识

续表

序号	步骤	操作要点	示意图
2	清场与复核检查	① 将本批的废弃物放在指定的容器内，统一处理。每天工作结束后进行日常清洁，用洁净抹布擦拭门窗、墙壁、工作台面、不锈钢凳、地面 ② 按《干燥设备清洁标准操作规程》清洁流化床 ③ 取洁净抹布浸消毒剂擦拭送、回风口。清洁操作室、钟表、温湿度计、压差计、通信设施等 ④ 将清洁工具移至清洁间，清洁干净 ⑤ 由 QA 人员检查确认是否清场合格，合格后由 QA 人员在清场记录上签字并发放清场合格证，正本附入批生产记录，副本挂在操作现场。若检查不合格则按程序重新清洁，直至检查合格	 填写生产记录
3	更换房间状态标识	清场复核结束后，更换房间状态标识为绿色“已清场”	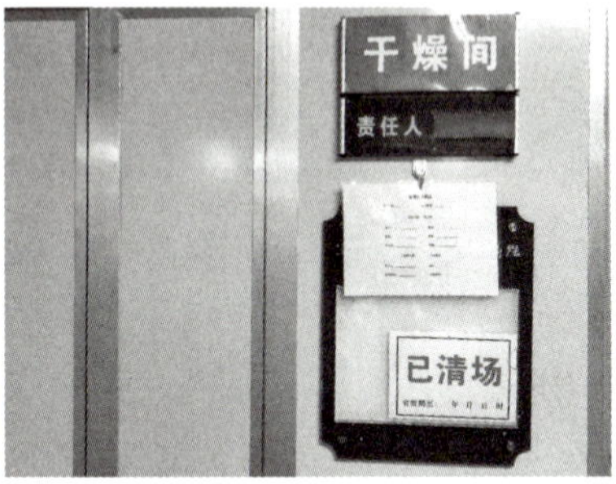 更换“已清场”状态标识

五、岗位记录填写

1. 填写要求

干燥岗位批生产记录由岗位操作人员填写，岗位负责人及有关规定人员复核签字。不允许事前先填或事后补填，填写内容应真实。填写批生产记录应注意字迹工整、清晰，不允许用铅笔填写，且要求用笔颜色保持一致。批生产记录不能随意更改或销毁，若确实因填错需更改，务必在更改处画一横线后，将正确内容填写在旁边，并签字标明日期。

考核时为确保考评公平公正，原则上不允许岗位操作人员填写真实姓名，应填写准考证号或考试代号等。

2. 生产记录样例

(1) 干燥岗位生产前检查与准备记录样例：见表 5-42。

表 5-42　干燥岗位生产前检查与准备记录

产品名称		规格		产品批号	
操作间名称			生产批量		
主要生产设备	[　　] DPL-Ⅱ型多功能干燥制粒机				
生产时间	[　　]年[　　]月[　　]日[　　]时[　　]分 —[　　]日[　　]时[　　]分				

生产前检查与准备	
检查内容	检查记录
1. 复核清场：确认在清场有效期内，将清场合格证（副本）粘贴在“清场合格证副本（粘贴处）”。确认无上次生产遗留物，没有与本批次生产无关的物料和文件	[　] 是 [　] 否
2. 确认温度和相对湿度在合格范围内（温度在 18~26 ℃，相对湿度在 45%~65%）。操作间压差符合要求	[　] 是 [　] 否
3. 确认电气供应正常，已开启。开启并检查整个系统的排风、除尘装置	[　] 是 [　] 否
4. 确认设备捕集袋完好，并正确安装固定好过滤袋	[　] 是 [　] 否
5. 确认设备空机运行正常	[　] 是 [　] 否

检查人		复核人	

清场合格证副本（粘贴处）

（2）干燥过程记录样例：空白片干燥记录见表 5-43。

表 5-43　空白片干燥记录

<table>
<tr><td>产品名称</td><td colspan="2"></td><td>规格</td><td></td><td>产品批号</td><td></td></tr>
<tr><td>操作间名称</td><td colspan="3"></td><td colspan="2">生产批量</td><td></td></tr>
<tr><td>生产时间</td><td colspan="6">[　　]年[　　]月[　　]日[　　]时[　　]分
—[　　]日[　　]时[　　]分</td></tr>
<tr><td colspan="7">干燥</td></tr>
<tr><td>交接物料</td><td colspan="2">物料桶号 / 袋号</td><td colspan="4"></td></tr>
<tr><td colspan="7">操作要点：
将湿颗粒装入流化床干燥设备，设定加热温度、进风温度、物料干燥温度，通风干燥，随时观察颗粒流化状态，干燥 20~30 min（时间根据各校情况自行调整），保证颗粒彻底干燥（由于考核时间限制，1+X 药物制剂生产职业技能等级证书考核时不进行水分检查），将颗粒放出</td></tr>
<tr><td colspan="7">操作记录</td></tr>
<tr><td colspan="7">设定加热温度为[　　　]℃、进风温度为[　　　]℃、物料干燥温度为[　　　]℃</td></tr>
<tr><td>桶号 / 袋号</td><td colspan="2">物料干燥温度 /℃</td><td colspan="4">干燥时间</td></tr>
<tr><td></td><td colspan="2"></td><td colspan="4">起：[　　]时[　　]分—止：[　　]时[　　]分</td></tr>
<tr><td>操作人</td><td colspan="2"></td><td colspan="3">复核人</td><td></td></tr>
<tr><td rowspan="2">物料情况</td><td colspan="2">总　重</td><td colspan="4">原辅料净重</td></tr>
<tr><td colspan="2"></td><td colspan="4"></td></tr>
</table>

备注：

（3）干燥岗位清场记录样例：见表 5–44。

表 5–44　干燥岗位清场记录

<table>
<tr><td>产品名称</td><td></td><td>规格</td><td></td><td>产品批号</td><td></td></tr>
<tr><td>操作间名称</td><td colspan="3"></td><td>生产批量</td><td></td></tr>
<tr><td>清场类型</td><td colspan="5">[　]大清场　[　]小清场</td></tr>
<tr><td>清场要求</td><td colspan="5">1. 实际生产中同品种当天生产结束、换批时进行小清场，大清场后超过有效期进行小清场；考核中非本批考核最终结束，即考核过程中均进行小清场
2. 实际生产中同品种连续生产超过 7 天、换品种、停产 3 天以上执行大清场；本批干燥岗位考核结束前，进行大清场
3. 大清场需在小清场基础上进一步拆卸流化床相关部件，清洁消毒，并做好场地清洁消毒</td></tr>
<tr><td colspan="6">清场记录</td></tr>
<tr><td colspan="4">清场操作内容</td><td colspan="2">清场记录</td></tr>
<tr><td colspan="4">1. 将干燥的颗粒移交给中间站操作人转运至颗粒中间站或整粒操作岗位</td><td colspan="2">[　]是　[　]否</td></tr>
<tr><td colspan="4">2. 将与后续生产无关的文件、记录移出</td><td colspan="2">[　]是　[　]否</td></tr>
<tr><td colspan="4">3. 清除生产过程中产生的废弃物</td><td colspan="2">[　]是　[　]否</td></tr>
<tr><td rowspan="2">4. 设备、工具、容器等</td><td colspan="3">小清场：先将设备、设施台面上的异物清理干净，再按照相关设备清洁标准操作规程进行清洁，并对工具、容器等进行清洁，定置</td><td colspan="2">[　]是　[　]否</td></tr>
<tr><td colspan="3">大清场：除小清场要求外，需对设备相应部件进行拆卸、清洗与消毒</td><td colspan="2">[　]是　[　]否</td></tr>
<tr><td rowspan="2">5. 生产环境</td><td colspan="3">小清场：门窗和工作台、凳及地面清洁至无可见残留物</td><td colspan="2">[　]是　[　]否</td></tr>
<tr><td colspan="3">大清场：除小清场要求外，需对回风口、天棚、墙面、地漏进行彻底清洁</td><td colspan="2">[　]是　[　]否</td></tr>
<tr><td colspan="4">6. 生产设备和房间状态标识准确、清楚</td><td colspan="2">[　]是　[　]否</td></tr>
<tr><td colspan="4">7. 清场结束后检查清场是否合格，检查合格后签发清场合格证</td><td colspan="2">[　]是　[　]否</td></tr>
<tr><td>清场结束时间</td><td colspan="5">[　　]年[　　]月[　　]日[　　]时[　　]分</td></tr>
<tr><td>清场人</td><td colspan="2"></td><td>复核人</td><td colspan="2"></td></tr>
</table>

清场合格证正本（粘贴处）

六、常见问题与处理方法

多功能流化床使用中常见故障、产生原因及排除方法见表 5-45。

表 5-45　多功能流化床使用中常见故障、产生原因及排除方法

常见故障	产生原因	排除方法
沸腾状况不佳	1. 捕集袋长时间没有抖动，布袋上吸附的粉末太多 2. 沸腾高度太高，状态激烈，床层负压高，粉末吸附在捕集袋上 3. 各风道发生阻塞，风路不畅通	1. 检查捕集袋抖动系统 2. 调小风机频率 3. 检查并疏通风道
排至空气中的细粉多	1. 捕集袋破裂 2. 床层负压高将细粉抽出	1. 检查捕集袋，如有破口、小孔，必须补好，方能使用 2. 调小风机频率
干燥颗粒时出现沟流或死角	1. 颗粒含水分太多 2. 湿颗粒进入原料容器中放置过久	1. 减少颗粒水分；先不装足量，等其稍干后再将湿颗粒加入 2. 湿颗粒不要久放在原料容器中；鼓造将颗粒抖散
干燥颗粒时出现结块现象	部分湿颗粒在原料容器中被压死	鼓造将颗粒抖散
温度达不到要求	换热器未正常工作	检查换热器，并处理

任务考核

一、考核要求

1. 在线测试（5 min）

请扫描二维码完成在线测试。

在线测试：干燥

2. 实践考核（90 min）

（1）依据《药品生产质量管理规范》《中国药典》（2020 年版）、1+X 药物制剂生产职业技能等级证书考核大纲、配套教材和数字化资源组织现场考试。

（2）场景设置：模拟 GMP 场地或实训室，至少应设有干燥间、中间站，配备房间与设备状态标识牌、不锈钢勺与桶、塑料袋与扎带、可粘贴标签、清洁工具等。

（3）其他要求：考核时应提前穿戴洁净服，考核过程中应按照操作要点规范操作，及时如实填写批生产记录等。

二、评分标准

干燥岗位操作评分标准见表 5-46。

表 5-46　干燥岗位操作评分标准

序号	考核内容	分值 / 分	评分要点	考生得分	备注
1	更衣入场	5	1. 正确穿戴洁净服(3 分) 2. 正确穿戴手套、口罩、帽子(2 分)		
2	复核清场	10	1. 检查场地、设备状态,及时更换生产状态标识(4 分) 2. 正确填写温度表、湿度表、压力表、记录表(6 分)		
3	开机前检查	15	1. 正确检查插销、螺丝、阀门、气管、温度测定探头(5 分) 2. 拉出原料容器、喷雾室检查(5 分) 3. 仔细检查捕集袋(5 分)		
4	物料交接	10	1. 正确领取物料(5 分) 2. 正确转运物料至中转站(5 分)		
5	开机运行	45	1. 正确更换设备状态标识(10 分) 2. 正确打开设备安全电源及空气压缩机电源、通气阀门(5 分) 3. 正确开机、设定干燥参数(10 分) 4. 正确加入干燥物料(4 分) 5. 启动设备干燥物料程序正确:容器升—风机启(稳定)—程序—加热(6 分) 6. 正确观察判断物料干燥状况,根据情况调节参数,取样正确(10 分)		
6	出料停机	5	1. 停机程序正确(2 分) 2. 物料冷却后停机出料(3 分)		
7	清洁清场	10	1. 更换生产状态标识(4 分) 2. 正确选择清洁工具,清洁清场程序正确(6 分)		
岗位总分					

任务 5.6　整　　粒

PPT:
整粒

知识准备

岗位职责

整粒岗位操作人员应严格按照整粒岗位职责要求,在固体制剂车间片剂组班组长领导下,履行工作职能。

1. 生产准备

进岗前按规定着装,进岗后按工艺要求安装筛分设备;根据生产指令,按规定程序从中间站领取物料。

2. 生产操作

严格按照整粒工艺规程和标准操作规程进行整粒。整粒过程中依据粒度要求和数量选择不同的筛网目数与筛分设备。按照物料在设备中的运动方式不同,可将常用的筛分设备分为旋转筛、旋振筛和摇动筛等。1+X 药物制剂生产职业技能等级证书考核建议使用旋振筛(图 5-14)。本任务以 ZS-515 型旋振筛为例讲述整粒生产操作过程。

图 5-14　旋振筛

整粒操作人员应注意检查筛网是否破损及堵塞,若有则须返工。及时规范填写生产记录。此外,还应按规定进行物料平衡计算(计算方法见任务 3.2),偏差必须符合规定限度,否则按偏差处理程序处理。

整粒操作人员在生产过程中发现颗粒有质量问题时,必须及时报告工序负责人、工艺员。

知识拓展:筛分技术

3. 生产结束

按要求移交粒度合格的颗粒至下一岗位;余料和不合格颗粒按规定退至中间站。

工作结束或更换品种时,严格按本岗位清场标准操作规程清场,经 QA 人员检查合格后,悬挂清场合格标识。

4. 其他要求

工作期间严禁脱岗、串岗,不做与岗位工作无关之事;经常检查设备运转情况,注意设备保养,操作时发现故障应及时上报。

任务实施

一、整粒岗位操作

1. 生产前检查与准备

整粒岗位生产前检查与准备操作见表 5-47。

视频:干颗粒整粒标准操作规程

表 5-47　整粒岗位生产前检查与准备操作

序号	步骤	操作要点	示意图
1	接收批生产指令	① 接收批生产指令、整粒批生产记录(空白)、中间产品交接单(干颗粒物料)、中间产品标签(空白)等文件 ② 仔细阅读批生产指令，明确产品名称、产品规格、批量、筛网目数、生产任务、注意事项等指令 ③ 对照批生产指令，检查、核对其与房间标识卡上的产品名称、规格、批号等要求是否一致	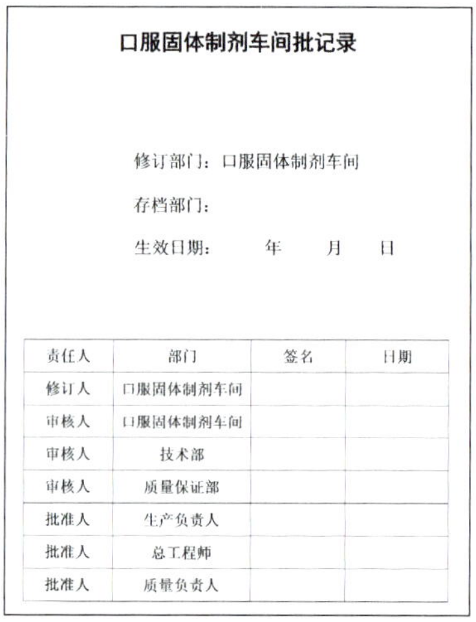 口服固体制剂车间批记录 修订部门：口服固体制剂车间 存档部门： 生效日期：　年　月　日 责任人 / 部门 / 签名 / 日期 修订人 / 口服固体制剂车间 / / 审核人 / 口服固体制剂车间 / / 审核人 / 技术部 / / 审核人 / 质量保证部 / / 批准人 / 生产负责人 / / 批准人 / 总工程师 / / 批准人 / 质量负责人 / / 生产相关文件
2	复核清场	① 检查生产场地是否有上一批生产遗留的颗粒、粉末等 ② 检查整粒间门窗、墙壁、地面等是否干净，有无浮尘，是否光洁、明亮 ③ 检查整粒间清场合格证和状态标识 ④ 检查旋振筛机身等是否已清洁，是否悬挂有绿色“已清洁”和“完好”状态标识、黄色“待运行”状态标识 ⑤ 检查是否遗留上一批次批生产记录等文件	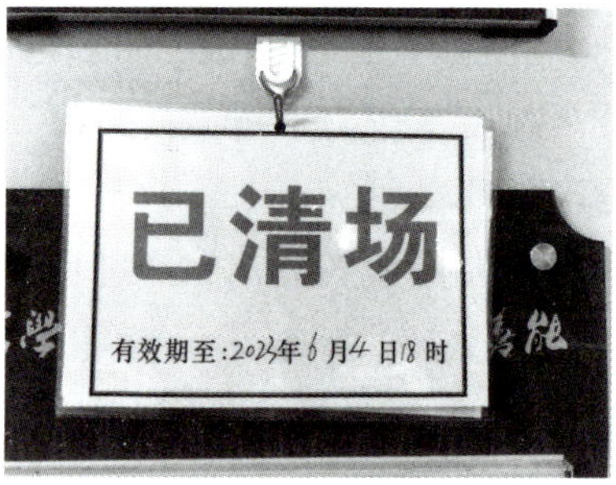 检查清场合格证  生产前设备状态标识
3	温湿度与压差检查	检查整粒间温湿度、压差是否符合要求：温度应在 18~26 ℃，相对湿度应在 45%~65%，整粒间需保持相对负压	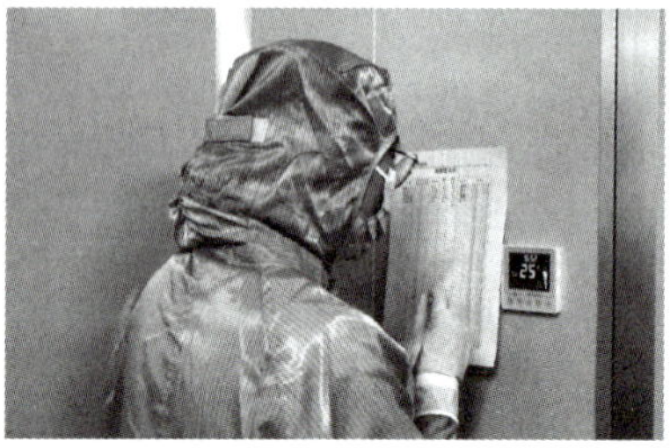 检查温湿度记录

续表

<table>
<tr><th>序号</th><th>步骤</th><th>操作要点</th><th>示意图</th></tr>
<tr><td>4</td><td>中间产品与流转桶领取</td><td>① 工序操作人填写中间产品交接单(领取),一式两份(一份粘贴于批生产记录中,一份保存于中间站管理员处),依照批生产指令,至中间站领取干颗粒物料
② 领取中间产品干颗粒物料时,工序操作人须重点核对中间产品名称、重量、批号、加工状态等信息是否与生产指令一致,中间产品袋包装或料桶上是否有“放行”标识,并称重核对中间产品重量等,同时班组长、中间站管理员须复核检查,核对无误后三方签字;工序操作人登记中间产品进出站台账后,方能将中间 产品领回整粒间,继续加工
③ 根据批产量总数,在中间站领取流转桶及盛料袋,做好登记;检查流转桶是否清洗干净,有无粉尘及任何遗留物,盖、桶是否配套;检查盛料袋是否为新袋,是否干净,有无破损
④ 将干颗粒物料、流转桶、盛料袋置于小推车上,推至整粒间指定位置</td><td>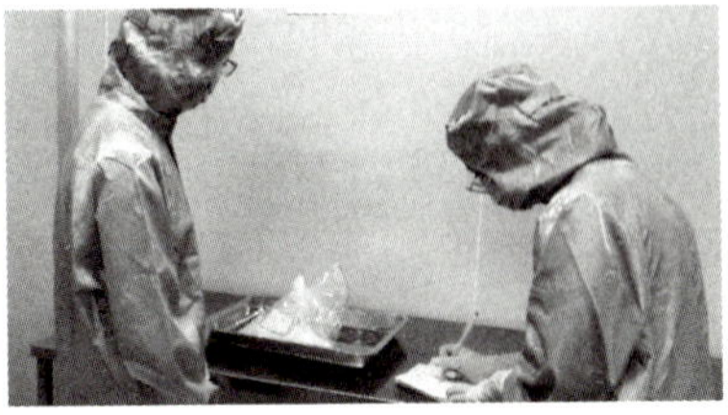
物料领取

流转桶</td></tr>
<tr><td>5</td><td>QA 人员检查复核</td><td>① 按照批生产记录中生产前检查操作要点复核,填写整粒岗位生产前检查与准备记录。任何一条不符合要求则不能进入下一程序
② 粘贴清场合格证(副本)于记录中
③ QA 人员现场复核无误后签字准产</td><td>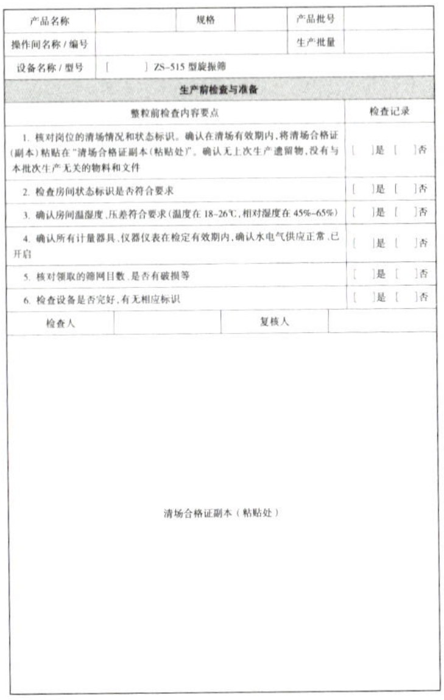
<table>
<tr><td>产品名称</td><td></td><td>规格</td><td></td><td>产品批号</td><td></td></tr>
<tr><td>操作间名称 / 编号</td><td colspan="3"></td><td>生产批量</td><td></td></tr>
<tr><td>设备名称 / 型号</td><td colspan="5">[ ] ZS-515 型旋振筛</td></tr>
<tr><td colspan="6">生产前检查与准备</td></tr>
<tr><td colspan="5">整粒前检查内容要点</td><td>检查记录</td></tr>
<tr><td colspan="5">1. 核对岗位的清场情况和状态标识。确认在清场有效期内,将清场合格证(副本)粘贴在“清场合格证副本(粘贴处)”。确认无上次生产遗留物,没有与本批次生产无关的物料和文件</td><td>[ ]是 [ ]否</td></tr>
<tr><td colspan="5">2. 检查房间状态标识是否符合要求</td><td>[ ]是 [ ]否</td></tr>
<tr><td colspan="5">3. 确认房间温湿度、压差符合要求(温度在 18~26℃,相对湿度在 45%~65%)</td><td>[ ]是 [ ]否</td></tr>
<tr><td colspan="5">4. 确认所有计量器具、仪器仪表在检定有效期内,确认水电气供应正常,已开启</td><td>[ ]是 [ ]否</td></tr>
<tr><td colspan="5">5. 核对领取的筛网目数,是否有破损等</td><td>[ ]是 [ ]否</td></tr>
<tr><td colspan="5">6. 检查设备是否完好,有无相应标识</td><td>[ ]是 [ ]否</td></tr>
<tr><td>检查人</td><td colspan="2"></td><td>复核人</td><td colspan="2"></td></tr>
<tr><td colspan="6">清场合格证副本(粘贴处)</td></tr>
</table>
生产前检查与准备记录</td></tr>
</table>

2. 生产过程

整粒岗位生产操作见表 5-48。

表 5-48　整粒岗位生产操作

序号	步骤	操作要点	示意图
1	旋振筛开机前检查	① 按顺序安装合适目数的筛网，安装过程见本任务“三、旋振筛的标准操作” ② 检查紧固螺钉是否安装到位，确认各部位润滑良好，确认水电气供应正常、已开启 ③ 更换状态标识，挂上“运行”状态标识 ④ 使用 75% 乙醇喷洒或用洁净抹布浸 75% 乙醇擦拭（3 次）筛网、设备内外表面、所用容器等，进行消毒 ⑤ 在出料口捆扎盛料袋，防止操作过程中药粉飞扬或溢出，盛料袋下方放置流转桶，做好产品标识，标签上填写产品名称、规格、批号、加工状态等内容 ⑥ 接通电源，空机运行 1~3 min，确认设备无障碍、无摩擦异响现象后，停机	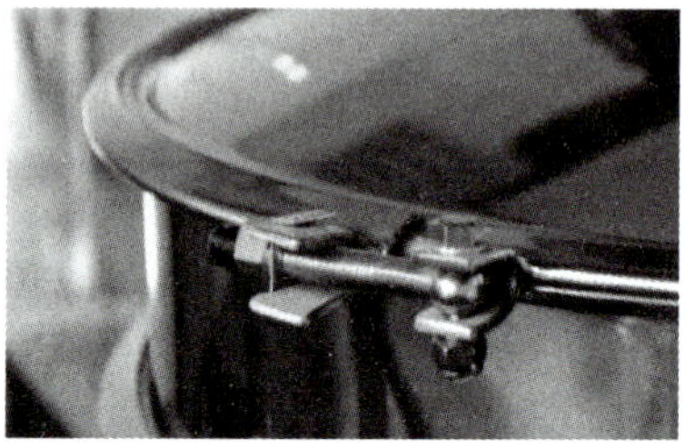 开机前检查紧固螺钉
2	正式运行	① 开机，待设备运行平稳后，将干颗粒物料以合适的速度均匀缓慢地加入旋振筛中，加料时注意动作要轻，尽量避免产生粉尘 ② 随时观察出料情况，如发现有异物或异响出现应立即停机 ③ 应控制加入颗粒的流量，保持筛网上物料数量合适，并且观察设备螺栓、螺母是否松动	 运行状态
3	结束生产	① 干颗粒上料完毕，待不再出料后停机，再断开主电源 ② 按照顺序清理收集残留在筛网上的粗颗粒和细粉。分别填写粒度合格颗粒中间产品标签、不合格颗粒标签等，将其粘贴于盛料袋或流转桶外表面。进行称量，及时填写整粒记录 ③ 将旋振筛与整粒间分别换上“待清洁”“待清场”状态标识	 产品名称　规格　g/袋　产品批号 操作间名称/编号　生产批量　袋 操作要点：用一号筛和五号筛对物料进行筛分整粒 操作记录 整粒结束时间　[　]年[　]月[　]日[　]时[　]分 不锈钢筛网孔径 袋号 毛重/g 皮重/g 净重/g 操作人　复核人 整粒记录

续表

<table>
<tr><th>序号</th><th>步骤</th><th>操作要点</th><th>示意图</th></tr>
<tr><td>3</td><td>结束生产</td><td>④ 将中间产品运送至下一岗位或中间站，将待回收物料送回中间站
⑤ 收集设备表面的细粉、地脚粉、生产中的废弃物，集中放在废弃物塑料袋内，扎好口袋，交清洁员处理</td><td></td></tr>
<tr><td>4</td><td>清场</td><td>① 按本任务“四、旋振筛的清洁”规定程序进行设备清洁消毒。清洁完毕，请 QA 人员复核检查，合格后挂“已清洁”“完好”“待运行”状态标识
② 按本任务“五、岗位清场操作”规定程序进行整粒间清场。清场完毕请 QA 人员复核签字，合格后挂“已清场”状态标识。整粒间换上经 QA 人员签字的清场合格证（副本），将清场合格证（正本）粘贴于整粒清场记录中</td><td>
<table>
<tr><td>产品名称</td><td></td><td>规格</td><td></td><td>产品批号</td><td></td></tr>
<tr><td>操作间名称/编号</td><td colspan="3"></td><td>生产批量</td><td>袋</td></tr>
<tr><td>清场类型</td><td colspan="5">[　　]大清场　[　　]小清场</td></tr>
<tr><td>清场要求</td><td colspan="5">1. 同品种当天生产结束、换批时进行小清场；大清场后超过有效期进行小清场
2. 同品种连续生产超过 7 天、换品种、停产 3 天以上执行大清场
3. 小清场执行小清场操作，大清场执行大清场操作
4. 执行操作在“是”前[　　]内打√，未执行操作在“否”前[　　]内打√</td></tr>
<tr><td colspan="6">清场记录</td></tr>
<tr><td colspan="4">清场操作内容</td><td colspan="2">清场记录</td></tr>
<tr><td colspan="4">1. 将整粒物料移交至下一岗位，余料和不合格颗粒按规定退至中间站</td><td colspan="2">[　]是 [　]否</td></tr>
<tr><td colspan="4">2. 将与后续生产无关的文件、记录移出</td><td colspan="2">[　]是 [　]否</td></tr>
<tr><td colspan="4">3. 清除生产过程中产生的废弃物</td><td colspan="2">[　]是 [　]否</td></tr>
<tr><td rowspan="2">4. 设备、工具、容器等</td><td colspan="3">小清场：先将设备、设施台面上的异物清理干净，再按照相关设备清洁标准操作规程进行清洁，并对工具、容器等进行清洁，定置</td><td colspan="2">[　]是 [　]否</td></tr>
<tr><td colspan="3">大清场：除小清场要求外，需对设备管道进行彻底清洁、消毒，定置</td><td colspan="2">[　]是 [　]否</td></tr>
<tr><td colspan="4">清场操作内容</td><td colspan="2">清场记录</td></tr>
<tr><td rowspan="2">5. 生产环境</td><td colspan="3">小清场：门窗和工作台、凳及地面清洁至无可见残留物</td><td colspan="2">[　]是 [　]否</td></tr>
<tr><td colspan="3">大清场：除小清场要求外，需对回风口、天棚、墙面、地漏进行彻底清洁、消毒，清洁顺序为从上到下</td><td colspan="2">[　]是 [　]否</td></tr>
<tr><td colspan="4">6. 生产设备和房间状态标识准确、清楚</td><td colspan="2">[　]是 [　]否</td></tr>
<tr><td colspan="4">7. 清场结束后由班组长或 QA 人员检查清场是否合格，检查合格后签发清场合格证</td><td colspan="2">[　]是 [　]否</td></tr>
<tr><td>清场结束时间</td><td colspan="5">[　　]年[　　]月[　　]日[　　]时[　　]分</td></tr>
<tr><td>清场人</td><td colspan="2"></td><td>复核人</td><td colspan="2"></td></tr>
<tr><td colspan="6">清场合格证正本（粘贴处）</td></tr>
</table>
整粒清场记录</td></tr>
</table>

二、旋振筛筛网的领取与归还

旋振筛筛网的领取与归还见表 5-49。

表 5-49　旋振筛筛网的领取与归还

<table>
<tr><th>序号</th><th>步骤</th><th>操作要点</th><th>示意图</th></tr>
<tr><td>1</td><td>筛网领取</td><td>工序操作人按批生产指令到筛网存放处领取筛网。工序操作人、班组长一同核对筛网目数与批生产指令是否一致，检查有无破损，核对无误后双方填写模具（配件）使用台账</td><td>
筛网</td></tr>
</table>

续表

序号	步骤	操作要点	示意图
2	工具领取	工序操作人到工具室领取筛网安装工具。仔细检查工具是否已清洁干净，有无粉渍，是否干燥，无误后填写工具使用台账，并将上述模具装进小推车	 工具使用台账

工具使用台账

序号	工具名称	规格型号	领用日期	领用人	数量	情况	归还日期	归还人	数量	情况	管理人

三、旋振筛的标准操作

旋振筛的标准操作见表 5–50。

表 5–50　旋振筛的标准操作

序号	步骤	操作要点	示意图
1	开机前准备	① 检查设备、操作间等是否具有“已清洁”和“已清场”状态标识，并核对是否在有效期内 ② 检查筛箱内部是否有异物，机座是否平整，各紧固件是否松动，电气元件是否受潮等。 ③ 将筛网用螺母固定在钢套圈上锁紧，在托球盘上的挡球环中放入橡胶球。将托球盘与筛网用橡胶圈连接在一起，并将其固定于旋振筛筛框。多层筛网则自下而上逐个安装，最后将筛盖压紧。更换或安装筛网时需先将橡胶圈取下，使其与托球盘分离。松开钢套圈周围螺母，取下旧筛网，将新的筛网平铺在筛网架上再放钢套圈，按照筛网的经纬（垂直）方向用螺钉对称稍作固定，在保证筛网无皱褶、松紧均匀、筛孔呈正方形后分别将螺钉穿入螺孔中，慢慢逐个均匀拧紧，裁去多余筛网。 ④ 调整重锤角度，设置最佳生产效率的振幅及频率。在出料口捆扎盛料袋，防止操作过程中药粉飞扬或溢出，下方放置盛料桶。	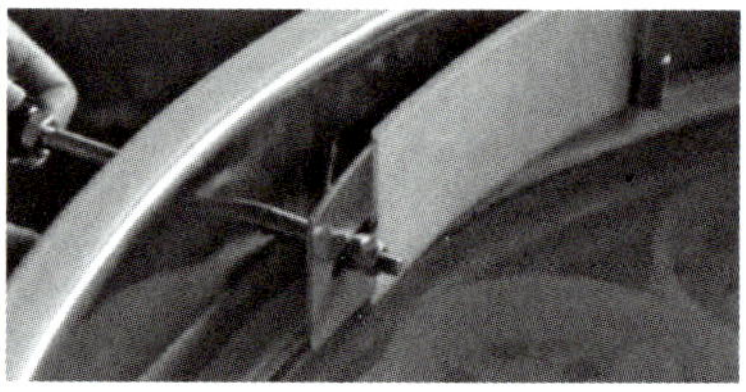 筛网安装

续表

序号	步骤	操作要点	示意图
2	开机操作	接通电源，将物料缓慢均匀地加入筛网中，加料时注意动作要轻，尽量避免产生粉尘。控制加入的物料流量，保持筛网上物料数量适中。随时观察出料情况，如发现有异物出现应立即停机。随时观察设备外露螺栓和螺母是否松动，如发现有异响应立即停机	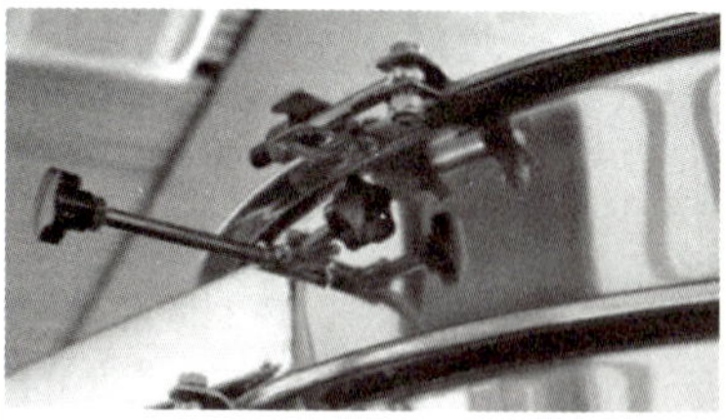 外露螺栓和螺母
3	结束生产	① 物料加料完毕，待不再出料后先按“停止”键，再断开主电源 ② 按照从上至下的顺序清理残留在筛中的物料。依据设备清洁规程做好清洁卫生	 清洁完成

四、旋振筛的清洁

旋振筛的清洁操作见表 5-51。

表 5-51　旋振筛的清洁操作

步骤	操作要点	示意图
设备清洁	① 将可拆卸部件（筛网、橡胶球、托球盘等）移至清洁间冲洗。先用饮用水冲洗至目测无可见残留物，再用纯化水冲洗 3 遍，最后用 75% 乙醇擦拭 3 遍 ② 对不可拆卸部位（机身）用自来水擦拭至设备内外表面目测无可见残留物，再用纯化水擦拭 3 遍，最后用 75% 乙醇擦拭 3 遍	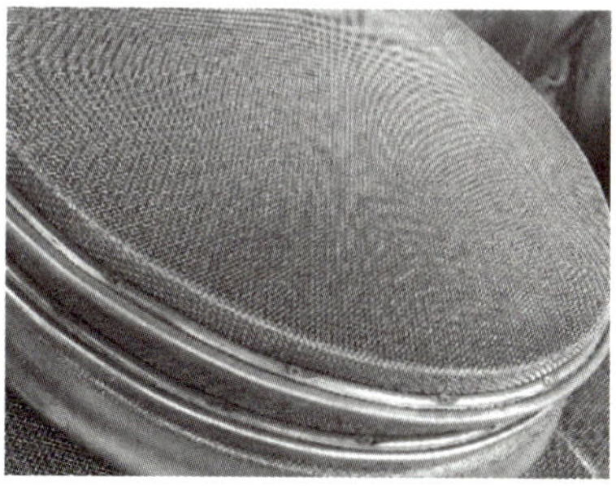 筛网清洁

五、岗位清场操作

整粒岗位清场操作见表 5-52。

表 5-52　整粒岗位清场操作

序号	步骤	操作要点	示意图
1	清场规则	① 同品种当天生产结束、换批时进行小清场;小清场超过有效期进行大清场 ② 同品种连续生产超过 7 天、换品种、停产 3 天以上执行大清场	 “待清洁”状态标识
2	小清场	① 每次岗位操作或考核结束后,将制备好的中间产品、待回收品等移交至下一岗位或中间站 ② 清除生产过程中产生的废弃物;清洁台面上的异物、粉末。使用毛刷刷净散落、黏附于加料口和出料口等部位的物料,装入洁净塑料袋内,计量、记录后,存入废弃物暂存容器内。原则上无须更换、拆卸筛网进行清洗与消毒 ③ 机体表面与筛网面:先用洁净抹布浸清洁剂擦去各部位表面的残留物(粉尘、污迹等),粉尘堆积处用毛刷蘸清洁剂刷洗、清除残留粉垢,再用洁净抹布浸纯化水将表面清洗干净,最后用洁净抹布浸消毒剂擦拭消毒 3 遍 ④ 领取清洁工具清洁操作台面,清扫操作区域地面,使无积尘、杂物 ⑤ 移出与后续生产无关的文件、记录	 机体表面清洁
3	大清场	除小清场要求外,还需对回风口、天棚、墙面、地漏进行彻底清洁和消毒,清洁顺序为从上到下	

六、岗位记录填写

1. 填写要求

整粒岗位批生产记录由岗位操作人员填写,岗位负责人及有关规定人员复核签字。不允许事前先填或事后补填,填写内容应真实。填写批生产记录应注意字迹工整、清晰,不允许用铅笔填写,且要求用笔颜色保持一致。批生产记录不能随意更改或销毁,若确实因填错需更改,务必在更改处画一横线后,将正确内容填写在旁边,并签字标明日期。

考核时为确保考评公平公正，原则上不允许岗位操作人员填写真实姓名，应填写准考证号或考试代号等。

2. 生产记录样例

（1）整粒岗位生产前检查与准备记录样例：见表 5-53。

表 5-53　整粒岗位生产前检查与准备记录

<table>
<tr><td>产品名称</td><td></td><td>规格</td><td></td><td>产品批号</td><td></td></tr>
<tr><td>操作间名称 / 编号</td><td colspan="3"></td><td>生产批量</td><td></td></tr>
<tr><td>设备名称 / 型号</td><td colspan="5">[　　　] ZS-515 型旋振筛</td></tr>
<tr><td colspan="6">生产前检查与准备</td></tr>
<tr><td colspan="5">整粒前检查内容要点</td><td>检查记录</td></tr>
<tr><td colspan="5">1. 核对岗位的清场情况和状态标识。确认在清场有效期内，将清场合格证（副本）粘贴在“清场合格证副本（粘贴处）”。确认无上次生产遗留物，没有与本批次生产无关的物料和文件</td><td>[　]是 [　]否</td></tr>
<tr><td colspan="5">2. 检查房间状态标识是否符合要求</td><td>[　]是 [　]否</td></tr>
<tr><td colspan="5">3. 确认房间温湿度、压差符合要求（温度在 18~26 ℃，相对湿度在 45%~65%）</td><td>[　]是 [　]否</td></tr>
<tr><td colspan="5">4. 确认所有计量器具、仪器仪表在检定有效期内，确认水电气供应正常、已开启</td><td>[　]是 [　]否</td></tr>
<tr><td colspan="5">5. 核对领取的筛网目数、是否有破损等</td><td>[　]是 [　]否</td></tr>
<tr><td colspan="5">6. 检查设备是否完好，有无相应标识</td><td>[　]是 [　]否</td></tr>
<tr><td>检查人</td><td colspan="2"></td><td>复核人</td><td colspan="2"></td></tr>
</table>

清场合格证副本（粘贴处）

(2) 整粒过程记录样例：见表 5-54。

表 5-54　整粒过程记录

产品名称		规格		产品批号	
操作间名称/编号				生产批量	
操作要点：用一号筛和五号筛对物料进行筛分整粒					
操作记录					
整粒结束时间	[　　]年[　　]月[　　]日[　　]时[　　]分				
不锈钢筛网孔径					
袋号					
毛重/g					
皮重/g					
净重/g					
操作人		复核人			

(3) 整粒岗位清场记录样例：见表 5-55。

表 5-55　整粒岗位清场记录

产品名称		规格		产品批号	
操作间名称/编号				生产批量	
清场类型	[　　]大清场　[　　]小清场				
清场要求	1. 同品种当天生产结束、换批时进行小清场；大清场后超过有效期进行小清场 2. 同品种连续生产超过 7 天、换品种、停产 3 天以上执行大清场 3. 小清场执行小清场操作，大清场执行大清场操作 4. 执行操作在“是”前[　　]内打“√”，未执行操作在“否”前[　　]内打“√”				
清场记录					
清场操作内容				清场记录	
1. 将整粒物料移交至下一岗位，余料和不合格颗粒按规定退至中间站				[　]是 [　]否	
2. 将与后续生产无关的文件、记录移出				[　]是 [　]否	
3. 清除生产过程中产生的废弃物				[　]是 [　]否	
4. 设备、工具、容器等	小清场：先将设备、设施台面上的异物清理干净，再按照相关设备清洁标准操作规程进行清洁，并对工具、容器等进行清洁，定置			[　]是 [　]否	
	大清场：除小清场要求外，需对设备管道进行彻底清洁、消毒，定置			[　]是 [　]否	

续表

清场操作内容		清场记录
5. 生产环境	小清场:门窗和工作台、凳及地面清洁至无可见残留物	[ ]是 [ ]否
	大清场:除小清场要求外,需对回风口、天棚、墙面、地漏进行彻底清洁、消毒,清洁顺序为从上到下	[ ]是 [ ]否
6. 生产设备和房间状态标识准确、清楚		[ ]是 [ ]否
7. 清场结束后由班组长或 QA 人员检查清场是否合格,检查合格后签发清场合格证		[ ]是 [ ]否
清场结束时间	[ ]年[ ]月[ ]日[ ]时[ ]分	
清场人		复核人	

清场合格证正本(粘贴处)

七、常见问题与处理方法

旋振筛整粒过程中常见问题、原因及处理方法见表 5-56。

表 5-56 旋振筛整粒过程中常见问题、原因及处理方法

常见问题	原因	处理方法
粒度均匀度低	筛网未正确安装,有缝隙或筛网有破损	重新安装筛网或更换新筛网
筛分效果不好	1. 筛孔堵塞 2. 筛面的物料过多、过厚	1. 停机,清洁筛孔或更换筛网 2. 减慢给料速度,调整倾斜角
运行中发出异响	1. 轴承磨损 2. 筛网未绷紧 3. 轴承固定螺钉松动 4. 弹簧损坏	1. 停机,更新轴承 2. 停机,重新安装筛网 3. 停机,紧固螺钉 4. 停机,更换弹簧
运行时旋振筛传动慢	传动皮带松动	停机,绷紧皮带

任务考核

一、考核要求

1. 在线测试(5 min)

请扫描二维码完成在线测试。

在线测试：整粒

2. 实践考核(100 min)

以角色扮演法进行分组考核，要求在规定时间内完成碳酸氢钠片整粒岗位操作，并填写批生产记录。

(1) 分组要求：小组人数不少于 3 人，1 人扮演中间站管理员，1 人扮演考评员，1 人扮演岗位操作人员。

(2) 场景设置：应至少设有整粒间、中间站，配备房间与设备状态标识牌、不锈钢勺与桶、塑料袋与扎带、可粘贴标签、清洁工具等。

(3) 其他要求：考核时应提前穿戴洁净服，考核过程中应按照操作要点规范操作，及时如实填写批生产记录等。

二、评分标准

整粒岗位操作评分标准见表 5-57。

表 5-57　整粒岗位操作评分标准

序号	考核内容	分值 / 分	评分要点	考生得分	备注
1	生产前检查	28	1. 正确检查复核房间状态标识(4 分) 2. 正确检查房间温湿度及压差(4 分) 3. 正确检查复核设备状态标识(4 分) 4. 生产前将清场合格证(副本)取下粘贴于生产记录中(4 分) 5. 生产前对设备进行检查(4 分) 6. 正确更换设备状态标识(4 分) 7. 正确进行中间产品与流转桶的领取(4 分)		
2	试运行	16	1. 正确使用 75% 乙醇消毒设备(4 分) 2. 正确捆扎盛料袋，放置流转桶(4 分) 3. 正确进行试运行(8 分)		
3	正式运行	32	1. 加料时，加料量合适，无大幅度动作，不造成粉尘飞扬(8 分) 2. 正确开机完成筛分生产过程(8 分) 3. 正确收集合格颗粒并填写中间产品标签(8 分) 4. 正确处理不合格颗粒、废料等(8 分)		

续表

序号	考核内容	分值 / 分	评分要点	考生得分	备注
4	清场	16	1. 生产结束后,更换设备与房间状态标识(4 分) 2. 正确进行设备清洁操作(4 分) 3. 正确进行房间清场操作(4 分) 4. 在规定时间内完成岗位操作(4 分)		
5	生产记录	8	1. 及时规范填写各项生产记录(4 分) 2. 正确粘贴清场合格证(4 分)		
岗位总分					

任务 5.7　总　　混

知识准备

PPT:
总混

岗位职责

总混岗位操作人员应严格按照总混岗位职责要求,在固体制剂车间片剂组班组长领导下,履行工作职能。

1. 生产准备

进岗前按规定着装;进岗后根据生产指令,按规定程序从整粒岗位领取物料。

2. 生产操作

严格按照总混的标准操作规程进行混合操作。混合过程因混合设备类型型号不同,操作方法也不同。混合设备可分为固定型混合设备和旋转型混合设备。常见的固定型混合设备有槽形混合机、双螺旋锥形混合机、圆盘形混合机等,旋转型混合设备有 V 形混合机(图 5-15)、双锥形混合机、二维运动混合机(图 5-16)、三维运动混合机等。1+X 药物制剂生产职业技能等级证书考核建议使用旋转型混合设备。本任务以 HSD-25 单臂混合机为例讲述总混操作过程。

生产操作中,应按规定进行物料平衡计算(计算方法见任务 3.2),偏差必须符合规定限度,否则按偏差处理程序处理。

总混岗位操作人员在混合过程中有突发情况时,必须及时报告工序负责人、工艺员。

3. 生产结束

按要求填写中间产品交接单,将总混物料移交至中间站。

工作结束或更换品种时,严格按本岗位清场标准操作规程清场,经 QA 人员检查合

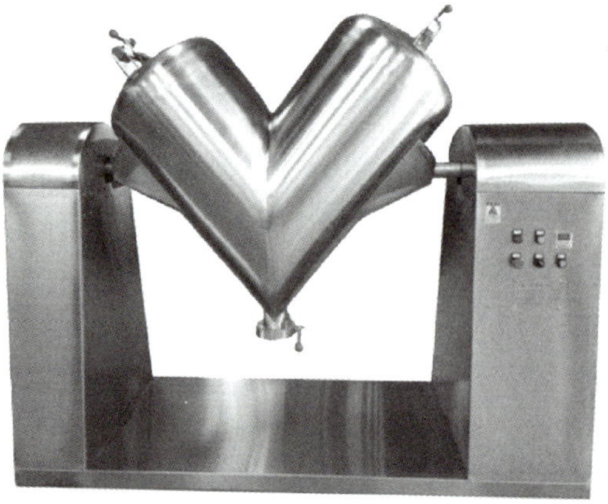

图 5-15　V 形混合机

图 5-16　二维运动混合机

知识拓展：常见混合设备工作原理

格后，悬挂清场合格标识。

4. 其他要求

工作期间严禁脱岗、串岗，不做与岗位工作无关之事；经常检查设备运转情况，注意设备保养，操作时发现故障应及时上报。

任务实施

一、总混岗位操作

1. 生产前检查与准备

总混岗位生产前检查与准备操作见表 5-58。

表 5-58　总混岗位生产前检查与准备操作

<table>
<tr><th>序号</th><th>步骤</th><th>操作要点</th><th>示意图</th></tr>
<tr><td>1</td><td>接收批生产指令</td><td>① 接收批生产指令、物料混合记录(空白)、中间产品交接单(总混物料)、中间产品标签(空白)等文件
② 仔细阅读批生产指令，明确产品名称、颗粒及细粉所需量、崩解剂及润滑剂理论用量、生产任务、注意事项等指令</td><td>
<table>
<tr><td>产品名称</td><td colspan="2">碳酸氢钠片</td><td colspan="2">规格</td><td>0.3 g/片</td></tr>
<tr><td>批　号</td><td colspan="2">20210923</td><td colspan="2">指令编号</td><td>××××</td></tr>
<tr><td>生产批量</td><td colspan="5">16.7 万片</td></tr>
<tr><td>工艺规程及编号</td><td colspan="5">碳酸氢钠片工艺规程；编号：××××</td></tr>
<tr><td>起 草 人</td><td colspan="3">李四</td><td>起草日期</td><td>2021 年 9 月 17 日</td></tr>
<tr><td>审 核 人</td><td colspan="3">张五</td><td>审核日期</td><td>2021 年 9 月 18 日</td></tr>
<tr><td>分发部门</td><td colspan="5">生产部</td></tr>
<tr><td>批准人</td><td>王七</td><td>批准日期</td><td>2021 年 9 月 19 日</td><td>生效日期</td><td>2021 年 9 月 20 日</td></tr>
<tr><td>指令接收部门</td><td colspan="3">固体制剂生产车间、质量部、物料供应部</td><td>接收人</td><td>何一　2021 年 9 月 20 日</td></tr>
<tr><td>作业时间及期限</td><td colspan="5">2021 年 9 月 23 日—2021 年 9 月 24 日</td></tr>
<tr><td rowspan="4">所需物料清单</td><td>名称</td><td>物料代码</td><td>用量</td><td colspan="2">生产厂家</td></tr>
<tr><td>碳酸氢钠</td><td>××××</td><td>50 kg</td><td colspan="2">×× 药业有限公司</td></tr>
<tr><td>玉米淀粉</td><td>××××</td><td>5 kg</td><td colspan="2">×× 药用辅料有限公司</td></tr>
<tr><td>硬脂酸镁</td><td>××××</td><td>0.15 kg</td><td colspan="2">×× 药用辅料有限公司</td></tr>
<tr><td>备注</td><td colspan="5"></td></tr>
</table>
生产相关文件</td></tr>
</table>

续表

<table>
<tr><th>序号</th><th>步骤</th><th>操作要点</th><th>示意图</th></tr>
<tr><td>2</td><td>复核清场</td><td>① 检查生产场地是否有上一批生产遗留的颗粒、药片、粉末等
② 检查混合间门窗、墙壁、地面等是否干净，有无浮尘，是否光洁、明亮
③ 检查混合间清场合格证和状态标识
④ 检查混合机机身、混合筒等是否已清洁，是否悬挂有绿色“已清洁”和“完好”状态标识、黄色“待运行”状态标识
⑤ 检查是否遗留有上一批次批生产记录等文件</td><td>清场合格证(副本)
岗　　位：混合
原产品名称：碳酸氢钠片
批　　号：20211102
调换产品名称：////
批　　号：////
清 场 人：张三
质 监 员：李四
清场日期：2021 年 11 月 2 日 18 时
有效期至：2021 年 11 月 4 日 18 时
清场合格证（副本）

清洁状态标识
未清洁，不可用（ ）：　已清洁，可使用（ ）
工序/房间：
清洁日期：
清洁有效期至：
清 洁 人：
备　　注：
生产前房间状态标识</td></tr>
<tr><td>3</td><td>温湿度与压差检查</td><td>检查混合间温湿度、压差是否符合要求：温度应在 18~26 ℃，相对湿度应在 45%~65%，混合间需保持相对负压</td><td>温湿度记录
<table>
<tr><th>日期</th><th>上午(9:00–11:00)
下午(13:00–16:00)</th><th>记录时间</th><th>温度/℃</th><th>相对湿度/%</th><th>记录人</th><th>判断</th></tr>
<tr><td></td><td>上午</td><td></td><td></td><td></td><td></td><td>□合格 □不合格</td></tr>
<tr><td></td><td>下午</td><td></td><td></td><td></td><td></td><td>□合格 □不合格</td></tr>
<tr><td></td><td>上午</td><td></td><td></td><td></td><td></td><td>□合格 □不合格</td></tr>
<tr><td></td><td>下午</td><td></td><td></td><td></td><td></td><td>□合格 □不合格</td></tr>
<tr><td></td><td>上午</td><td></td><td></td><td></td><td></td><td>□合格 □不合格</td></tr>
<tr><td></td><td>下午</td><td></td><td></td><td></td><td></td><td>□合格 □不合格</td></tr>
<tr><td></td><td>上午</td><td></td><td></td><td></td><td></td><td>□合格 □不合格</td></tr>
<tr><td></td><td>下午</td><td></td><td></td><td></td><td></td><td>□合格 □不合格</td></tr>
</table>
温湿度记录</td></tr>
<tr><td>4</td><td>中间产品与流转桶领取</td><td>① 工序操作人填写中间产品交接单(领取)，一式两份(一份粘贴于批生产记录中，一份保存于中间站管理员处)，依照批生产指令，至中间站领取相应重量的颗粒、细粉、崩解剂、润滑剂</td><td>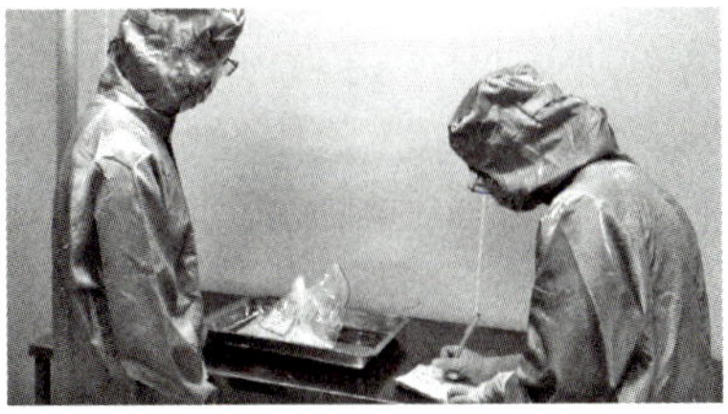
领取物料</td></tr>
</table>

续表

序号	步骤	操作要点	示意图
4	中间产品与流转桶领取	② 领取中间产品总混物料时，工序操作人须重点核对中间产品名称、重量、批号、加工状态等信息是否与生产指令一致，中间产品袋包装或料桶上是否有“放行”标识，并称重核对中间产品重量等，同时班组长、中间站管理员须复核检查，核对无误后三方签字；工序操作人登记中间产品进出站台账后，方能将中间产品领回混合间，继续加工 ③ 根据批产量总数，在中间站领取流转桶及塑料袋，做好登记；检查流转桶是否清洗干净，有无粉尘及任何遗留物，盖、桶是否配套；检查塑料袋是否为新袋，是否干净，有无破损 ④ 将待混合物料、流转桶、塑料袋置于小推车上，推至混合间指定位置	 流转桶
5	QA 人员检查复核	① 按照批生产记录中生产前检查操作要点复核，任何一条不符合要求则不能进入下一程序 ② QA 人员现场复核无误后签字准产	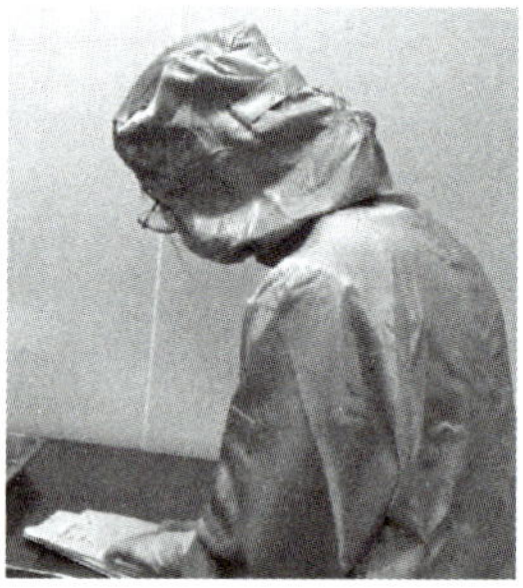 复核准产
6	记录填写	① 按照批生产记录填写要求，填写总混岗位生产前检查与准备记录 ② 粘贴清场合格证（副本）于记录中	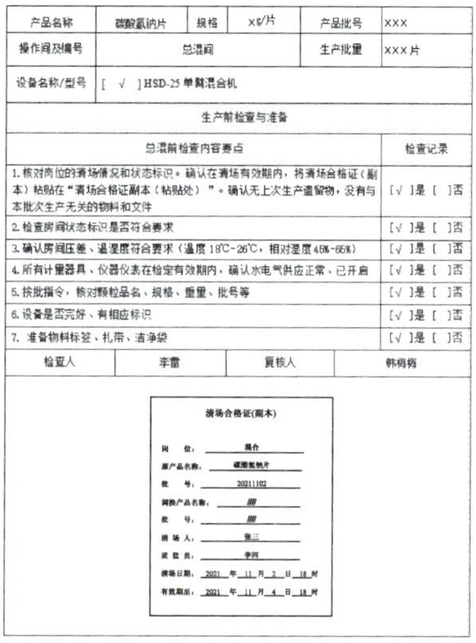 生产记录填写

产品名称	碳酸氢钠片	规格	x g/片	产品批号	XXX
操作间及编号	总混间			生产批量	XXX 片
设备名称/型号	[√] HSD-25 单臂混合机				
生产前检查与准备					
总混前检查内容要点					检查记录
1. 核对岗位的清场情况和状态标识。确认在清场有效期内，将清场合格证（副本）粘贴在“清场合格证副本（粘贴处）”。确认无上次生产遗留物，没有与本批次生产无关的物料和文件					[√]是 [ ]否
2. 检查房间状态标识是否符合要求					[√]是 [ ]否
3. 确认房间压差、温湿度符合要求（温度 18℃-26℃，相对湿度 45%-65%）					[√]是 [ ]否
4. 所有计量器具、仪器仪表在检定有效期内，确认水电气供应正常、已开启					[√]是 [ ]否
5. 按批指令，核对颗粒品名、规格、重量、批号等					[√]是 [ ]否
6. 设备是否完好、有相应标识					[√]是 [ ]否
7. 准备物料标签、扎带、洁净袋					[√]是 [ ]否
检查人	李雷	复核人	韩梅梅		

清场合格证(副本)

岗　　位：混合
原产品名称：碳酸氢钠片
批　　号：20211102
[illegible]产品名称：////
批　　号：////
清 场 人：张三
质 监 员：李四
清场日期：2021 年 11 月 2 日 18 时
有效期至：2021 年 11 月 4 日 18 时

2. 生产过程

总混岗位生产操作见表 5-59。

表 5-59　总混岗位生产操作

序号	步骤	操作要点	示意图
1	混合机开机前检查	① 挂上“运行”状态标识 ② 放下设备防护栏，混合过程中，不得跨越防护栏，严禁进入混合筒旋转半径区域 ③ 点动开机，待混合筒旋转 3~5 转，设备无异响、无障碍、无摩擦现象后，方可正式生产	 设备“运行”状态标识
2	加料	开启加料口，将按比例称取的整粒后物料、崩解剂、润滑剂加入混合筒内，加料时注意动作要轻，尽量避免产生粉尘	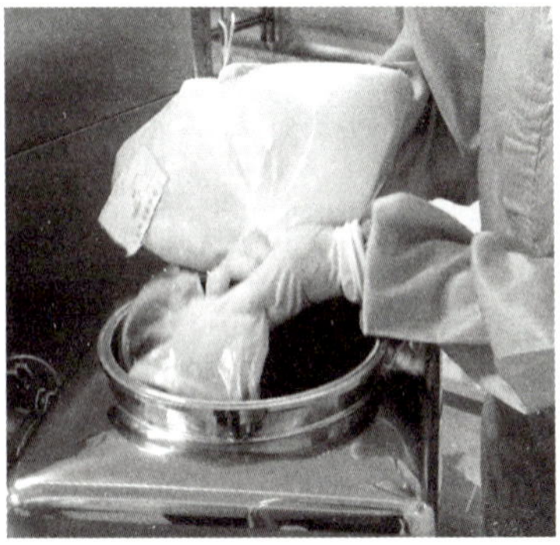 加料
3	混合	① 点击“自动操作”，再次核对产品代码、转数、时间等参数。核对无误后，点击“确定”“运行”，随即混合筒开始转动，操作界面将显示运行时间 ② 运行结束后，停机	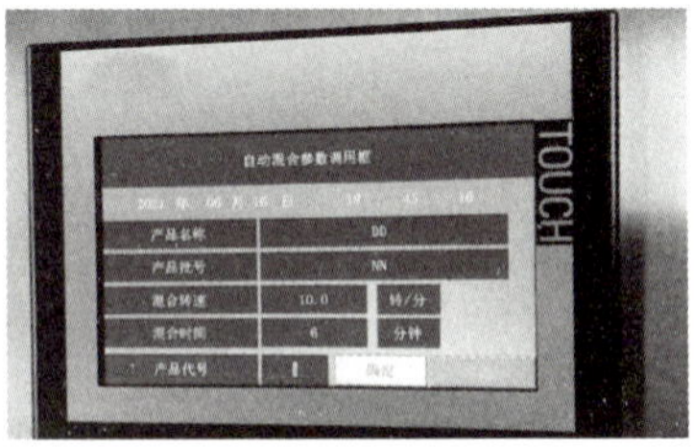 操作界面
4	收集物料	① 在出料口下方放置流转桶（内附塑料袋），塑料袋上贴标签，标签上填写产品名称、规格、批号、加工状态等 ② 开启出料口，将混合物料装袋	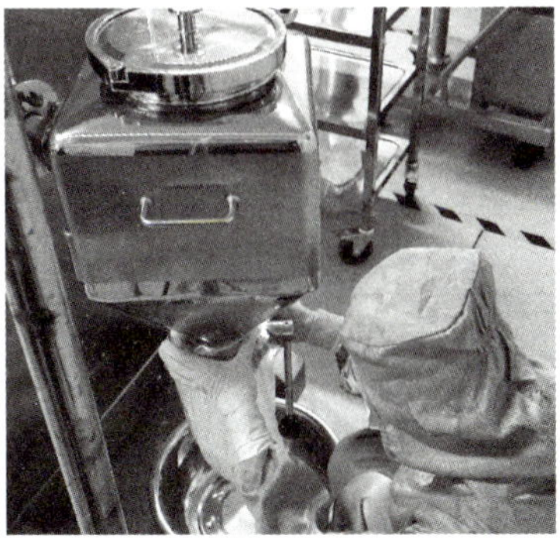 收集物料

续表

序号	步骤	操作要点	示意图
5	记录填写	按照批生产记录要求填写混合记录	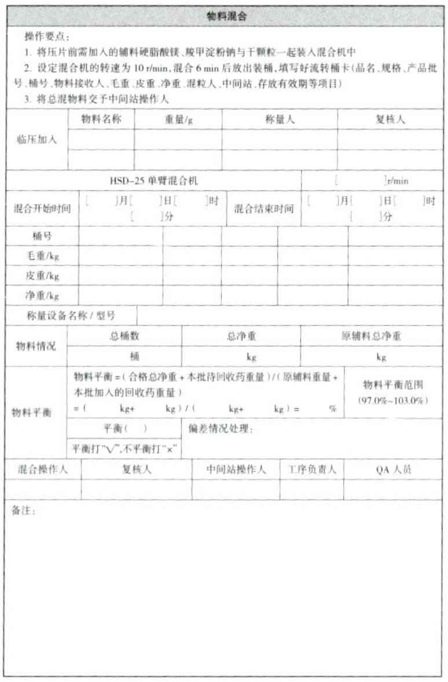 生产记录填写
6	生产结束	① 停机、关闭电源 ② 工序操作人称量总混物料，并且进行分装，扎袋；填写中间产品标识（品名、规格、产品批号、操作人、操作时间、存放有效期等项目），粘贴于塑料袋或流转桶外表面 ③ 将混合机与总混间分别换上黄色“待清洁”和“待清场”状态标识	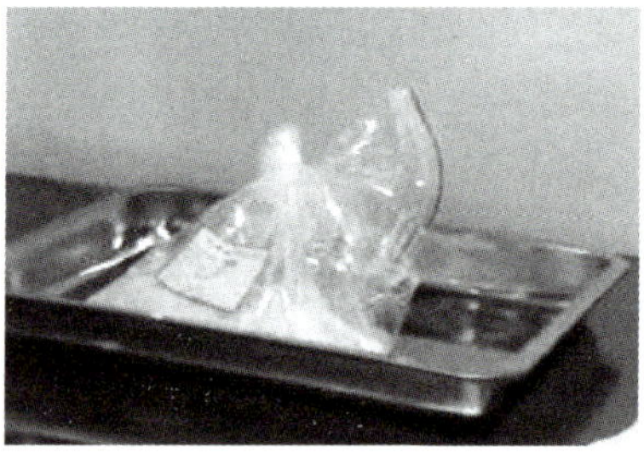 中间产品
7	清场	① 移交总混物料至中间站。工序操作人填写中间产品交接单（递交），一式两份（一份粘贴于批生产记录中，一份保存于中间站管理员处）；填写请验单 ② 中间站管理员核对中间产品名称、重量、批号、加工状态等，重点复核中间产品重量（称重复核）等，核对无误后签字；同时填写中间产品进出站台账	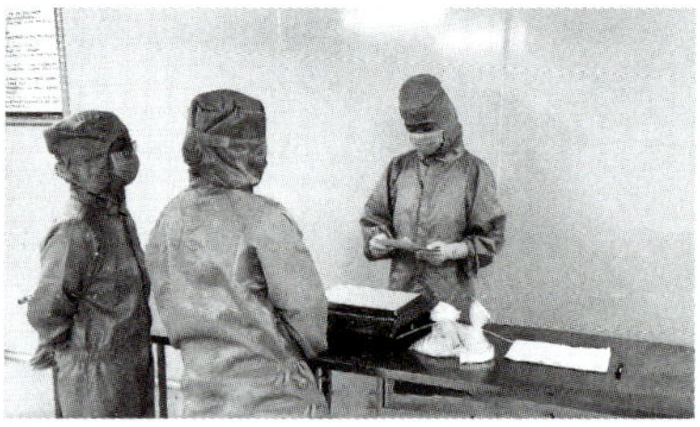 中间产品移交

物料混合

操作要点：
1. 将压片前需加入的辅料硬脂酸镁、羧甲淀粉钠与干颗粒一起装入混合机中
2. 设定混合机的转速为 10 r/min，混合 6 min 后放出装桶，填写好流转桶卡（品名、规格、产品批号、桶号、物料接收人、毛重、皮重、净重、混粒人、中间站、存放有效期等项目）
3. 将总混物料交予中间站操作人

临压加入	物料名称	重量/g	称量人	复核人
HSD-25 单臂混合机			[　　]r/min	
混合开始时间	[　]月[　]日[　]时[　]分	混合结束时间	[　]月[　]日[　]时[　]分	
桶号				
毛重/kg				
皮重/kg				
净重/kg				
称量设备名称 / 型号				
物料情况	总桶数	总净重	原辅料总净重	
	桶	kg	kg	
物料平衡	物料平衡 =（合格总净重 + 本批待回收药重量）/（原辅料重量 + 本批加入的回收药重量）=（　kg+　kg）/（　kg+　kg）=　%		物料平衡范围（97.0%~103.0%）	
	平衡（　）	偏差情况处理：		
	平衡打“√”，不平衡打“×”			
混合操作人	复核人	中间站操作人	工序负责人	QA 人员

备注：

二、HSD-25 单臂混合机的标准操作

HSD-25 单臂混合机的标准操作见表 5-60。

表 5-60　HSD-25 单臂混合机的标准操作

序号	步骤	操作要点	示意图
1	开机前准备	① 检查操作间、工具、容器、设备等是否有清场合格标识,并核对是否在有效期内 ② 检查机座是否平整,各紧固件是否松动,电气元件是否受潮,装卸料口盖是否密封、紧固 ③ 根据生产指令至中间站领取物料,并核对品名、批号、规格、数量、质量,确认无误后,进行下一步操作 ④ 消毒:用以 75% 乙醇浸湿的洁净抹布(不脱落纤维)擦拭(3 次)设备内外表面(混合筒、加料口、出料口及所有直接接触物料的部位),进行消毒	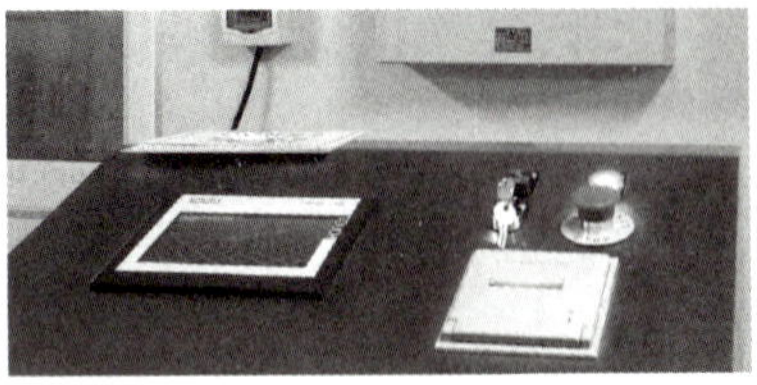 开机前检查
2	开机操作	① 打开电源开关,电源指示灯亮,输入密码,选择系统语言,进入操作员操作界面,点击“手动操作”,选择“点动”,试运行 3~5 转。注意检查设备工作状态是否正常,有无卡滞、碰撞或异响现象。确认设备正常后进入操作员操作界面,选择产品代号 01 项的运行参数 ② 试运行后停机,加料口应朝上,出料口朝下。松开加料口卡箍,取下平盖进行加料,加料量不得超过额定装量。加料完毕后,盖上平盖,上紧卡箍。生产中人员不得跨越设备防护栏,严禁进入混合筒旋转半径内区域,防止人员受到伤害 ③ 再次核对产品代码、转数、时间等参数。核对无误后,点击“确定”“运行”,随即混合筒开始转动,操作界面将显示运行时间 ④ 混合筒到设定的时间会自动停止转动,最终使加料口朝上,出料口朝下,将盛装物料的容器置于出料口下方,打开蝶阀将物料放出。出料时应控制出料速度,以便控制粉尘的产生及减少物料损失	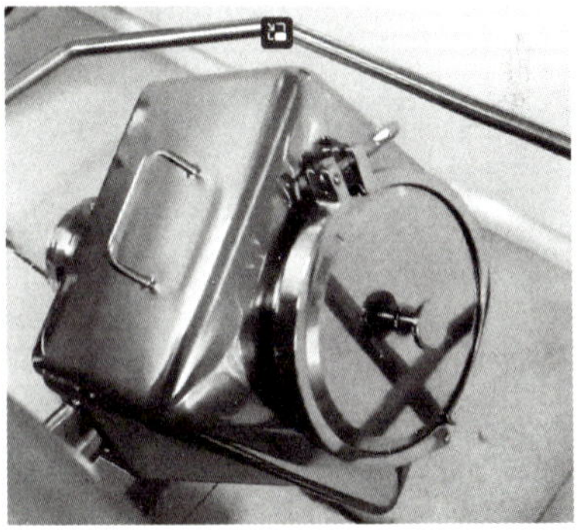 混合机运转
3	操作结束	混合完成后,关闭主电机电源、总电源开关	

三、HSD-25 单臂混合机的清洁

HSD-25 单臂混合机的清洁操作见表 5-61。

表 5-61 HSD-25 单臂混合机的清洁操作

步骤	操作要点	示意图
设备清洁	使用预清洗饮用水、纯化水进行清洗，最后用 75% 乙醇消毒。对于设备内部，使用开机转动清洗的方式；对于设备外表面，进行擦拭清洗及消毒。具体清洗方式如下： ① 设备内部清洁：出料结束后，关闭出料口，向混合筒内注入饮用水，关闭进料口，打开转动开关 4 min 后放出水，重复 3 次，每次放水后，将进料口、出料口清洗干净。继续照此方法，注入纯化水清洗 3 次后，使用纯化水和洁净抹布将进料口和出料擦洗干净。再向混合筒内注入 75% 乙醇，打开转动开关 10 min，进行消毒。最后打开进料口、出料口，待其自然晾干 ② 设备外表面清洁：用以饮用水浸湿的洁净抹布将设备外表面全部擦拭干净，重复 3 次后，使用以纯化水浸湿的洁净抹布将设备外表面再重复擦拭 3 次，最后使用洁净抹布浸 75% 乙醇擦拭设备外表面进行消毒	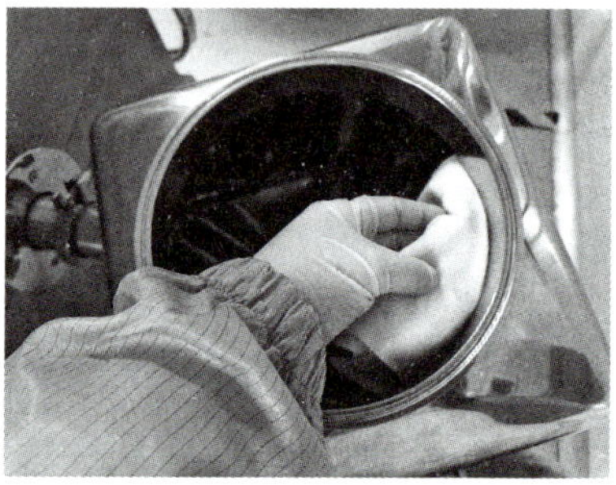 清洗

四、岗位清场操作

总混岗位清场操作见表 5-62。

表 5-62 总混岗位清场操作

序号	步骤	操作要点	示意图
1	清场规则	① 同品种当天生产结束、换批时进行小清场；大清场后超过有效期进行小清场 ② 同品种连续生产超过 7 天、换品种、停产 3 天以上执行大清场	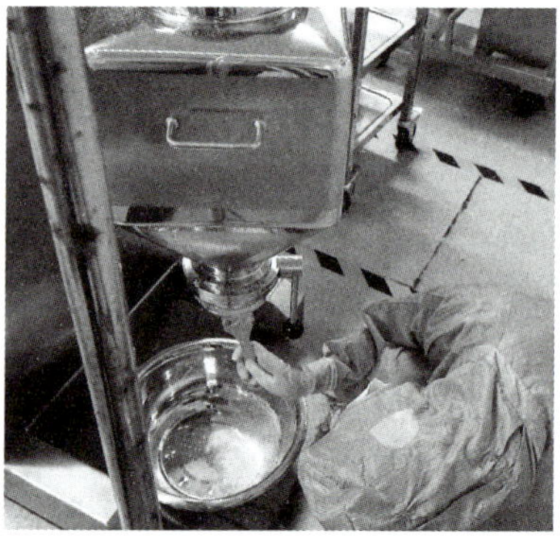 清场

续表

序号	步骤	操作要点	示意图
2	小清场	① 每次岗位操作或考核结束后，将制备好的中间产品、待回收品等移交至中间站；清除生产过程中产生的废弃物；清洁设备台面上的异物、粉末，原则上无须拆卸混合机的混合筒或零部件进行清洗与消毒；使用毛刷刷净散落、黏附于进料口、出料口、混合筒内部等部位的物料，装入洁净塑料袋内，计量、记录后，存入废弃物暂存容器内 ② 机体表面与混合筒内部：先用洁净抹布浸清洁剂擦去各部位表面的残留物（粉尘、污迹等），粉尘堆积处用毛刷蘸清洁剂刷洗清除残留粉垢，再用洁净抹布浸纯化水将表面清洗干净，最后用洁净抹布浸消毒剂擦拭消毒 3 遍 ③ 领取清洁工具清洁操作台面，清扫操作区域地面，使无积尘、杂物 ④ 移出与后续生产无关的文件、记录	
3	大清场	除小清场要求外，需对回风口、天棚、墙面、地漏进行彻底清洁和消毒，清洁顺序为从上到下	

五、岗位记录填写

1. 填写要求

总混岗位批生产记录由岗位操作人员填写，岗位负责人及有关规定人员复核签字。不允许事前先填或事后补填，填写内容应真实。填写批生产记录应注意字迹工整、清晰，不允许用铅笔填写，且要求用笔颜色保持一致。批生产记录不能随意更改或销毁，若确实因填错需更改，务必在更改处画一横线后，将正确内容填写在旁边，并签字标明日期。

考核时为确保考评公平公正，原则上不允许岗位操作人员填写真实姓名，应填写准考证号或考试代号等。

2. 生产记录样例

（1）总混岗位生产前检查与准备记录样例：见表 5-63。

表 5-63 总混岗位生产前检查与准备记录

产品名称		规格		产品批号	
操作间名称 / 编号	总混间			生产批量	
设备名称 / 型号	[ ]HSD-25 单臂混合机				
生产前检查与准备					
总混前检查内容要点				检查记录	
1. 核对岗位的清场情况和状态标识。确认在清场有效期内,将清场合格证(副本)粘贴在“清场合格证副本(粘贴处)”。确认无上次生产遗留物,没有与本批次生产无关的物料和文件				[ ]是 [ ]否	
2. 检查房间状态标识是否符合要求				[ ]是 [ ]否	
3. 确认房间温湿度、压差符合要求(温度为 18~26 ℃,相对湿度为 45%~65%,总混间保持相对负压)				[ ]是 [ ]否	
4. 确认所有计量器具、仪器仪表在检定有效期内,确认水电气供应正常、已开启				[ ]是 [ ]否	
5. 按批生产指令,核对颗粒品名、规格、重量、批号等				[ ]是 [ ]否	
6. 检查设备是否完好,有无相应标识				[ ]是 [ ]否	
7. 准备物料标签、扎带、洁净袋				[ ]是 [ ]否	
检查人			复核人		

（2）总混过程记录样例：见表 5-64。

表 5-64　总混过程记录

<table>
<tr><th colspan="6">物料混合</th></tr>
<tr><td colspan="6">操作要点：
1. 将压片前需加入的辅料硬脂酸镁、羧甲淀粉钠与干颗粒一起装入混合机中
2. 设定混合机的转速为 10 r/min，混合 6 min 后放出装桶，填写好流转桶卡（品名、规格、产品批号、桶号、物料接收人、毛重、皮重、净重、混粒人、中间站、存放有效期等项目）
3. 将总混物料交予中间站操作人</td></tr>
<tr><td rowspan="3">临压加入</td><td>物料名称</td><td>重量/g</td><td>称量人</td><td colspan="2">复核人</td></tr>
<tr><td></td><td></td><td></td><td colspan="2"></td></tr>
<tr><td></td><td></td><td></td><td colspan="2"></td></tr>
<tr><td colspan="4">HSD-25 单臂混合机</td><td colspan="2">[　　]r/min</td></tr>
<tr><td>混合开始时间</td><td colspan="2">[　　]月[　　]日[　　]时[　　]分</td><td>混合结束时间</td><td colspan="2">[　　]月[　　]日[　　]时[　　]分</td></tr>
<tr><td>桶号</td><td></td><td></td><td></td><td></td><td></td></tr>
<tr><td>毛重/kg</td><td></td><td></td><td></td><td></td><td></td></tr>
<tr><td>皮重/kg</td><td></td><td></td><td></td><td></td><td></td></tr>
<tr><td>净重/kg</td><td></td><td></td><td></td><td></td><td></td></tr>
<tr><td colspan="2">称量设备名称 / 型号</td><td colspan="4"></td></tr>
<tr><td rowspan="2">物料情况</td><td colspan="2">总桶数</td><td colspan="2">总净重</td><td>原辅料总净重</td></tr>
<tr><td colspan="2">桶</td><td colspan="2">kg</td><td>kg</td></tr>
<tr><td rowspan="3">物料平衡</td><td colspan="4">物料平衡 =（合格总净重 + 本批待回收药重量）/（原辅料重量 + 本批加入的回收药重量）
=（　　kg+　　kg）/（　　kg+　　kg）=　　%</td><td>物料平衡范围
(97.0%~103.0%)</td></tr>
<tr><td>平衡（　）</td><td colspan="4" rowspan="2">偏差情况处理：</td></tr>
<tr><td>平衡打“√”，不平衡打“×”</td></tr>
<tr><td>混合操作人</td><td>复核人</td><td>中间站操作人</td><td>工序负责人</td><td colspan="2">QA 人员</td></tr>
<tr><td></td><td></td><td></td><td></td><td colspan="2"></td></tr>
</table>

备注：

（3）总混岗位清场记录样例：见表 5-65。

表 5-65 总混岗位清场记录

<table>
<tr><td>产品名称</td><td></td><td>规格</td><td></td><td>产品批号</td><td></td></tr>
<tr><td>操作间名称/编号</td><td colspan="3">总混间</td><td>生产批量</td><td></td></tr>
<tr><td>清场类型</td><td colspan="5">[ ]大清场 [ ]小清场</td></tr>
<tr><td>清场要求</td><td colspan="5">1. 同品种当天生产结束、换批时进行小清场；大清场后超过有效期进行小清场
2. 同品种连续生产超过 7 天、换品种、停产 3 天以上执行大清场
3. 小清场执行小清场操作，大清场执行大清场操作
4 执行操作在“是”前[ ]内打“√”，未执行操作在“否”前[ ]内打“√”</td></tr>
<tr><td colspan="6">清场记录</td></tr>
<tr><td colspan="4">清场操作内容</td><td colspan="2">清场记录</td></tr>
<tr><td colspan="4">1. 将总混物料移交至下一岗位，余料和不合格颗粒按规定退至中间站</td><td colspan="2">[ ]是 [ ]否</td></tr>
<tr><td colspan="4">2. 将与后续生产无关的文件、记录移出</td><td colspan="2">[ ]是 [ ]否</td></tr>
<tr><td colspan="4">3. 清除生产过程中产生的废弃物</td><td colspan="2">[ ]是 [ ]否</td></tr>
<tr><td rowspan="2">4. 设备、工具、容器等</td><td colspan="3">小清场：先将设备、设施台面上的异物清理干净，再按照相关设备清洁标准操作规程进行清洁，并对工具、容器等进行清洁，定置</td><td colspan="2">[ ]是 [ ]否</td></tr>
<tr><td colspan="3">大清场：除小清场要求外，需对设备管道进行彻底清洁、消毒，定置</td><td colspan="2">[ ]是 [ ]否</td></tr>
<tr><td rowspan="2">5. 生产环境</td><td colspan="3">小清场：门窗和工作台、凳及地面清洁至无可见残留物</td><td colspan="2">[ ]是 [ ]否</td></tr>
<tr><td colspan="3">大清场：除小清场要求外，需对回风口、天棚、墙面、地漏进行彻底清洁、消毒，清洁顺序为从上到下</td><td colspan="2">[ ]是 [ ]否</td></tr>
<tr><td colspan="4">6. 生产设备和房间状态标识准确、清楚</td><td colspan="2">[ ]是 [ ]否</td></tr>
<tr><td colspan="4">7. 清场结束后由班组长或 QA 人员检查清场是否合格，检查合格后签发清场合格证</td><td colspan="2">[ ]是 [ ]否</td></tr>
<tr><td>清场结束时间</td><td colspan="5">[ ]年[ ]月[ ]日[ ]时[ ]分</td></tr>
<tr><td>清场人</td><td colspan="2"></td><td colspan="2">复核人</td><td></td></tr>
</table>

清场合格证正本（粘贴处）

视频：
混合岗位
操作

六、常见问题与处理方法

二维运动混合机混合过程中常见问题、原因及处理方法见表 5–66。

表 5–66　二维运动混合机混合过程中常见问题、原因及处理方法

常见问题	原因	处理方法
突然停止	瞬间负荷过大	立即停掉电源，将物料倾倒出，调试后再开机
加料口密封不严	密封垫圈损坏	更换密封垫圈
振动较大，有异响	1. 齿轮啮合不好 2. 减速机机械故障 3. 轴承损坏 4. 地脚螺丝松动	1. 调整、修理齿轮 2. 检修减速机 3. 更换轴承 4. 紧固地脚螺丝
制动不灵	1. 离合器失灵 2. 控制器失灵 3. 未调好制动力	1. 检修离合器 2. 检修控制器 3. 调节时间继电器

任务考核

一、考核要求

1. 在线测试（5 min）

请扫描二维码完成在线测试。

在线测试：总混

2. 实践考核（60 min）

以角色扮演法进行分组考核，要求在规定时间内完成片剂总混岗位操作，并填写批生产记录。

（1）分组要求：小组人数不少于 3 人，1 人扮演中间站管理员，1 人扮演考评员，1 人扮演岗位操作人员。

（2）场景设置：应至少设有总混间、中间站，配备房间与设备状态标识牌、不锈钢勺与桶、塑料袋与扎带、可粘贴标签、清洁工具等。

（3）其他要求：考核时应提前穿戴洁净服，考核过程中应按照操作要点规范操作，及时如实填写批生产记录等。

二、评分标准

总混岗位操作评分标准见表 5–67。

表 5-67　总混岗位操作评分标准

序号	考核内容	分值 / 分	评分要点	考生得分	备注
1	生产前检查	25	1. 正确检查复核房间状态标识(3 分) 2. 正确检查房间温湿度及压差(3 分) 3. 正确检查复核设备状态标识(3 分) 4. 生产前将清场合格证(副本)取下粘贴于生产记录中(2 分) 5. 生产前对设备进行检查(2 分) 6. 正确更换设备状态标识(2 分) 7. 能正确进行中间产品与流转桶的领取(10 分)		
2	试运行	20	1. 正确使用 75% 乙醇消毒设备(5 分) 2. 正确捆扎盛料袋,放置流转桶(5 分) 3. 正确进行点动试运行(10 分)		
3	正式运行	20	1. 加料时,加料量合适,无大的动作幅度,不造成粉尘飞扬(5 分) 2. 正确设置混合参数(7 分) 3. 正确收集合格颗粒并填写中间产品标签(8 分)		
4	清场	20	1. 生产结束后,更换设备与房间状态标识(5 分) 2. 正确进行设备清洁操作(5 分) 3. 正确进行房间清场操作(5 分) 4. 在规定时间内完成岗位操作(5 分)		
5	生产记录	15	1. 及时规范填写各项生产记录(10 分) 2. 正确粘贴清场合格证(5 分)		
岗位总分					

任务 5.8　压　　片

知识准备

PPT:
压片

岗位职责

压片岗位操作人员应严格按照压片岗位职责要求,在固体制剂车间片剂组班组长领导下,履行工作职能。

1. 生产准备

进岗前按规定着装,进岗后按工艺要求安装压片设备;根据生产指令,按规定程序从中间站领取物料。

2. 生产操作

严格按照压片工艺规程和标准操作规程进行压片。压片过程因压片设备类型、型号不同，操作方法也不同。按照工作原理不同，压片机可分为单冲压片机、旋转式多冲压片机和高速旋转式压片机等，1+X 药物制剂生产职业技能等级证书考核采用旋转式多冲压片机或高速旋转式压片机（图 5-17、图 5-18）。本任务以 GL-145 A 系列 ZP10 A 旋转式多冲压片机为例介绍压片生产操作过程。

图 5-17 旋转式多冲压片机

图 5-18 高速旋转式压片机

动画：旋转式多冲压片机工作原理

压片操作人员应在规定时间内检查压制片剂的质量，重点完成片重、重量差异、硬度、脆碎度和崩解时限等检查，规范及时填写生产记录。

压片过程中，要按规定进行物料平衡计算（计算方法见任务 3.2），偏差必须符合规定限度，否则按偏差处理程序处理。

压片操作人员在压片过程中发现片剂质量问题时，必须及时报告工序负责人、工艺员。

3. 生产结束

按要求填写移交单据，完成压片后中间产品的移交；余料按规定退至中间站。

工作结束或更换品种时，严格按本岗位清场标准操作规程清场，经 QA 人员检查合格后，悬挂清场合格标识。

4. 其他要求

工作期间严禁脱岗、串岗，不做与岗位工作无关之事；经常检查设备运转情况，注意设备保养，操作时发现故障应及时上报。

任务实施

一、压片岗位操作

1. 生产前检查与准备

压片岗位生产前检查与准备操作见表 5-68。

表 5-68　压片岗位生产前检查与准备操作

<table>
<tr><th>序号</th><th>步骤</th><th>操作要点</th><th>示意图</th></tr>
<tr><td>1</td><td>接收批生产指令</td><td>① 接收批生产指令、压片批生产记录(空白)、中间产品交接单、中间产品标签(空白)等文件
② 仔细阅读批生产指令与压片批生产记录操作要点,明确产品名称、规格(0.3 g/片)、片重及其上下限要求、批量、冲模号、生产任务、注意事项等指令,其中理论片重(g/片)= 含量规格(g/片)/主药在总混物料中含量(%)
③ 对照批生产指令,检查、核对其与房间标识卡上的产品名称、规格、批号等要求是否一致</td><td>
<table>
<tr><td>产品名称</td><td colspan="2">碳酸氢钠片</td><td colspan="2">规格</td><td>0.3 g/片</td></tr>
<tr><td>批　号</td><td colspan="2">20210923</td><td colspan="2">指令编号</td><td>××××</td></tr>
<tr><td>生产批量</td><td colspan="5">16.7 万片</td></tr>
<tr><td>工艺规程及编号</td><td colspan="5">碳酸氢钠片工艺规程;编号:××××</td></tr>
<tr><td>起 草 人</td><td colspan="2">李四</td><td>起草日期</td><td colspan="2">2021 年 9 月 17 日</td></tr>
<tr><td>审 核 人</td><td colspan="2">张五</td><td>审核日期</td><td colspan="2">2021 年 9 月 18 日</td></tr>
<tr><td>分发部门</td><td colspan="5">生产部</td></tr>
<tr><td>批准人</td><td>王七</td><td>批准日期</td><td>2021 年 9 月 19 日</td><td>生效日期</td><td>2021 年 9 月 20 日</td></tr>
<tr><td>指令接收部门</td><td colspan="2">固体制剂生产车间、质量部、物料供应部</td><td>接收人</td><td colspan="2">何一　2021 年 9 月 20 日</td></tr>
<tr><td>作业时间及期限</td><td colspan="5">2021 年 9 月 23 日—2021 年 9 月 24 日</td></tr>
<tr><td rowspan="4">所需物料清单</td><td>名称</td><td>物料代码</td><td>用量</td><td colspan="2">生产厂家</td></tr>
<tr><td>碳酸氢钠</td><td>××××</td><td>50 kg</td><td colspan="2">×× 药业有限公司</td></tr>
<tr><td>玉米淀粉</td><td>××××</td><td>5 kg</td><td colspan="2">×× 药用辅料有限公司</td></tr>
<tr><td>硬脂酸镁</td><td>××××</td><td>0.15 kg</td><td colspan="2">×× 药用辅料有限公司</td></tr>
<tr><td>备注</td><td colspan="5"></td></tr>
</table>
生产相关文件</td></tr>
<tr><td>2</td><td>复核清场</td><td>① 检查生产场地是否有上一批生产遗留的颗粒、药片、粉末等
② 检查压片间门窗、墙壁、地面等是否干净,有无浮尘,是否光洁、明亮
③ 检查压片间清场合格证是否在有效期内,状态标识是否符合生产要求
④ 检查压片机机身、转盘等是否已清洁,是否悬挂有绿色“已清洁”和“完好”、黄色“待运行”状态标识
⑤ 检查是否遗留有上一批次批生产记录等文件</td><td>
检查环境

生产前设备状态标识</td></tr>
<tr><td>3</td><td>温湿度与压差检查</td><td>检查压片间温湿度、压差是否符合要求:温度应为 18~26 ℃,相对湿度应为 45%~65%(相对湿度通常结合药物实际情况设定范围,该相对湿度范围主要针对生产碳酸氢钠片),压片间需保持相对负压</td><td>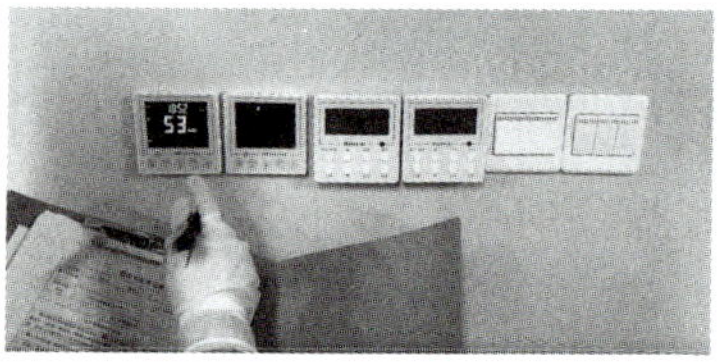
检查房间温湿度</td></tr>
</table>

续表

序号	步骤	操作要点	示意图
4	中间产品领取	① 工序操作人填写中间产品交接单(领取),一式两份(一份粘贴于批生产记录中,一份保存于中间站管理员处),依照批生产指令,至中间站领取压片物料 ② 领取中间产品压片物料时,工序操作人须重点核对中间产品名称、重量、批号、加工状态等信息是否与生产指令一致,中间产品袋包装或料桶上是否有"放行"标识,并称重核对中间产品重量等,同时班组长、中间站管理员须复核检查,核对无误后三方签字;工序操作人登记中间产品进出站台账后,方能将中间产品领回压片间,继续加工	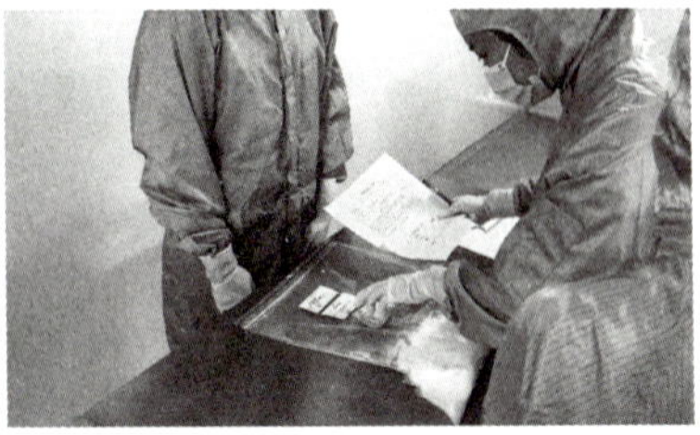 领取中间产品
	器具领取	① 根据批产量总数,在中间站领取流转桶及塑料袋,做好登记;检查流转桶是否清洗干净,有无粉尘及任何遗留物,盖、桶是否配套;检查塑料袋是否为新袋,是否干净,有无破损 ② 将压片物料、流转桶、塑料袋置于小推车上,推至压片间指定位置 ③ 按要求领取模具、配件和工具(见本任务"二、旋转式压片机冲模的领取与归还")	 流转桶
5	复核检查与记录	① 按照批生产记录中生产前检查操作要点复核,任何一条不符合要求则不能进入下一程序 ② QA 人员现场复核无误后签字准产 ③ 按照批生产记录填写要求,填写压片岗位生产前检查与准备记录 ④ 粘贴清场合格证(副本)于记录中	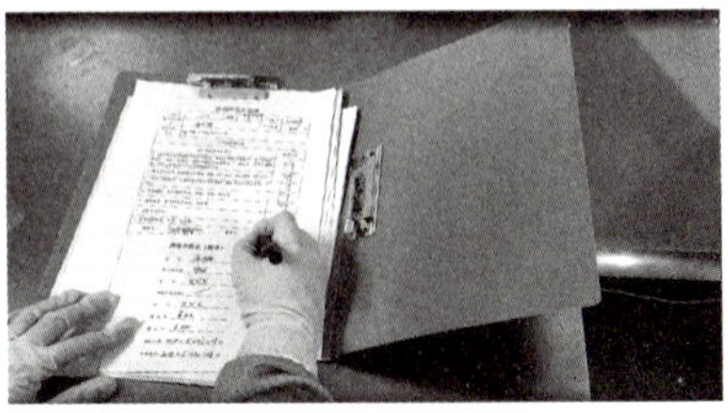 复核准产签字

2. 生产过程

压片岗位操作见表 5-69。

表 5-69 压片岗位操作

序号	步骤	操作要点	示意图
1	压片机开机前检查与准备	① 对领取的冲模与工具进行清洁消毒；按本任务“三、旋转式压片机的标准操作（GL-145 A 系列 ZP10 A）”安装冲模与配件等 ② 出片槽出片位置连接筛片机，筛片机连接流转桶，且内附塑料袋 ③ 检查紧固螺钉是否安装到位，确认水电气供应正常、已开启，检查油杯油量是否达到最低限度以上，压力旋钮是否回零 ④ 旋转手轮 3~5 周，无卡阻现象方可开机；点动运转机器 3~5 周，设备无障碍、无摩擦现象后，空转 3~5 min，停机，无异常情况方可进入正常生产 ⑤ 更换房间状态标识为“正在生产” ⑥ 更换设备状态标识为“正在运行”	 开机前检查与准备  设备试运行 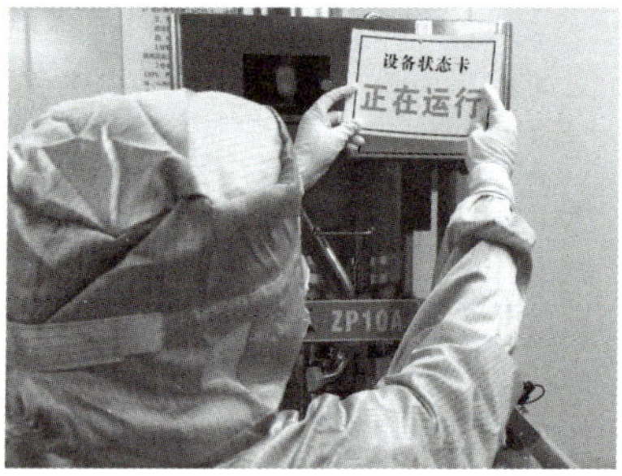 更换设备状态标识
2	加料	开启吸尘器，将领取的物料加至加料斗中（1+x 药物制剂生产职业技能等级证书考核采用手工加料），加料时注意动作要轻，尽量避免产生粉尘	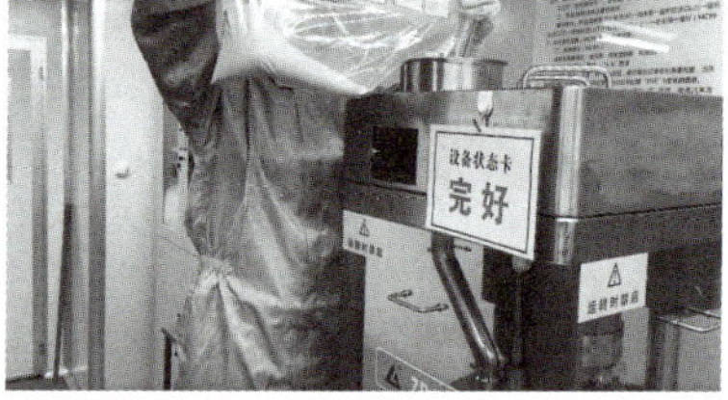 加料
3	试压调节	将压力调节旋钮调至压片要求参数范围；低速运转压片机（可转动手轮或点动机器），同时调节填充和压力旋钮，逐步增加片子重量和压力。试压阶段可采用取 10 片药片测定片重的方式，按照高于《中国药典》（2020 年版）的标准设置片重合格要求，确定填充深度	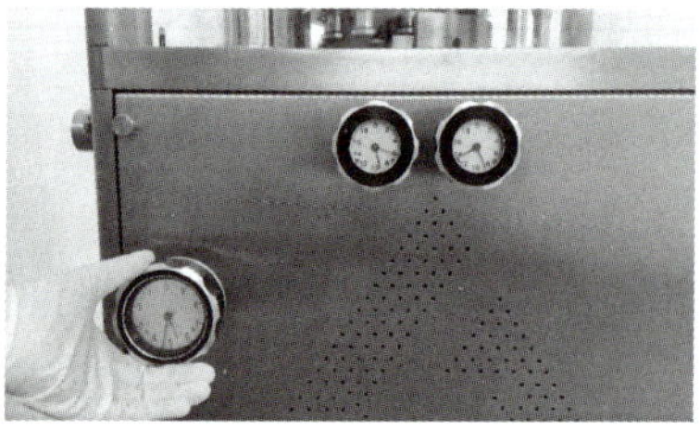 压片调节

续表

序号	步骤	操作要点	示意图
4	试压片剂检测	① 当所压药片片面光洁完整时，停止运行，取检测量药片，测定 10 片药片总片重（计算平均片重），进行重量差异、硬度（小片硬度通常为 20~30 N，大片硬度通常为 30~100 N）等检测，及时填写压片批生产记录。各项指标合格后（指标判定见本任务“五、压片过程质量控制”），方可正式开机压片 ② 取样时，不得用裸手接触药片，可使用不锈钢小铲；试压阶段每次取样时应及时停机，以免压出大量不良品	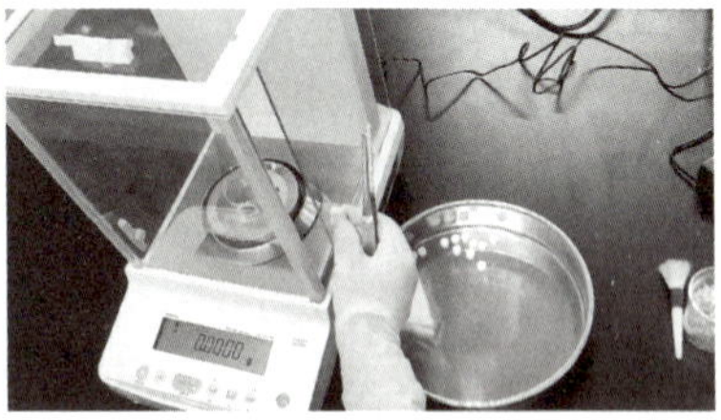 试压过程片剂检测
5	正式压片	正式压片时，调节转速至要求转速，压片人员应随时检测片剂外观质量；每 15 min 测定片重 1 次（片重若经常超出片重范围则应增加片重测定频次），每 2 h 测定重量差异 1 次，每班测定脆碎度、崩解时限 1~2 次（操作方法见任务 6.2），及时收集合格药片，同时填写压片批生产记录（以上检查时间可根据生产实际调整）	 正式压片
6	记录填写	① 试压过程中应及时记录设定压力、转速、10 片药片总片重、重量差异、脆碎度结果，判定合格后，质检员经检测确认签字，方可正式压片 ② 正式压片过程中应详细记录 10 片药片总片重、硬度、脆碎度和崩解时限结果，并写明准确检查时间 ③ 在压片期间，质检员应定时检查片重、重量差异等，质检记录一并计入压片记录表中 ④ 压片结束后，应记录产量情况（包括桶号、毛重、皮重、净重），并由工序负责人复核签字	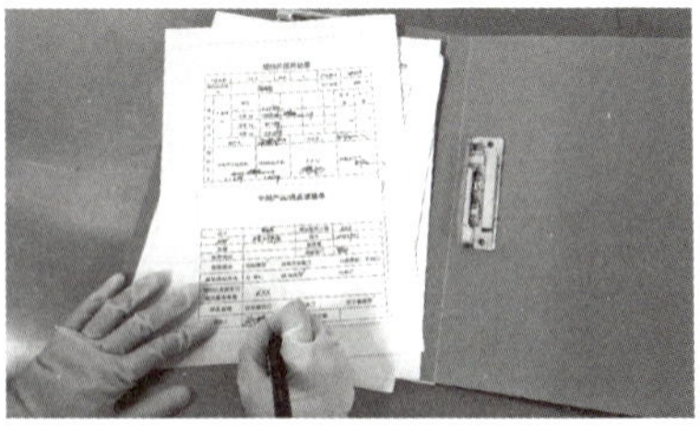 压片记录
7	生产结束后产品的收集与移交	① 停机，将填充与压力旋钮回零，关闭电源 ② 收集合格品，填写中间产品标识（品名、规格、产品批号、毛重、皮重、净重、操作人、操作时间、存放有效期等项目），粘贴于塑料袋或流转桶外表面，以回头扎方式扎紧塑料袋	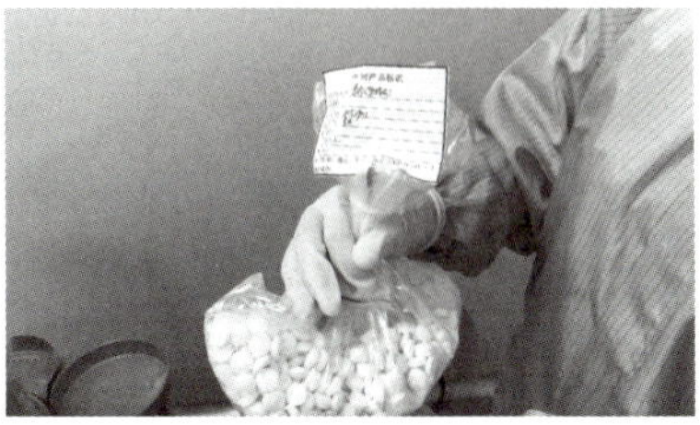 合格品收集

续表

序号	步骤	操作要点	示意图
7	生产结束后产品的收集与移交	③ 压片机与压片间分别换上黄色“待清洁”和“待清场”状态标识 ④ 移交合格中间产品（素片）至中间站。工序操作人填写中间产品交接单（递交），一式两份（一份粘贴于批生产记录中，一份保存于中间站管理员处）；填写请验单 ⑤ 中间站管理员核对中间产品名称、重量、批号、加工状态等，重点复核中间产品重量（称重复核）等，核对无误后签字；同时填写中间产品进出站台账	 更换标识 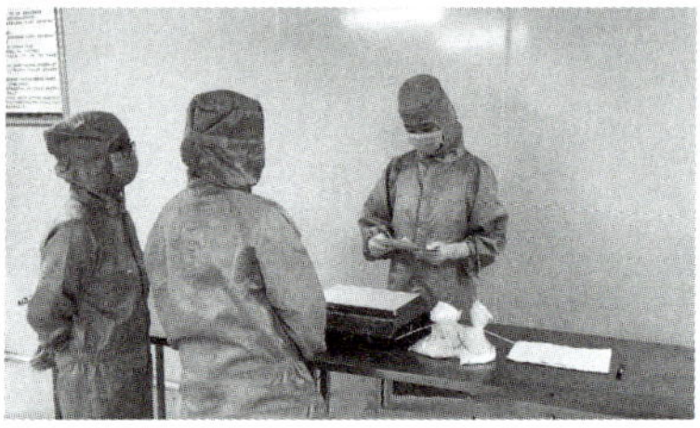 中间产品移交
	废弃物收集	收集压片机内和天平、硬度测定仪上残留的素片、碎片、颗粒，将其移入废弃物桶内；用小吸尘机把压片机、磅秤、天平、硬度测定仪上的产品粉末吸除干净；收集吸尘机内细粉及地脚粉等废弃物，置废弃物塑料袋内，粘贴废弃物标签，以回头扎方式扎好口袋，称重并标识，交相关人员统一处理	 废弃物处理

二、旋转式压片机冲模的领取与归还

旋转式压片机冲模的领取与归还见表 5-70。

表 5-70　旋转式压片机冲模的领取与归还

序号	步骤	操作要点	示意图
1	模具领取	① 接到批生产指令后，生产部班组长和工序操作人到模具室领取模具 ② 两人一同核对冲模规格与批生产指令是否一致；检查外观光泽度，有无凹槽、卷皮、缺角、磨损情况；检查冲头长短是否保持一致，核对无误后双方填写模具使用台账 ③ 将模具置于小推车上，运至压片间	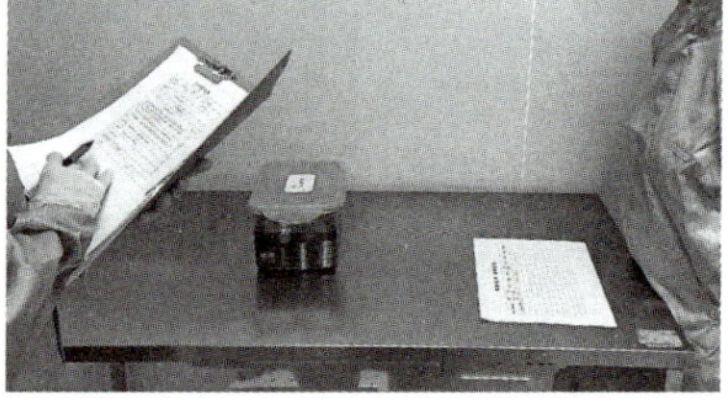 领取模具

续表

序号	步骤	操作要点	示意图
2	配件领取	① 接到批生产指令后，生产部班组长和工序操作人到配件室领取压片机配件 ② 两人一同核对加料斗、出片槽、加料勺、小钢铲和捕尘装置等配件是否清洁，是否干燥，核对无误后双方填写使用台账，并将配件置于小推车上，送至压片间	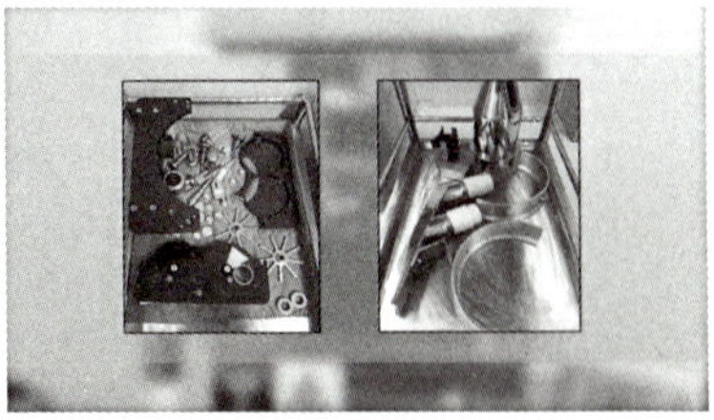 配件领取
3	模具归还	压片结束，清场过程中，应将清洁消毒后的模具涂抹润滑油，安装保护套，置于小推车上，工序操作人与班组长将模具送回模具室，填写模具使用台账	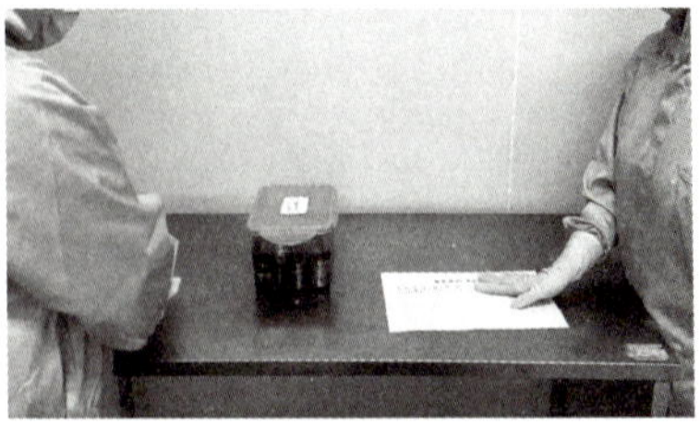 模具归还
4	配件归还	压片结束，清场过程中，应将清洁消毒后的配件（加料斗、出片槽、加料勺、小钢铲和捕尘装置）置于小推车上，工序操作人与班组长将配件送回配件室，填写使用台账	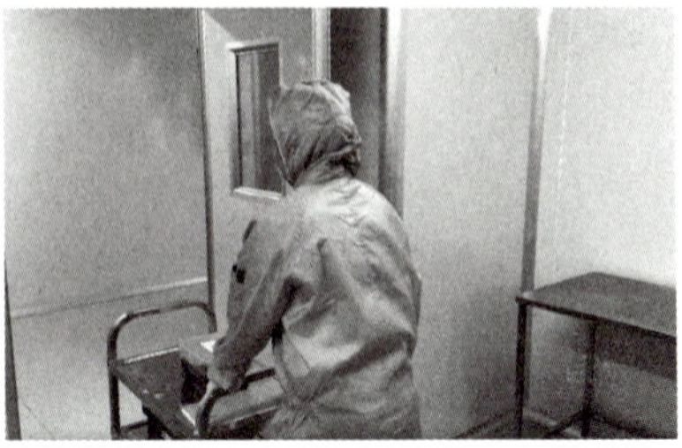 配件归还

三、旋转式压片机的标准操作（GL-145 A 系列 ZP10 A）

旋转式压片机的标准操作见表 5-71。

表 5-71 旋转式压片机的标准操作

序号	步骤	操作要点	示意图
1	清洁模具与工作转台	领取的模具应除油，用以 75% 乙醇浸湿的洁净抹布擦净模具与工作转台表面的润滑油	 擦拭模具和工作转台

续表

序号	步骤	操作要点	示意图
2	安装中模	打开设备外盖，将转台上中模的紧固螺钉逐个旋出；旋动手轮至上冲、中模、下冲齐平，取中模装入中模孔位置，将打棒由上冲孔穿入，并轻轻将中模打入模孔，其平面不高出转台平面为合格，然后将螺钉紧固	 安装中模
3	安装上冲	拆除上冲轨道外盖，旋动手轮至上冲、中模、下冲齐平；手拿上冲上端（不接触冲头），将其插入上轨道缺口，用大拇指和示指旋转冲杆，检验头部进入中模情况，上下滑动灵活、无卡阻现象为合格。再转动手轮，将全部上冲送入轨道（某些型号设备存在上冲轨道嵌轨，这时须先取出嵌轨，再安装上冲）	 安装上冲
4	安装下冲	将下冲轨道盖板与下冲轨道嵌轨移出，旋动手轮至上冲、中模、下冲齐平，将下冲从下冲孔穿入，送至轨道上，依次安装剩余下冲。安装完毕，盖好轨道盖板，合上手柄，盖好不锈钢面罩	 安装下冲

续表

序号	步骤	操作要点	示意图
5	安装配件	安装加料斗、强迫式加料器和出片槽，紧固螺钉，确保加料器与工作转盘安装缝隙不大于 A4 纸厚度，防止发生漏料 转动手轮 3~5 周，检查机器是否存在卡阻现象，按照本任务“一、压片岗位操作”进行开机压片操作	 安装配件

四、旋转式多冲压片机的清洁

1. 旋转式多冲压片机的拆卸操作

旋转式多冲压片机的拆卸操作见表 5-72。

表 5-72　旋转式多冲压片机的拆卸操作

序号	步骤	操作要点	示意图
1	拆卸配件	① 压片完毕后，关闭主电机电源、总电源、真空泵开关 ② 用手持式吸尘器清除残留物料置于废弃物袋中，拆卸加料斗、加料器、出片槽	 拆卸配件

续表

序号	步骤	操作要点	示意图
2	拆卸下冲	取出下冲轨道盖板与嵌轨，转动手轮，使下冲与下冲轨道缺口相齐，取出下冲。转动手轮，依次拆卸下冲，并将嵌轨复位	 拆卸下冲
3	拆卸上冲	转动手轮，使上冲、中模、下冲在同一条线上，将上冲从上冲孔中取出。转动手轮，依次拆卸上冲	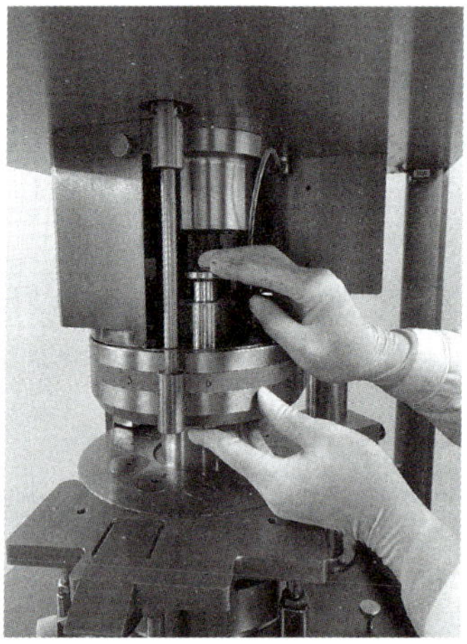 拆卸上冲
4	拆卸中模	旋出中模紧固螺钉，转动手轮，使上冲、中模、下冲在同一条线上，将打棒穿过下冲轨道缺口、下冲孔，向上敲打中模，将中模从工作台面模孔中打出。转动手轮，依次拆卸中模，并将紧固螺钉复位	 拆卸中模

2. 旋转式多冲压片机的清洁操作

旋转式多冲压片机的清洁操作见表 5-73。

表 5-73 旋转式多冲压片机的清洁操作

序号	步骤	操作要点	示意图
1	设备清洁	① 用专用于设备内表面或与药物直接接触部位的洁净浅色抹布、手持式吸尘器清洁工作台上的颗粒与粉尘，收集后按废弃物处理 ② 逐一拆除上下冲集尘环，将洁净浅色抹布缠绕在钢丝上，清洁上下冲孔，而后用洁净抹布浸 75% 乙醇擦拭 ③ 用专用于设备外表面的洁净深色抹布浸纯化水擦拭设备外表面后，再用以 75% 乙醇浸湿的洁净深色抹布擦拭，但有机玻璃面罩不能用 75% 乙醇擦拭 ④ 打开设备下部不锈钢外罩，用洁净深色抹布擦净马达外罩、风扇等，不得有粉尘、油污等残留	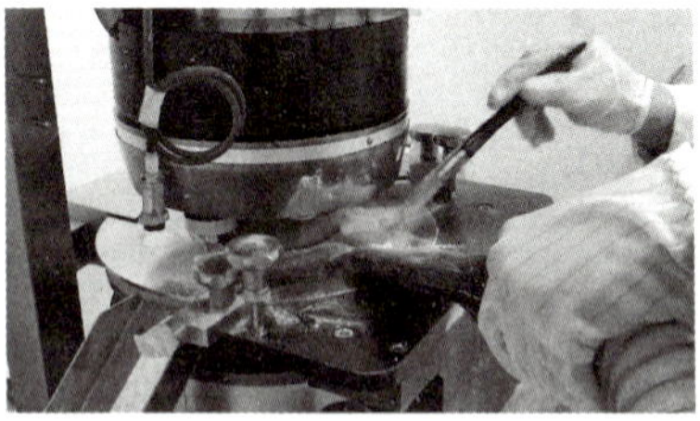 设备清洁
2	模具和附件的清洁	① 将加料斗、加料器、冲模、出片槽等直接接触药品的零部件全部拆卸后，送至清洁间依次用 10~50 ℃饮用水清洗，并用洁净抹布浸 5% 中性清洁剂（5 ml 中性清洁剂加纯化水稀释至 1 000 ml）擦洗，再用饮用水冲洗 5 min，最后用 10~50 ℃纯化水冲洗干净（非不锈钢部位不能用水清洗） ② 用专用于设备内表面或与药物直接接触部位的洁净浅色抹布擦拭冲模与零部件后自然晾干；用洁净抹布浸 75% 乙醇擦拭消毒 ③ 集尘环用清洁剂浸泡后，用饮用水、纯化水冲洗干净，晾干备用 ④ 配件和模具按本任务“二、旋转式压片机冲模的领取与归还”归还至配件室和模具室 ⑤ 通常容器具每 3 天用消毒剂（直接接触药物的表面用 75% 乙醇）消毒一次	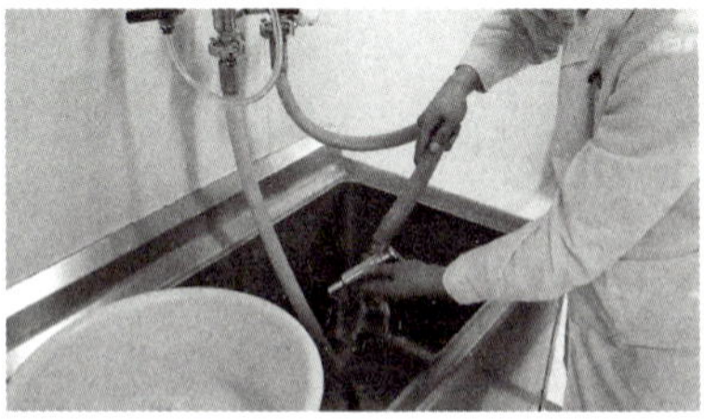 模具清洁  附件清洁

续表

序号	步骤	操作要点	示意图
3	更换状态标识	① 目测检查设备容器表面应无可见异物、无生产遗留物 ② 机器安装完毕后，挂“已清洁”“完好”状态标识	 更换状态标识

五、压片过程质量控制

压片过程质量控制操作见表 5-74。

表 5-74　压片过程质量控制操作

序号	步骤	操作要点	示意图
1	试压过程控制	10 片药片的平均片重控制在标示量的 ±2% 范围，重量差异控制在 ±4% 范围[均高于《中国药典》(2020 年版)标准]；硬度以企业内控标准为准；脆碎度≤1%	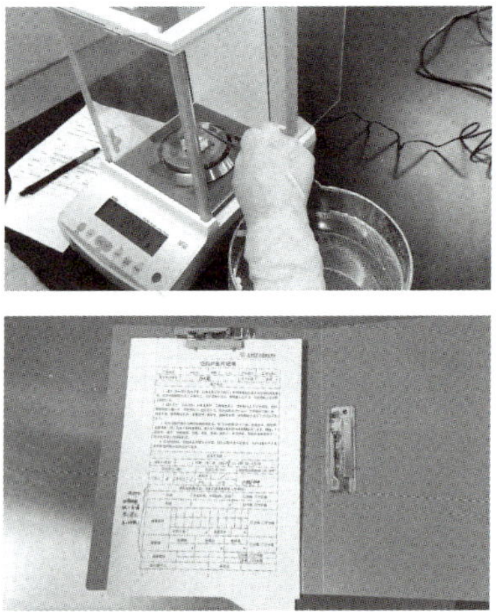 试压过程控制
2	正式压片过程控制	① 压片操作人员正式压片时，每 15 min 检查 1 次 10 片片重，判定是否符合要求；每 2 h 检查 1 次重量差异；每班检查 1 次脆碎度、崩解时限，判定结果 ② 质检员每 2 h 检查 1 次 10 片片重；每 4 h 检查 1 次重量差异；每班检查 1 次脆碎度、崩解时限，判定结果	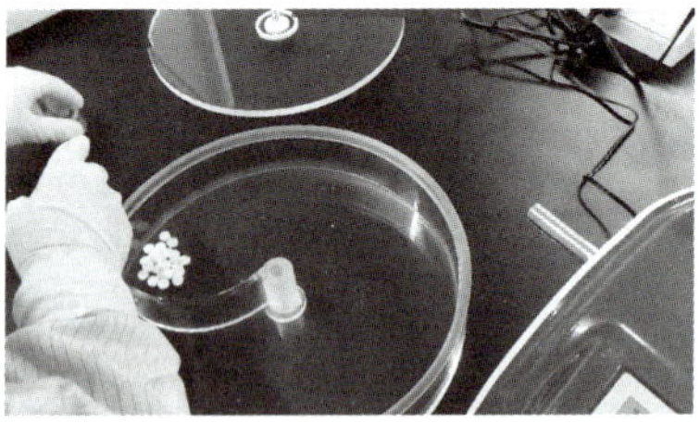 正式压片过程控制

六、岗位清场操作

压片岗位清场操作见表 5-75。

表 5-75　压片岗位清场操作

序号	步骤	操作要点	示意图
1	更换房间状态标识	压片结束，更换房间状态标识为黄色“待清场”	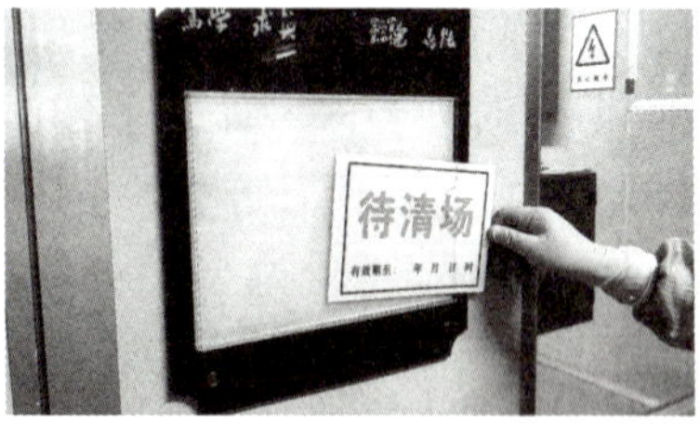 更换“待清场”状态标识
2	清场与复核检查	① 将制备好的颗粒、压好的药片、可回收品等移交至中间站，移出与后续生产无关的文件和记录 ② 按本任务“四、旋转式多冲压片机的清洁”清洁压片设备 ③ 领取清洁工具，先用吸尘器吸净地面，用纯化水擦洗地面，再用洁净抹布擦拭干净；依次用浸纯化水、消毒剂的洁净抹布擦拭天棚、墙壁、台面、门窗、室内照明灯、风管、开关箱外壳，确保无积尘、积水、药粉和结垢等 ④ 将清洁工具移至清洁间，清洁干净 ⑤ 操作人员及时填写清场记录。清场结束后，请 QA 人员检查复核 ⑥ QA 人员按清场项目对清场情况进行复核，合格后签发清场合格证（一式两份，包含正本与副本）。操作人员将正本粘贴于本次清场记录中，副本留在现场，以备下次操作前检查使用	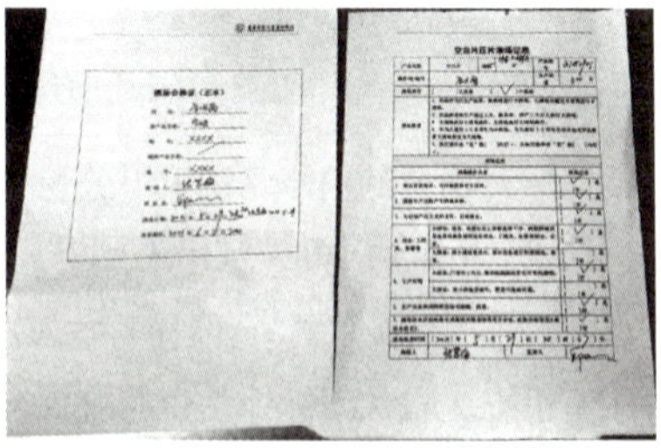 清场复核
3	更换房间状态标识	清场复核结束后，更换房间状态标识为绿色“已清场”	 更换“已清场”状态标识

视频：
压片岗位标准操作规程

视频：
IMA 压片机的安装操作及清洁维护保养

七、岗位记录填写

1. 填写要求

压片岗位批生产记录由岗位操作人员填写，岗位负责人或有关规定人员复核签字。不允许事前先填或事后补填，填写内容应真实。填写批生产记录应注意字迹工整、清晰，不允许用铅笔填写，且要求用笔颜色保持一致。批生产记录不能随意更改或销毁，若确实因填错需更改，务必在更改处画一横线后，将正确内容填写在旁边，并签字标明日期。

考核时为确保考评公平公正，原则上不允许岗位操作人员填写真实姓名，应填写准考证号或考试代号等。

2. 生产记录样例

(1) 压片岗位生产前检查与准备记录样例：见表 5-76。

表 5-76　压片岗位生产前检查与准备记录

<table>
<tr><td>产品名称</td><td>碳酸氢钠片</td><td>规格</td><td>0.3 g/片</td><td>产品批号</td><td>20210923</td></tr>
<tr><td>操作间名称 / 编号</td><td colspan="3">压片间</td><td>生产批量</td><td>16.7 万片</td></tr>
<tr><td>设备名称 / 型号</td><td colspan="5">[　　]ZP10A 旋转式压片机</td></tr>
<tr><td colspan="6">生产前检查与准备</td></tr>
<tr><td colspan="5">压片前检查内容要点</td><td>检查记录</td></tr>
<tr><td colspan="5">1. 核对岗位的清场情况和状态标识。确认在清场有效期内，将清场合格证（副本）粘贴在“清场合格证副本（粘贴处）”。确认无上次生产遗留物，没有与本批次生产无关的物料和文件</td><td>[　]是　[　]否</td></tr>
<tr><td colspan="5">2. 检查房间状态标识是否符合要求</td><td>[　]是　[　]否</td></tr>
<tr><td colspan="5">3. 确认房间温湿度、压差符合要求（温度为 18~26 ℃，相对湿度为 45%~65%）</td><td>[　]是　[　]否</td></tr>
<tr><td colspan="5">4. 确认所有计量器具、仪器仪表在检定有效期内，确认水电气供应正常、已开启</td><td>[　]是　[　]否</td></tr>
<tr><td colspan="5">5. 核对领取的冲头型号，是否有卷边等</td><td>[　]是　[　]否</td></tr>
<tr><td colspan="5">6. 检查设备是否完好，有无相应标识</td><td>[　]是　[　]否</td></tr>
<tr><td>检查人</td><td colspan="2"></td><td>复核人</td><td colspan="2"></td></tr>
</table>

清场合格证副本（粘贴处）

(2) 压片过程记录样例：见表 5-77、表 5-78。

表 5-77　试压过程记录

产品名称	碳酸氢钠片	规格	0.3 g/片	产品批号	20210923
操作间名称 / 编号	压片间			生产批量	16.7 万片

操作要点：选用 10.5 mm 浅凹型的冲模，正确安装于压片机上。操作间清场合格后至中间站领取颗粒，中间站管理员将颗粒交给压片操作人，当面复核无误后，将颗粒移入压片间，并在中间站物料进出台账上做好记录

试开空车：点动开机，确认设备无障碍、无摩擦现象后，空机转动，无卡阻后停机。将少量颗粒加入加料斗中，控制预压力，设定主压力，使压片机转速为 20~30 r/min。开机试压少量片剂，检查外观，测定每 10 片片重、重量差异、硬度等，各项指标合格后方可正式开机压片

压片过程中操作人随时检测药片外观质量，每 15 min 测 10 片片重 1 次，10 片片重范围控制在 ±2%。每 2 h 测定重量差异 1 次，重量差异控制在 ±4%。每班测定脆碎度和崩解时限各 1 次，脆碎度控制在 1% 以内，崩解时限控制在 15 min 以内。质检员每 2 h 检测 10 片片重、外观 1 次，每 4 h 检测重量差异 1 次，每班检测脆碎度、崩解时限各 1 次。压出片剂称重量后，填写好口服固体制剂车间流转桶卡（品名、规格、产品批号、桶号、当班桶序、毛重、皮重、净重、操作人、操作时间、中间站、存放有效期等项目），经复核后送入中间站贮存

压好的药片、可回收药品、不可回收药品移交至中间站，压片过程中清扫的粉尘、生产过程中产生的废弃物及时移出洁净区进行处理

试压片记录

试压片时间	[　　]年[　　]月[　　]日[　　]时[　　]分

设定压力 /kN				实际压力 /kN				设定压片机转速 /(r·min^{-1})
主压力Ⅰ		主压力Ⅱ		预压力Ⅰ		预压力Ⅱ		
				主压力Ⅰ		主压力Ⅱ		

试压片检查记录

外观	质量标准：片面白色、光洁	□合格　□不合格
10 片片重	g	□合格　□不合格

重量差异											□合格 □不合格
	平均片重		g			重量差异			%		

硬度	1	2	3	4	5	6	□合格 □不合格

压片操作人		质检员	

表 5-78　正式压片记录

<table>
<tr><td colspan="2">产品名称</td><td colspan="2">碳酸氢钠片</td><td>规格</td><td>0.3 g/片</td><td>产品批号</td><td>××××</td></tr>
<tr><td colspan="2">操作间名称 / 编号</td><td colspan="4">压片间</td><td>生产批量</td><td>16.7 万片</td></tr>
<tr><td colspan="8">正式生产记录</td></tr>
<tr><td colspan="2">实际压片重量</td><td colspan="6">片重：　　　　g/10 片</td></tr>
<tr><td colspan="2">生产时间</td><td colspan="6">年　　月　　日　　时　　分——　　时　　分</td></tr>
<tr><td colspan="2" rowspan="2">物料接收</td><td colspan="2">桶号</td><td></td><td>重量</td><td colspan="2">kg</td></tr>
<tr><td colspan="2">中间站操作人</td><td></td><td>物料接收人</td><td colspan="2"></td></tr>
<tr><td rowspan="12">操作记录</td><td>房间温度</td><td>18~26 ℃</td><td colspan="2">□合格　□不合格</td><td>房间湿度</td><td>45%~65%</td><td>□合格　□不合格</td></tr>
<tr><td>项目</td><td colspan="5">质量标准</td><td>检测结果</td></tr>
<tr><td>外观</td><td colspan="5">片面白色、光洁</td><td>□合格　□不合格</td></tr>
<tr><td rowspan="4">脆碎度
(2 次/班)</td><td rowspan="4">≤1%</td><td>检测时间</td><td>检测前</td><td>检测后</td><td>脆碎度</td><td rowspan="4">□合格　□不合格</td></tr>
<tr><td>时　分</td><td>g</td><td>g</td><td>%</td></tr>
<tr><td>检测时间</td><td>检测前</td><td>检测后</td><td>脆碎度</td></tr>
<tr><td>时　分</td><td>g</td><td>g</td><td>%</td></tr>
<tr><td rowspan="4">崩解时限
(1 次/班)</td><td rowspan="4">≤15min</td><td rowspan="2">检测时间</td><td>1</td><td>2</td><td>3</td><td rowspan="4">□合格　□不合格</td></tr>
<tr><td></td><td></td><td></td></tr>
<tr><td rowspan="2">时　分</td><td>4</td><td>5</td><td>6</td></tr>
<tr><td></td><td></td><td></td></tr>
<tr><td>10 片片重/g
(1 次/15min)</td><td>上限：
下限：
(±2%)</td><td colspan="4"></td><td>□合格　□不合格</td></tr>
<tr><td colspan="7">重量差异 ±4%(1 次/2 h)</td></tr>
</table>

续表

操作记录	时间	每片重量/g										平均片重/g	重量差异
	时　分												
	时　分												
	时　分												
	时　分												
	产量情况	桶号										总净重	总产量
		毛重										kg	万片
		皮重											
		净重											
	操作人					工序负责人							

质检记录	项目	质量标准					检测结果
	外观	片面白色、光洁					□合格　□不合格
	脆碎度 (1 次/班)	≤1%	检测时间	检测前	检测后	脆碎度	□合格　□不合格
			时　分	g	g	%	□合格　□不合格
	崩解时限 (1 次/班)	≤15min	检测时间	1	2	3	□合格　□不合格
			时　分	4	5	6	
	10 片片重 (1 次/2 h)	上限： 下限： (±2%)	时　分	g			□合格　□不合格
			时　分	g			
			时　分	g			
			时　分	g			
	重量差异 ±4%(1 次/4 h)						

续表

<table>
<tr><td rowspan="7">质检记录</td><td>时间</td><td colspan="10">每片重量/g</td><td>平均片重/g</td><td>重量差异</td></tr>
<tr><td rowspan="2">时　分</td><td></td><td></td><td></td><td></td><td></td><td></td><td></td><td></td><td></td><td></td><td rowspan="2"></td><td rowspan="2"></td></tr>
<tr><td></td><td></td><td></td><td></td><td></td><td></td><td></td><td></td><td></td><td></td></tr>
<tr><td rowspan="2">时　分</td><td></td><td></td><td></td><td></td><td></td><td></td><td></td><td></td><td></td><td></td><td rowspan="2"></td><td rowspan="2"></td></tr>
<tr><td></td><td></td><td></td><td></td><td></td><td></td><td></td><td></td><td></td><td></td></tr>
<tr><td>质检员</td><td colspan="12"></td></tr>
<tr><td colspan="13"></td></tr>
<tr><td rowspan="3">物料汇总</td><td>桶号</td><td colspan="12"></td></tr>
<tr><td>总净重</td><td colspan="2">总产量</td><td colspan="2">总桶数</td><td colspan="3">回收药总净重</td><td colspan="2">汇总人</td><td colspan="3">质检员</td></tr>
<tr><td>kg</td><td colspan="2">万片</td><td colspan="2">桶</td><td colspan="3">kg</td><td colspan="2"></td><td colspan="3"></td></tr>
<tr><td rowspan="3">物料平衡</td><td colspan="10">物料平衡 =(合格总净重 + 本批回收药总净重)/(颗粒总重量)×100%</td><td colspan="3">物料平衡范围：98.0%~101.0%</td></tr>
<tr><td colspan="4">平　衡(　)</td><td colspan="9" rowspan="2">偏差处理情况：</td></tr>
<tr><td colspan="4">平衡打“√”,不平衡打“×”</td></tr>
</table>

请验单(粘贴处)

(3) 压片岗位清场记录样例:见表 5–79。

表 5–79　压片岗位清场记录

产品名称	碳酸氢钠片	规格	0.3 g/片	产品批号	20210923
操作间名称 / 编号	压片间			生产批量	16.7 万片
清场记录					
清场操作内容				清场记录	
1. 工具、模具归位				[　]是 [　]否	
2. 移交压片过程拆卸记录,现场无遗留记录				[　]是 [　]否	
3. 设备等	设备异物清理干净			[　]是 [　]否	
	冲模拆卸完毕			[　]是 [　]否	
	冲模涂抹润滑油或置于油盒中			[　]是 [　]否	
4. 生产环境	工作台和地面无可见残留物			[　]是 [　]否	
5. 生产设备和房间状态标识准确				[　]是 [　]否	
6. 清场结束后由 QA 人员(考评员)检查清场是否合格,检查合格后签发清场合格证				[　]是 [　]否	
清场结束时间	[　]年[　]月[　]日[　]时[　]分				
清场人		复核人			
清场合格证正本(粘贴处)					

八、常见问题与处理方法

旋转式多冲压片机压片过程中的常见问题、原因及处理方法见表 5-80。

表 5-80　旋转式多冲压片机压片过程中的常见问题、原因及处理方法

常见问题	原因	解决方法
裂片	1. 物料自身性质 2. 润滑油过量 3. 黏合剂选择不当或用量不足 4. 颗粒过干，含水量不足，细粉过多	1. 重新选择物料 2. 调节润滑油用量 3. 加干黏合剂或更换黏合剂重新制粒 4. 喷入 70%~90% 浓度的适量乙醇等
松片	1. 物料可压性差 2. 颗粒过干、细粉过多、流动性差 3. 黏合剂选择不当 4. 压片机压力不够或冲头长短不齐	1. 更换可压性好的物料 2. 调整压片颗粒的含水量，加助流剂或更换润滑油 3. 选用黏性较强的黏合剂 4. 增大压片机压力或检查更换冲头
黏冲	1. 颗粒含水量过多，车间湿度大 2. 润滑油使用不当或混合不匀 3. 冲头表面粗糙或不干净	1. 进一步干燥颗粒，降低车间湿度 2. 更换润滑油，充分混匀 3. 更换冲头
重量差异超限	1. 颗粒大小不一，流动性不好 2. 冲头与模孔吻合性不好 3. 加料斗装量时多时少	1. 重新制粒，加助流剂 2. 更换冲头、模圈 3. 停机、检修
崩解迟缓	1. 崩解剂选择或用量不当 2. 颗粒过粗 3. 疏水性润滑油用量过多 4. 黏合剂黏性太强或用量太大 5. 压片机压力过大	1. 更换崩解剂或调整用量 2. 调整颗粒粒度 3. 减少疏水性润滑油用量 4. 调整黏合剂 5. 减小压片机压力

任务考核

一、考核要求

1. 在线测试(5 min)

请扫描二维码完成在线测试。

在线测试：
压片

2. 实践考核(40 min)

以角色扮演法进行分组考核，要求在规定时间内完成碳酸氢钠片压片岗位操作，并填写批生产记录。

(1) 分组要求：小组人数不少于 3 人，1 人扮演中间站管理员，1 人扮演考评员，1 人扮演岗位操作人员。

(2) 场景设置：应至少设有压片间、中间站、模具室、工具室，配备旋转式多冲压片

机与配件、房间与设备状态标识牌、不锈钢勺与桶、塑料袋与扎带、可粘贴标签、清洁工具等。

(3) 其他要求：考核时应提前穿戴洁净服，考核过程中应按照操作要点规范操作，及时如实填写批生产记录等。

二、评分标准

压片岗位操作评分标准见表 5-81。

表 5-81　压片岗位操作评分标准

序号	考核内容	分值 / 分	评分要点	考生得分	备注
1	生产前检查	10	1. 正确检查复核房间状态标识(2 分) 2. 正确检查复核设备状态标识(2 分) 3. 正确检查复核地面、门窗、残留物料、上批次文件遗留情况(1 分) 4. 检查操作间温度、相对湿度、压差(2 分) 5. 至中间站领取中间产品(1 分) 6. 复核中间产品标识、重量(2 分)		
2	压片机安装	20	1. 至指定位置领取模具与工具，填写使用台账(1 分) 2. 安装前检查冲模外观光泽度，有无凹槽、卷皮、缺角等情况，检查冲头长短是否保持一致(1 分) 3. 用 75% 乙醇清洁冲模与压片机转台(1 分) 4. 手轮转动方向正确(1 分) 5. 正确安装中模(4 分) 6. 正确安装上冲(4 分) 7. 正确安装下冲(4 分) 8. 在上下冲安装过程中手不触碰冲头(1 分) 9. 冲模安装完毕，嵌轨、螺钉正确归位(1 分) 10. 正确安装配件(加料斗、出片槽等)(1 分) 11. 手动转动与开机运行机器，机器无卡阻(1 分)		
3	压片	40	1. 进行开机前检查(2 分) 2. 确认压力表回零(2 分) 3. 空机试运行(2 分) 4. 正确调节压片机填充与压力旋钮(9 分) 5. 试压阶段片重、重量差异符合要求(10 分) 6. 正确收集试压与残留物料、不合格药片等(2 分) 7. 正确收集合格药片(3 分) 8. 收集袋称量、标识、扎带正确(5 分) 9. 正确交接中间产品至中间站(5 分)		

续表

序号	考核内容	分值 / 分	评分要点	考生得分	备注
4	清场	20	1. 收集机器残留物料粉末至废弃料袋或桶(1 分) 2. 废弃料袋或桶做好标识(1 分) 3. 正确拆卸配件:加料斗、加料器、出片槽等(1 分) 4. 正确使用工具旋松中模紧固螺钉、上下冲嵌轨等(1 分) 5. 工作转台转动方向正确(1 分) 6. 正确拆卸下冲(3 分) 7. 正确拆卸上冲(3 分) 8. 正确拆卸中模(2 分) 9. 正确清洁与消毒配件和主机(1 分) 10. 正确清洁与消毒模具(1 分) 11. 设备内表面与外表面清洁用的抹布不混用(1 分) 12. 无遗留螺钉、工具等(1 分) 13. 操作区域无污渍等(1 分) 14. 模具归还模具室(1 分) 15. 工具归还工具室(1 分)		
5	生产记录	10	1. 正确填写过程交接单、中间站物料进出台账(4 分) 2. 如实及时填写压片记录、设备使用记录(4 分) 3. 正确填写清场记录(2 分)		
岗位总分					

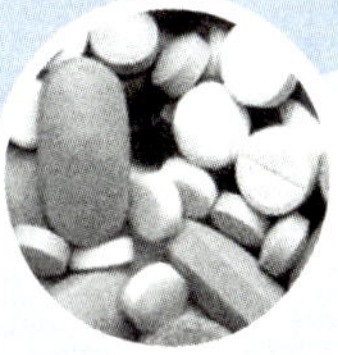

项目 6
碳酸氢钠片质量检查

项目描述

根据《中国药典》(2020 年版)制剂通则的规定，片剂的质量检查包括重量差异、崩解时限、溶出度、释放度、含量均匀度、微生物限度等，特殊片剂还需要进行其他项目的检查(如分散均匀度、发泡量等)。检查过程和操作方法应规范遵循岗位标准操作规程，如实记录原始数据，以确保检查的准确性。

本项目以碳酸氢钠片的质量检查为例，按照《中国药典》(2020 年版)规定的质量检查项目，依次介绍外观性状、鉴别、检查(一般杂质检查、制剂常规检查)、含量测定，并重点阐述制剂常规检查项目的操作方法。

学习目标

- 知识目标

1. 掌握片剂质量检查项目。
2. 掌握片剂制剂常规检查项目的具体操作方法。
3. 熟悉片剂质量检查过程中相关仪器设备的原理和使用方法。
4. 了解检查完毕后清场的程序和相关要求。

- 能力目标

1. 熟知《中国药典》(2020 年版)片剂相关质量检查项目。
2. 能熟练进行片剂重量差异、崩解时限、硬度、脆碎度检查等操作。
3. 能进行片剂的微生物限度检查。
4. 能规范、如实地完成片剂质量检查记录的填写。

- 素养目标

1. 养成药品质量检查严谨细致、实事求是的职业态度。
2. 培养爱岗敬业、精益求精的职业精神。
3. 立足岗位职责，树立保障药品质量与安全的社会责任感。

知识导图

请扫描二维码了解本项目主要内容。

知识导图：
碳酸氢钠片
质量检查

任务 6.1　碳酸氢钠片质量分析

PPT：
碳酸氢钠片
质量分析

知识准备

片剂的质量标准

我国国家药品标准是《中国药典》和药品标准。化学药品的质量标准内容包括性状（外观、嗅、味、物理常数）、鉴别（一般鉴别试验和特殊鉴别试验）、检查（杂质限量和特殊杂质）和含量/效价测定（理化方法、生物学方法等）。制剂与原料药的检测有一定区别，药物制剂的检查包括性状（制剂的外观）、鉴别、检查（不再重复原料药项下的检查项目，仅对于特别关键的控制指标进行再次检查）、含量/效价测定（方法专属性应符合要求，不受其他辅料成分的影响）。

对于片剂而言，制剂的外观性状检查主要是观察片剂的形状、颜色、光泽等，鉴别、检查和含量/效价测定都要注意样品的前处理过程。在检查项目中，片剂的常规检查主要包括重量差异、崩解时限、硬度、脆碎度、溶出度、释放度、微生物限度检查等。

任务实施

一、性状

碳酸氢钠片的性状见表 6-1。

表 6-1　碳酸氢钠片的性状

步骤	操作要点	示意图
性状观察	应为白色片	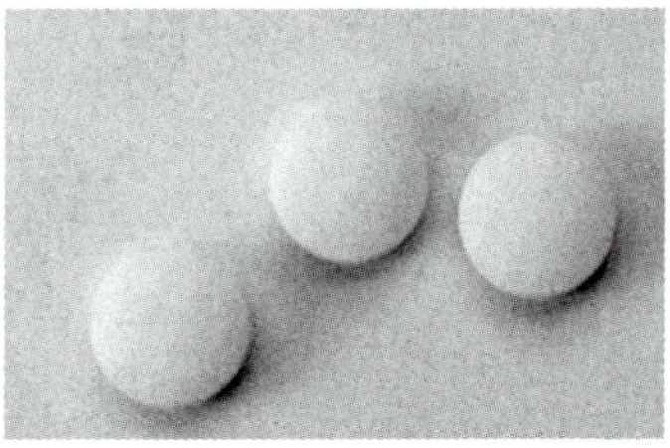 碳酸氢钠片的性状

二、鉴别

碳酸氢钠片的鉴别试验见表 6-2。

表 6-2　碳酸氢钠片的鉴别试验

序号	步骤	操作要点	示意图
1	样品前处理	取本品的细粉适量，加水振摇，过滤，滤液显钠盐与碳酸氢盐的鉴别反应	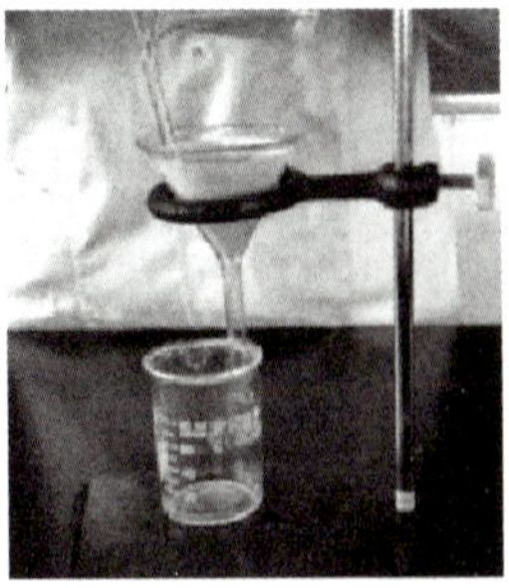 样品前处理
2	钠盐焰色反应	取铂丝，用盐酸润湿后，蘸取供试品滤液，在无色火焰中燃烧，火焰即显鲜黄色	 钠盐焰色反应
3	钠盐焦锑酸钾反应	取供试品滤液适量(约相当于钠离子 100 mg)，置 10 ml 试管中，加水 2 ml 溶解，加 15% 碳酸钾溶液 2 ml，加热至沸，不得有沉淀生成；加焦锑酸钾试液 4 ml 加热至沸；置冰水中冷却，必要时，用玻棒摩擦试管内壁，应有致密的沉淀生成	$K_2H_2Sb_2O_7+2Na^+ \rightarrow 2K^++Na_2H_2Sb_2O_7$ (致密沉淀) 钠盐焦锑酸钾反应式
4	碳酸氢盐鉴别试验	取供试品滤液适量，加稀酸，即泡沸，产生二氧化碳气体，将其导入氢氧化钙试液中，即生成白色沉淀	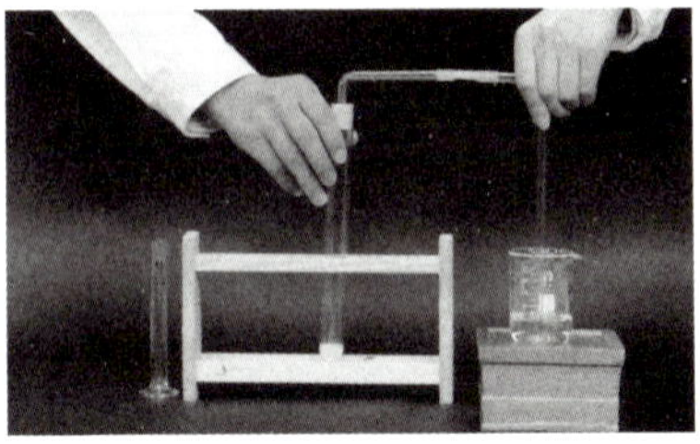 碳酸氢盐鉴别试验（与酸反应）
		取供试品滤液适量，加硫酸镁试液，煮沸，生成白色沉淀	 碳酸氢盐鉴别试验（与硫酸镁反应）

续表

序号	步骤	操作要点	示意图
5	碳酸氢盐鉴别试验	取供试品滤液适量，加酚酞指示液，不变色或仅显微红色	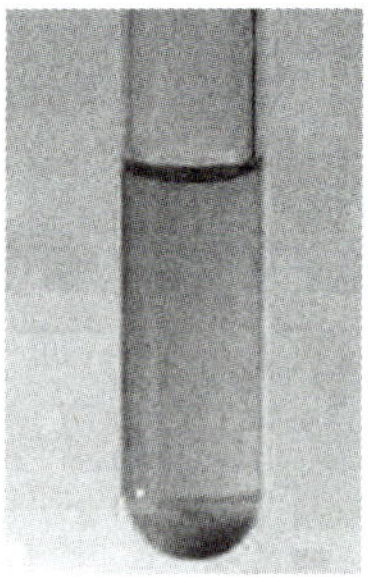 碳酸氢盐鉴别试验（酚酞指示液）

三、碳酸盐检查

碳酸氢钠片的碳酸盐杂质检查见表 6–3。

表 6–3　碳酸氢钠片的碳酸盐杂质检查

序号	步骤	操作要点	示意图
1	称量	取本品，研细，精密称取适量（相当于碳酸氢钠 1.00 g）	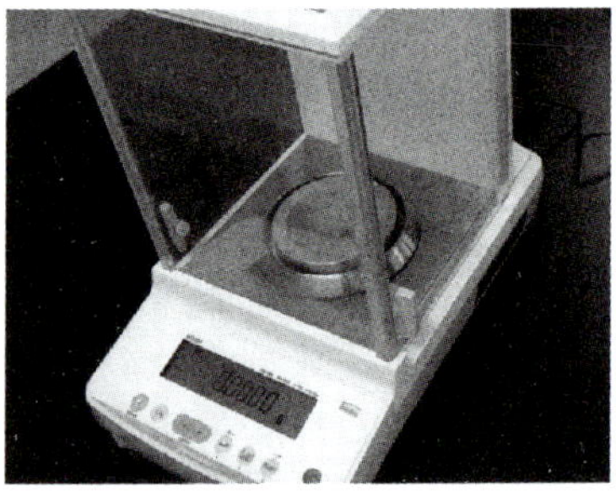 称量操作
2	溶解	加新沸过并用冰冷却的水 100 ml，轻轻旋摇使碳酸氢钠溶解	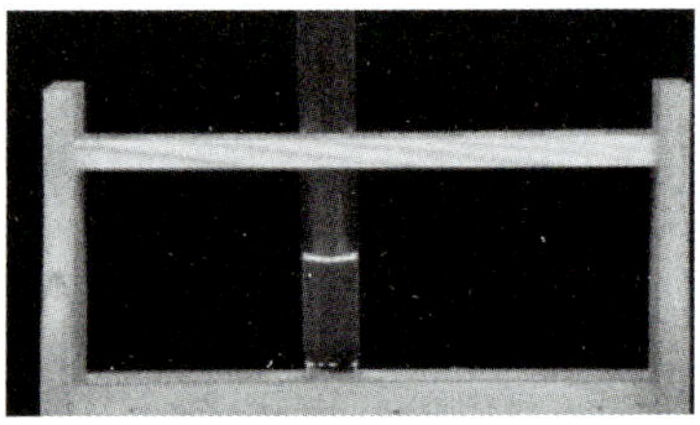 溶解操作
3	加指示剂显色	加酚酞指示液 4~5 滴，如显红色，立即加盐酸滴定液（0.5 mol/L）1.30 ml，应变为无色	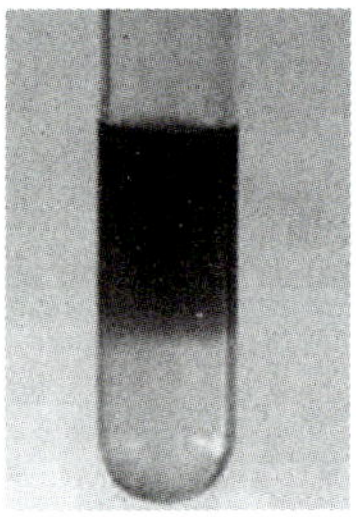 指示剂显色

四、含量测定

碳酸氢钠片的含量测定方法见表 6–4。

表 6–4　碳酸氢钠片的含量测定方法

序号	步骤	操作要点	示意图
1	称量	取本品 10 片，精密称定，研细，精密称取适量（约相当于碳酸氢钠 1 g）	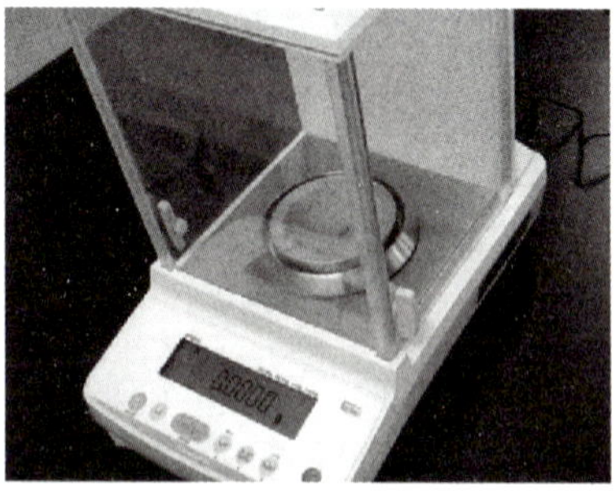 称量操作
2	溶解	加水 50 ml，振摇使碳酸氢钠溶解	 溶解操作
3	加指示剂	加甲基红 – 溴甲酚绿混合指示液 10 滴	混合酸碱指示剂，变色点为 pH 4.3，酸色为橙色，碱色为蓝绿色
4	滴定	用盐酸滴定液（0.5 mol/L）滴定至溶液由绿色变为紫红色，煮沸 2 min，放冷，继续滴定至溶液由绿色变为暗紫色。滴定度：每 1 ml 盐酸滴定液（0.5 mol/L）相当于 42.00 mg 的 $NaHCO_3$	 滴定操作

任务考核

在线测试（5 min）

请扫描二维码完成在线测试。

在线测试：碳酸氢钠片质量分析

任务 6.2　碳酸氢钠片质量检查操作

PPT：碳酸氢钠片质量检查操作

知识准备

片剂的质量检查项目

根据《中国药典》(2020 年版)制剂通则的规定，片剂的质量检查应遵循以下规定。

1. 片剂外观应完整光洁，色泽均匀，有适宜的硬度和耐磨性，以免包装、运输过程中发生磨损或破碎。除另有规定外，非包衣片应符合片剂脆碎度检查法(通则 0923)的要求。

2. 片剂的微生物限度，照非无菌产品微生物限度检查：微生物计数法(通则 1105)和控制菌检查法(通则 1106)及非无菌药品微生物限度标准(通则 1107)检查，应符合规定。规定检查杂菌的生物制品片剂，可不进行微生物限度检查。

3. 根据原料药物和制剂的特性，除来源于动、植物多组分且难以建立测定方法的片剂外，溶出度、释放度、含量均匀度等应符合要求。

4. 阴道片应进行融变时限检查(通则 0922)，阴道泡腾片还应进行发泡量检查。

5. 缓释片、控释片、迟释片应符合缓释制剂的有关要求(指导原则 9013)并应进行释放度(通则 0931)检查。

6. 除冷冻干燥法制备的口崩片外，其他口崩片应进行崩解时限检查(通则 0921)。对于难溶性原料药物制成的口崩片，还应进行溶出度检查(通则 0931)。对于经肠溶材料包衣的颗粒制成的口崩片，还应进行释放度检查(通则 0931)。采用冷冻干燥法制备的口崩片可不进行脆碎度检查。

7. 片剂应进行重量差异检查。普通片剂直接检查；糖衣片的片芯应检查重量差异并符合规定，包糖衣后不再检查重量差异；薄膜衣片应在包薄膜衣后检查重量差异并符合规定。凡规定检查含量均匀度的片剂，一般不再进行重量差异检查。

8. 除另有规定外，崩解时限照崩解时限检查法(通则 0921)进行检查，应符合规定。咀嚼片不进行崩解时限检查。凡规定检查溶出度、释放度的片剂，一般不再进行崩解时限检查。

9. 分散片照崩解时限检查法(通则 0921)检查分散均匀度，应符合规定。

任务实施

一、重量差异检查

1. 检查前准备

重量差异检查前准备操作见表 6-5。

表 6-5　重量差异检查前准备操作

序号	步骤	操作要点	示意图
1	着装	根据生产区域或检测室环境要求，规范着装	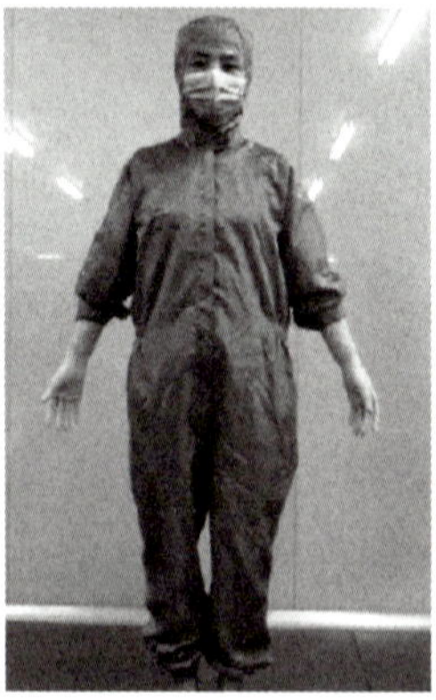 着装
2	更换标识	① 更换房间状态标识 ② 更换设备状态标识为“运行”	 设备“运行”状态标识
3	接收检查指令	查验请验单，核对待检样品的名称、数量、规格、请验部门等信息	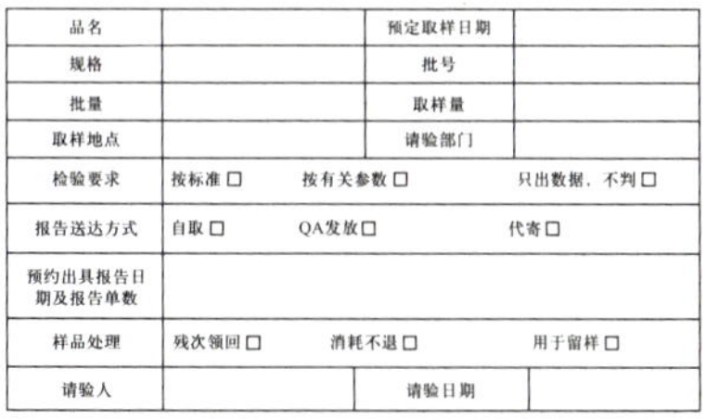 品名 / 预定取样日期 规格 / 批号 批量 / 取样量 取样地点 / 请验部门 检验要求：按标准 □　按有关参数 □　只出数据，不判 □ 报告送达方式：自取 □　QA发放□　代寄 □ 预约出具报告日期及报告单数 样品处理：残次领回 □　消耗不退 □　用于留样 □ 请验人 / 请验日期 请验单

2. 检查过程

碳酸氢钠片重量差异检查操作见表 6-6。

表 6-6 碳酸氢钠片重量差异检查操作

<table>
<tr><th>序号</th><th>步骤</th><th>操作要点</th><th>示意图</th></tr>
<tr><td>1</td><td>天平准备工作</td><td>观察确认工作台稳定，用毛刷轻扫除尘。观察水平仪，气泡应在中央，否则需调整水平调节螺丝，使水平气泡位于水平仪中心。将天平接通电源，预热半小时。按“ON”键后，天平开始自检，当显示“0.000 g”后，可以开始称量</td><td>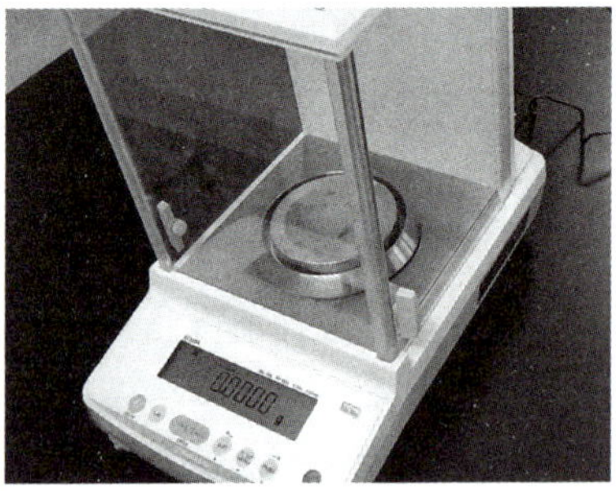
天平准备</td></tr>
<tr><td>2</td><td>称空瓶重</td><td>取空称量瓶，精密称定重量，按“TARE”键去皮</td><td>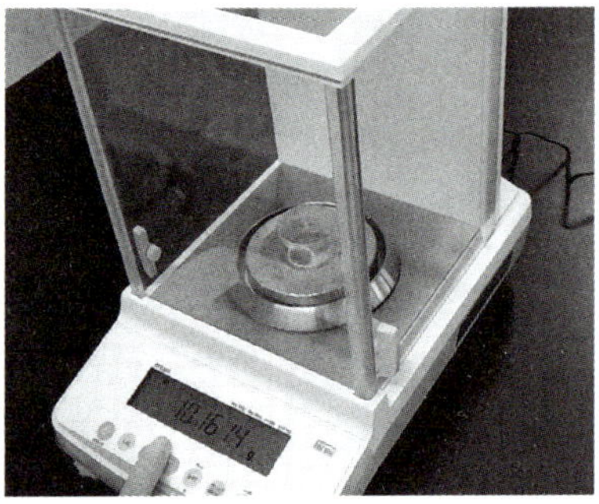
称空瓶重</td></tr>
<tr><td>3</td><td>称平均片重</td><td>取供试品 20 片，置上述称量瓶中，精密称定，即为 20 片供试品的总重量，除以 20，得平均片重($\overline{m}$)</td><td>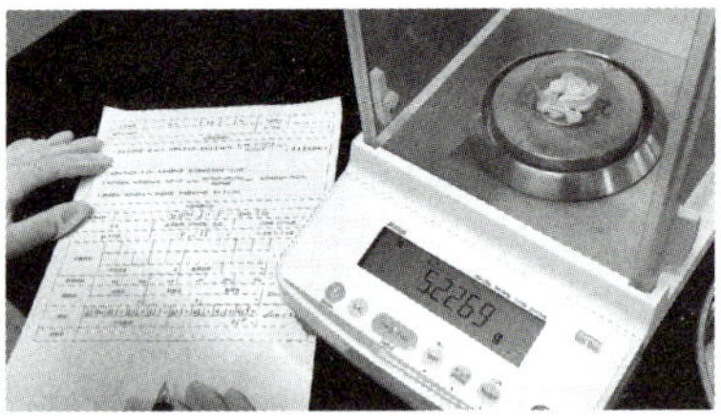
称平均片重</td></tr>
<tr><td>4</td><td>称每片片重</td><td>从已称定总重量的 20 片供试品中，依次用镊子取出 1 片，分别精密称定重量，得各片重量</td><td>
称每片片重</td></tr>
<tr><td>5</td><td>结果判断</td><td>按照右表中片重差异限度，求出允许片重范围($\overline{m} \pm \overline{m} \times$ 重量差异限度)。每片重量均未超出允许片重范围，或超出重量差异限度的药片不多于 2 片，且均未超出限度 1 倍，均判为符合规定</td><td><table><tr><th>平均片重或标示片重</th><th>重量差异限度</th></tr><tr><td>0.30 g以下</td><td>±7.5%</td></tr><tr><td>0.30 g及0.30 g以上</td><td>±5%</td></tr></table>片重差异限度</td></tr>
</table>

3. 清场过程

碳酸氢钠片重量差异检查清场操作见表 6-7。

表 6-7　碳酸氢钠片重量差异检查清场操作

序号	步骤	操作要点	示意图
1	关闭天平	关闭天平，关闭电源	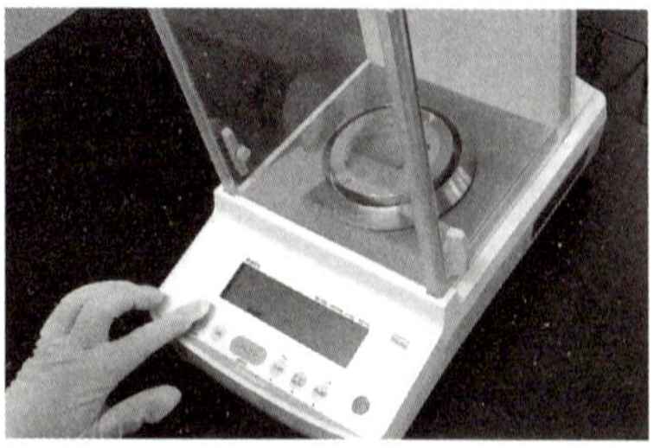 关闭电源
2	清洁	清洁称量容器；清除天平表面残留的药品；清洁天平所在工作台面。目检清洁后的电子天平表面，应无任何污渍、纤维、色斑、残余物料等。若目检不符合要求，须重新清洁	
3	更换标识	① 更换设备状态标识为“待运行” ② 更换房间状态标识为“已清场”	“已清场”状态标识

视频：质量检查操作——重量差异检查

二、硬度检查

1. 检查前准备

同本任务“一、重量差异检查”中“1. 检查前准备”。

2. 检查过程

以 YPD-200 C 型片剂硬度测定仪为例，硬度检查操作见表 6-8。

表 6-8　硬度检查操作

序号	步骤	操作要点	示意图
1	硬度仪准备	打开电源，设定参数	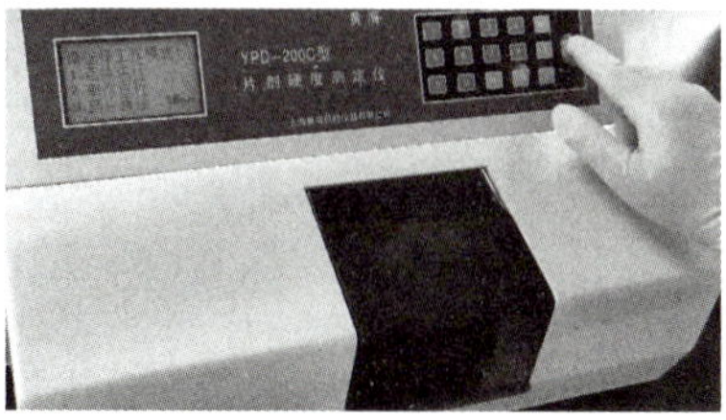 打开仪器

续表

序号	步骤	操作要点	示意图
2	测定	① 供试品 6 片，用镊子取出 1 片，放入两压头之间，按下“确认”键，压片后压头主动回退，屏幕显示当前硬度值，记录，用毛刷刷去压头间的碎片 ② 用镊子将第 2 片供试品放入两压头之间，按下“确认”键，仪器又处于测量状态，往复操作，依次完成 6 片供试品的测定	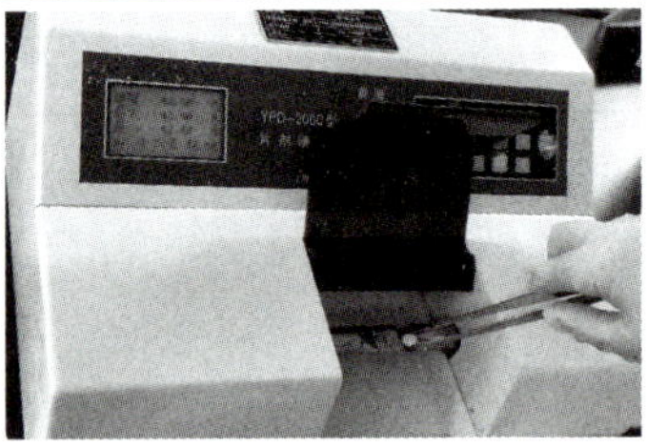 测定操作
3	结果判断	平均硬度≥8 N，每片硬度≥5 N 时，判为符合规定。若 1 次不符合规定，可复检 1 次，复检要求同前	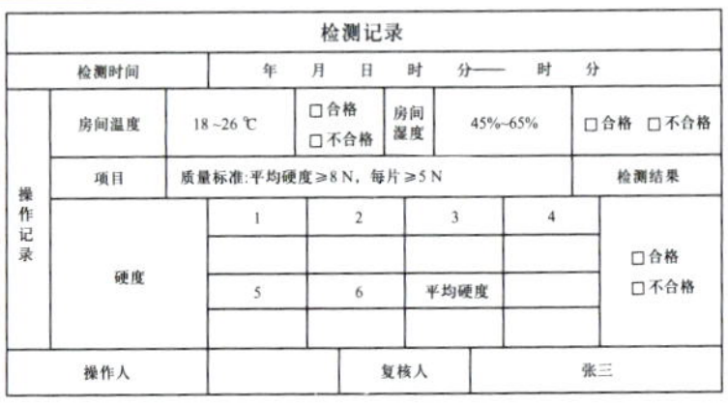 结果记录

检测记录						
检测时间	年　月　日　时　分——　时　分					
操作记录	房间温度	18 ~26 ℃	□合格 □不合格	房间湿度	45%~65%	□合格 □不合格
	项目	质量标准:平均硬度≥8 N，每片≥5 N				检测结果
	硬度	1	2	3	4	□合格 □不合格
		5	6	平均硬度		
操作人		复核人	张三			

3. 清场过程

硬度检查岗位清场操作见表 6-9。

表 6-9　硬度检查岗位清场操作

序号	步骤	操作要点	示意图
1	关闭电源	测定结束后，关闭仪器背面电源开关	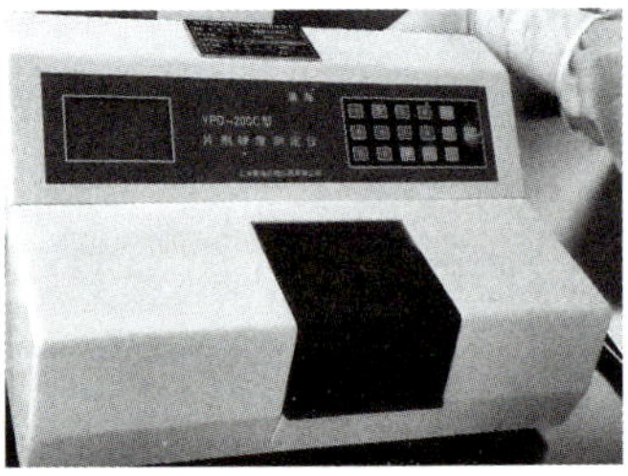 关闭电源
2	清洁	打开压片室盖，取出碎片收集盒，将药片碎片倒入废物处理容器中，用刷子刷净压片室内残存的粉末，再用洁净抹布将仪器擦拭干净。清洗干净碎片收集盒，用洁净干抹布擦拭干净。把洁净抹布用纯净水浸湿后拧干，反复擦拭仪器外壳至干净。用洁净抹布反复擦拭工作台面及仪表部位至干净。若本设备有油污污染，须先用洗涤剂浸湿抹布擦拭去污后，再用纯化水浸湿洁净抹布擦拭设备外壳、工作台面及仪表部位至干净，自然晾干。清洁工具使用后应清洗干净，存放在清洁间工具架上通风，自然风干。	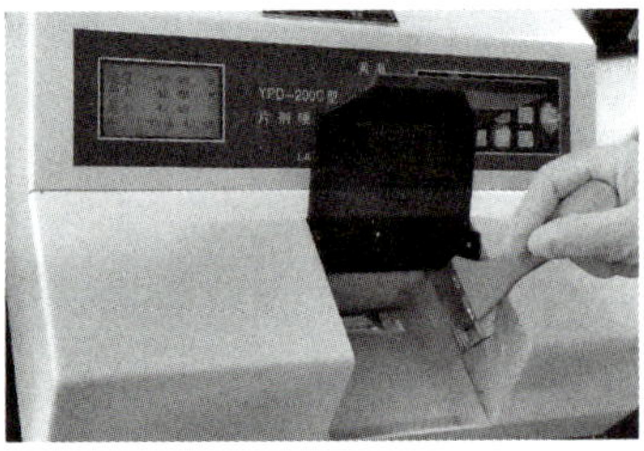 清洁操作

续表

序号	步骤	操作要点	示意图
3	清洁评价	用清洁的白布擦抹，无不洁痕迹	
4	更换标识	① 更换设备状态标识为“待运行” ② 更换房间状态标识为“已清场”	 “已清场”状态标识

视频：质量检查操作——硬度检查

三、脆碎度检查

1. 检查前准备

同本任务“一、重量差异检查”中“1. 检查前准备”。

2. 检查过程

以 CJY-300 E 片剂脆碎度测定仪为例，脆碎度检查操作见表 6-10。

表 6-10　脆碎度检查操作

序号	步骤	操作要点	示意图
1	仪器准备	打开电源，设置转速，设置运行圈数，设置旋转方向	 打开仪器
2	测定	片重≤0.65 g 者，取若干片，总重约为 6.5 g；片重 >0.65 g 者，取 10 片，用吹风机吹去脱落粉末，精密称重，放置于轮鼓中，盖上轮鼓盖，套上转轴，拧紧螺母，按“启动”键开始试验，转动 100 次。试验完成后，拧松螺母，取下轮鼓，打开轮鼓盖，取出药物，检查试验结果	 吹去脱落粉末

续表

序号	步骤	操作要点	示意图
2	测定		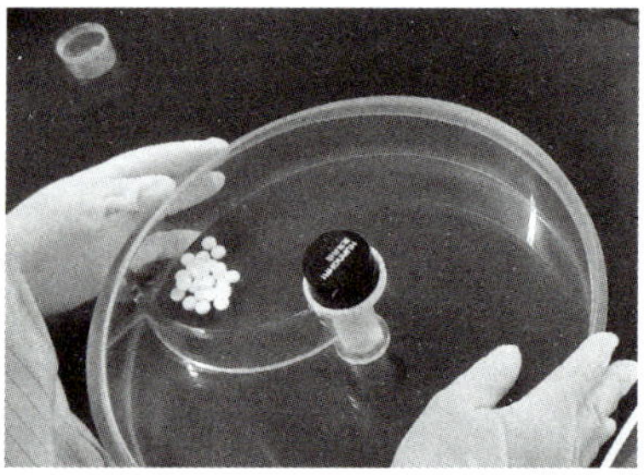 盖上轮鼓盖 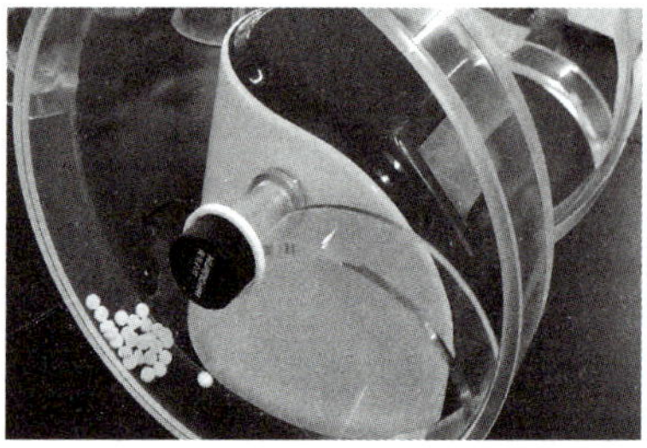 启动
3	结果判断	用吹风机吹尽片剂表面粉末后，精密称重量，减失重量不得超过 1%，且不能检出断裂、龟裂及粉碎的药片。如减失的重量超过 1%，复检 2 次，3 次的平均减失重量不得超过 1%	 结果判断

3. 清场过程

脆碎度检查岗位清场操作见表 6–11。

表 6–11　脆碎度检查岗位清场操作

序号	步骤	操作要点	示意图
1	关闭电源	测定结束后，关闭仪器背面电源开关	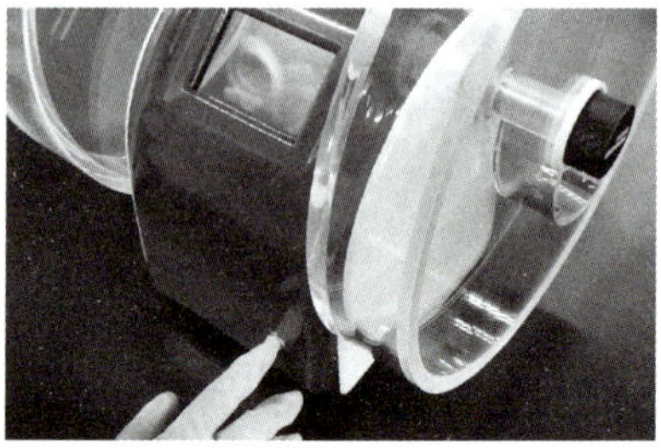 关闭电源

续表

序号	步骤	操作要点	示意图
2	清洁	取下左右轮鼓，拧松手拧旋钮，取下轮鼓盖，用刷子刷净左右轮鼓内残存的粉末，再用洁净抹布将仪器擦拭干净。清洗干净左右轮鼓，用洁净干抹布擦拭干净。用以纯化水浸湿的洁净抹布反复擦拭仪器外壳至干净。用洁净抹布反复擦拭工作台面及仪表部位至干净。将左右轮鼓与机箱连接头、座分离，用双手拿取轮鼓，以防轮鼓曲裂损坏。清洗完毕后再将插头插入与箱体连接的插座上并放正轮鼓，拧紧手拧旋钮即可。若本设备有油污污染，需先用洗涤剂浸湿抹布擦拭去污后，再用纯化水浸湿洁净抹布擦拭设备外壳、工作台面及仪表部位至干净，自然晾干	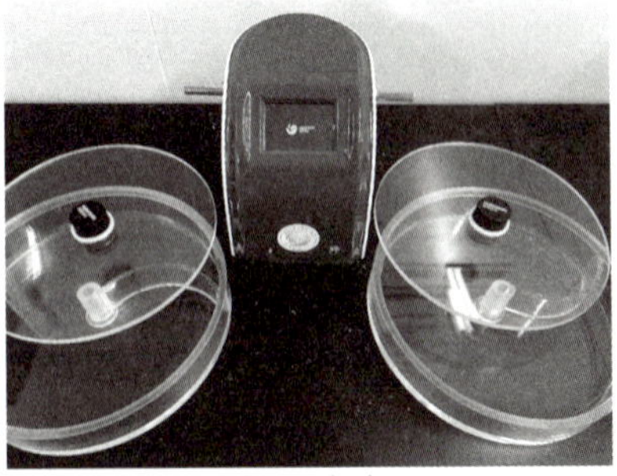 仪器清洁
3	清洁评价	用清洁的白布擦抹，无不洁痕迹	
4	更换标识	① 更换设备状态标识为“待运行” ② 更换房间状态标识为“已清场”	 “已清场”状态标识

视频：质量检查操作——脆碎度检查

四、崩解时限检查

1. 检查前准备

同本任务“一、重量差异检查”中“1. 检查前准备”。

2. 检查过程

以 LB-2 D 崩解时限测定仪为例，崩解时限检查操作见表 6-12。

表 6-12　崩解时限检查操作

序号	步骤	操作要点	示意图
1	开机	连接电源，打开电源开关后主机屏幕亮起，进入开机状态	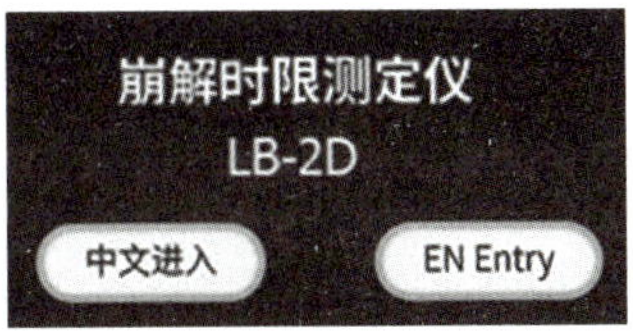 开机界面

续表

序号	步骤	操作要点	示意图
2	设置参数	[♦]：开启升降，默认升降频率为 31 次 / 分（设置范围在 30~32 次 / 分）。 [加热]：开启加热，水浴温度默认为 37 ℃（设置范围在 20~45 ℃） [运行]：开启计时 [方案设置]：设置试验方案 [任务进度]：试验运行的进度提示	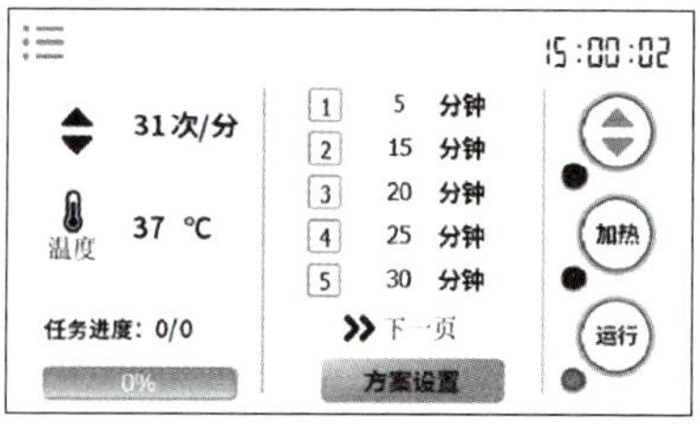 参数设置
3	测定	设置试验方案，将水箱注水到水位线，往烧杯内加入 900 ml 纯化水。开启“加热”，等待水浴温度到达设置温度并且呈恒温状态时，将药品分置于吊篮的玻璃管中，将吊篮挂在崩解吊臂上，浸入烧杯中。启动“♦”“运行”键，开始试验	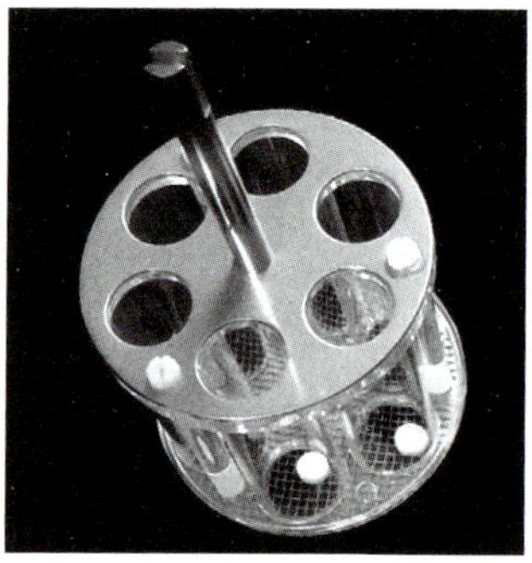 测定
4	结果判定	待运行结束，玻璃管内筛网上没有残留大于筛网孔径的颗粒为崩解完全。若有 1 片不能完全崩解，应另取 6 片复试，每片均崩解完全，判为符合规定。复试若有 1 片不能完全崩解，判为不符合规定	 结果判定

3. 清场过程

崩解时限检查岗位清场操作见表 6-13。

表 6-13　崩解时限检查岗位清场操作

序号	步骤	操作要点	示意图
1	关闭电源	测定结束后，关闭仪器背面电源开关	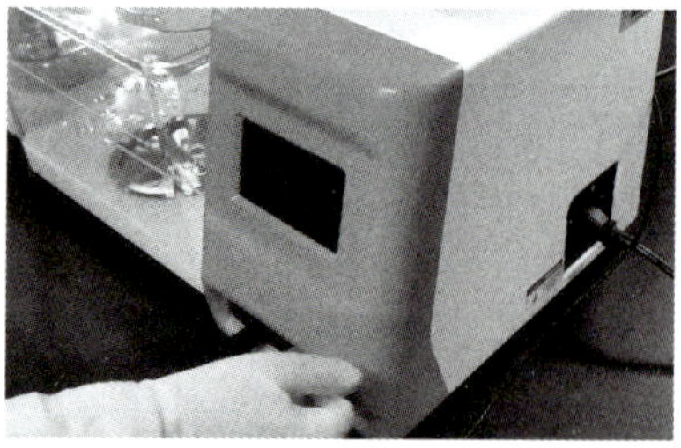 关闭电源

续表

序号	步骤	操作要点	示意图
2	清洁	取下吊篮，取出1 000 ml烧杯及水箱，将用过的溶液倒入废液容器中，再用清洁剂将仪器清洗干净。清洗干净的吊篮、烧杯、水箱先用纯化水冲洗2~3次，再用洁净干抹布擦拭干净。把洁净抹布以饮用水浸湿后拧干，反复擦拭仪器外壳至干净。用洁净抹布反复擦拭工作台面及仪表部位至干净。若清洗水箱，先将水箱与机箱连接头、座分离，用双手端取水箱，以防水箱曲裂损坏。清洗完毕后再将插头插入与箱体连接的插座上并放正水箱即可	 仪器清洁
3	清洁评价	用清洁的白布擦抹，无不洁痕迹	
4	更换标识	① 更换设备状态标识为“待运行” ② 更换房间状态标识为“已清场”	 “已清场”状态标识

视频：质量检查操作——崩解时限检查

五、微生物限度检查

1. 检查前准备

微生物限度检查前准备操作见表6-14。

表6-14　微生物限度检查前准备操作

序号	步骤	操作要点	示意图
1	着装	根据生产区域或检测室环境要求，规范着装。微生物限度检查应在环境洁净度为D级背景下的局部洁净度在B级的单向流空气区域内进行，检查全过程必须严格遵守无菌操作，防止发生再污染。有阳性菌的操作应在符合要求的独立环境中进行，以免污染环境和操作人员	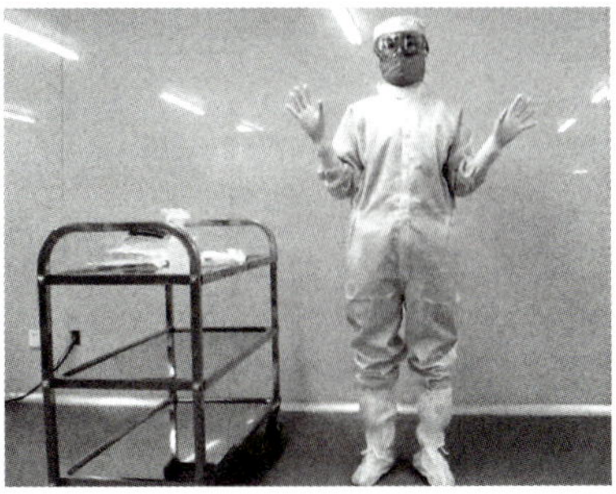 着装

续表

序号	步骤	操作要点	示意图
2	更换标识	更换设备状态标识为“运行”	 设备状态标识
3	接收检查指令	查验请验单，核对待检样品的名称、数量、规格、请验部门等信息	 请验单

2. 检查过程

(1) 微生物计数检查：微生物计数检查操作见表 6-15。

表 6-15　微生物计数检查操作

序号	步骤	操作要点	示意图
1	试验准备	培养基、菌液制备及方法适用性检查	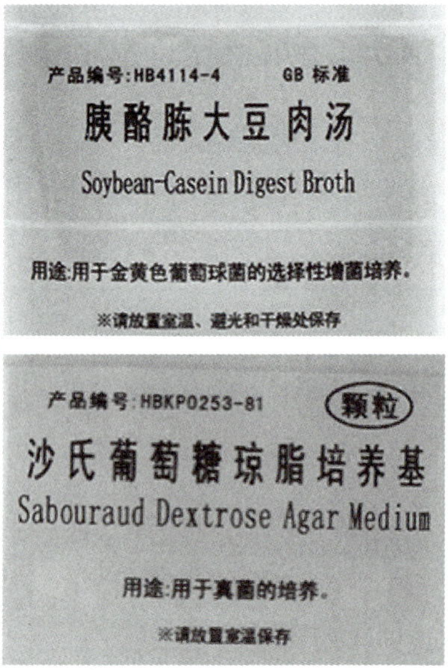 培养基

续表

序号	步骤	操作要点	示意图
2	超净工作台准备	① 至少提前30 min打开超净工作台的紫外灯，进行照射消毒，处理净化工作区内工作台表面积累的微生物 ② 30 min后，关闭紫外灯，开启送风机，开始操作 ③ 使用以清洁液浸湿的纱布擦拭台面，然后用消毒剂擦拭消毒	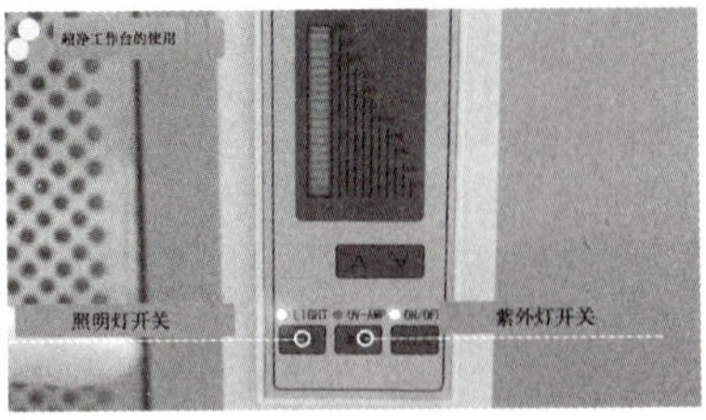 超净工作台准备
3	供试液制备	称取10 g碳酸氢钠片（至少开启2个独立包装单位），置100 ml pH 7.0的无菌氯化钠－蛋白胨缓冲溶液中，溶解，混匀，即成1:10的供试液	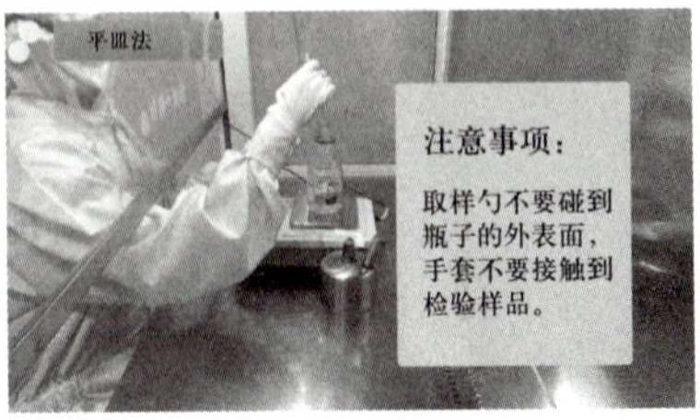 供试液制备
4	供试液稀释	用1 ml灭菌刻度吸管吸取1:10均匀供试液1 ml，加入已装有9 ml灭菌稀释剂的试管中，混匀即成1:100的供试液（如有需要继续稀释，以此类推）	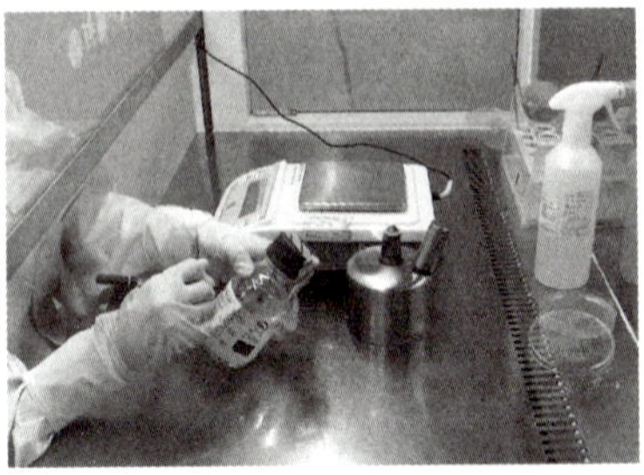 供试液稀释
5	注平板	吸取1:10供试液1 ml至直径90 mm的灭菌平皿中，每一稀释级、每种培养基至少注2个平皿，注平板时将1 ml供试液慢慢全部注入平皿中，使管内无残留液体，以防止液体反流到吸管尖端部。更换刻度吸管，取1:100供试液依法操作，一般取适宜的连续2个稀释级的供试液	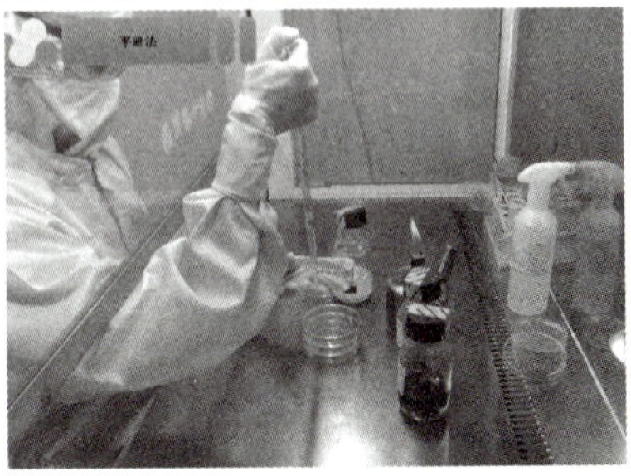 注平板
6	阴性对照	用吸管吸取稀释剂1 ml，分别注入4个平皿中。其中2个作需氧菌阴性对照，另2个作霉菌和酵母菌阴性对照	 阴性对照

续表

序号	步骤	操作要点	示意图
7	倒培养基	取出冷至约 45 ℃的胰酪大豆胨琼脂培养基和沙氏葡萄糖琼脂培养基，每个平皿倾注 15~20 ml，以顺时针或逆时针方向快速旋转平皿，使供试液或稀释剂与培养基混匀，置操作台上待冷凝	 倾倒培养基
8	培养	将已经凝固的平板倒置，胰酪大豆胨琼脂培养基放入 30~35 ℃培养箱中培养 3~5 天，沙氏葡萄糖琼脂培养基放入 20~25 ℃培养箱中培养 5~7 天	 培养
9	观察	观察菌落生长情况，点计平板上生长的所有菌落数。菌落蔓延生长成片的平板不宜计数	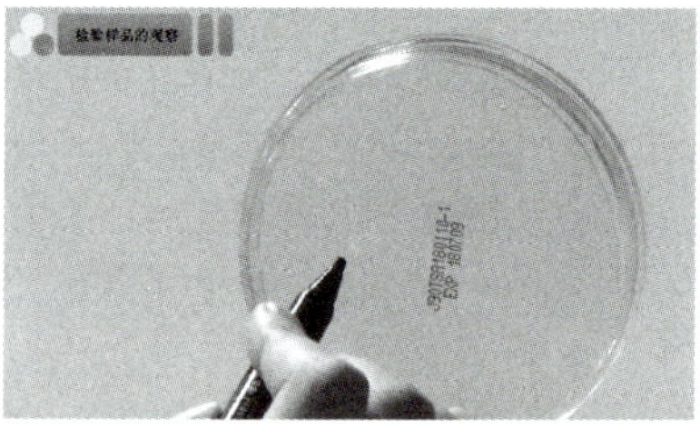 结果观察
10	计算并报告	点计菌落数后，计算各稀释级供试液的平均菌落数，按菌数报告规则报告菌数。若同稀释级两个平板的菌落数平均值不小于 15，则两个平板的菌落数不能相差 1 倍或以上。需氧菌总数测定宜选取平均菌落数小于 300 cfu 的稀释级，霉菌和酵母菌总数测定宜选取平均菌落数小于 100 cfu 的稀释级，作为菌数报告的依据。取最高的平均菌落数，计算 1 g 供试品中所含的微生物数，取 4 位有效数字报告。如各稀释级的平板均无菌落生长，或仅最低稀释级的平板有菌落生长，但平均菌落数小于 1，则以 <1 乘以最低稀释倍数的值报告菌数	

续表

<table>
<tr><th>序号</th><th>步骤</th><th>操作要点</th><th>示意图</th></tr>
<tr><td>11</td><td>结果判定</td><td>需氧菌总数、霉菌和酵母菌总数不超过规定的限度</td><td>
<table>
<tr><th>种类</th><th>需氧菌总数/(cfu·g⁻¹)</th><th>霉菌和酵母菌总数/(cfu·g⁻¹)</th><th>控制菌</th></tr>
<tr><td>口服固体制剂</td><td>10^3</td><td>10^2</td><td>不得检出大肠埃希菌(1 g或1 ml);
含脏器提取物的制剂还不得检出沙门菌(10 g或10 ml)</td></tr>
</table>
结果判定
(10^1 cfu 表示可接受的最大菌数为 20;10^2 cfu 表示可接受的最大菌数为 200;10^3 cfu 表示可接受的最大菌数为 2 000,以此类推)</td></tr>
</table>

(2) 控制菌检查(大肠埃希菌的检查):控制菌检查操作见表 6-16。

表 6-16 控制菌检查操作

<table>
<tr><th>序号</th><th>步骤</th><th>操作要点</th><th>示意图</th></tr>
<tr><td>1</td><td>试验准备</td><td>培养基、菌液制备及方法适用性检查</td><td>
培养基</td></tr>
<tr><td>2</td><td>超净工作台准备</td><td>① 至少提前 30 min 打开超净工作台的紫外灯,进行照射消毒,处理净化工作区内工作台表面积累的微生物
② 30 min 后,关闭紫外灯,开启送风机,开始操作
③ 使用以清洁液浸湿的纱布擦拭台面,然后用消毒剂擦拭消毒</td><td>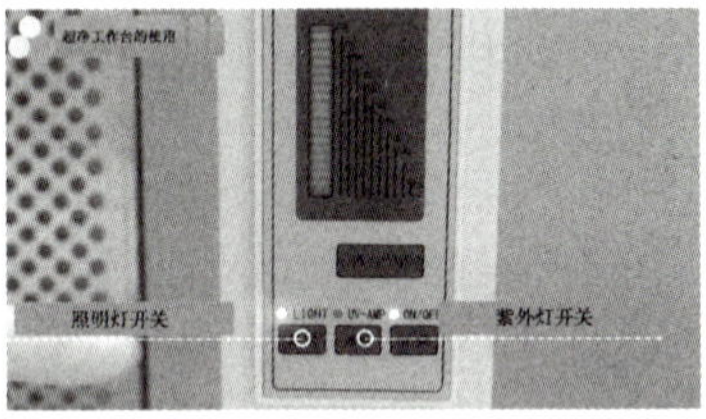

超净工作台准备</td></tr>
<tr><td>3</td><td>供试液制备</td><td>称取 10 g 碳酸氢钠片(至少开启 2 个独立包装单位),置 100 ml pH 7.0 的无菌氯化钠 - 蛋白胨缓冲溶液中,溶解,混匀,即成 1∶10 的供试液</td><td>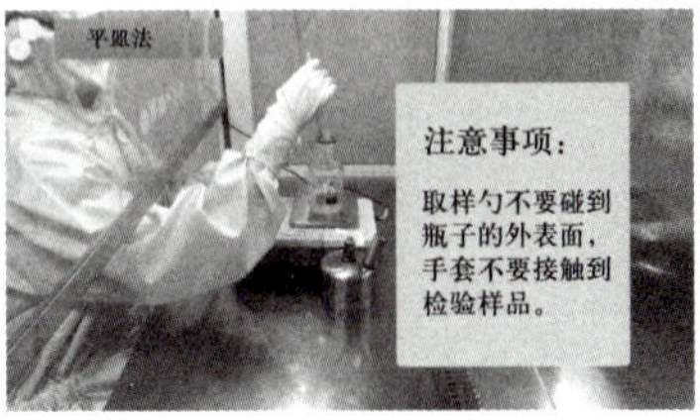

供试液制备</td></tr>
<tr><td>4</td><td>增菌培养</td><td>取 1∶10 的供试液 10 ml,接种至 90 ml 的胰酪大豆胨液体培养基中做增菌培养,混匀,在 30~35 ℃培养 18~24 h</td><td>胰酪大豆胨液体培养基
胰酪胨 17.0 g 氯化钠 5.0 g
大豆木瓜蛋白酶水解物 3.0 g 磷酸氢二钾 2.5 g
葡萄糖/无水葡萄糖 2.5 g 水 1 000 ml
除葡萄糖外,取上述成分混合,微温溶解,滤过,调节pH使灭菌后在25℃为7.3±0.2,加入葡萄糖溶解后,分装,灭菌。
胰酪大豆胨液体培养基处方</td></tr>
</table>

续表

序号	步骤	操作要点	示意图
5	分离培养	取上述预培养物 1 ml 接种至 100 ml 麦康凯液体培养基中，在 42~44 ℃培养 24~48 h。取麦康凯液体培养物划线接种于麦康凯琼脂培养基平板上，在 30~35 ℃培养 18~72 h	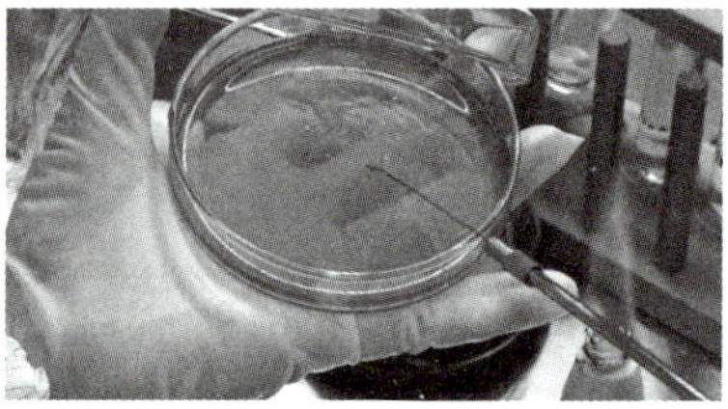 分离培养
6	阴性对照	取 10 ml pH 7.0 的无菌氯化钠－蛋白胨缓冲溶液，至 90 ml 的胰酪大豆胨液体培养基中，混匀，作为阴性对照，在 30~35 ℃培养 18~24 h。阴性对照试验的结果应为无菌生长	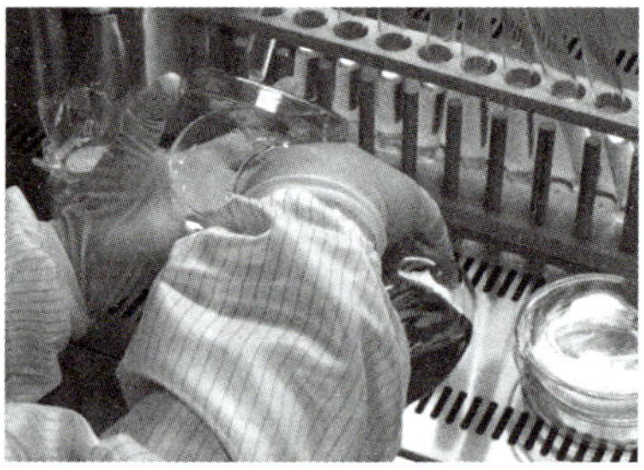 阴性对照
7	阳性对照	取 1∶10 的供试液 10 ml，接种至 90 ml 的胰酪大豆胨液体培养基中，混匀，移入阳性接种间，加入不大于 100 cfu 的阳性对照菌，作为阳性对照。阳性对照试验应呈阳性	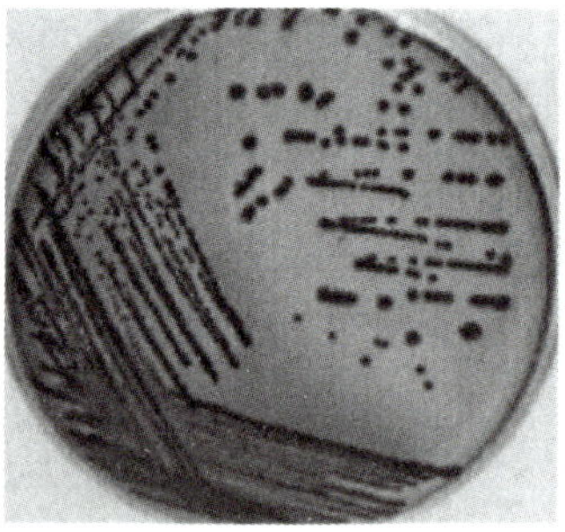 阳性对照
8	结果判断	如麦康凯琼脂培养基平板上有菌落生长，应进行分离、纯化及适宜的鉴定试验，确证是否为大肠埃希菌；若麦康凯琼脂培养基平板上没有菌落生长，或有菌落生长但鉴定结果为阴性，则判供试品未检出大肠埃希菌	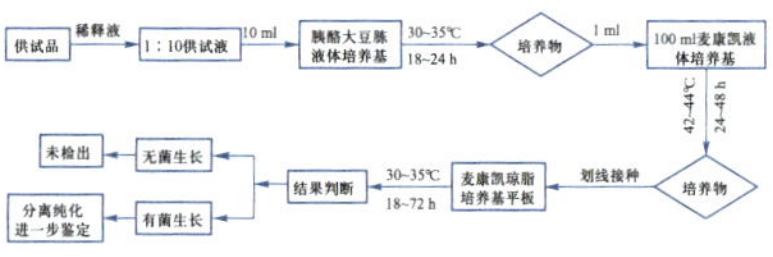 结果判断

3. 清场过程

微生物限度检查岗位清场操作见表 6-17。

表 6-17　微生物限度检查岗位清场操作

序号	步骤	操作要点	示意图
1	清洁	测定结束后，关闭仪器电源开关。清洁时，先用毛刷刷去洁净工作区的杂物和浮尘，再用细软布擦拭工作台表面污迹、污垢，目测无清洁剂残留后，用洁净抹布擦干。用以 75% 乙醇浸湿的纱布将紫外线杀菌灯表面擦干净，保持表面清洁，否则会影响杀菌能力。清洁后，设备内外表面应光亮、整洁，没有污迹。打开超净工作台的紫外灯照射消毒不少于 30 min，处理净化工作区内工作台表面积累的微生物，30 min 后，关闭紫外灯，开启送风机，结束操作	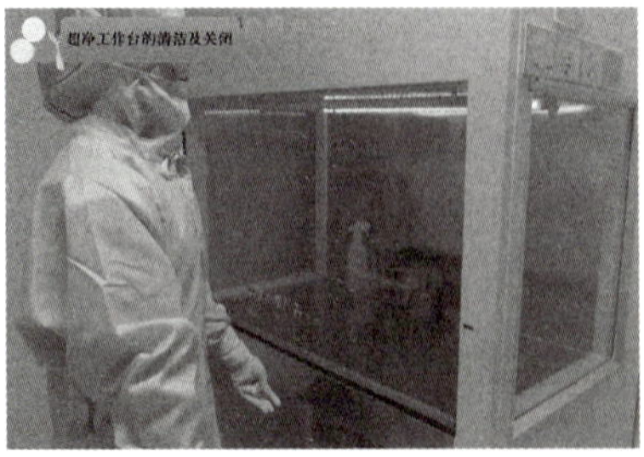 超净工作台清洁
2	清洁评价	应进行 GMP 环境监测，悬浮粒子、沉降菌、浮游菌等符合相应洁净度级别要求	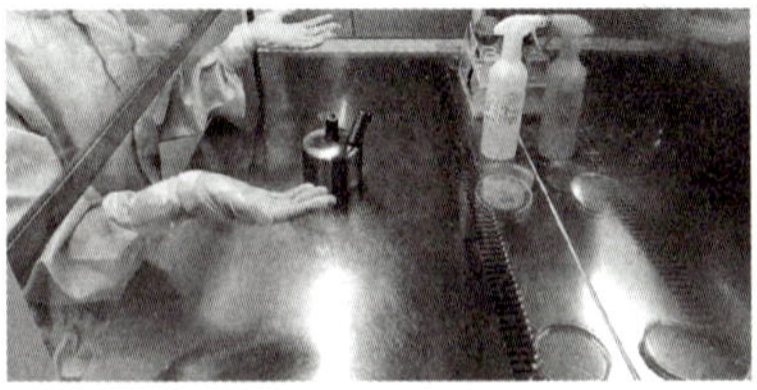 超净工作台环境监测
3	更换标识	①更换设备状态标识为“待运行” ②更换房间状态标识为“已清场”	已清场 有效期至：　年　月　日　时 “已清场”状态标识

视频：质量检查操作——微生物限度检查（微生物计数检查）

六、质检岗位结果记录填写

质量检查岗位结果记录见表 6-18~ 表 6-22。

表 6-18　碳酸氢钠片压片过程检测记录(重量差异)

产品名称	碳酸氢钠片	规格		产品批号	
操作间	质检室	生产批量			

操作要点:

1. 用圆头镊子夹取 20 片药片,置于天平(精密度≥千分之一)上测定总片重,计算平均片重,同时测定每片片重,计算重量差异,重量差异=$\frac{\text{每片重量}-\text{20 片的平均片重}}{\text{20 片的平均片重}}\times 100\%$,记录结果
2. 正确判定结果
3. 测定结束,清洁设备与台面
4. 检测过程中清扫的粉尘、废弃物等及时收集至指定容器或袋中

<table>
<tr><th colspan="12">检测记录</th></tr>
<tr><td>检测时间</td><td colspan="11">[　　]年[　　]月[　　]日[　　]时[　　]分——[　　]时[　　]分</td></tr>
<tr><td>房间温度</td><td colspan="3">18~26 ℃</td><td colspan="2">□ 合格
□ 不合格</td><td colspan="2">房间湿度</td><td colspan="3">45%~65%</td><td>□ 合格
□ 不合格</td></tr>
<tr><td>项目</td><td colspan="10">质量标准: ± 7.5%</td><td>检测结果</td></tr>
<tr><td rowspan="5">重量差异
(标示量
92.5% ~
107.5%)</td><td>1</td><td>2</td><td>3</td><td>4</td><td>5</td><td>6</td><td>7</td><td>8</td><td>9</td><td>10</td><td rowspan="5">□ 合格
□ 不合格</td></tr>
<tr><td></td><td></td><td></td><td></td><td></td><td></td><td></td><td></td><td></td><td></td></tr>
<tr><td>11</td><td>12</td><td>13</td><td>14</td><td>15</td><td>16</td><td>17</td><td>18</td><td>19</td><td>20</td></tr>
<tr><td></td><td></td><td></td><td></td><td></td><td></td><td></td><td></td><td></td><td></td></tr>
<tr><td colspan="5">平均片重:　　g</td><td colspan="5">重量差异:　　%</td></tr>
<tr><td>操作人</td><td colspan="4"></td><td colspan="3">复核人</td><td colspan="4"></td></tr>
</table>

表 6-19 碳酸氢钠片压片过程检测记录(硬度)

产品名称	碳酸氢钠片	规格		产品批号	
操作间	质检室			生产批量	

操作要点:

1. 取 × 片药片(不少于 6 片),将其平放入两个压头之间,按要求测定片剂硬度,记录结果
2. 正确判定结果
3. 测定结束,清洁设备与台面
4. 检测过程中清扫的粉尘、废弃物等及时收集至指定容器或袋中

检测记录

检测时间	[ ]年[ ]月[ ]日[ ]时[ ]分——[ ]时[ ]分

操作记录	房间温度	18~26 ℃	□ 合格 □ 不合格	房间湿度	45%~65%	□ 合格 □ 不合格
	项目	质量标准:平均硬度 ≥ 8 N,每片 ≥ 5 N				检测结果
	硬度	1	2	3	4	□ 合格 □ 不合格
		5	6	平均硬度		

操作人		复核人	

表 6-20 碳酸氢钠片压片过程检测记录(脆碎度)

产品名称	碳酸氢钠片	规格	g	产品批号	
操作间	质检室			生产批量	片

操作要点:

1. 取若干片,用吹风机吹去片剂脱落的粉末,精密称重,置轮鼓中,转动 100 次。取出,同法除去粉末,精密称重,计算减失重量,脆碎度= $\frac{\text{检测前的重量}-\text{检测后的重量}}{\text{检测前的重量}}\times 100\%$,记录结果
2. 正确判定结果
3. 测定结束,清洁设备与台面
4. 检测过程中清扫的粉尘、废弃物等及时收集至指定容器或袋中

检测记录

检测时间	[ ]年[ ]月[ ]日[ ]时[ ]分——[ ]时[ ]分

续表

操作记录	房间温度	18~26 ℃	□ 合格 □ 不合格	房间湿度	45%~65%	□ 合格 □ 不合格
	项目	质量标准				检测结果
	脆碎度	≤1%	检测时间 / 时　分	检测前 / g	检测后 / g	脆碎度 / %	□ 合格 □ 不合格
			复试第 1 次时间 / 时　分	检测前 / g	检测后 / g	脆碎度 / %	□ 合格 □ 不合格
			复试第 2 次时间 / 时　分	检测前 / g	检测后 / g	脆碎度 / %	□ 合格 □ 不合格
结果判定	□ 合格　□ 不合格					
操作人			复核人			

注:有复试时才填写复试结果

表 6-21　碳酸氢钠片压片过程检测记录(崩解时限)

产品名称	碳酸氢钠片	规格		产品批号	
操作间	质检室			生产批量	

操作要点:

1. 取供试品 6 片,置崩解仪中,各片均应在 15 min 内全部崩解。如有 1 片不能完全崩解,应另取 6 片复试,均应符合规定,记录结果
2. 正确判定结果
3. 测定结束,清洁设备与台面
4. 检测过程中清扫的粉尘、废弃物等及时收集至指定容器或袋中

检测记录						
检测时间	[　　]年[　　]月[　　]日[　　]时[　　]分——[　　]时[　　]分					
操作记录	房间温度	18~26 ℃	□ 合格 □ 不合格	房间湿度	45%~65%	□ 合格 □ 不合格
	项目	质量标准				检测结果
	崩解时限	≤15 min	全部崩解时间			□ 合格 □ 不合格
			复试:全部崩解时间	(有复试时才填写)		
操作人			复核人			

表 6-22 碳酸氢钠片微生物限度检查记录

品名：__________ 批号：__________ 规格：__________
检测日期：__________ 检测依据：《中国药典》(2020 年版)
检测环境：温度__________ 湿度__________

供试液制备方法：取供试品________g，加 pH 7.0 的无菌氯化钠－蛋白胨缓冲液至________ml，充分振摇使混匀，作为 1:10 的供试液

一、需氧菌、霉菌及酵母菌总数检查

培养基种类、温度：

胰酪大豆胨琼脂培养基（Ⅰ批号：__________）：培养需氧菌，温度为 30~35 ℃

沙氏葡萄糖琼脂培养基（Ⅱ批号：__________）：培养霉菌和酵母菌，温度为 20~25 ℃

样品处理：取均匀供试液，用 pH 7.0 的无菌氯化钠－蛋白胨缓冲液进一步稀释至 1∶10、1∶100、1∶1 000 的稀释级。分别取__________ml 于培养基（Ⅰ、Ⅱ）中培养

观察结果：

检测项	编号	阴性	稀释倍数			结果/（个·g^{-1}）
			1∶10	1∶100	1∶1 000	
需氧菌	1# 平皿					
	2# 平皿					
	平均菌落数					
霉菌 酵母菌	1# 平皿					
	2# 平皿					
	平均菌落数					

二、大肠埃希菌检查

培养基种类、温度：

胰酪大豆胨液体培养基（Ⅰ批号：__________）：增菌培养，温度为 30~35 ℃

麦康凯液体培养基（Ⅱ批号：__________）：检查，温度为 42~44 ℃

麦康凯琼脂培养基（Ⅲ批号：__________）：检查，温度为 30~35 ℃

观察结果如下：

项目	试验组	供试品对照组	阳性对照组	阴性对照组
菌落				
结果	□ 未检出 □ 检出：____个/g			

结论： □ 符合规定 □ 不符合规定

检验人： 复核人：

任务考核

一、考核要求

1. 在线测试（5 min）

请扫描二维码完成在线测试。

在线测试：碳酸氢钠片质量检查操作

2. 实践考核（40 min）

以角色扮演法进行分组考核，要求在规定时间内完成碳酸氢钠片五项质量检查操作（片重差异、硬度、脆碎度、崩解时限和微生物限度检查），并填写批检验记录。

（1）分组要求：每组 2 人，1 人扮演考评员，1 人扮演岗位操作人员。

（2）场景设置：质检室或生产设备旁边的在线质量检验台。

（3）其他要求：考核过程中应按照操作要点规范操作，及时如实填写检验记录等。

二、评分标准

质量检查岗位操作评分标准见表 6-23。

表 6-23　质量检查岗位操作评分标准

序号	考核内容	分值 / 分	评分要点	考生得分	备注
1	片重差异检查	15	1. 更换房间状态标识（1 分） 2. 更换设备状态标识（1 分） 3. 空称量瓶称量正确（1 分） 4. 取样量正确（2 分） 5. 依次用圆头或平头镊子取出 1 片，置称量瓶中，分别精密称定，如实记录各片重量（取样方法正确 1 分，称量正确 2 分） 6. 关闭电源，清洗称量瓶（1 分） 7. 正确选用抹布并正确清洁仪器与台面（0.5 分） 8. 正确更换标识（0.5 分） 9. 及时如实填写记录（2 分） 10. 按各片允许片重差异限度，求出允许片重范围（标示量 ± 标示量 × 重量差异限度）（计算正确 2 分） 11. 能对结果进行正确判定（1 分）		
2	硬度检查	15	1. 更换房间状态标识（1 分） 2. 更换设备状态标识（1 分） 3. 取样量符合要求（2 分） 4. 正确设置设备参数（1 分） 5. 打开保护盖，径向放入一片药片，关闭保护盖，进行测量（2 分）		

续表

序号	考核内容	分值 / 分	评分要点	考生得分	备注
2	硬度检查	15	6. 正确清洁破碎颗粒(1 分) 7. 操作过程中有任一片错误,未径向放入扣 0.5 分,未关闭保护盖扣 0.5 分,未正确按键扣 0.5 分,未能及时清洁碎颗粒扣 0.5 分,扣完为止 8. 关闭电源,清除渣盒碎粉,收集入废弃袋(1 分) 9. 用抹布清洁仪器表面与台面(1 分) 10. 及时如实填写记录(2 分) 11. 能对结果进行正确判定(3 分)		
3	脆碎度检查	15	1. 更换房间状态标识(1 分) 2. 更换设备状态标识(1 分) 3. 取样量符合要求(2 分) 4. 正确设置设备参数(1 分) 5. 打开保护盖,径向放入一片药片,关闭保护盖,进行测量(操作正确 2 分) 6. 正确清洁破碎颗粒(1 分) 7. 操作过程中有任一片错误,未径向放入扣 0.5 分,未关闭保护盖扣 0.5 分,未正确按键扣 0.5 分,未能及时清洁碎颗粒扣 0.5 分,扣完为止 8. 关闭电源,清除渣盒碎粉,收集入废弃袋(1 分) 9. 用抹布清洁仪器表面与台面(1 分) 10. 及时如实填写记录(2 分) 11. 能对结果进行正确判定(3 分)		
4	崩解时限检查	15	1. 更换房间状态标识(1 分) 2. 更换设备状态标识(1 分) 3. 取样数量正确(2 分) 4. 将药片投入吊篮,浸入烧杯中(2 分) 5. 正确设置设备参数进行检测(2 分) 6. 若存在复试,复试操作不正确扣 1 分 7. 关闭电源,清洗烧杯(1 分) 8. 用抹布清洁仪器与台面(0.5 分) 9. 正确更换标识(0.5 分) 10. 真实填写记录(2 分) 11. 能对结果进行正确判定(3 分)		
5	微生物限度检查	40	1. 更换房间状态标识(1 分) 2. 更换设备状态标识(1 分) 3. 检查环境准备,紫外灯照射 2 分,单向风 2 分 4. 供试液制备(4 分)		

续表

序号	考核内容	分值 / 分	评分要点	考生得分	备注
5	微生物限度检查	40	5. 注平板操作(2 分) 6. 倒培养基操作(2 分) 7. 阴性对照(1 分) 8. 培养与观察(1 分) 9. 供试液制备(4 分) 10. 增菌培养操作(2 分) 11. 分离培养操作(2 分) 12. 阴性对照(1 分) 13. 培养与观察(1 分) 14. 环境消毒与灭菌(3 分) 15. 废弃物处理(3 分) 16. 更换房间状态标识(1 分) 17. 更换设备状态标识(1 分) 18. 真实填写记录(2 分) 19. 能对结果进行正确判定(4 分)		
岗位总分					

模块 3　氯化钠注射液的生产

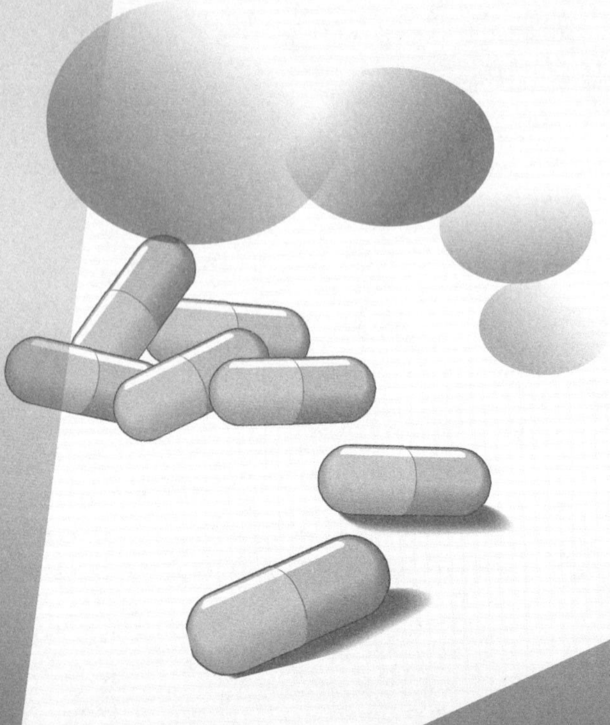

项目 7
氯化钠注射液制备工艺

项目描述

注射剂系指原料药物或与适宜的辅料制成的供注入体内的无菌制剂，可用于皮下注射、皮内注射、肌内注射、静脉注射、静脉滴注、鞘内注射、椎管内注射等。

本项目以氯化钠注射液的生产为例，采用浓配法，阐述生产工艺流程，结合实际介绍生产过程的关键控制点，为后续详细介绍岗位操作奠定基础，使学员明确生产中的关键工序和注意事项。

学习目标

- 知识目标

1. 掌握氯化钠注射液的工作任务和生产指令。
2. 掌握氯化钠注射液的生产工艺流程。
3. 掌握氯化钠注射液生产过程的关键控制点。
4. 熟悉氯化钠注射液制备方法的适用范围。
5. 了解小容量注射剂的生产工艺特点。

- 能力目标

1. 能准确领会氯化钠注射液的工作任务和生产指令。
2. 能明确氯化钠注射液生产工艺过程的各个环节。
3. 能明晰氯化钠注射液生产过程中关键控制点的标准要求。
4. 能以氯化钠注射液生产工艺流程推导小容量注射剂生产工艺的整体过程。

- 素养目标

1. 培养药物制剂生产职业道德与法律法规意识。
2. 培养坚定自主研发，精益求精的工匠精神。
3. 树立质量控制意识，提升社会责任感。

知识导图

请扫描二维码了解本项目主要内容。

知识导图：
氯化钠注射液制备工艺

任务 7.1 工艺规程学习

PPT：
工艺规程学习(氯化钠注射液生产)

知识准备

一、产品概述与工作任务

1. 小容量注射剂概述

小容量注射剂指装量小于 50 ml 的注射剂，系指原料药物或与适宜的辅料制成的供注入体内的无菌制剂。小容量注射剂剂量准确，药效迅速，作用可靠，临床应用非常广泛，对于急救处理、局部给药、不适合吞咽的患者和药物都适宜。但是，注射给药方式不方便，有疼痛感，属于高风险给药，注射剂的质量要求远比其他剂型严格，制备工艺过程复杂，生产成本与价格较高。

注射剂可分为溶液型注射剂、乳剂型注射剂、混悬型注射剂、注射用无菌粉末。溶液型注射剂要求澄清透明。对于易溶于水且在水溶液中稳定的药物，可制成水溶液型注射剂，如氯化钠注射液。本任务以规格为 2 ml：18 mg 的氯化钠注射液为例介绍其工艺规程。

2. 氯化钠注射液概述

《中国药典》(2020 年版)规定：氯化钠注射液为氯化钠的等渗灭菌水溶液，无色澄明，pH 应为 4.5~7.0，含氯化钠(NaCl)应为 0.850%~0.950%(g/ml)。鉴别时要显通则 0301 钠盐与氯化物鉴别(1)的反应。渗透压摩尔浓度应为 260~320 mOsmol/kg。细菌内毒素检查，每 1 ml 中含内毒素的量应小于 0.50 EU。含量测定：精密量取本品 10 ml，加水 40 ml、2% 糊精溶液 5 ml、2.5% 硼砂溶液 2 ml 与荧光黄指示液 5~8 滴，用硝酸银滴定液(0.1 mol/L)滴定。每 1 ml 硝酸银滴定液(0.1 mol/L)相当于 5.844 mg 的 NaCl。

注射剂的其他各项质量检查，应符合《中国药典》(2020 年版)注射剂项下的各项规定，包括装量、可见异物、无菌检查等，各项目检查合格后，才是合格产品。

氯化钠注射液药典收载品种规格有多种，本任务生产的规格为 2 ml：18 mg，玻璃安瓿灌装。

3. 工作任务

以普通注射剂岗位操作人员身份，按照氯化钠注射液生产工艺流程，进行氯化钠注射液生产中人员净化、称量配制、药液过滤、灌装熔封、灭菌检漏、质量检查等岗位操作，制备质量合格的氯化钠注射液。全过程符合生产要求。

氯化钠注射液(2 ml：18 mg)批生产指令见表 7-1。

表 7-1　氯化钠注射液(2 ml∶18 mg)批生产指令

产品名称		0.9%氯化钠注射液		规　格	2 ml∶18 mg
产品批号				配 制 量	200 L
起 草 人				起草日期	年　月　日
审 核 人				审核日期	年　月　日
批 准 人				批准日期	年　月　日
接收指令部门			接收人		接收日期	年　月　日
作业时间及期限		年　月　日 — 年　月　日			
生产要求	物料清单	原辅料名称	理论量	消耗量	领料量	批号及供应厂家
		氯化钠	1.8 kg	0.036 kg	1.836 kg	
		活性炭	0.4 kg	0.008 kg	0.408 kg	
		稀盐酸		适量		
		加注射用水至	200 L			
	中间产品质量标准	pH		含量		
	洗灌封工序	安瓿领用量：　　支				
	灭菌工序	灭菌温度：121 ℃　灭菌时间：30 min				
	灯检工序	光源采用日光灯，光照度应为 1 000~1 500 lx				
	理论生产总量	100 000 支				

氯化钠注射液(2 ml∶18 mg)批包装指令见表 7-2。

表 7-2　氯化钠注射液(2 ml∶18 mg)批包装指令

产品名称		0. 9%氯化钠注射液		规　格	2 ml∶18 mg	
产品批号				包装规格	10 支 / 盒	100 盒 / 箱
待包装产品数量				计划产量		
起 草 人				起草日期	年　月　日	
审 核 人				审核日期	年　月　日	
批 准 人				批准日期	年　月　日	
接收指令部门			接收人		接收日期	年　月　日
作业时间及期限		年　月　日 — 年　月　日				
包装要求	包装材料清单	包装材料名称	理论量	消耗量	领料量	批号及供应厂家
		标签				
		说明书				
		合格证				
		纸盒				
		纸箱				
		封箱胶				

二、小容量注射剂生产工艺流程

小容量注射剂为无菌制剂，不仅要按照生产工艺流程进行生产，还要严格按照GMP 进行生产管理，以保证注射剂的质量和用药安全。小容量注射剂一般生产工艺流程见图 7-1。

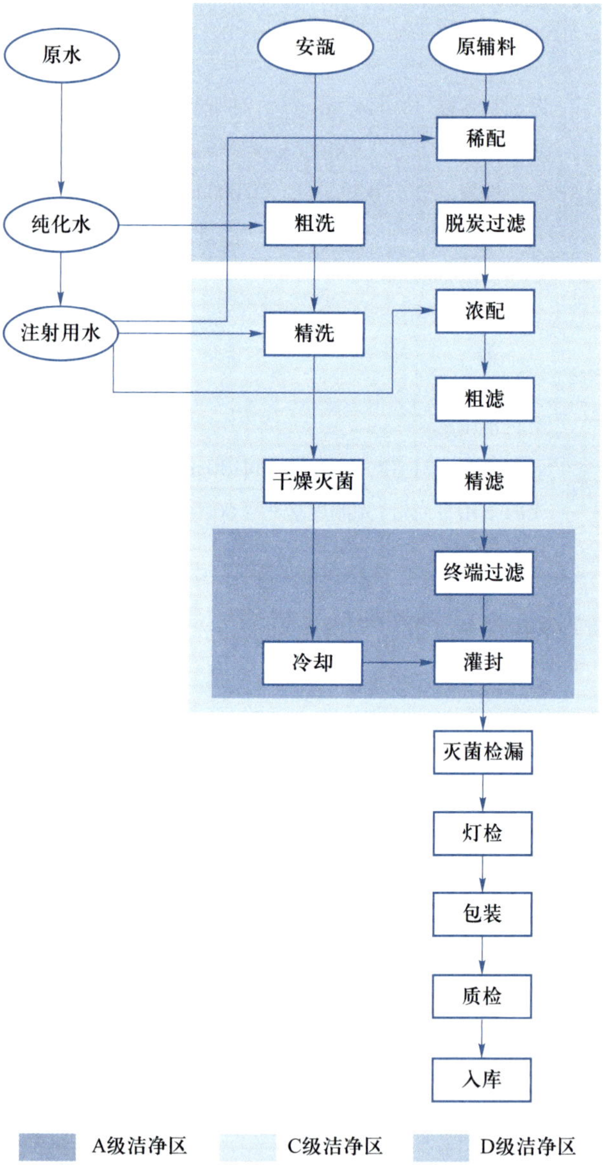

图 7-1 小容量注射剂一般生产工艺流程

1. 安瓿的处理

小容量注射剂常用灌装容器为曲颈易折玻璃安瓿。安瓿的理瓶、洗瓶、灭菌常用洗烘灌封联动一体设备。

(1) 理瓶、洗瓶：安瓿除去包装后需经洗涤干燥方能使用。生产上有甩水洗涤法、气水喷射洗涤法、超声波洗涤法，目前多采用超声波洗涤法与气水喷射洗涤法相结合的方法对空安瓿进行清洗。超声波洗涤是使水在发生器作用下，成为清洗介质，通过液面震动，使浸没其中的安瓿内外表面的污垢受冲击脱落，将安瓿清洗干净。清洗洁净度高、速度快。加压气水喷射洗涤设备由供水系统、压缩空气及其过滤系统、洗瓶机三大部分组成，利用已经滤过的纯化水和已滤过的压缩空气由针头喷入安瓿瓶内交替喷射洗涤，其中最后一次应用经过微孔滤膜精滤的注射用水，冲洗顺序为：气—水—气—水—气。

(2) 干燥灭菌：安瓿清洗干净后，还需通过干燥灭菌去除活的微生物，达到无菌要求。干燥灭菌可选用烘箱加热至 120~140 ℃干燥，若是无菌操作或采用低温灭菌的安瓿可以 180 ℃干热灭菌 1.5 h；或选用连续式的干热灭菌设备，即隧道式烘箱。隧道加热分预热段、中间段及降温段三段，其特点是整个输送隧道在密封系统内，因为有层流净化空气保护，所以不被污染。目前，洗烘灌封联动一体设备选择的是隧道式烘箱，以方便联动。

安瓿在干燥灭菌过程中的灭菌按照 D 级要求。最终灭菌注射剂灭菌后的安瓿在 C 级洁净度下于密闭容器内保存，非最终灭菌注射剂灭菌后的安瓿在 B 级洁净度下于密闭容器内保存，安瓿存放时间不超过 24 h。

2. 配液

(1) 原材料的准备：准备注射用规格原料，辅料尽可能满足注射用规格。

(2) 配制用具的选择与处理：配制容器选择不锈钢配液罐，分为浓配罐和稀配罐。使用前，配制用具要用硫酸清洁液或其他洗涤剂洗净，并用新鲜注射用水荡洗或灭菌后备用。

(3) 配制方法：分为浓配法和稀配法两种。浓配法是将全部药物加入部分溶剂中配成药物的浓溶液，过滤，然后稀释至所需浓度。浓配法可滤除溶解度小的杂质。稀配法是将全部药物加入全部溶剂中，一次配成所需浓度，再过滤后灌装。稀配法对原料要求更高。

3. 过滤

溶液型注射剂要求澄清透明，需经过滤除去可见异物。注射剂过滤一般采用二级过滤，先粗滤，再精滤。粗滤常以钛棒过滤器为滤器，精滤常以微孔滤膜(孔径 0.22~0.45 μm)为滤器。药液经含量、pH 检测合格后方可精滤。为确保过滤质量，药液灌装前需再进行终端过滤，常以微孔滤膜(孔径 0.22 μm)为滤器。

钛棒过滤器耐高温，耐酸碱，耐高压，效率高，易再生。微孔滤膜过滤器效率高，吸附少，但耐酸耐碱能力差，所以先用钛棒过滤器，后用微孔滤膜过滤器。

4. 灌封

灌封包括药液的灌装和安瓿的熔封，属于注射剂生产中的关键操作，在 A 级洁净度下进行。生产上主要采用拉丝灌封机，通过绞龙传送安瓿，药液由管道经定量灌注器，由针头灌入安瓿，灌注药液后立即进行熔封，在同一台机器上完成。安瓿熔封方法分为拉封和顶封两种，拉封封口严密，不易出现毛细孔，对药液的影响小。所以目前规定必须用拉封方式封口，即拉丝封口。

注射剂灌装时按《中国药典》(2020 年版) 通则有关要求适当增加装量，以保证注射用量不少于标示装量，如 2 ml 标示装量，增加装量，易流动液为 0.15 ml，黏稠液为 0.25 ml。

注射剂生产从安瓿洗涤、灭菌到药液灌封采用联动一体设备，可实现自动化生产，提高产品质量。

5. 灭菌与检漏

(1) 灭菌：灌封结束后，注射剂要尽快进行灭菌检漏，以保证产品的无菌，应在 4 h 内灭菌。目前主要采用湿热灭菌法。常用的灭菌条件为 121 ℃、30 min，按灭菌效果 F_0 大于 8 进行验证。1~5 ml 安瓿采用流通蒸汽灭菌法的灭菌条件为 100 ℃、30 min。对热不稳定的药物可以适当缩短灭菌时间；以油为溶剂的注射剂，通常采用干热灭菌法。

(2) 检漏：灭菌后的安瓿应进一步进行漏气检查，通常采用抽真空色水法进行检漏，安瓿封口不严时，药液会变色，从而方便剔除。

6. 质量检查

注射剂应符合《中国药典》(2020 年版) 注射剂项下的各项规定，包括装量、可见异物、无菌检查、细菌内毒素检查、渗透压摩尔浓度等，经各项目检查合格后，才得到合格产品。

任务实施

氯化钠注射液生产工艺流程学习

【制剂处方】	氯化钠	1.8 kg
	活性炭	0.4 kg
	稀盐酸	适量
	注射用水	加至 200 L

【含量规格】2 ml∶18 mg

【包装规格】10 支 / 盒 ×100 盒 / 箱

【产量】每批 10 万支

氯化钠注射液采用洗灌封一体技术进行生产，其工艺流程见图 7-2。

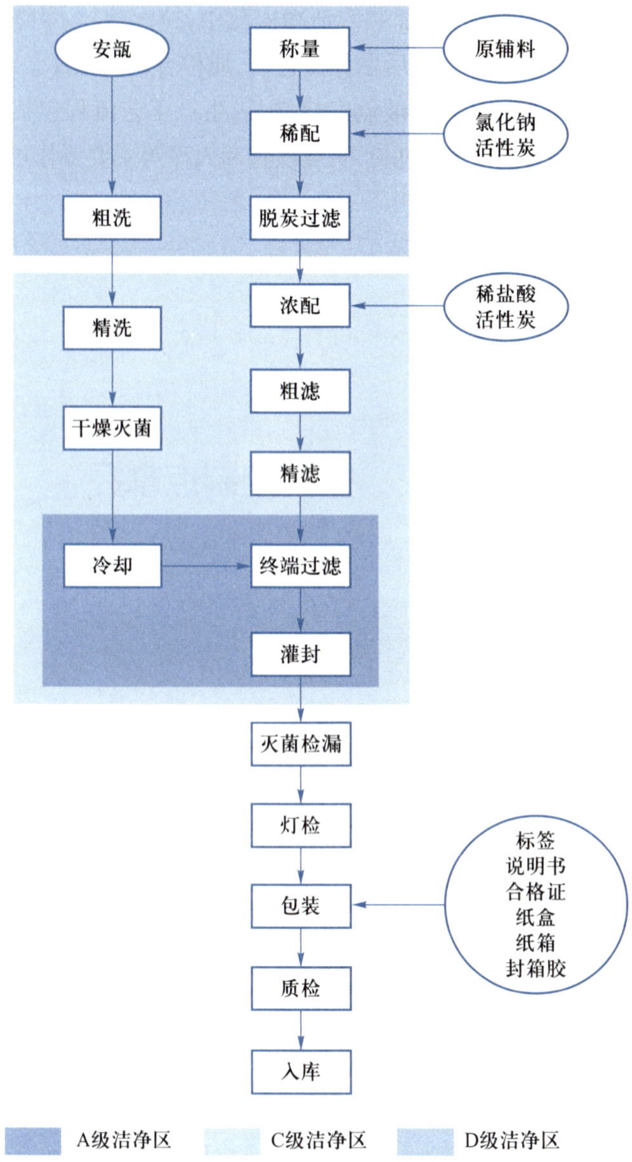

图 7-2　氯化钠注射液生产工艺流程

知识小结

1. 氯化钠注射液是电解质补充药，或用于溶解稀释其他药物，为无色透明溶液型注射剂，含氯化钠应为标示量的 0.850%~0.950%（g/ml）。

2. 小容量注射剂装量小于 50 ml，有安瓿灌装、塑料瓶灌装、西林瓶灌装，国内以安瓿灌装为主，经洗烘灌封一体设备制备。

3. 安瓿灌装的小容量注射剂生产过程主要包括：安瓿清洗，干燥灭菌，冷却备用，原辅料称量后，加部分溶剂配液，加活性炭吸附，过滤，加溶剂至足量，调整 pH、渗透压，粗滤后，再精滤，最后经终端过滤，灌装入洁净安瓿中，拉丝熔封，最终灭菌产品经灭菌检漏，灯检检查有无可见异物，合格后贴标签包装，质检合格后入库。

4. 以氯化钠注射液为例，采用玻璃安瓿灌装，生产工艺流程包括洗瓶、干燥灭菌、配液、过滤、灌封、灭菌检漏、灯检、包装、质量检查和入库等主要操作过程。

在线测试

请扫描二维码完成在线测试。

在线测试：工艺规程学习(氯化钠注射液生产)

任务 7.2　关键控制点掌握

知识准备

PPT：关键控制点掌握(氯化钠注射液生产)

小容量注射剂生产过程关键控制点

最终灭菌小容量注射剂生产过程关键控制点见表 7-3。

表 7-3　最终灭菌小容量注射剂生产过程关键控制点

工序	质量控制点	质量控制项目	频次
净化	洁净区	悬浮粒子数	1 次 / 月
		沉降菌 / 浮游菌	1 次 / 月
		温度、湿度	定时 / 班
制水	纯化水	电导率	1 次 / 2 h
		《中国药典》全项	1 次 / 周
	注射用水	pH、氯化物、铵盐	1 次 / 2 h
		《中国药典》全项	1 次 / 周
洗瓶	隧道式灭菌器	灭菌温度	定时 / 班
	洗净后安瓿	清洁度	定时 / 班
	灭菌后安瓿	干燥程度、可见异物、无菌检查	定时 / 班
配液	配料称量	品种、数量、异物	每批
	药液	澄明度、色泽、pH、主药含量等	每批
灌封	灌装量	装量差异	随时 / 班
	封口质量	外观目检	随时 / 班

续表

工序	质量控制点	质量控制项目	频次
灭菌检漏	灭菌检漏柜	灭菌温度、灭菌时间、灭菌压力	每锅
灯检	半成品	外观、可见异物等	定时 / 班
印字 / 贴标签	瓶子外观	印字清晰度、标签紧密度、无漏胶	随时 / 班
包装	装盒	盒子外观、说明书	随时 / 班
	装箱	箱子外观、印刷内容等	每箱

任务实施

氯化钠注射液生产过程关键控制点掌握

生产规格为 2 ml:18 mg 的氯化钠注射液，按照 10 支 / 盒、100 盒 / 箱包装，该注射剂生产过程关键控制点见表 7-4。

表 7-4　氯化钠注射液生产过程关键控制点

工序	质量控制点	质量控制项目	频次	
			操作人员	QA/QC 人员
净化	C、D 级洁净区	悬浮粒子数	/	C 级(动态监测): 1 次 / 月 D 级(静态监测):1 次 / 季度
	C、D 级洁净区	沉降菌 / 浮游菌	/	C 级(动态监测): 1 次 / 月 D 级(动态监测):1 次 / 季度
	C、D 级洁净区	换气次数	/	1 次 / 月
	C、D 级洁净区	温度:18~26 ℃ 湿度:45%~65%	上、下午班各一次	上、下午班各一次
	C 级背景下的 A 级洁净区	悬浮粒子数	/	动态监测:1 次 / 周
		沉降菌	/	动态监测:1 次 / 周
		风速	/	1 次 / 周
制水	纯化水	电导率	产水口 1 次 /2 h;总送、总回上、下午班各一次	/
		易氧化物		
		全项检查	/	贮罐、总送、总回每周全检一次;其他各使用点每月检查一次酸碱度、总有机碳、微生物限度

续表

工序	质量控制点	质量控制项目	频次	
			操作人员	QA/QC 人员
制水	注射用水	pH（5.0~7.0）	产水口 1 次 /2 h；总送、总回上、下午班各一次	除贮罐、总送、总回外，其他各使用点每两周检查一次 pH
		电导率		
		内毒素、微生物限度、总有机碳	/	总送、总回取样口 1 次 / 天，检查总有机碳、内毒素、微生物限度；其他各使用点每两周检查一次内毒素、微生物限度、总有机碳
		全项检查	/	贮罐总送、总回每周全检一次
洗瓶	洗瓶灭菌干燥	灭菌温度	上、下午班各一次	
		清洁度		上、下午班各一次
		干燥程度、可见异物、无菌检查		上、下午班各一次
配液	浓配	生产前检查(符合要求)	每批	每批
		计算、称量、投料	每批复核	抽查
		清场（合格）	每批	每批
		在线清洗、消毒	每日生产结束后	每日生产结束后
		在线灭菌	1 次 / 月	1 次 / 月
	稀配	生产前检查(符合要求)	每批	每批
		含量、pH、可见异物	/	每批
		浓配开始至稀配结束时间不超过 2.5 h	每批	每批
		清场（合格）	每批	每批
		在线清洗、消毒	每日生产结束后	每日生产结束后
		在线灭菌	1 次 / 月	1 次 / 月
灌封	灌封	生产前检查(符合要求)	每批	每批
		滤器起泡点试验	每日生产前	每日生产前
		灌装可见异物检查	1 次 / 批	2 次 / 批
		灌装装量检查（超出范围进行调整）	每批生产前	/
			每批生产中	随机检查
		封口外观检查(无漏液、炭化)	30 min/ 次	抽查：1 次 / 批

续表

工序	质量控制点	质量控制项目	频次	
			操作人员	QA/QC 人员
灌封	灌封	稀配结束至洗灌封结束时间不超过 8 h	每批	每批
		清场(合格)	每批	每批
		滤器起泡点试验	每日生产结束后	每日生产结束后
		在线灭菌	1 次 / 月	1 次 / 月
灭菌检漏	码瓶	最大核载量(每柜 4 车 100 000 支,每车 5 层 25 000 支,每层 5 000 支);不得上下重叠码放,数量不得超过每层、每车、每柜最大核载量	每批	抽查:1 次 / 批
	灭菌	生产前检查(符合要求)	每批	每批
		灭菌温度、时间、F_0 值(121 ℃、30 min、$F_0 \geq 8$)	每批	每批
		洗灌封结束至灭菌开始时间不超过 2 h	每批	每批
		清场(合格)	每批	每批
灯检	卸瓶	卸瓶人员把产品竖放在输送带上流至灯检室,每批产品卸瓶结束后,确认最终产品数量	每批	/
	灯检	生产前检查(符合要求)	每批	每批
		外观质量(无变形、污染、漏液、装量不符)及可见异物	每瓶	抽查:2 次 / 批
		清场(合格)	每批	每批
印字 / 贴标签	瓶子外观	印字清晰度、标签紧密度、无漏胶	每批	随机检查
包装	包装	生产前检查(符合要求)	每批	每批
		取样(正确)	/	每批
		合格证印字(正确、端正、清晰、整洁、无漏印)	每批	随机检查
		装箱数量(数量无误)	每箱	随机检查
		外箱印字(正确、端正、清晰、整洁、无漏印)	每箱	随机检查
		取样(正确)	/	每批
		封箱(整齐、牢固)	每箱	随机检查,每次 5 件
		清场(合格)	每批	每批

知识小结

小容量注射剂生产过程关键控制点涉及净化、制水、洗瓶、配液、灌封、灭菌检漏等监控项目，主要包括生产前洁净检查、滤器起泡点试验、可见异物、装量、封口外观、漏气、灭菌效果检查等。

在线测试

在线测试：关键控制点掌握(氯化钠注射液生产)

请扫描二维码完成在线测试。

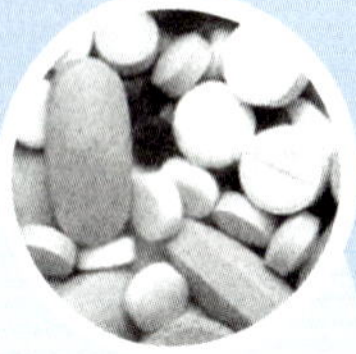

项目 8

氯化钠注射液生产岗位操作

项目描述

小容量注射剂的生产过程一般是先进行容器即安瓿的清洗，干燥灭菌后备用，再进行内容物即药液的配制和过滤，多次过滤保证产品质量后，灌装于安瓿中，再热熔封口，然后进行系列灭菌检漏和质量检查，最后印字、包装、贮存。在实际生产过程中，应严格遵循《药品生产质量管理规范》(GMP)要求，规范生产岗位操作，监督一切生产行为按照生产管理文件执行，以确保药品质量。

本项目以氯化钠注射液的生产为例，基于普通岗位操作人员身份，按照生产岗位顺序，介绍实际岗位生产、关键制药设备使用、岗位清场操作要点，使学员掌握小容量注射剂生产中人员净化、设备清洁、称量配制、过滤、灌装熔封、灭菌检漏、质量检查等岗位技能。

学习目标

- 知识目标

1. 掌握小容量注射剂生产关键岗位操作与制药设备使用方法。
2. 掌握小容量注射剂单元操作安全技术、安全防护要求。
3. 熟悉小容量注射剂关键设备维护、管理要求。
4. 了解清场有效期验证程序与要求。

- 能力目标

1. 能进行一般生产区与 B/C 级洁净区更衣、洁净操作。
2. 严格执行生产指令，保证配制所用物料名称、数量、质量准确无误。
3. 遵守工艺纪律，保证配制和滤过岗位不发生混药、错药或对药品造成污染。
4. 能填写生产记录，做到字迹清晰、内容真实、数据完整，不得任意涂改和撕毁。
5. 能在工作结束或更换品种时及时按清场标准操作规程做好清场工作，认真填写相应记录。
6. 能做到岗位生产状态标识、设备所处状态标识、清洁状态标识清晰明了，准确无误。
7. 能解决小容量注射剂生产中的常见问题。

- 素养目标

1. 立足岗位职责，树立规范操作、安全生产、自我防护意识。
2. 牢固树立药品质量意识，培养社会责任感。

知识导图

请扫描二维码了解本项目主要内容。

知识导图：氯化钠注射液生产岗位操作

任务 8.1　人员净化操作

PPT：人员净化操作（氯化钠注射液生产）

知识准备

人员进入（出）C 级洁净区净化操作流程见图 8-1。

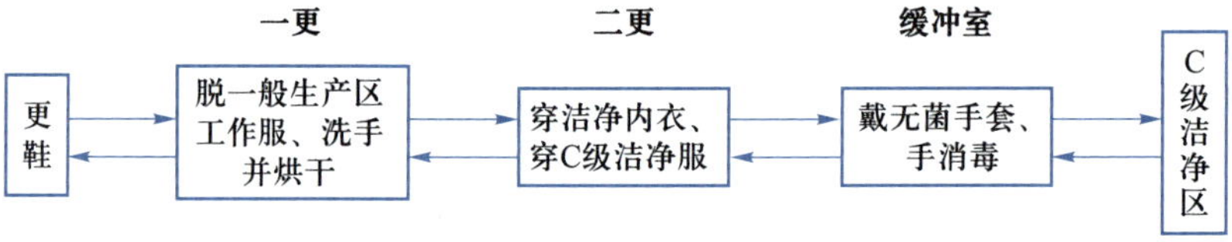

图 8-1　人员进入（出）C 级洁净区净化操作流程

人员由 C 级洁净区走廊进入（出）B 级洁净区净化操作流程见图 8-2。

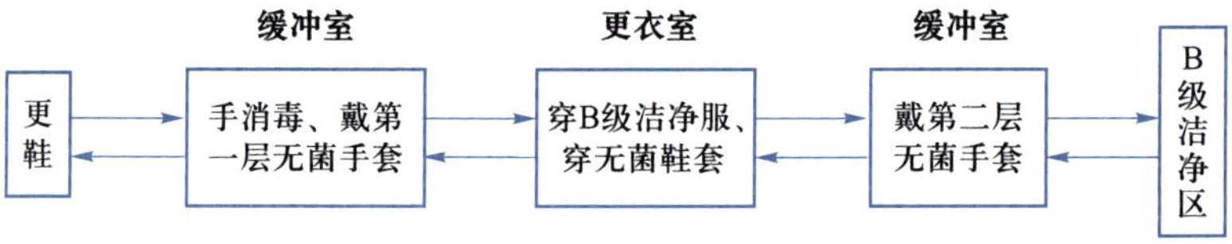

图 8-2　人员由 C 级洁净区走廊进入（出）B 级洁净区净化操作流程

任务实施

一、人员进出 C 级洁净区净化操作

人员进出 C 级洁净区净化操作见表 8-1。

表 8-1　人员进出 C 级洁净区净化操作

序号	步骤	操作要点	示意图
1	更鞋	进入 C 级洁净区进行配制操作的人员穿着 D 级洁净区的工作服及工作鞋进入 C 级洁净区入口的更鞋室，坐在更鞋柜上，将 D 级洁净区的工作鞋脱下并放在更鞋柜外侧，身体旋转 180°，从更鞋柜内侧鞋柜中取出专用拖鞋穿上	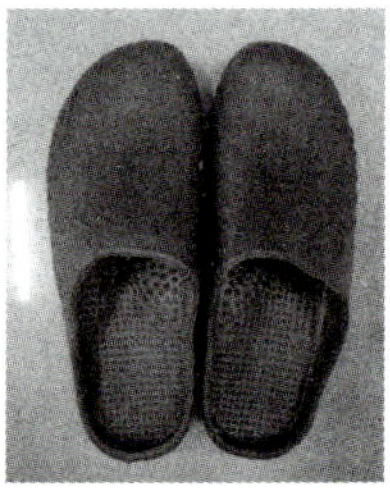 工作鞋

续表

序号	步骤	操作要点	示意图
2	套穿洁净服	人员进入套穿洁净服室，在自动手消毒器下使用 75% 乙醇对双手进行全面消毒，消毒方法为将手伸到自动手消毒器下方，掌心向上，使喷淋器喷淋掌心一次（消毒剂用量约 2 ml），然后掌背向上，喷淋掌背及手腕一次，再搓洗至消毒剂充分接触手部，手消毒后取下与自己对应编号的有效期内的洁净服套穿上	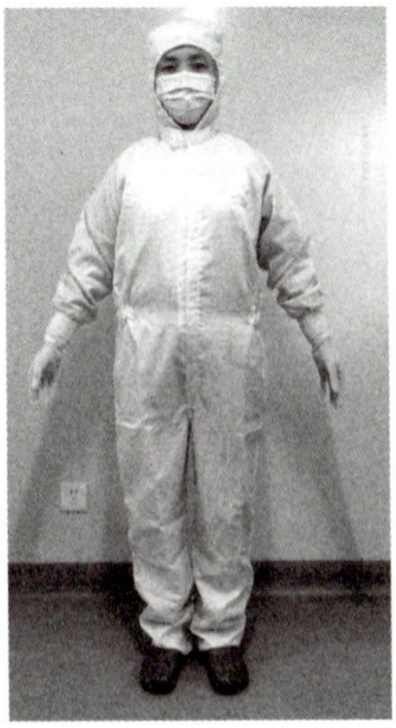 套穿洁净服
	戴无菌手套	穿完洁净服后，将无菌手套袋打开，取出无菌手套，将无菌手套戴上，注意戴无菌手套时手尽量不接触无菌手套外侧。戴好无菌手套后再次进行手消毒。经肘压打开室门进入 C 级洁净区	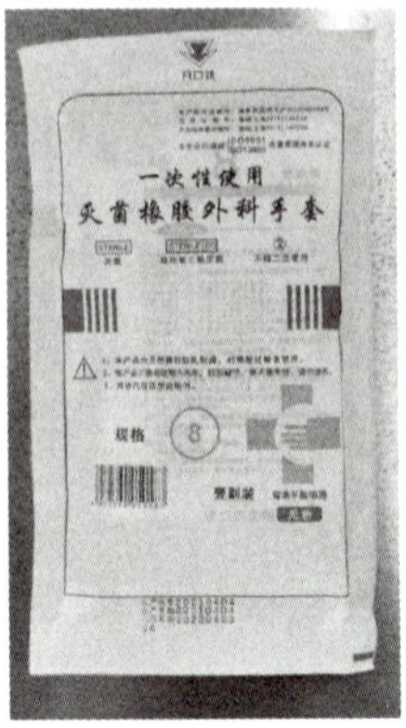 无菌手套（未打开） 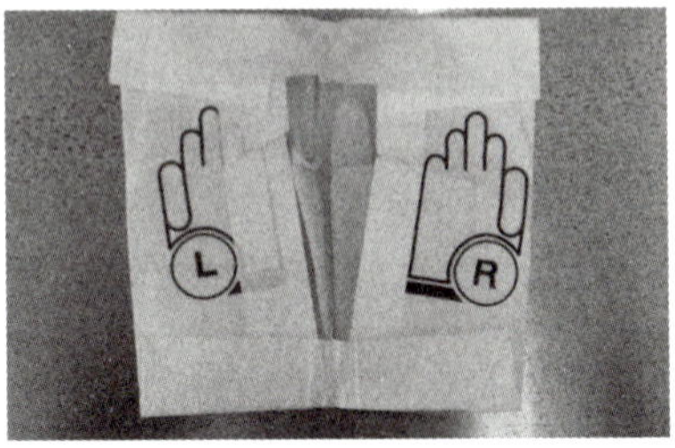 无菌手套（打开后）
3	离开洁净区	进入脱洁净服室，将套穿的洁净服脱下放入洁净服盛装桶中。进入更鞋室将 D 级洁净区工作鞋换上，将 C 级洁净区工作鞋放入拖鞋盛装桶中。配制区套穿的洁净服为一次性使用，下次再进入时更换新的洁净服	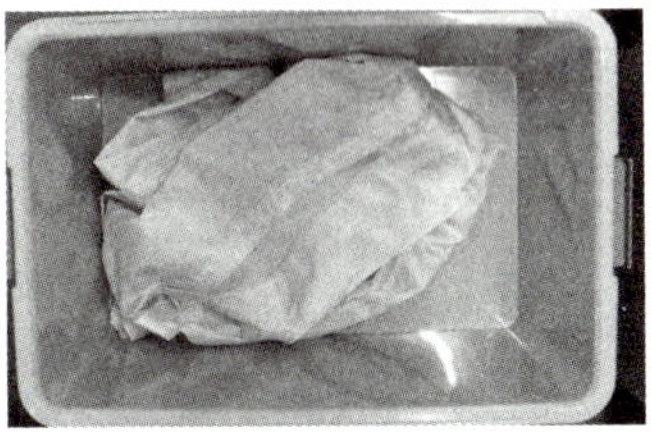 洁净服盛装桶

二、人员进出 B 级洁净区净化操作

人员进出 B 级洁净区净化操作见表 8-2。

表 8-2 人员进出 B 级洁净区净化操作

序号	步骤	操作要点	示意图
1	准备	首先由洁净区入口进入缓冲室，在缓冲室入口的粘尘垫上多次踩踏将一般生产区工作鞋上的灰尘充分去除	 粘尘垫
2	一更 （脱外衣）	人员进入一更室，将一般生产区工作服及其他衣物脱掉，挂在衣钩上	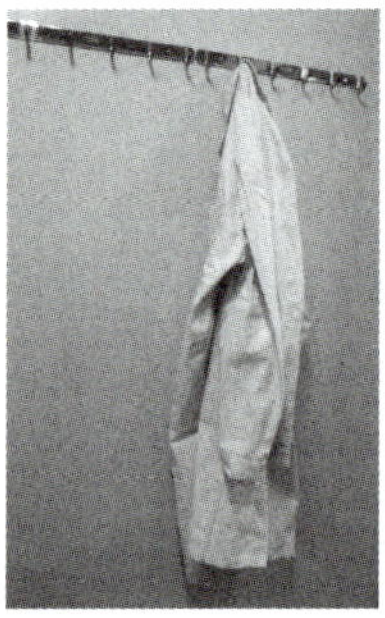 一般生产区工作服
	一更 （更鞋）	人员进入一更室，坐在更鞋柜上，将一般生产区的工作鞋脱下并放在更鞋柜外侧，身体旋转 180°，从更鞋柜内侧鞋柜中取出拖鞋穿上	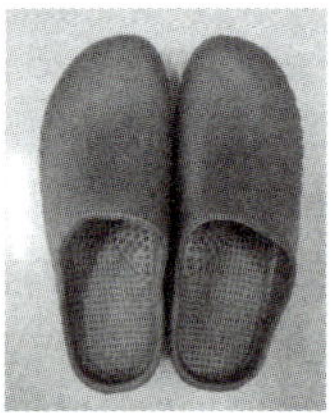 工作鞋
	一更 （洗手）	人员在一更室换完工作鞋后，在一更室洗手池使用纯化水、洗手液，按七步洗手法清洗双手及手腕，然后使用手烘干器吹干，准备进入二更室	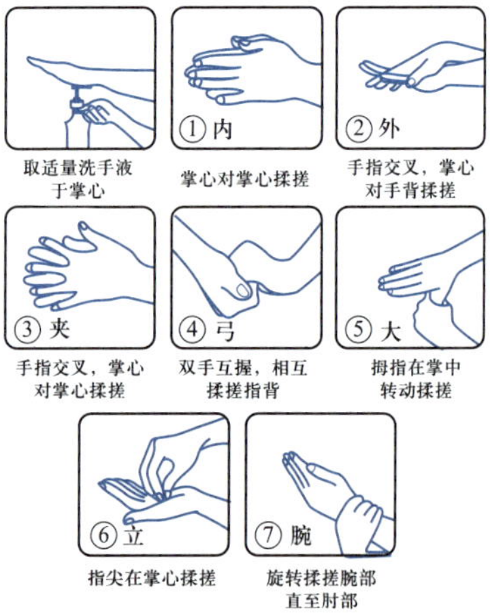 七步洗手法

续表

序号	步骤	操作要点	示意图
3	二更 （穿 B 级洁净内衣）	人员进入二更室后，在自动手消毒器下使用 75% 乙醇对双手进行全面消毒，消毒方法为将手伸到自动手消毒器下方，掌心向上，使喷淋器喷淋掌心一次（消毒剂用量约 2 ml），然后掌背向上，喷淋掌背及手腕一次，再搓洗至消毒剂充分接触手部，取下与自己对应编号有效期内的 B 级内衣穿上。人员坐在三更室入口处的更鞋柜上，将穿的工作鞋脱下并放在待清洁的拖鞋专用桶中，身体旋转 180°，取出中转拖鞋穿上	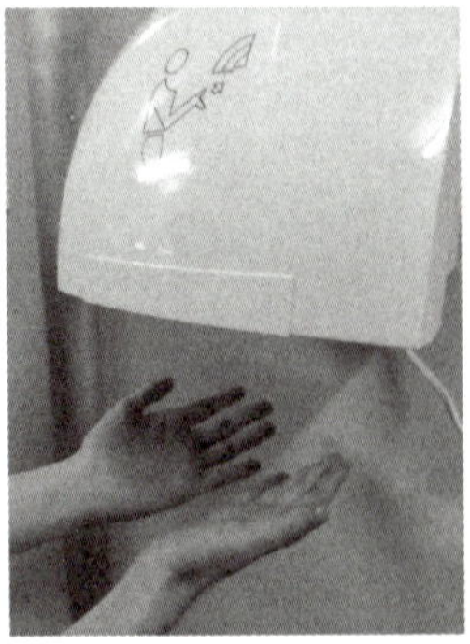 手消毒
4	三更 （手消毒、戴无菌手套）	人员在三更室站立于穿无菌外衣隔离栏外侧；先从不锈钢篮内取出无菌袜套，然后一边穿袜套一边迈过门栏，以解决无菌区域与地面交叉污染问题；人员穿好无菌袜套，踏上不锈钢平台，将三更要穿的工作鞋从地架上取出放在地面上，手消毒后，戴上无菌手套	 无菌手套
	三更 （戴口罩、穿无菌外衣）	走到无菌衣挂架前，从无菌衣袋内取出无菌口罩戴上，口罩要将口、鼻及腮部全部罩住，并且口罩带要系紧。戴完口罩后将连体无菌服取出，将无菌服全部打开后，不要使无菌服接触地面，无菌服脚部分可落在踏布上。先将一只脚穿进连体无菌服相应位置处，此只脚落下时直接落在踏布上，再抬起另一只脚，以同样方法穿进去。待双脚都穿进后，站立起来，将整个身体、手臂连同头部一起套在连体无菌外衣里，拉上拉锁，系紧系带	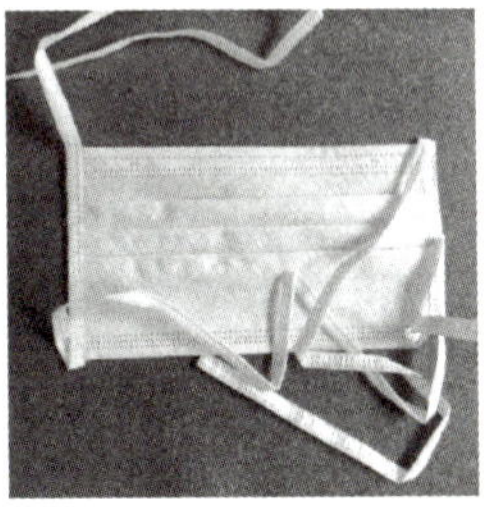 无菌口罩

续表

序号	步骤	操作要点	示意图
4	三更（穿鞋、套无菌鞋套、佩戴护目镜）	人员穿好后无菌服后，将工作鞋穿好，然后取出无菌鞋套将鞋套上，套完鞋套后对手进行消毒，然后将护目镜取出戴上，对照镜子查看穿着无误后，准备进入风淋室	 护目镜 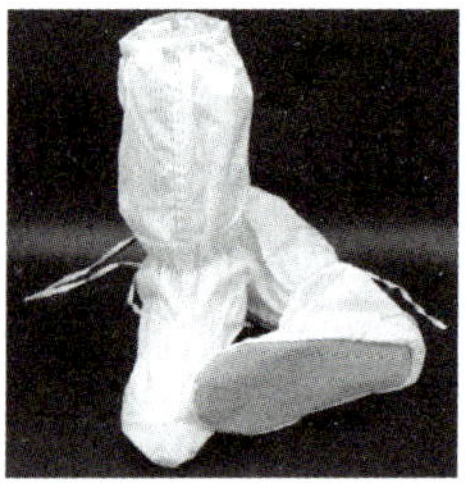 无菌鞋套 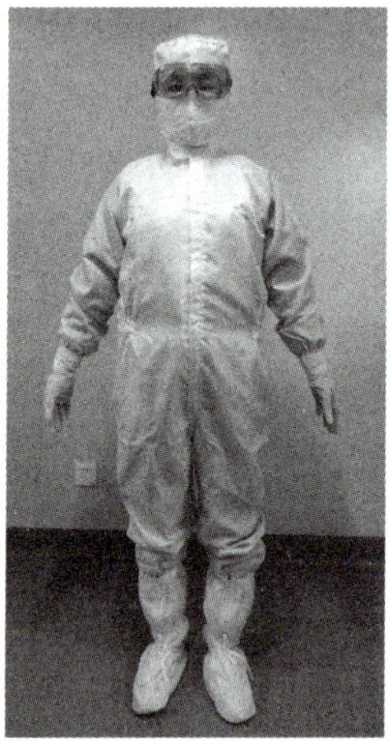 洁净服套穿完成
5	进入 B 级洁净区（生产操作）	进入风淋室，人员按相关要求将第二层无菌手套戴好，再次进行手消毒后，打开风淋室门，进入 B 级洁净区进行生产操作	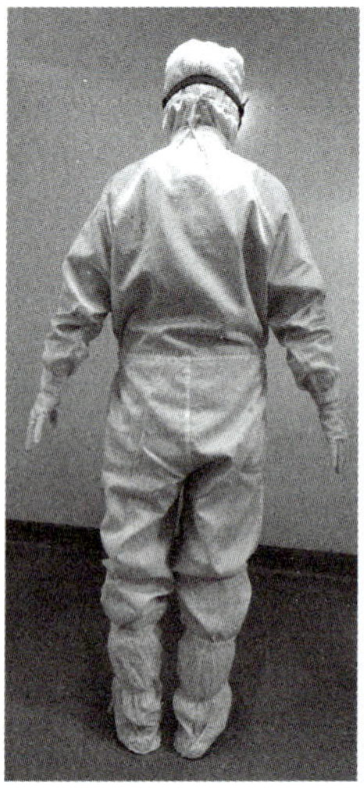 进入风淋室

续表

序号	步骤	操作要点	示意图
6	出 B 级洁净区	B 级洁净区穿戴的工作服、工作鞋、工作帽不得穿离 B 级洁净区。人员下班或中途离开洁净区时，必须经风淋室进入脱洁净服室，将脱下的 B 级洁净服按编号装在洁净服袋中放入专用的洁净服盛装桶中，将袜套、鞋套和工作鞋装在拖鞋专用桶中	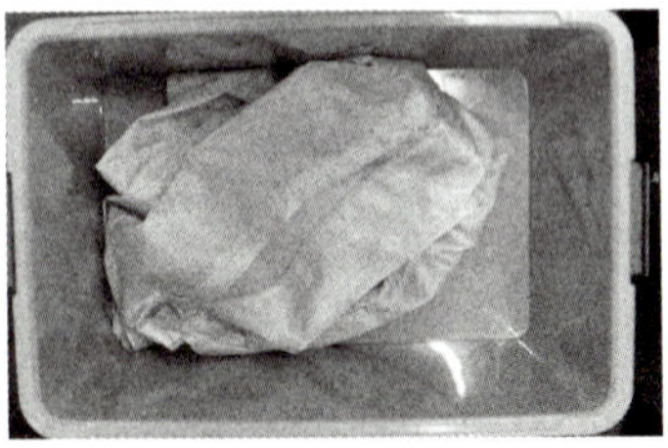 洁净服盛装桶

三、更衣记录填写

1. 填写要求

更衣记录由岗位更衣人员填写，岗位负责人及有关规定人员复核签字。不允许事前先填或事后补填，填写内容应真实。填写记录应注意字迹工整、清晰，不允许用铅笔填写，且要求用笔颜色保持一致。记录不能随意更改或销毁，若确实因填错需更改，务必在更改处画一横线后，将正确内容填写在旁边，并签字标明日期。

考核时为确保考评公平公正，原则上不允许岗位操作人员填写真实姓名，应填写准考证号或考试代号等。

2. 更衣记录样例

更衣记录见表 8–3，温湿度记录见表 8–4。

表 8–3　更 衣 记 录

日期	姓名	到达工序	进入洁净区目的	进入时间	出去时间	进入时间	出去时间	备注

表 8–4　温湿度记录

日期	上午（9:00—11:00） 下午（13:00—16:00）	记录时间	温度/℃	相对湿度/%	记录人	判 断
	上午					□合格　□不合格
	下午					□合格　□不合格
	上午					□合格　□不合格
	下午					□合格　□不合格

任务考核

一、考核要求

在线测试：人员净化操作（氯化钠注射液生产）

1. 在线测试（5 min）

请扫描二维码完成在线测试。

2. 实践考核（20 min）

在规定时间内完成人员净化流程，并填写更衣记录。

（1）分组要求：此项目为必考项目，无分组需求，学生需穿着洁净服进入下一考核项目。

（2）场景设置：应至少设有更鞋室、一更室、二更室、三更室、风淋室，准备手消毒器、更衣记录、洁净服等。

（3）其他要求：考核过程中应按照操作要点规范操作，及时如实填写更衣记录等。

二、评分标准

人员净化操作评分标准见表 8-5。

表 8-5　人员净化操作评分标准

序号	考核内容	分值/分	评分要点	考生得分	备注
1	规范（B 级更衣）	100	1. 流程正确（10 分） 2. 正确戴口罩（10 分） 3. 规范更衣［戴帽子，抓衣领，翻裤（袖）筒，不接触外表面，带眼罩、检查］（60 分） 4. 正确戴手套（10 分） 5. 每一步骤完成手消毒（10 分）		考点提供相应级别洁净服
岗位总分					

任务 8.2　配　　液

知识准备

PPT：配液

岗位职责

配液岗位操作人员应严格按照配液岗位职责要求，在无菌制剂车间小容量注射剂组班组长领导下，履行工作职能，能正确理解保温蒸汽加热配液罐组结构与工作原理，并熟练进行配液岗位操作。

1. 生产准备

进岗前按规定着装，进岗后按工艺要求安装配液设备；根据生产指令，按规定程序从中间站领取物料。

2. 生产操作

严格按照配液工艺规程和标准操作规程进行配液。配液罐组（图 8-3）的主要组成如下。

图 8-3　配液罐组

（1）浓配罐：是将一种或几种物料按工艺配比进行混配的混合搅拌设备，其结构主要包括罐体、罐附件和搅拌桨等，应根据生产工艺要求称取原辅料投放入配液罐中，在适宜温度条件下，通过搅拌器的搅拌使原辅料溶解，使产品达到工艺标准要求。

（2）稀配罐：稀配罐的结构与浓配罐的结构基本相同，稀配罐和浓配罐是相对的，作用基本一样，设备的参数略有差别。浓配罐配制完成的药液通过卫生泵经过过滤器，将药液送至稀配罐，再进行配制，或者直接采用稀配法进行配制。配制完成后，通过输液泵经过滤器过滤输送至无菌贮罐。

（3）粗滤装置：过滤是保证小容量注射剂药液澄明度符合要求的重要操作，一般分为粗滤和精滤两种。粗滤装置常用的是钛棒过滤器。钛棒过滤器一般以 316 L 不锈钢做外壳，内部滤芯为用高纯钛或钛合金不规则粉末通过高温烧结加工而成的钛棒滤芯。钛棒过滤器主要采取深层截留过滤方式。其主要用于小容量注射剂浓配方式的脱炭过滤及稀配环节中终端过滤前的保安过滤。

（4）精滤装置：药液的精滤是确保药液澄明度的最关键操作。微孔滤膜过滤器是目前药品生产企业常用的精滤装置，其采用孔径为 0.22~0.80 μm 的滤膜进行过滤，微孔滤膜用于精滤（0.45~0.8 μm）或无菌过滤（0.22~0.3 μm）。其过滤机制主要为筛析作用。使用时先用注射用水漂洗或压滤至无异物脱落，并在使用前后做起泡点试验。

配液操作人员应注意安全阀的压力设定不得超过规定的工作压力，若有则须重新设定。及时规范填写生产记录。此外，配液操作人员在生产过程中发现药液质量问题，必须及时报告工序负责人、工艺员。

3. 生产结束

按要求移交合格的注射剂至下一岗位。

工作结束或更换品种时，严格按本岗位清场标准操作规程清场，经 QA 人员检查合格后，悬挂清场合格标识牌。

4. 其他要求

工作期间严禁脱岗、串岗，不做与岗位工作无关之事；经常检查设备运转情况，注意设备保养，操作时发现故障应及时上报。

任务实施

一、生产前检查与准备

配液岗位生产前检查与准备操作见表 8–6。

表 8–6　配液岗位生产前检查与准备操作

序号	步骤	操作要点	示意图
1	接收批生产指令	① 接收批生产指令、批生产记录(空白)、中间产品交接单、物料标签(空白)等文件 ② 仔细阅读批生产指令，明确产品名称、规格、各物料用量、注意事项等指令 ③ 对照批生产指令，检查、核对其与房间标识卡上的产品名称、规格、批号等要求是否一致 ④ 在批生产指令上签上姓名、日期及时间	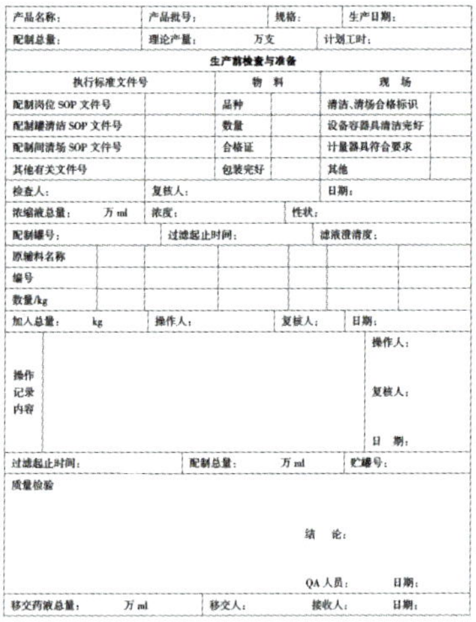 产品名称： 产品批号： 规格： 生产日期： 配制总量： 理论产量： 万支 计划工时： 生产前检查与准备 执行标准文件号 / 物　料 / 现　场 配制岗位 SOP 文件号 / 品种 / 清洁、清场合格标识 配制罐清洁 SOP 文件号 / 数量 / 设备容器具清洁完好 配制间清场 SOP 文件号 / 合格证 / 计量器具符合要求 其他有关文件号 / 包装完好 / 其他 检查人： 复核人： 日期： 浓缩液总量： 万 ml 浓度： 性状： 配制罐号： 过滤起止时间： 滤液澄清度： 原辅料名称 编号 数量/kg 加入总量： kg 操作人： 复核人： 日期： 操作记录内容 操作人： 复核人： 日　期： 过滤起止时间： 配制总量： 万 ml 贮罐号： 质量检验 结　论： QA 人员： 日期： 移交药液总量： 万 ml 移交人： 接收人： 日期： 生产相关文件
2	复核清场	① 检查生产场地是否有上一批生产遗留物 ② 检查配液间门窗、墙壁、地面等是否干净，有无浮尘，是否光洁、明亮 ③ 检查配液间清场合格证和状态标识是否在有效期内	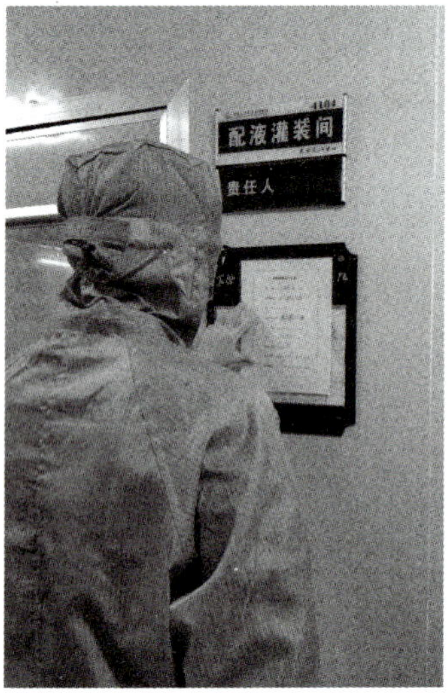 环境检查

续表

序号	步骤	操作要点	示意图
2	复核清场	④ 检查配液罐是否已清洁，是否悬挂有绿色“已清洁”和“完好”状态标识、黄色“待运行”状态标识	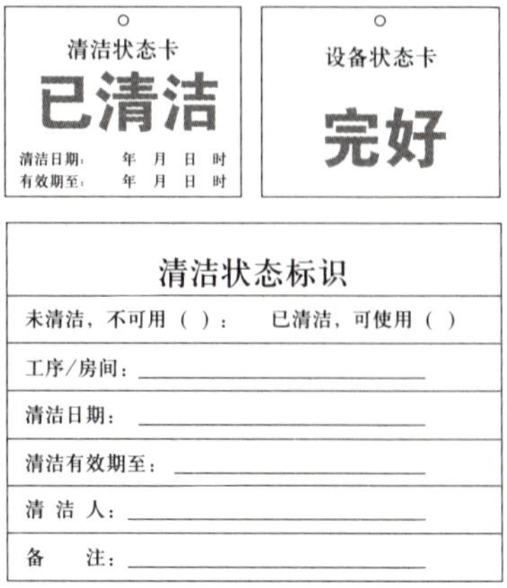 生产前房间与设备状态标识
3	温湿度与压差检查	检查配液间温湿度、压差是否符合要求：温度应在 18~26 ℃，相对湿度应在 45%~65%，配液间需保持相对负压	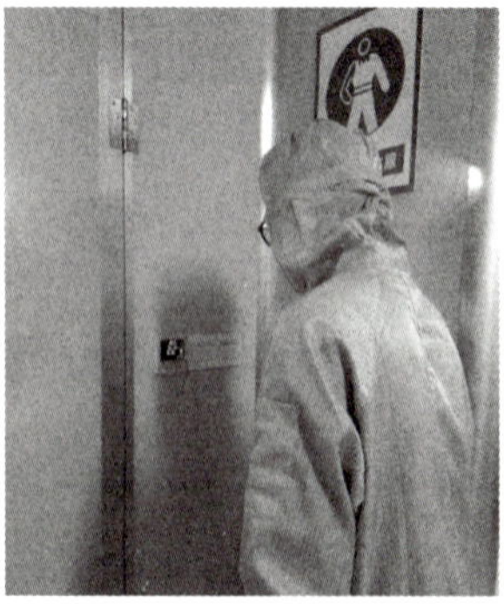 温湿度检查
4	物料领取	领料员按物料领取程序领回物料放入车间物料暂存间，并做好登记	 领料工具
5	记录填写	① 按照批生产记录填写要求，填写生产前检查与准备记录 ② 粘贴上批清场合格证（副本）于记录相应位置	 记录填写

二、配液罐组的标准操作

1. 领料

产品正式生产前，应根据批生产指令填写领料单，领取生产所需原辅料，并运送至车间物料暂存间。原辅料在不连续生产时，在批生产结束后由各班组清点结存后退回仓库。

物料领取操作见表 8–7。

表 8–7　物料领取操作

序号	步骤	操作要点	示意图
1	填写领料单	根据生产指令填写领料单，内容包括：物料代码、物料名称、规格、批号、领用数量、实发数量等。一式三份，由车间主任签名	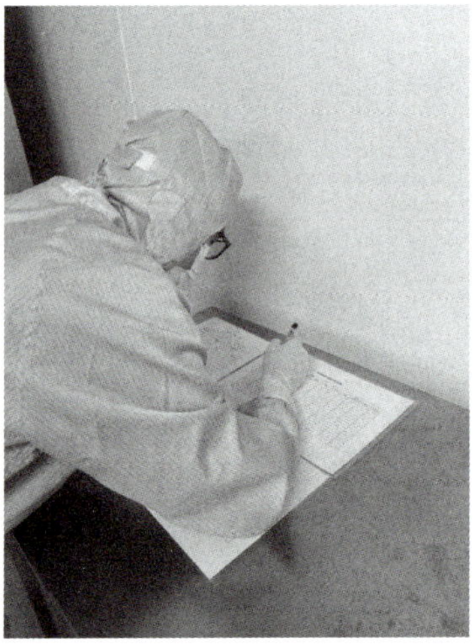 填写领料单
2	提交领料单	由车间指定领料员将领料单交给仓库管理员，仓库管理员核实领料单内容	 领料单 班组：　仓库名称：　领料日期： 物料代码 | 物料名称 | 规格 | 批号 | 领用数量 | 实发数量 | 备注 领料员：　仓库管理员：　车间主任： 领料单
3	领取物料	仓库管理员填写发料单中的发料栏，领料员核对原辅料的名称、进厂编号、发放数量和检验报告单与仓库管理员填写的原辅料发料单是否一致，核对无误后在收料人一栏签字。非整包发放物料时，应一人称量，一人复核	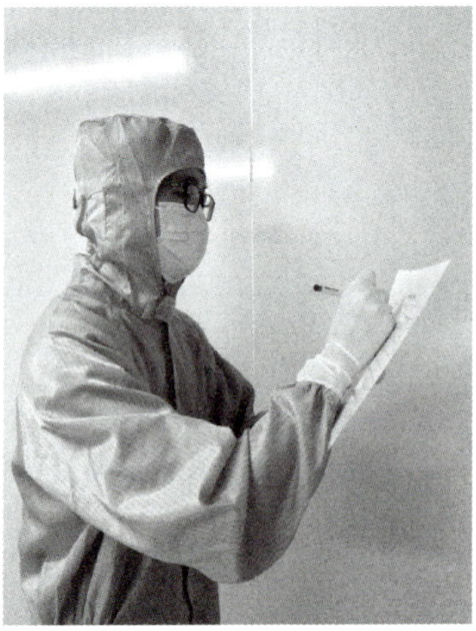 领料单核对

续表

序号	步骤	操作要点	示意图
4	运回	物料要平稳地摆放在物料车上，运输过程中做好防护，避免运输途中有物料落地	 领料用工具
5	脱包	领料员将原辅料从库房领回后，先检查物料的外包装，目视外包装完好后，再在外清室脱去外包装。领料员在无标识的内包装袋上贴上带有物料名称/规格、物料代码、数量、批号、生产厂家等信息的已脱包物料标识卡	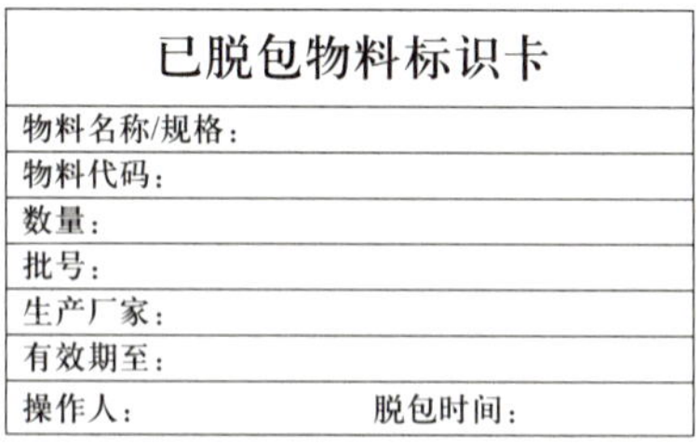 已脱包物料标识卡 物料名称/规格： 物料代码： 数量： 批号： 生产厂家： 有效期至： 操作人：　脱包时间： 已脱包物料标识卡
6	暂存	物料进入洁净区后，放入相应的暂存间，按区域存放，如果暂存间存放一种以上物料，要留有足够的空间，悬挂醒目的标识来区分。物料应码放整齐，并做好物料货位卡	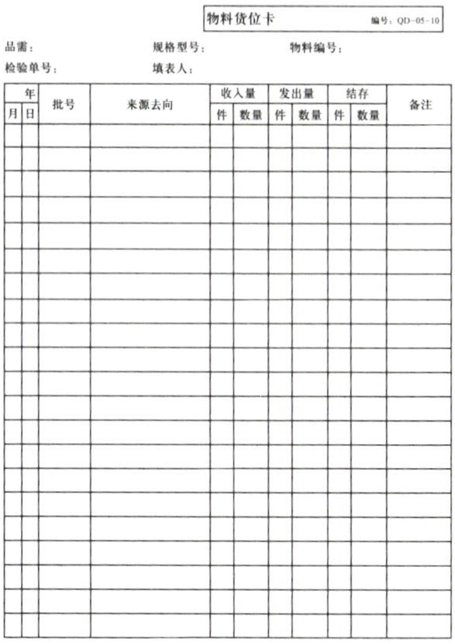 物料货位卡　编号：QD-05-10 品需：　规格型号：　物料编号： 检验单号：　填表人： 年（月、日）｜批号｜来源去向｜收入量（件、数量）｜发出量（件、数量）｜结存（件、数量）｜备注 物料货位卡

2. 生产过程

配液操作见表 8-8。

表 8-8　配 液 操 作

序号	步骤	操作要点	示意图
1	操作前准备	① 检查确认设备已清洁消毒待用 ② 检查确认各连接管道密封完好，确保各管道无跑、冒、漏等现象 ③ 检查确认各阀门开启正常 ④ 检查各泵的电路连接，确保各泵的电机电路连接正常，防止反转、缺相等故障发生 ⑤ 检查各仪表的安装状态，确保各仪表按照规范进行安装，量程符合生产要求，且各仪表均在校定有效期内 ⑥ 检查确认各控制部分正常 ⑦ 检查呼吸器阀门已处于开启状态	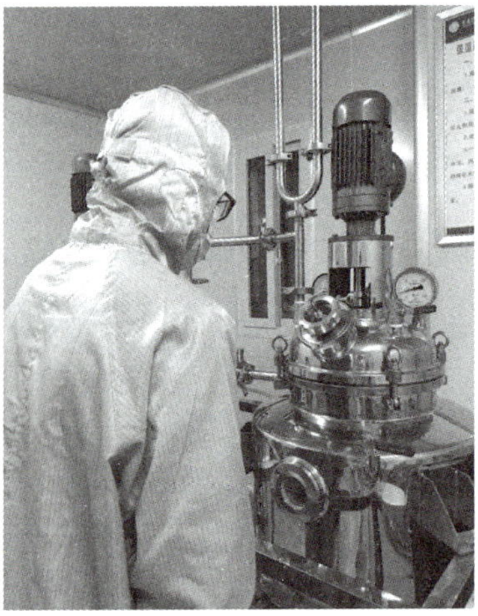 准备工作
2	开机操作	① 打开进料阀进料，至适量后关闭进料阀 ② 如需加热或冷却，开启夹套蒸汽或冷冻水进口和出口，通过夹套对料液进行加热或冷却处理，观察温度表，达到工艺要求的温度后，关闭换热系统进出口阀门 ③ 运行中时刻注意换热系统温度表、压力表的变化，避免超温、超压现象 ④ 搅拌适时后关停搅拌器 ⑤ 开启出料阀和输料泵经管道过滤，排料送出 ⑥ 出料完毕，关闭出料阀和输料泵 ⑦ 关闭配电箱总电源，按设备清洁消毒规程进行清洗、消毒	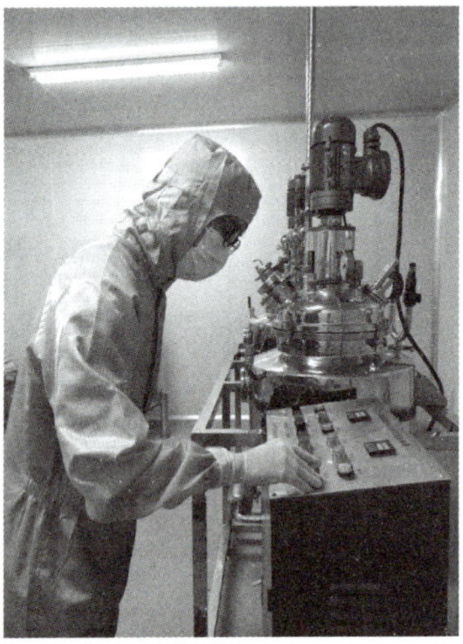 开机操作

3. 退库

配液岗位退库操作见表 8-9。

表 8-9　配液岗位退库操作

序号	步骤	操作要点	示意图
1	清点物料	车间各班组在每班生产结束后，清点原辅料、内外包装材料的数量，填写物料暂存间进出台账，并由记录人及复核人签字。不连续生产时，在批生产结束后，由各班组清点原辅料、内外包装材料结存后退回仓库	 物料暂存间进出台账

物料暂存间进出台账

物料名称	批号	收料					发料				
		日期	净重	入站人	物料暂存间管理人	岗位	日期	净重	物料暂存间管理人	领料人	岗位
微晶纤维素			g			脱包	/	/	/	/	/

续表

<table>
<tr><th>序号</th><th>步骤</th><th>操作要点</th><th>示意图</th></tr>
<tr><td>2</td><td>填写
退料单</td><td>退库时由退库人员填写退库单，写明品名、数量、规格等，由退库人和车间负责人分别签字后，退回仓库</td><td>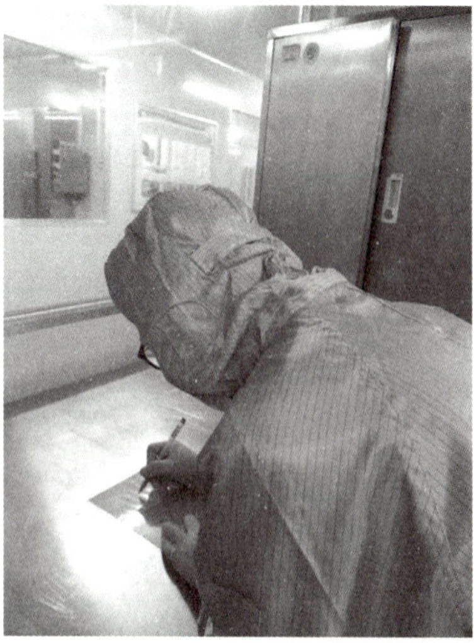
退库单填写</td></tr>
<tr><td>3</td><td>退库</td><td>退库时与仓库管理员当场清点物料数量、名称等内容，确认无误后由仓库管理员签字，退库工作结束</td><td><table><tr><th colspan="2">退库标识卡</th></tr><tr><td>物料名称：</td><td>退库车间：</td></tr><tr><td>物料代码：</td><td>退库人：</td></tr><tr><td>规格：</td><td>退库日期：</td></tr><tr><td>接收批号：</td><td>再次发料人：</td></tr><tr><td>剩余数量：</td><td>发料日期：</td></tr></table>退库标识卡</td></tr>
</table>

三、配液罐组的清洁

清洁频率如下：每班生产结束时进行清洁；更换生产品种、规格时进行清洁；设备维修后进行清洁；超过清洁有效期时重新进行清洁（清洁有效期为 3 天）。

配液罐组的清洁操作见表 8-10。

表 8-10 配液罐组的清洁操作

<table>
<tr><th>序号</th><th>步骤</th><th>操作要点</th><th>示意图</th></tr>
<tr><td>1</td><td>更换标识</td><td>① 生产结束后，首先将所有半成品及不合格品等清除出本岗位
② 去除前标识：将悬挂的“运行”“已清洁”状态标识取下，换上“待清洁”状态标识</td><td>

更换状态标识</td></tr>
</table>

续表

序号	步骤	操作要点	示意图
2	浓配罐的清洗	① 确认所有的阀门都已关闭好，确认水、电、气已到位 ② 打开饮用水阀门，利用饮用水压力带动转球喷洒配液罐内壁，注入约配液罐 2/3 容积的水，同时开启搅拌机搅拌 ③ 打开阀门冲洗管道，废水经管道注入稀配罐，打开稀配罐下排水阀使水从稀配罐放出 ④ 再打开纯化水阀门，利用纯化水压力带动转球喷洒配液罐内壁，注入约配液罐 2/3 容积的水。开启蒸汽阀门，调好压力（0.06~0.08 Ma）进行加热。当水温达到 60~70 ℃，开启搅拌机搅拌，反复冲洗 2~3 次 ⑤ 打开压缩空气阀门，排空管道内积留的纯化水	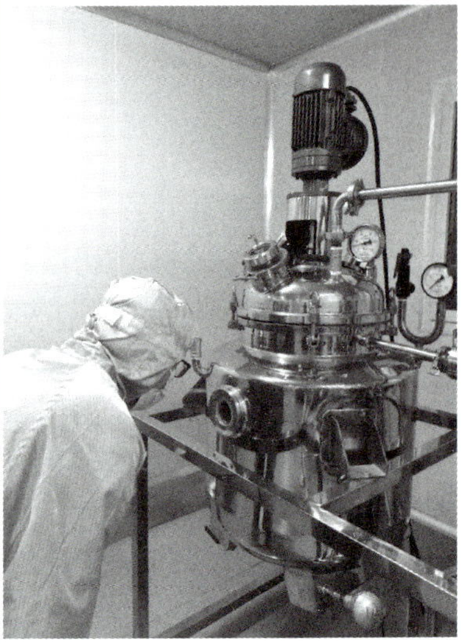 清洗浓配罐
3	稀配罐的清洗	① 首先关闭手孔和排水阀，打开纯化水阀门，使转球喷洒罐体内壁 ② 注入约配液罐 2/3 容积的水后，打开阀门并开启稀配泵，使其自动循环冲洗 ③ 打开循环清洗管道阀门，开始循环清洗 ④ 用压缩空气排空管道内残留的纯化水，反复冲洗 2~3 次，用 pH 试纸测量配液罐排出的水，其 pH 应与纯化水的 pH 一致	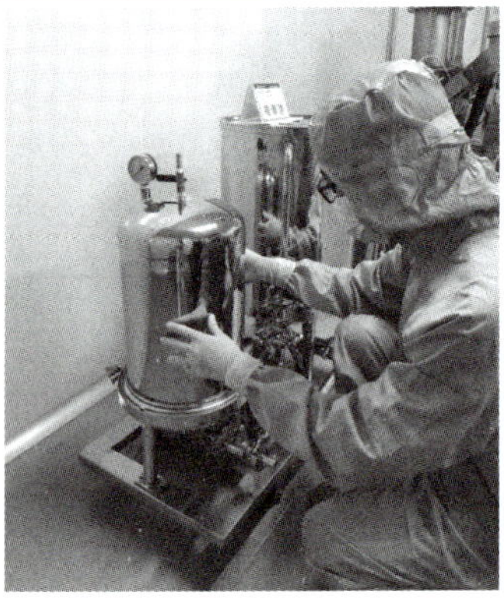 清洗稀配罐
4	管道清洗	① 对浓配、稀配管道及阀门，需拆卸不锈钢卡箍，取下活动管道、阀门，移到容器具清洁间进行清洗。先用胶条旋转式塞进管内擦洗 2~3 次，再用纯化水进行冲洗。清洗时，随时清洗胶条及更换清洗水 ② 先用湿抹布对卡箍、阀门内外表面进行擦拭，必要时蘸适量的皂液进行擦拭，再用纯化水冲洗至无泡沫，然后晾干备用 ③ 管道系统每 6 个月进行彻底一次清洁	 清洗管道

续表

序号	步骤	操作要点	示意图
5	过滤器的清洗	① 打开过滤器外壳，取出钛棒和滤芯，放入装有皂液溶液的不锈钢桶中，使钛棒、滤芯及滤器全部浸入溶液中。浸泡约 10 min，用试管刷对钛棒、滤芯进行刷洗，取出。开启纯化水阀门，半摁住出水口硅胶管，使纯化水呈喷射状射出，冲洗钛棒、滤芯及过滤器外壳，至最终清洗水为清澈、透明为止 ② 用湿抹布擦拭过滤器外壳 ③ 打开压缩空气阀门，把过滤器钛棒、滤芯及滤器上的水迹吹尽	 钛棒过滤器
6	配液罐及管道系统消毒	① 关闭两个配液罐的排出口阀门，开启浓配、稀配罐及管道阀门，确认管道已串联 ② 打开浓配罐上的纯蒸汽阀门，通入蒸汽，压力表的读数范围应控制在 1.0~2.0 MPa ③ 温度达到 121 ℃以上时保持通入纯蒸汽 30 min，关闭纯蒸汽阀门 ④ 打开阀门放出蒸汽冷凝在配液罐中的水和残余蒸汽 ⑤ 关闭所有阀门 ⑥ 配液罐及管道外表面用洁净抹布浸 75% 乙醇进行擦拭消毒 ⑦ 过滤器钛棒、滤芯及滤器用 75% 乙醇溶液浸泡 30 min ⑧ 消毒剂应定期轮换	 擦拭配液罐表面
7	超过清洁有效期时的清洁方法	① 用洁净抹布蘸取 75% 乙醇溶液，擦拭设备机身表面、内室、料盘、料车等部位 1~2 遍，进行消毒 ② 在清洁记录中予以备注“超过清洁存放时限，重新进行清洁” ③ 清洁效果评价：已清洗设备见本色，目测各表面光亮、洁净，无可见生产遗留物及污迹。最后一次的洗涤水应清澈、透明，目测无可见残留物	 清洁效果

四、钛棒过滤器的标准操作

钛棒过滤器的标准操作见表 8-11。

表 8-11　钛棒过滤器的标准操作

序号	步骤	操作要点	示意图
1	过滤物料	① 先将放气阀打开，再打开进料口及出料口球阀 ② 开启泵后注意观察放气阀，当放气阀喷出液体时，关闭放气阀 ③ 观察表压指针，表压应缓慢升高，此操作工程由进料口球阀控制，至不再升压且不超过额定使用压力为止，此过程不得少于 3 min ④ 观察恒压压力保持时间及物料数量，并计算单位流量	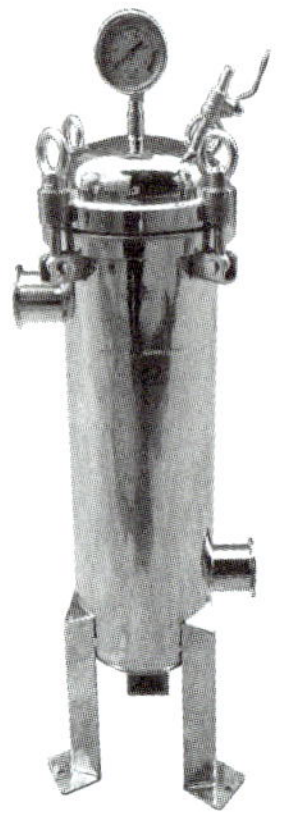 钛棒过滤器
2	排污	① 过滤一批物料后，将进、出料口关闭，打开排污阀 ② 接入纯净空气，打开反吹阀，用过滤压力的 20% 以上反吹压力，反吹 2~3 次，每次 3~4 s ③ 反吹后关闭反吹阀，打开进料口球阀，接好过滤器后用纯化水反冲 5~15 min，至排污口排出清洁液体为止，反吹压力应大于过滤压力 ④ 反冲后关闭排污阀，准备下一批次的过滤过程，并观察前一批次的过滤通量，每次递减大时应加大反吹压力和延长反冲时间	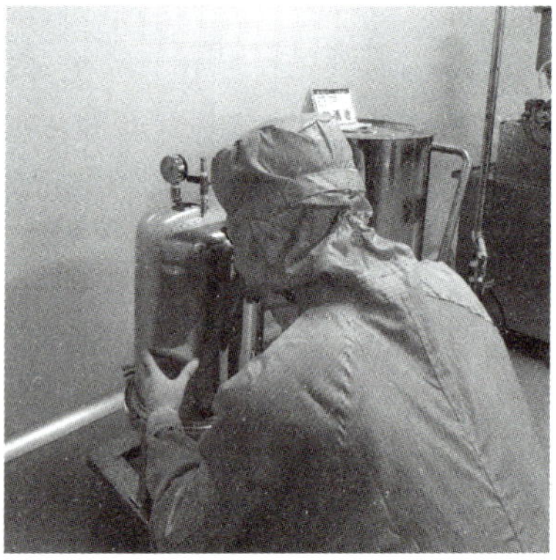 钛棒过滤器操作
3	灭菌	灭菌处理可通入过滤后的蒸汽，120 ℃，15~20 min 可达到灭菌要求	 灭菌

五、钛棒过滤器的清洁

根据污染情况及污染物的化学性质并结合钛金属的自身特点，可分别采用物理方法和化学方法对钛滤芯进行再生清洗。物理方法主要采用洁净液反冲、洁净气体反吹及超声波方法清洗。化学方法主要采用稀酸、稀碱、氧化剂、表面活性剂、酶等清洗剂清洗。以上各种方法也可交替使用。

钛棒过滤器的清洁操作见表 8–12。

表 8–12　钛棒过滤器的清洁操作

序号	步骤	操作要点	示意图
1	钛滤芯清洗	① 钛棒过滤器进行反吹或反洗时，首先关闭进料口，打开放气阀，待料液放完后，关闭出料阀再打开排污阀、反吹阀，采用干净空气反吹 1~3 次，每次 10~20 s（气体反吹：用经除油除水或微生物灭菌的压缩空气反吹，反吹压力视最高耐压压力而定，一般小于 0.4 MPa） ② 液体反洗：对于液体过滤，可采用气液混合反洗，先用蒸汽，再用水反洗。反洗压力视最高耐压压力而定 ③ 超声波清洗：将元件浸入溶剂中，利用超声波振荡去除杂质 ④ 酸洗：重铬酸钾 50 g，纯化水 1 000 ml，硫酸 50 ml。当钛滤芯被堵塞一半时需在洗盆中浸泡 1 h，完全堵塞需浸泡 8 h 以上 ⑤ 碱洗：用 1%~3% 氢氧化钠分析纯溶液浸泡钛滤芯 30~60 min，温度为 60 ℃，在超声波清洗槽中浸泡最佳，浸泡后用过滤的去离子水或注射用水内外冲洗至中性，用纯净空气以 0.3 MPa 以上压力吹干	 清洗钛棒过滤器

六、微孔滤膜过滤器的标准操作

微孔滤膜过滤器按滤器形状分为圆盘形（平板过滤器）、圆筒形（筒式折叠过滤器）过滤器，按滤膜材质分为聚四氟乙烯（PTFE）、聚偏氟乙烯（PVDF）、聚醚砜（PES）、聚丙烯（PP）过滤器等（表 8–13）。

表 8-13　微孔滤膜过滤器按滤膜材质分类

过滤物料类型	滤膜性质	材质
气体	疏水性	聚四氟乙烯（PTFE）
液体	亲水性	聚偏氟乙烯（PVDF）/聚醚砜（PES） 聚四氟乙烯（PTFE）/聚丙烯纤维膜（PPF）

微孔滤膜过滤器按滤膜孔径分类有 0.45 μm、0.22 μm（0.2 μm）、0.1 μm、10 μm、3.0 μm 几种精度。其中，0.22 μm（0.2 μm）和 0.1 μm 为除菌级的过滤精度；0.22 μm 及 0.2 μm 两种精度的过滤器可以互换使用（不同厂家标示方法的差异）。

车间用微孔滤膜过滤器按过滤介质类型、滤膜性质及形状分类，见表 8-14。

表 8-14　车间用微孔滤膜过滤器分类

过滤介质类型/滤膜性质	过滤物料名称	过滤器名称
气体/疏水性	压缩空气	筒式折叠过滤器
	氮气	筒式折叠过滤器
	注射用水贮罐呼吸器	筒式折叠过滤器
	纯化水贮罐呼吸器	筒式折叠过滤器
	配液罐呼吸器	筒式折叠过滤器
	药液缓存罐呼吸器	筒式折叠过滤器
	灭菌柜呼吸器	筒式折叠过滤器
	冻干库小门平衡呼吸器	筒式折叠过滤器

微孔滤膜过滤器的标准操作见表 8-15。

表 8-15　微孔滤膜过滤器的标准操作

序号	步骤	操作要点	示意图
1	套筒安装	① 按照方向指示小心安装，不应将套筒反装；药液的正常流动方向是从外向内 ② 在易于滤芯安装拆卸的地方安装套筒，并保持套筒清洁 ③ 确保套筒进出接口与系统管道匹配 ④ 安装压力表和压力传感器，以便监控过滤压力和压差	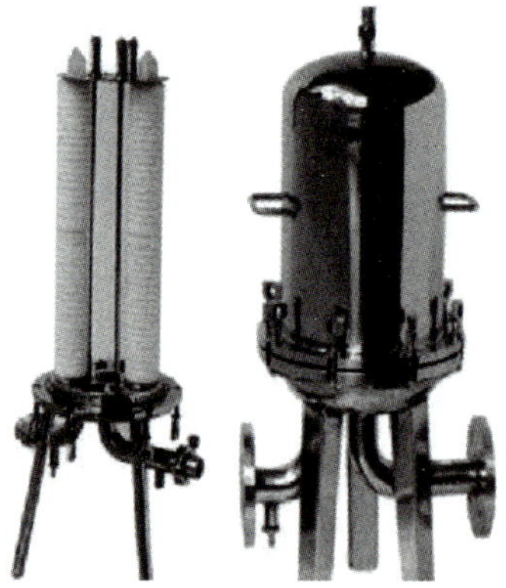 微孔滤膜过滤器

续表

序号	步骤	操作要点	示意图
2	滤芯安装	① 确保安装了正确的滤芯，验明滤芯上的产品编号符合工艺规定并记录，将包装盒中的合格证存档 ② 小心拆开滤芯的包装袋，检查“O”形圈，应完好，如需浸泡湿润，应先将滤芯湿润后再安装 ③ 滤芯的湿润：打开过滤器套筒；用纯化水或注射用水浸润套筒底座和“O”形圈；确认滤芯的卡口上清洁无污物 ④ 将滤芯接头垂直插入已清洁的套筒底部，如安装 226 接口（卡口）的滤芯时应轻轻旋转并向下加压，插入套筒底座接口，使接口完全同底座吻合，将其卡紧。安装时握住滤芯的部位应靠近滤芯下端，防止损坏滤芯；安装时切勿倾斜，以免损坏接口或“O”形圈 ⑤ 闭锁套筒筒身，重新放好卡箍，检查套筒密封垫是否到位，用卡箍夹紧套筒	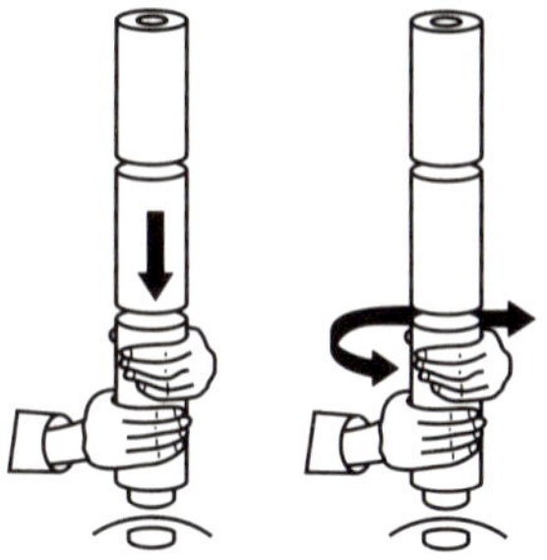 滤芯安装

七、微孔滤膜过滤器的清洁

微孔滤膜过滤器的清洁操作见表 8-16。

表 8-16 微孔滤膜过滤器的清洁操作

序号	步骤	操作要点	示意图
1	过滤器的清洗标准	筒式折叠过滤器：过滤器、滤芯的清洗均在相应洁净级别器具清洁间进行，清洗后可接受标准为过滤器、滤芯表面无肉眼可见异物，清洗水应无色，无肉眼可见异物，pH 在 5.0~7.0	 微孔滤膜过滤器清洗效果

续表

序号	步骤	操作要点	示意图
2	亲水性新滤芯或干燥滤芯的清洗/润湿	将新滤芯或干燥滤芯正确安装在套筒中正向清洗：打开排气阀和排水阀，用 30~60 ℃的注射用水从膜的上游到下游，用稍大于过滤物质的压力冲洗 10 min。新滤芯或干燥滤芯使用前，应先用 30~60 ℃注射用水浸泡润湿 15 min。其中，用于过滤药液或消毒液的滤芯清洗/润湿后，在 A/C 或 A/D 级洁净条件下装配并灭菌转入无菌室内待用	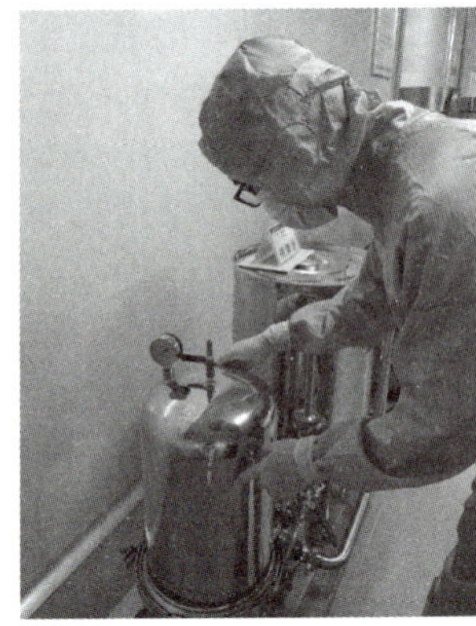 清洗微孔滤膜过滤器
3	过滤器、滤芯的灭菌	① 非最终灭菌产品的 B 级洁净区用除菌过滤器于 121 ℃湿热灭菌 30 min ② 组装后的筒式折叠过滤器脉动真空灭菌时，保持过滤器直立，所有阀门处于开启状态，灭菌后在滤筒排气阀处及前后排气处排冷凝水 ③ B 级洁净区注射用水的终端滤芯：每周完整性检测合格后，于 121 ℃湿热灭菌 30 min；消毒液的终端滤芯：每周完整性检测合格后灭菌 ④ 所有灭菌后的过滤器均应干燥备用。灭菌干燥后的滤芯应密闭保存	 微孔滤膜过滤器的灭菌

八、岗位清场操作

配液岗位清场操作见表 8-17。

表 8-17　配液岗位清场操作

序号	步骤	操作要点	示意图
1	小清场	① 将待清洗的配液罐拿到器具清洁间 ② 先用纯化水冲洗配液罐的内外壁及端盖，再向罐中加入适量纯化水，荡洗内壁后，倒尽余水。重复 3 次。用注射用水重复进行清洗操作。当配液罐上粘有难以冲洗掉的污迹时，可使用洗洁精借助尼龙刷刷洗，用纯化水清洗至无泡沫，再用注射用水荡洗内壁至少 3 次	 擦拭配液罐

续表

序号	步骤	操作要点	示意图
1	小清场	③ 先用洁净抹布擦拭配液罐组表面，如设备表面有污物，则蘸取适量皂液溶液擦拭，目测无污物后，再用纯化水将洁净抹布漂洗干净、拧干，然后对设备表面进行擦拭 ④ 向配液罐中加入适量 NaOH 溶液（应不低于最大配液量），对内壁浸泡消毒至少 12 h。配液罐外需标明内容物、浸泡日期。再次使用前应分别用纯化水、注射用水各冲洗 3 次	
2	大清场	除小清场要求外，用洁净抹布对操作平台护栏、台阶、回风口、天棚、墙面、地漏进行彻底清洁和消毒，清洁顺序为从上到下	 擦拭护栏
3	QA 人员检查	经 QA 人员检查合格后，发放清场合格证	清场合格证(正本) 工序/房间： 清洁日期： 清洁有效期至： 清洁人：　　复核人： QA： 清场合格证

九、岗位记录填写

1. 填写要求

配液岗位批生产记录由岗位操作人员填写，岗位负责人及有关规定人员复核签字。不允许事前先填或事后补填，填写内容应真实。填写批生产记录应注意字迹工整、清晰，不允许用铅笔填写，且要求用笔颜色保持一致。批生产记录不能随意更改或销毁，若确实因填错需更改，务必在更改处画一横线后，将正确内容填写在旁边，并签字标明日期。

考核时为确保考评公平公正，原则上不允许岗位操作人员填写真实姓名，应填写准考证号或考试代号等。

2. 生产记录样例

（1）配液岗位生产记录样例：见表 8-18。

表 8-18 配液岗位生产记录

<table>
<tr><td colspan="3">产品名称：</td><td colspan="3">产品批号：</td><td colspan="3">规格：</td><td colspan="3">生产日期：</td></tr>
<tr><td colspan="3">配制总量：</td><td colspan="4">理论产量： 万支</td><td colspan="5">计划工时：</td></tr>
<tr><td colspan="12">生产前检查与准备</td></tr>
<tr><td colspan="4">执行标准文件号</td><td colspan="4">物 料</td><td colspan="4">现 场</td></tr>
<tr><td colspan="3">配制岗位 SOP 文件号</td><td colspan="1"></td><td colspan="2">品 种</td><td colspan="2"></td><td colspan="3">清洁、清场合格标识</td><td colspan="1"></td></tr>
<tr><td colspan="3">配制罐清洁 SOP 文件号</td><td colspan="1"></td><td colspan="2">数 量</td><td colspan="2"></td><td colspan="3">设备容器具清洁完好</td><td colspan="1"></td></tr>
<tr><td colspan="3">配制间清场 SOP 文件号</td><td colspan="1"></td><td colspan="2">合格证</td><td colspan="2"></td><td colspan="3">计量器具符合要求</td><td colspan="1"></td></tr>
<tr><td colspan="3">其他有关文件号</td><td colspan="1"></td><td colspan="2">包装完好</td><td colspan="2"></td><td colspan="3">其 他</td><td colspan="1"></td></tr>
<tr><td colspan="4">检查人：</td><td colspan="4">复核人：</td><td colspan="4">日期：</td></tr>
<tr><td colspan="4">浓缩液总量： 万 ml</td><td colspan="3">浓度：</td><td colspan="5">性状：</td></tr>
<tr><td colspan="4">配制罐号：</td><td colspan="4">过滤起止时间：</td><td colspan="4">滤液澄清度：</td></tr>
<tr><td colspan="2">原辅料名称</td><td colspan="2"></td><td colspan="2"></td><td colspan="2"></td><td colspan="2"></td><td colspan="1"></td><td colspan="1"></td></tr>
<tr><td colspan="2">编 号</td><td colspan="2"></td><td colspan="2"></td><td colspan="2"></td><td colspan="2"></td><td colspan="1"></td><td colspan="1"></td></tr>
<tr><td colspan="2">数量/kg</td><td colspan="2"></td><td colspan="2"></td><td colspan="2"></td><td colspan="2"></td><td colspan="1"></td><td colspan="1"></td></tr>
<tr><td colspan="3">加入总量： kg</td><td colspan="3">操作人：</td><td colspan="3">复核人：</td><td colspan="3">日期：</td></tr>
<tr><td colspan="2">操作
记录
内容</td><td colspan="7"></td><td colspan="3">操作人：
复核人：
日 期：</td></tr>
<tr><td colspan="4">过滤起止时间：</td><td colspan="4">配制总量： 万 ml</td><td colspan="4">贮罐号：</td></tr>
<tr><td colspan="12">质量检验
结 论：
QA 人员： 日期：</td></tr>
<tr><td colspan="5">移交药液总量： 万 ml</td><td colspan="7">移交人： 接收人： 日期：</td></tr>
</table>

(2) 配液岗位清场记录样例：见表 8-19。

表 8-19　配液岗位清场记录

产品名称		规　格		批　量：　万支
批　号		生产日期		
操作步骤	清场要求	执行情况	物料去向	
			物料名称	去向
1. 按清场标准操作规程进行清场 2. 按清洁标准操作规程清洁地面、门窗、墙壁 3. 按设备标准操作规程清洁设备 4. 无非本区内的物品 5. 由 QA 人员检查，合格后发清场合格证	1. 将生产状态标识更换为“待清洁” 2. 移出物料 3. 称量器具清洁、无异物 4. 设备内外表面清洁 5. 地面、墙壁清洁、无污物 6. 容器具清洁 7. 清洁工具放至洁具间 8. 清场合格证贴于背面 9. 其他	□已更换　□未更换 □已移交　□未移交 □已清洁　□未清洁 □已清洁　□未清洁 □已清洁　□未清洁 □已清洁　□未清洁 □放至洁具间　□未放回 □粘贴合格证　□未粘贴		

检查情况：　　　　　　　　　　　　　　　　清场人：

清场日期：

□已按上述要求进行清场，清场合格

□未按上述要求进行清场，清场不合格，需继续清场　　　　　　QA 人员：

检查日期：

十、常见问题与处理方法

配液过程中的常见问题、原因及处理方法见表 8-20。

表 8-20　配液过程中的常见问题、原因及处理方法

常见问题	原因	处理方法
记录填写	没有及时填写或随意涂改、损坏称量记录	上岗前，应对称量岗位人员进行培训，及时、准确填写称量记录
混淆	物料标识不清晰，未仔细核对	仔细核对所称物料的品名、批号、称样量等信息，核对无误后方能进行操作

续表

常见问题	原因	处理方法
污染与交叉污染	称量间内同时称取多种物料，称量用具未清洁	称量间内同一时间只能称取同一种物料。一种物料称量结束后，用扎带将称量好的物料与剩余物料分别采用回头扎方式及时封口。每次称量时取料工具应每料一个，不得混用，避免污染
阀门漏水	1. 密封垫损坏 2. 阀门损坏	1. 更换新的密封垫 2. 更换新的阀门
换热效果不佳	1. 夹套堵塞 2. 出口连接错误	1. 疏通夹套 2. 按正确方式连接出口
罐体泄漏	罐体破损	修复罐体
仪器仪表显示不准确或不显示	1. 仪表损坏 2. 连接错误	1. 更换新的仪表 2. 重新按正确的方式连接
罐体生锈	1. 外界环境不适宜 2. 罐体表面被划伤	1. 除锈后保存在适宜的环境中 2. 重新处理，并进行局部钝化
保温层局部过热	夹套破损	修复夹套

任务考核

一、考核要求

1. 在线测试（5 min）

请扫描二维码完成在线测试。

在线测试：配液

2. 实践考核（40 min）

以角色扮演法进行分组考核，要求在规定时间内完成小容量注射剂配液岗位操作，并填写批生产记录。

（1）分组要求：小组人数不少于 3 人，1 人扮演中间站管理员或暂存间管理员，1 人扮演考评员或质监员（QA 人员），1 人扮演岗位操作人员。

（2）场景设置：应至少设有操作间、中间站、称量室，配备房间与设备状态标识牌、可粘贴标签、清洁工具等。

（3）其他要求：考核时应提前穿戴洁净服，考核过程中应按照操作要点规范操作，及时如实填写批生产记录等。

二、评分标准

配液岗位操作评分标准见表 8-21。

表 8-21　配液岗位操作评分标准

序号	考核内容	分值/分	评分要点	考生得分	备注
1	生产前检查	32	1. 检查操作间是否有清场合格标识且在有效期内,若无清场合格证则按清场标准操作规程进行清场并经 QA 人员检查合格后,填写清场合格证(8 分) 2. 检查设备是否有“合格”标识、“已清洁”标识,并对设备状况进行检查(4 分) 3. 检查工具、容器等是否清洁和干燥(4 分) 4. 调节电子天平,领取符合生产指令要求的物料,同时核对品名、数量、规格、质量,做到准确无误,并填写领料单(8 分) 5. 按标准操作规程对配液罐、容器、过滤器、工具进行消毒(4 分) 6. 挂“运行”状态标识,进入生产操作(4 分)		
2	生产操作	40	1. 配制前,准确计算原料的用量(4 分) 2. 称量时两人核对(4 分) 3. 根据生产工艺的用水量,往浓配罐内注入定量的注射用水(4 分) 4. 配制后的药液按《钛棒过滤器标准操作规程》进行粗滤(6 分) 5. 将浓配后的药液泵进稀配罐,按《稀配罐标准操作规程》进行稀配(10 分) 6. 根据《微孔滤膜过滤器标准操作规程》精滤药液,过滤后的溶液澄明度符合要求(8 分) 7. 将过滤后的药液置贮罐内贮存,填写请验单,待化验合格后进行灌封(4 分)		
3	清场	20	1. 将生产剩余物料收集,标明状态,交中间站,填写退料单(4 分) 2. 正确选择清场工具(4 分) 3. 按《设备清洁标准操作规程》《过滤器清洁标准操作规程》《生产工具清洁标准操作规程》对设备、容器、工具进行清洁消毒,按《生产车间清场标准操作规程》进行清场(8 分) 4. 正确更换状态标识(4 分)		
4	生产记录	8	1. 及时规范填写各项生产记录(4 分) 2. 正确粘贴清场合格证(4 分)		
岗位总分					

任务 8.3　滤芯完整性测试

PPT：
滤芯完整性测试

知识准备

岗位职责

为规范化车间内工艺用水、压缩空气、氮气、呼吸器、料液、消毒液用滤芯的管理，相关人员应对车间生产用滤芯的完整性检测规程的实施负责。

根据《药品生产质量管理规范》，为保证制剂产品在生产过程中不溶颗粒及细菌等杂质的滤除率合格，必须要检查滤芯的完整性。常用的完整性检测方法有起泡点试验法、气体扩散流试验法、压力维持试验法。

本任务主要采用起泡点试验法进行滤芯完整性测试，滤芯完整性测试装置组件见图 8-4。

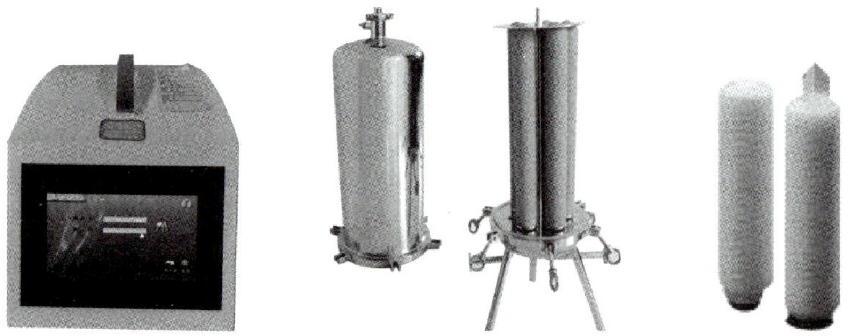

全自动过滤器完整性测试仪　　过滤器套筒　　滤芯

图 8-4　滤芯完整性测试装置组件

任务实施

一、滤芯完整性测试标准操作

1. 准备工作：仪器与试剂

滤芯完整性测试所需仪器与试剂见表 8-22。

表 8-22　滤芯完整性测试所需仪器与试剂

序号	仪器与试剂	数量	备注
1	全自动过滤器完整性测试仪	1 台	型号：Integtest Ⅴ 6.5

续表

序号	仪器与试剂	数量	备注
2	过滤器套筒	1 套	规格:5 英寸 *
3	亲水性滤芯	1 根	规格:5 英寸 *;孔径:0.22μm;材质:聚醚砜(PES);卡箍类型与套筒卡槽适配
4	疏水性滤芯	1 根	规格:5 英寸 *;孔径:0.22 μm;材质:聚四氟乙烯(PTFE);卡箍类型与套筒卡槽适配
5	气源	1 个	干燥无油水的空气或氮气;0.3~0.9 MPa
6	注射用水	5 L	注射用水
7	异丙醇	5 L	60% 异丙醇水溶液

注:*1 英寸 =2.54 cm。

2. 筒式折叠滤芯完整性测试标准操作

筒式折叠滤芯完整性测试标准操作见表 8-23。

表 8-23　筒式折叠滤芯完整性测试标准操作

序号	步骤	操作要点	示意图
1	检查核对滤芯	新的滤芯在使用前需仔细检查包装是否完好,是否有合格证,规格尺寸、微孔孔径、材质是否符合工艺要求,确认后方可组装使用	 滤芯及包装
2	套筒安装	① 按照方向指示小心安装,不应将套筒反装;药液的正常流动方向是从外向内 ② 在易于安装拆卸滤芯的地方安装套筒,并保持套筒清洁。确保套筒进出接口与系统管道的连接方向正确 ③ 闭锁套筒筒身,重新放好卡箍,检查套筒密封垫是否到位,用卡箍夹紧套筒	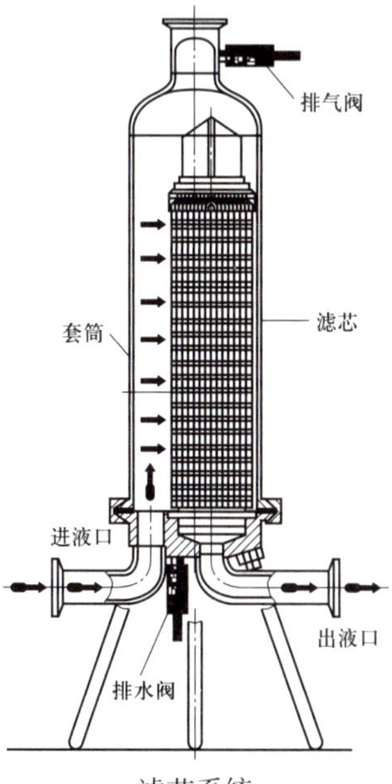 滤芯系统

续表

序号	步骤	操作要点	示意图
3	滤芯安装	① 验明并记录滤芯上的产品编号与类型，确保安装了正确的滤芯，符合工艺规定，将包装盒中的合格证存档 ② 小心拆开滤芯的包装袋，检查滤芯接口处“O”形密封圈，应完好，如需浸泡湿润，应先将滤芯湿润后再安装 ③ 打开过滤器套筒；用纯化水或浸润液浸润套筒底座和“O”形密封圈；确认滤芯的卡口上清洁无污物。将滤芯接头垂直插入已清洁的套筒底部的卡口，同时应轻轻旋转并向下加压，使接口完全同底座吻合卡紧。安装时握住滤芯的部位应靠近滤芯下端，防止损坏滤芯；安装时切勿倾斜，以免损坏接口或“O”形密封圈	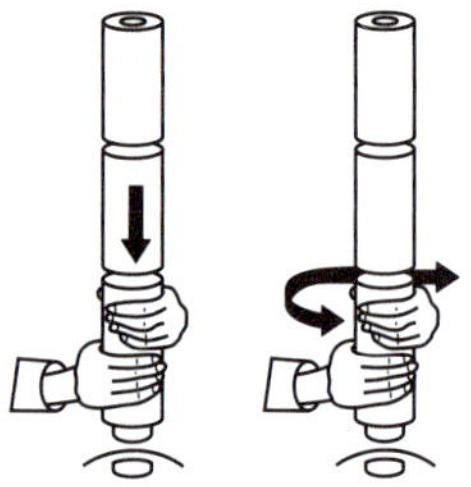 滤芯安装
4	滤芯的清洗/润湿	① 亲水性滤芯的清洗/润湿程序：将亲水性滤芯正确安装在套筒中正向清洗。打开排气阀和排水阀，用注射用水从膜的上游到下游，以稍大于过滤物质的压力冲洗 10 min；滤芯使用前，用注射用水浸泡润湿 30 min。如用 30~60 ℃温水润湿，则测定前用室温注射用水浸泡降至室温 ② 疏水性滤芯的清洗/润湿程序：将疏水性滤芯正确安装在套筒中正向清洗。打开排气阀和排水阀，用注射用水从膜的上游到下游，以稍大于过滤物质的压力冲洗 10 min；滤芯使用前，用 60% 异丙醇浸泡润湿 30 min	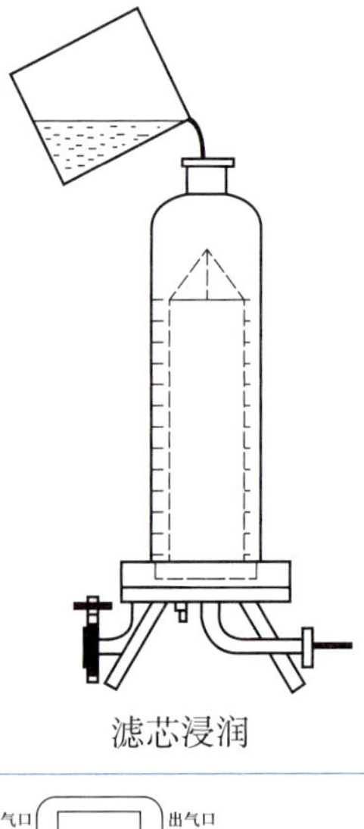 滤芯浸润
5	滤芯系统的气密性检查	(1) 亲水性滤芯系统的气密性检查 ① 关闭排气阀和排水阀、进液口和出液口，从顶口加入注射用水，淹没滤芯 ② 连接气源于全自动过滤器完整性测试仪进气口，将测试仪出气口与滤芯系统顶口连接。调整滤芯系统位置水平高度，使其低于完整性测试仪	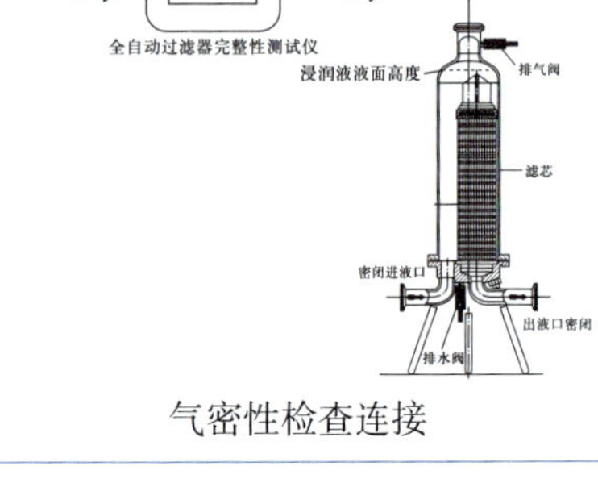 气密性检查连接

续表

序号	步骤	操作要点	示意图
5	滤芯系统的气密性检查	③ 打开气源，开启完整性测试仪，进入仪器自检程序界面，输入自检压力值 0.4 MPa（略大于起泡点值）、自检时间 6 min，启动自检程序。如结果显示合格则表明系统气密性合格，否则应重新检查过滤器系统的气密性。同时，该自检步骤具有促进滤芯进一步浸润的功能 (2) 疏水性滤芯系统的气密性检查：采用同样方法检查气密性。注意将溶剂换成 60% 异丙醇，输入相应的自检压力值与自检时间	
6	滤芯系统的起泡点测试	① 系统气密性检查合格后，打开出液口，排出液体，其他接口状态不变。同样保持滤芯系统位置水平高度低于完整性测试仪 ② 选择全自动过滤器完整性测试仪中对应滤芯的起泡点测试程序，启动程序，测定起泡点值，打印结果。如果实测起泡点值不小于滤芯说明书上规定的起泡点值，则说明该滤芯完整性合格。否则说明该滤芯滤膜被破坏，完整性不合格	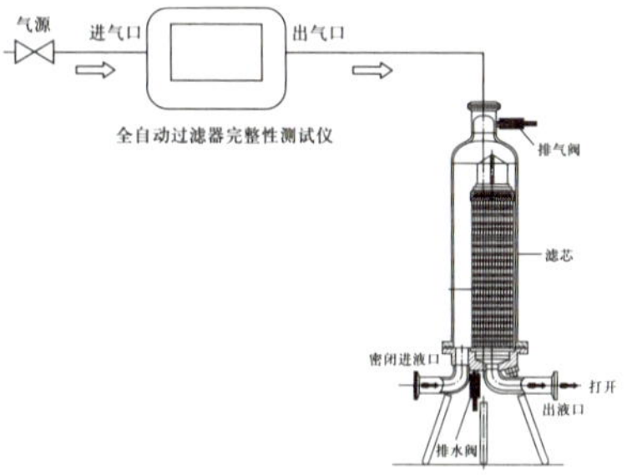 起泡点测试连接
7	测试结束后操作	① 关闭完整性测试仪。分别断开测试仪与过滤器、气源的连接。拆解过滤器系统，收集处理其中的溶剂 ② 填写相关仪器使用记录和试验记录	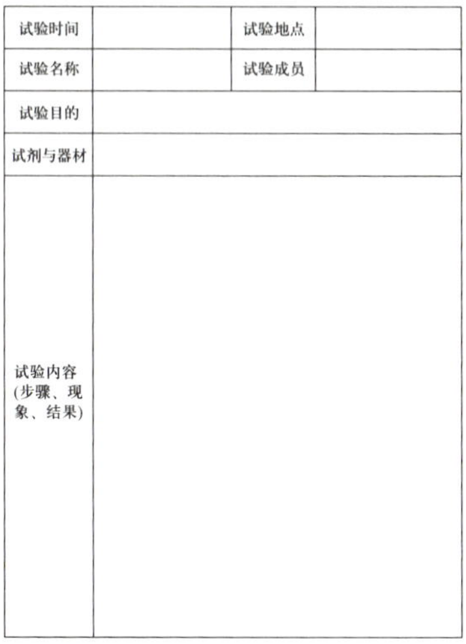 试验时间 / 试验地点 试验名称 / 试验成员 试验目的 试剂与器材 试验内容（步骤、现象、结果） 填写试验记录

二、完整性测试仪标准操作

完整性测试仪标准操作见表 8-24。

表 8-24　完整性测试仪标准操作

序号	步骤	操作要点	示意图
1	核查仪器测定条件	核对完整性测试仪型号、电源、布置的环境、浸润液、气源压力，以及测试仪与气源、过滤器系统的连接是否正确	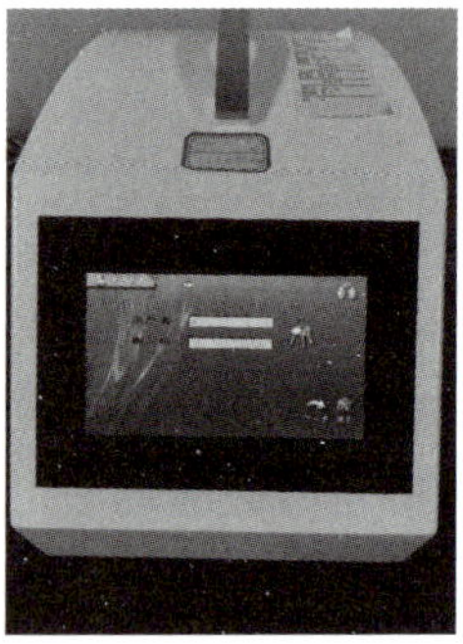 检查测试仪
2	用户登录	用户必须先登录系统，然后根据自己的级别选择相应的操作。管理员账户可以管理其他账户和进行程序设置，低级别账户只能用来执行测试任务	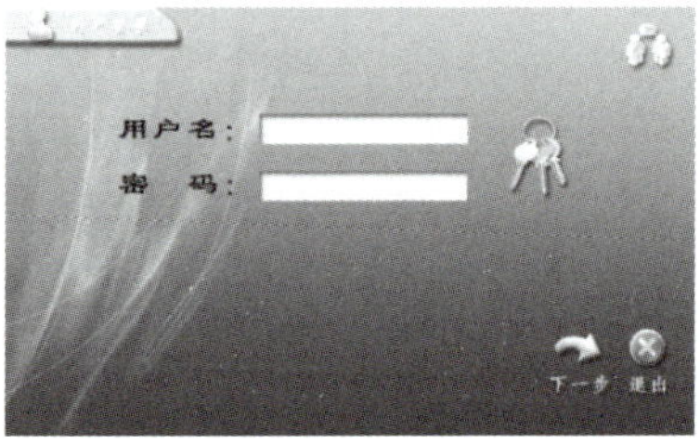 账户登录界面
3	过滤器气密性检查过程中完整性测试仪的操作	按本任务“筒式折叠滤芯完整性测试标准操作”第 5 步装配好气密性检查系统后，在系统操作选择界面中，共有 6 个主要的选择项，分别为“预定方案”“泡点检测”“流量检测”“系统设置”“历史记录”和“仪器校准”	 系统操作选择界面
		在系统操作选择界面中，按“仪器校准”图标，进入仪器校准界面	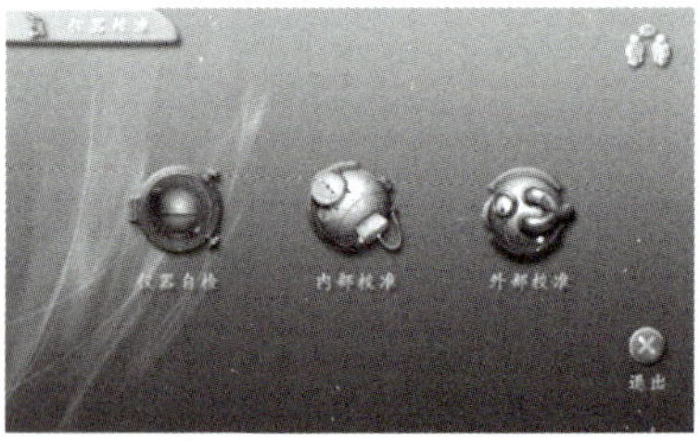 仪器校准界面
		在仪器校准界面中，选择“仪器自检”，进入仪器自检参数输入界面，根据待测滤（器）筒的规格型号在“自检压力”文本框中输入自检所需的压力值，在“自检时间”文本框中输入系统自检所需的时间。然后选择“下一步”，进入仪器自检测试待运行界面	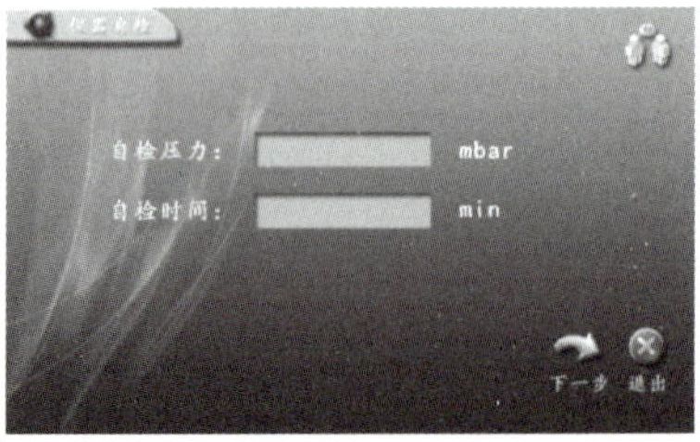 仪器自检参数输入界面

续表

序号	步骤	操作要点	示意图
3	过滤器气密性检查过程中完整性测试仪的操作	进入仪器自检测试待运行界面后，点击“启动”，开始仪器自检程序，仪器界面由自检测试待运行界面转入试运行界面。按钮下陷变绿，系统进入运行状态，管路中的模拟气体开始流动，界面上会显示当前的系统压力、当前时间和测试时长	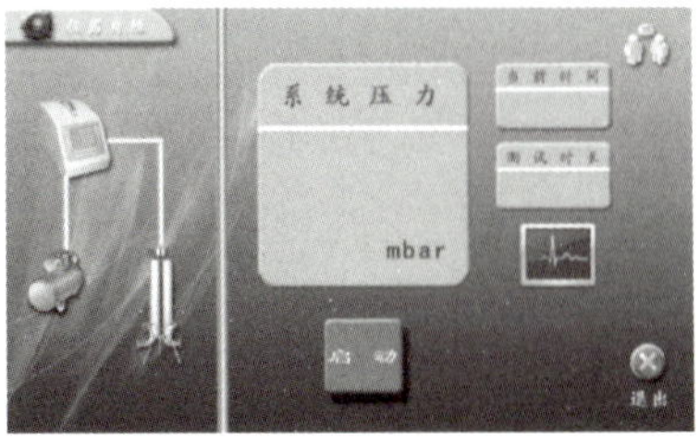 仪器自检测试待运行界面 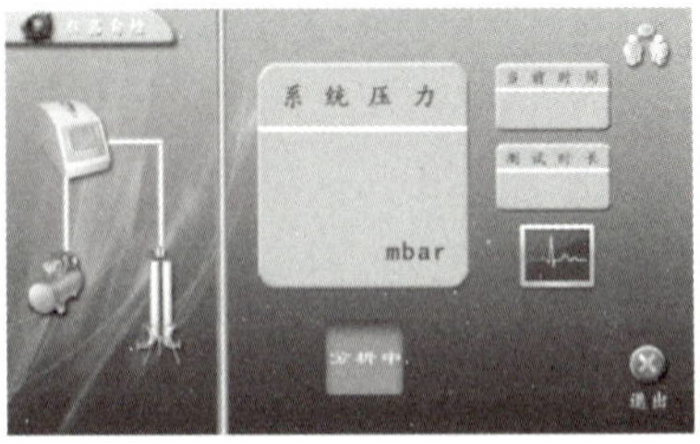 仪器自检测试运行界面
		自检测试结束后，会显示自检结果，可以根据自检结果判断气密性是否合格，也可根据需要打印自检结果	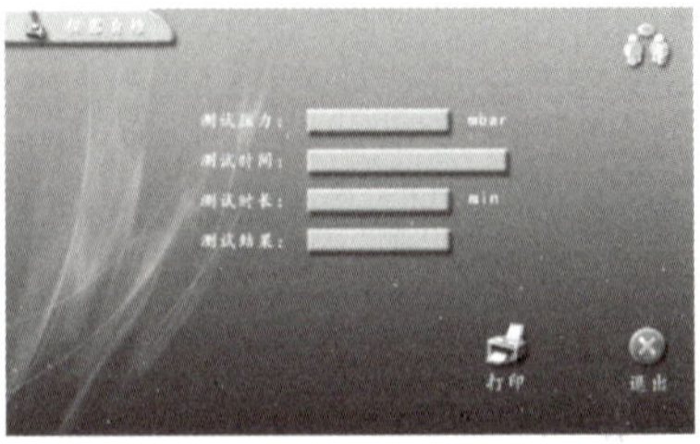 仪器自检结果
4	滤芯系统起泡点测试过程中完整性测试仪的操作	气密性检查合格，按本任务“筒式折叠滤芯完整性测试标准操作”中第6步操作后，在系统操作选择界面中，按“泡点检测”图标，进入泡点检测界面	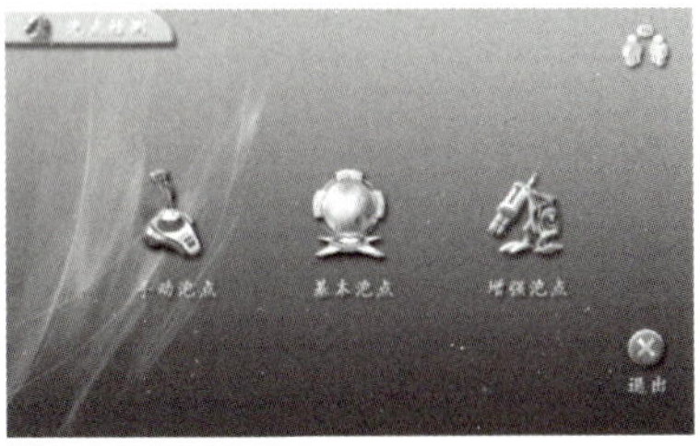 泡点检测界面
		在泡点检测界面中，选择“基本泡点”，进入基本泡点参数输入界面，点击相应的参数设置栏目，输入生产批号、产品编号、滤芯序号、测试液体、滤材种类、滤器规格、孔径和过滤面积等参数	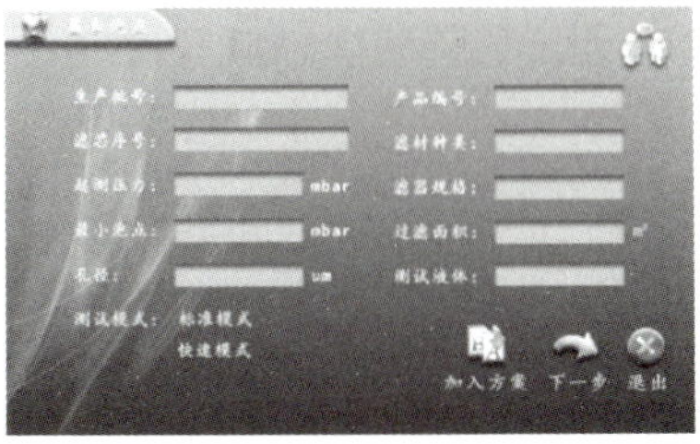 基本泡点参数输入界面

续表

<table>
<tr><th>序号</th><th>步骤</th><th>操作要点</th><th>示意图</th></tr>
<tr><td rowspan="5">4</td><td rowspan="5">滤芯系统起泡点测试过程中完整性测试仪的操作</td><td>其中，“最小泡点”值为滤器说明书上规定的起泡点值，“起测压力”栏中输入的起测压力值应低于滤器说明书上规定的起泡点值。以本次试验滤芯为例，其“最小泡点”值可输入“3200”，“起测压力”栏可输入“3000”
同时可以根据需要选择标准模式或快速模式，其中标准模式需要的时间会更长一些</td><td></td></tr>
<tr><td>当需要改变滤器规格时，点击“滤器规格”文本框，系统会弹出相应的滤器规格界面</td><td>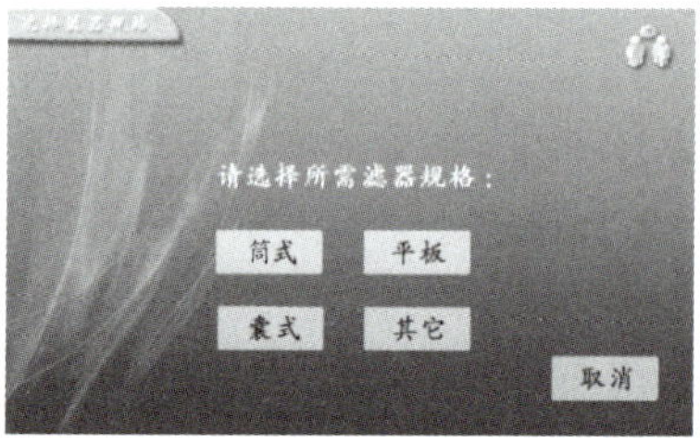
滤器规格界面</td></tr>
<tr><td>当选择“筒式”过滤器时，系统会弹出相应的滤器参数输入界面，滤器规格输入完毕后，系统则会根据所选择的规格参数估算出该滤器相应的过滤面积</td><td>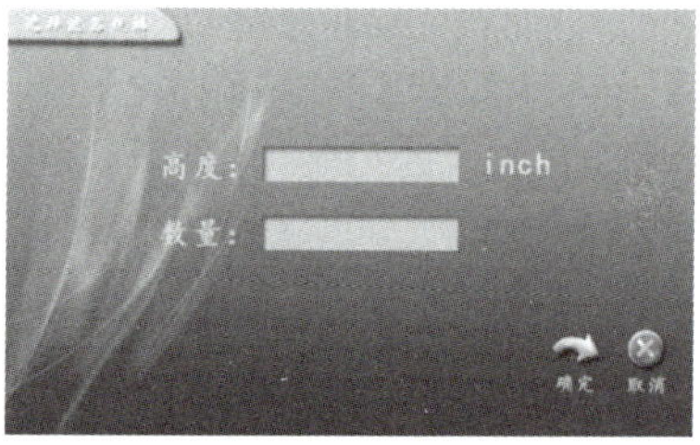
滤器参数输入界面</td></tr>
<tr><td>当需要改变测试液体时，点击“测试液体”文本框，系统会弹出相应的测试液（浸润液）选择界面</td><td>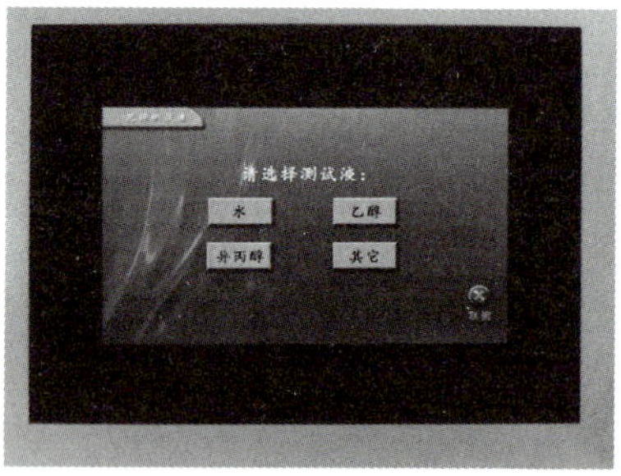
测试液选择界面</td></tr>
<tr><td>在测试液浓度界面输入相应测试液（浸润液）的浓度值</td><td>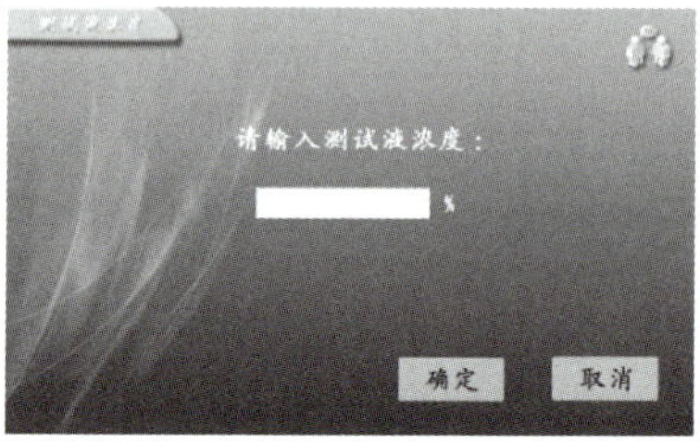
测试液浓度界面</td></tr>
</table>

续表

序号	步骤	操作要点	示意图
4	滤芯系统起泡点测试过程中完整性测试仪的操作	测试参数输入完毕后，点击“下一步”进入基本泡点测试界面 在确认仪器与滤器的管路已正确接入后，按下“启动”按钮，按钮下陷变绿，系统进入运行状态，管路中的模拟气体开始流动，界面上会显示当前的系统压力、当前时间和测试时长	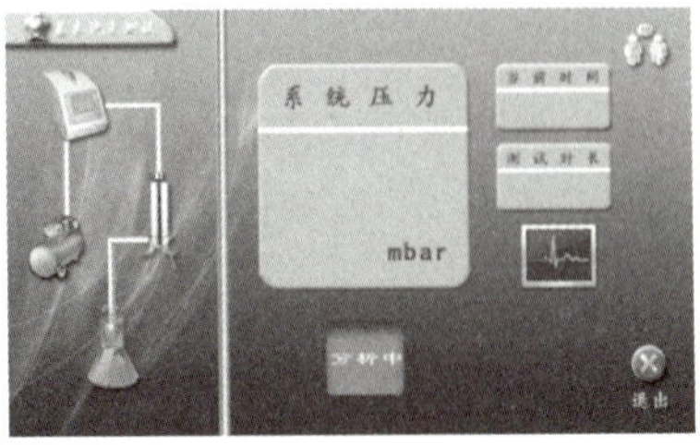 基本泡点测试运行界面
		当所测滤芯的起泡点已大于设定的最小起泡点值时，则弹出“泡点已合格，是否继续？”，如果继续则按“确定”按钮，否则按“放弃”按钮，结束测试，并显示测试结果和测试曲线。如要打印测试结果，则按“打印”按钮即可	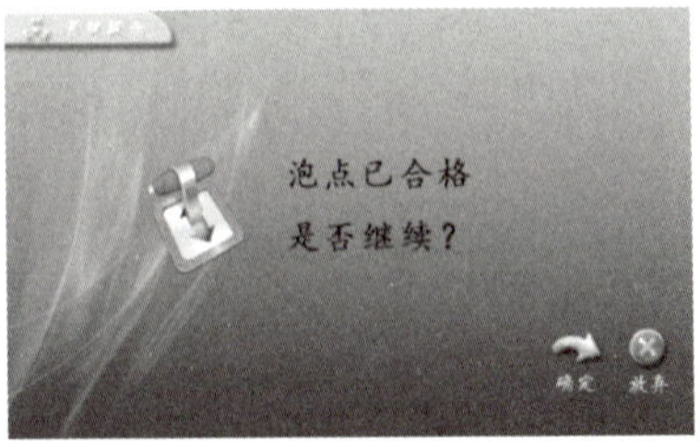 继续测试提示界面
		在基本泡点测试结果界面，按“退出”键，弹出“是否要保存当前数据？”，如果保存则按“确定”按钮，否则按“放弃”按钮	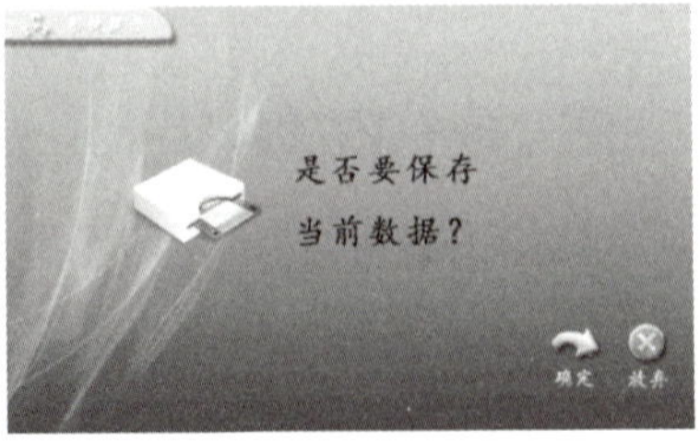 数据保存界面
5	测试结束后仪器操作	测试结束后，返回系统操作选择界面，可在数据历史记录界面中查看历史检测记录；也可继续退出系统操作选择界面，返回用户登录界面后，关闭完整性测试仪，关闭气源、电源；填写仪器使用记录	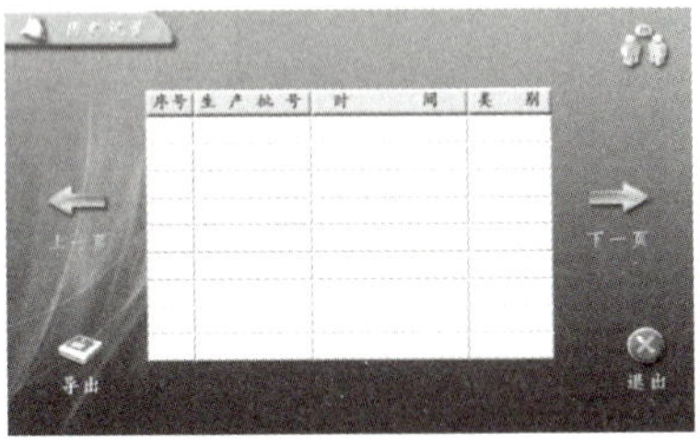 数据历史记录界面

三、完整性测试仪的清洁

完整性测试仪的清洁操作见表 8-25。

表 8-25　完整性测试仪的清洁操作

序号	步骤	操作要点	示意图
1	管道清洁	检查、清洁进/出气管道，采用无油、干燥、洁净的空气或氮气吹扫管道气路，保证管道内外壁干净，无污渍堵塞情况	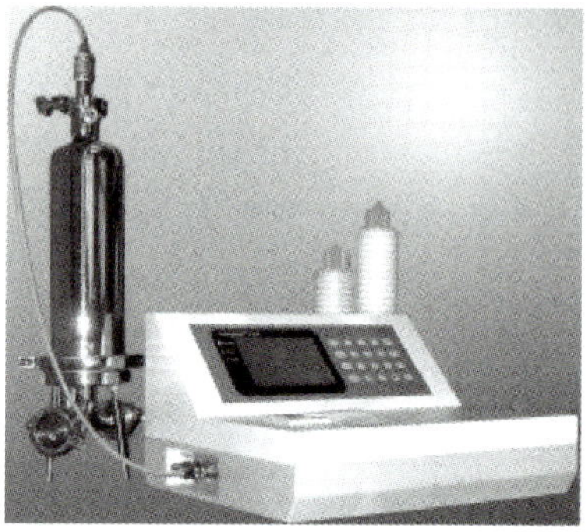 完整性测试仪的清洁
2	仪器内部气体清理	使用完毕后，通过排气口排出仪器内部及过滤器中的气体	
3	打印部件清理	及时检查、清洁、整理仪器上的打印纸及打印部件，保持打印部件干燥、干净	
4	仪器环境清理	① 保持完整性测试仪所处环境干净整洁，控制环境湿度与温度，防止凝水 ② 在使用易燃有机溶剂作浸润液操作后，应保持测试场地通风 ③ 保持完整性测试仪表面干燥清洁，使用完毕后加盖防尘罩	

四、岗位清场操作

滤芯完整性测试岗位清场操作见表 8-26。

表 8-26　滤芯完整性测试岗位清场操作

序号	步骤	操作要点	示意图
1	测试系统关闭	关闭气源、电源，断开完整性测试仪与滤器、气源的连接	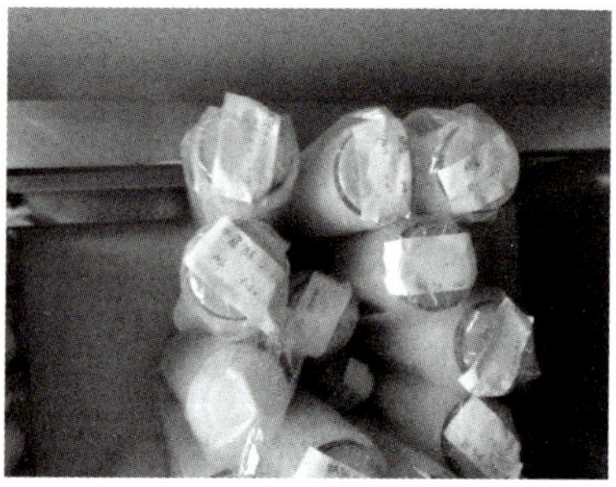 岗位清场操作
2	滤芯拆解	拆解滤芯系统，清洗相关部件，收集处理浸润液	
3	滤芯处理保存	取出滤芯后，暂时不用的滤芯，先进行灭菌处理，然后在 40~50 ℃条件下继续干燥 48 h 后，用洁净呼吸袋密封保存，并做好标识，归类管理。标识内容包括但不限于：滤芯名称、滤芯编号、尺寸、孔径、材质、有效期、使用次数等信息	
4	废液（物）处理，环境清洁	收集处理废液（物），整理、清洁试验现场	

五、岗位记录填写

1. 填写要求

测试记录由岗位操作人员填写，岗位负责人及有关规定人员复核签字。不允许事前先填或事后补填，填写内容应真实。填写批生产记录应注意字迹工整、清晰，不允许用铅笔填写，且要求用笔颜色保持一致。批生产记录不能随意更改或销毁，若确实因填错需更改，务必在更改处画一横线后，将正确内容填写在旁边，并签字标明日期。

考核时为确保考评公平公正，原则上不允许岗位操作人员填写真实姓名，应填写准考证号或考试代号等。

2. 滤芯完整性测试结果记录

滤芯完整性测试结果记录见表 8-27。

表 8-27 滤芯完整性测试结果记录

地点： 时间： 温度： 湿度：

序号	滤芯编号	规格				浸润液	气密性检查			起泡点测试			备注
		类型	材质	尺寸/cm	孔径/μm		自检压力/MPa	自检时间/min	结论	预置值/MPa	实测值/MPa	结论	
1													
2													
3													

检测人： 复核人：

起泡点测试结果打印单（粘贴处）

六、常见问题与处理方法

滤芯完整性测试的常见问题、原因及处理方法见表 8-28。

表 8-28　滤芯完整性测试的常见问题、原因及处理方法

常见问题	原因	处理方法
仪器报警显示压力不足	1. 气源阀门未开 2. 气源压力不足 3. 进气管弯折或堵塞	1. 打开气源阀门 2. 增加气源压力或更换气源 3. 疏通进气管道
气密性自检不通过	1. 滤芯未能正确插入滤筒卡槽;滤芯"O"形密封圈破损;滤器进、出液口密封不严;排气阀、废液阀未关 2. 滤芯浸润不够彻底 3. 被测试滤芯温度太高 4. 浸润液种类不合适	1. 确认滤芯安装方式;检查更换滤芯"O"形密封圈;关闭排气阀、废液阀,并检查进、出液口密封圈 2. 滤芯应被完全浸润 3. 滤芯的完整性测试应该在常温下进行。当滤芯的温度过高时,应该等滤芯自然冷却后,再进行完整性测试 4. 不同的材质应该选择不同的浸润液,请按照滤芯厂家提供的出厂报告选择合适的浸润液
打印机不能打印测试结果	1. 测试环境低于 0 ℃ 2. 缺纸 3. 打印纸安放不到位 4. 偶发故障	1. 将测试转移到 0~40 ℃ 的环境中 2. 查看打印机是否缺纸,若缺纸则按打印机的使用手册安装新的打印纸 3. 重新正确安放打印纸 4. 对于偶发故障,则只需关机等待 5 s 后,重新启动即可
浸润液反流至仪器出气管	1. 过滤器内浸润液过量,高度过高 2. 过滤器水平位置高于完整性测试仪	1. 控制过滤器内浸润液量,只需淹没滤芯即可 2. 调整位置,使完整性测试仪水平位置高于过滤器

任务考核

一、考核要求

1. 在线测试(5 min)

请扫描二维码完成在线测试。

在线测试:滤芯完整性测试

2. 实践考核(40 min)

以角色扮演法进行考核,要求在规定时间内完成滤芯完整性测试岗位操作,并填写测试记录。

(1) 角色:液体制剂车间生产用滤芯完整性测试工作人员。

(2) 场景设置:设有检测站工作间,配备房间与设备状态标识牌,多种板式、筒式过滤器,自动完整性测试仪,多种不同类型尺寸滤芯,浸润液、消毒液,可粘贴标签等。

(3) 其他要求:考核时应提前穿戴洁净服,考核过程中应按照操作要点规范操作,及时如实填写测试记录。

二、评分标准

过滤器(芯)完整性测试岗位操作评分标准见表 8–29。

表 8–29 过滤器(芯)完整性测试岗位操作评分标准

序号	考核内容	分值/分	评分要点	考生得分	备注
1	着装和状态标识	10	1. 进行滤芯完整性测试考试时着装规范(5 分) 2. 正确悬挂状态标识牌(5 分)		
2	套筒和滤芯安装操作	20	1. 套筒安装正确(10 分) 2. 滤芯安装正确(10 分)		考点提供测试用的滤芯类型规格,并给出供选择的几种浸润液
3	浸润液选择和冲洗	20	1. 浸润液种类选择正确(5 分) 2. 浸润液冲洗操作正确(15 分)		
4	完整性测试操作(起泡点试验)	40	1. 仪器系统操作过程准确合理(20 分) 2. 在规定时间内完成起泡点试验操作(15 分) 3. 填写记录准确且规范(5 分)		考点提供完整性测试仪、过滤器等仪器耗材
5	整理操作	10	1. 滤芯保存规范(5 分) 2. 滤芯的灭菌、保存方式等记录填写正确(5 分)		
			岗位总分		

任务 8.4 灌 封

知识准备

PPT:灌封

岗位职责

灌封岗位操作人员应严格按照灌封岗位职责要求,在无菌制剂车间注射剂组班组长领导下,履行工作职能。

1. 生产准备

进岗前按规定着装,进岗后按工艺要求安装灌封设备;根据生产指令,按规定程序从中间站领取物料、工用具。

2. 生产操作

严格按照注射剂灌封工艺规程和标准操作规程进行灌封。严格执行《灌封岗位操作法》《灌封标准操作规程》。按照目前生产上主要采用的拉丝灌封机进行岗位操作，以绞龙传送安瓿，药液通过管道经定量灌注器，由针头灌入安瓿，灌注药液后立即进行拉丝熔封。

小容量注射剂常用的灌封设备是安瓿拉丝灌封机。本任务以 AGFL8 型安瓿灌封一体机为例讲述小容量注射剂的灌封生产操作过程。

生产中应认真核对所用物料的品名、规格、数量、质量等，确保本岗位不发生混药、错药，确保生产环境符合要求，避免污染和交叉污染。灌封操作人员应在规定时间内进行小容量注射剂的装量检查，并规范及时填写生产记录。

灌封操作人员在灌封过程中发现质量问题时，必须及时报告工序负责人、工艺员。

3. 生产结束

按要求填写移交单据，并完成灌封后中间产品的移交；余料按规定退至中间站。

生产结束或更换品种时，严格按本岗位清场标准操作规程清场，经 QA 人员检查合格后，悬挂清场合格标识牌。

4. 其他要求

工作期间严禁脱岗、串岗，不做与岗位工作无关之事；经常检查设备运转情况，注意设备保养，操作时发现故障应及时上报。

任务实施

一、岗位生产前检查与准备

灌封岗位生产前检查与准备操作见表 8-30。

表 8-30　灌封岗位生产前检查与准备操作

序号	步骤	操作要点	示意图
1	接收批生产指令	① 接收批生产指令、注射剂灌封操作批生产记录（空白） ② 仔细阅读批生产指令，明确产品名称、规格（2 ml：18 mg）、生产任务、注意事项等指令 ③ 对照批生产指令，检查、核对其与房间标识卡上的产品名称、规格、批号等要求是否一致	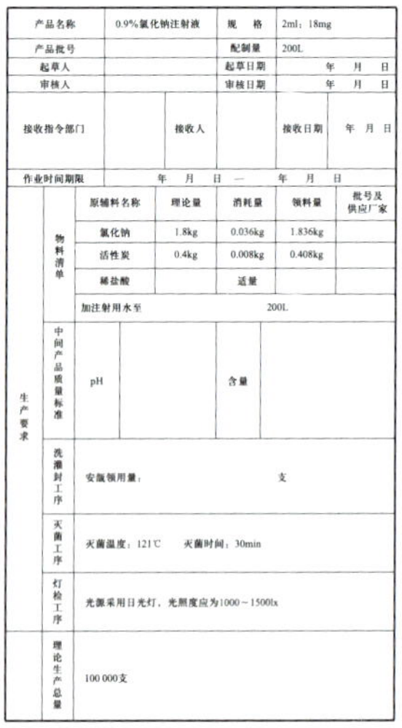 批生产指令

产品名称	0.9%氯化钠注射液	规　格	2ml：18mg		
产品批号		配制量	200L		
起草人		起草日期	年　月　日		
审核人		审核日期	年　月　日		
接收指令部门		接收人		接收日期	年　月　日
作业时间期限	年　月　日 — 年　月　日				
生产要求 物料清单	原辅料名称	理论量	消耗量	领料量	批号及供应厂家
	氯化钠	1.8kg	0.036kg	1.836kg	
	活性炭	0.4kg	0.008kg	0.408kg	
	稀盐酸		适量		
	加注射用水至	200L			
中间产品质量标准	pH		含量		
洗灌封工序	安瓿领用量：　　支				
灭菌工序	灭菌温度：121℃　灭菌时间：30min				
灯检工序	光源采用日光灯，光照度应为1000～1500lx				
理论生产总量	100 000支				

续表

序号	步骤	操作要点	示意图
2	复核清场	① 检查操作间是否有上一批生产遗留的物品 ② 检查灌封间门窗、墙壁、地面等是否干净，有无浮尘，是否光洁、明亮 ③ 检查灌封间清场合格证和状态标识 ④ 检查 YXQ-LS-50S Ⅱ 立式压力蒸汽灭菌柜、AQCL 型 120 立式超声波清洗机、ASZ620 型灭菌干燥机、AGFL8 型安瓿灌封一体机是否已清洁，是否悬挂有绿色“已清洁”和“完好”、黄色“待运行”状态标识 ⑤ 检查是否遗留上一批次批生产记录等文件	 环境检查
3	温湿度与压差检查	检查灌封间温湿度、压差是否符合要求：温度应在 18~26 ℃，相对湿度应在 45%~65%，灌封间需保持相对负压	 温湿度检查
4	安瓿、工用具与容器领取	① 工序操作人填写安瓿领取单、工用具领取单、注射剂中间产品领取单，一式两份（一份粘贴于批生产记录中，另一份保存于中间站管理员处），依照批生产指令，至中间站领取工用具 ② 领取空安瓿时，工序操作人须核对安瓿数量、是否有 QC 检验合格证 ③ 领取工用具时，工序操作人须核对过滤器、活塞、灌注针头、注射器、量筒数量，以及是否有已清洁标识牌 ④ 领取中间产品时，工序操作人须重点核对中间产品名称、重量、批号、加工状态等信息是否与生产指令一致，同时班组长、中间站管理员须复核检查，核对无误后三方签字；工序操作人登记中间产品进出站台账后，方能将中间产品领回灌封间，继续加工	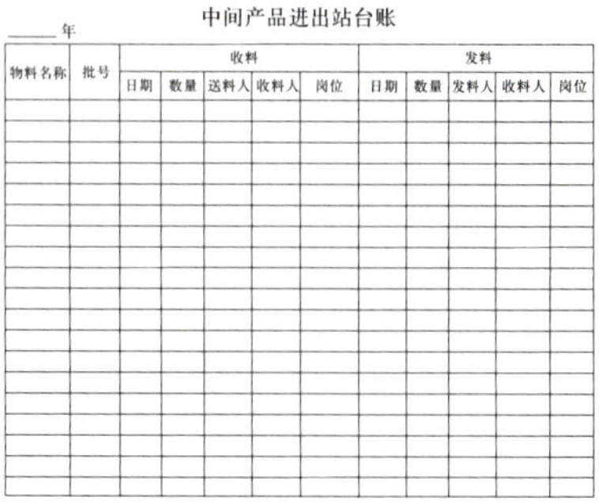 中间产品进出站台账 ____年 物料名称 | 批号 | 收料：日期 | 数量 | 送料人 | 收料人 | 岗位 | 发料：日期 | 数量 | 发料人 | 收料人 | 岗位 中间产品进出站台账

续表

序号	步骤	操作要点	示意图
4	安瓿、工用具与容器领取	⑤ 将空安瓿、工用具、中间产品周转桶置小推车上，推至灌封间指定位置	
5	QA 人员检查复核	① 按照批生产记录中生产前检查操作要点复核，任何一条不符合要求则不能进入下一工序 ② QA 人员现场复核无误后签字准产	 复核准产
6	记录填写	① 按照批生产记录填写要求，填写灌封岗位生产前检查与准备记录 ② 粘贴清场合格证（副本）于记录中	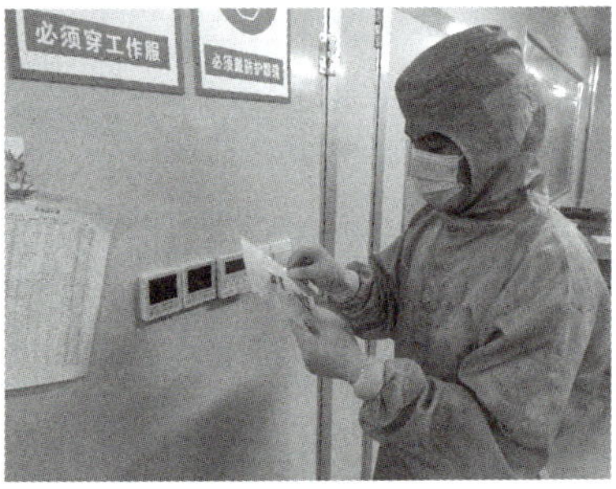 粘贴清场合格证

二、生产工用具灭菌操作

注射剂生产工用具包括过滤器、活塞、灌注针头、注射器、量筒，后文统一称为生产工用具，其灭菌操作见表 8-31。

表 8-31　生产工用具灭菌操作

序号	步骤	操作要点	示意图
1	放冷凝水	① 按照《灭菌岗位标准操作规程》《YXQ-LS-50S Ⅱ 立式压力蒸汽灭菌柜标准操作规程》操作，使用灭菌柜对过滤器、活塞、灌注针头、注射器、量筒等工用具进行灭菌 ② 通蒸汽前，先打开蒸汽阀及排污阀，放掉蒸汽管道内的冷凝水	 灭菌柜

续表

序号	步骤	操作要点	示意图
2	装柜	① 按照滤芯完整性测试标准操作规程中滤芯的安装方法，将聚醚砜滤芯组装入滤筒内，其他工用具装入高压灭菌呼吸袋内 ② 将待灭菌的物品置于消毒车上，推入灭菌柜内，并将柜门密封好	 装柜
3	灭菌	① 打开电源，设定灭菌温度、时间、压力等灭菌参数 ② 使夹层排气阀处于半开状态，打开夹层进气阀，保持 0.15 MPa 使夹层预热，预热结束后，关闭夹层进气阀 ③ 使内腔排气阀处于关闭状态，打开内腔进气阀（顶部及侧面各一），开始向内腔进气，待进气达到饱和，关闭进气阀 ④ 待温度升至 121 ℃时，开始计时，保持饱和蒸汽 121 ℃灭菌 30 min 后，灭菌结束，取出已灭菌物品	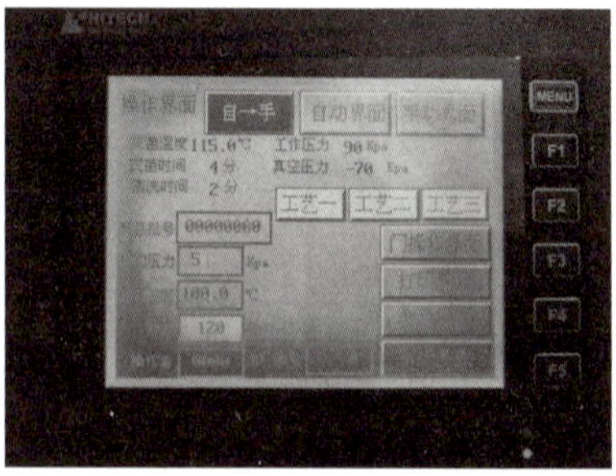 灭菌
4	清场	① 设备换上“待清洁”状态标识，房间换上“待清场”状态标识 ② 按《YXQ-LS-50S Ⅱ立式压力蒸汽灭菌柜标准操作规程》《灭菌岗位清场标准操作规程》清洁清场 ③ 清场完毕联系 QA 人员进行清场效果检查，如不合格需重新清场直至检查合格，并及时填写清场记录。QA 人员检查合格后，在清场记录上签名并发放清场合格证 ④ 及时更换生产设备状态标识为“已清洁”，更换房间状态标识为“已清场” ⑤ 将 QA 人员发放的清场合格证（正本）粘贴在批生产记录相应位置上，清场合格证（副本）挂在操作现场	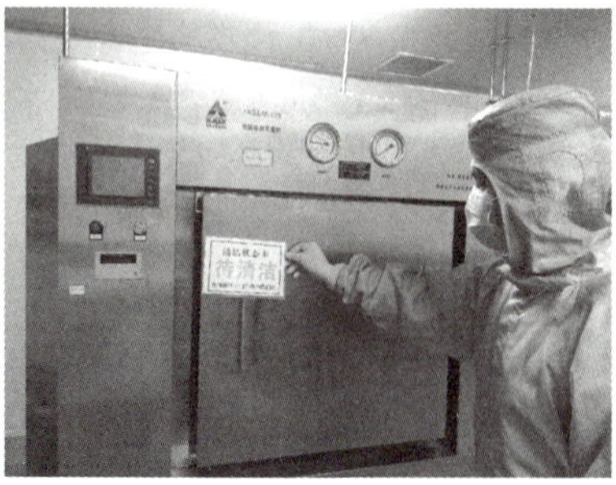 悬挂“待清洁”状态标识

续表

序号	步骤	操作要点	示意图
5	记录填写	① 按照批生产记录填写要求，填写灌封岗位工用具灭菌记录 ② 粘贴上一批次清场合格证(副本)于记录中	清场合格证(副本) 岗　　位：＿＿＿＿ 原产品名称：＿＿＿＿ 批　　号：＿＿＿＿ 调换产品名称：＿＿＿＿ 批　　号：＿＿＿＿ 清 场 人：＿＿＿＿ 质 监 员：＿＿＿＿ 清场日期：＿＿年＿＿月＿＿日＿＿时 有效期至：＿＿年＿＿月＿＿日＿＿时 清场合格证(副本)

三、安瓿清洗烘干岗位操作

安瓿清洗烘干岗位操作见表 8–32。

表 8–32　安瓿清洗烘干岗位操作

序号	步骤	操作要点	示意图
1	准备操作	按照《安瓿清洗岗位标准操作规程》《AQCL 型 120 立式超声波清洗机标准操作规程》《ASZ620 型灭菌干燥机标准操作规程》规定操作 (1) AQCL 型 120 立式超声波清洗机开机前准备 ① 检查安瓿规格与机器配备的配件规格是否相符 ② 检查气、水、电的连接供应情况是否正常 ③ 将清洁滤芯装入过滤罩内，并检查过滤罩及各管道接头是否牢固 ④ 接好超声波清洗箱溢水管，接好贮水箱溢水管，注意密封圈是否完整 ⑤ 打开阀门，给超声波清洗箱注水，注满水后，水将自动溢入贮水箱内，关闭阀门 ⑥ 放置安瓿 (2) ASZ620 型灭菌干燥机开机前准备 ① 检查电连接供应情况是否正常	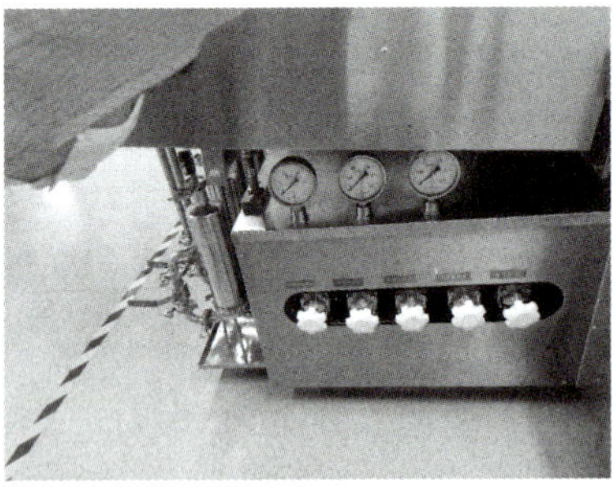 超声波清洗机开机前准备

续表

序号	步骤	操作要点	示意图
1	准备操作	② 检查网带传动是否正常 ③ 检查层流及排风系统风压是否平衡，压差是否正常 ④ 检查冷却水系统供水是否正常	
2	清洗操作	启动 AQCL 型 120 立式超声波清洗机进行清洗，步骤如下： ① 打开电气箱主开关，绿色信号灯亮，表示主电源接通 ② 打开加热按钮，绿色信号灯亮，水箱自动加热 ③ 打开新鲜水控制阀门，将进水压力调到 0.2 MPa ④ 打开压缩空气控制阀门，将空气压力调到 0.2 MPa ⑤ 启动水泵按钮，水泵启动的绿色信号灯亮，同时将循环水过滤罩内的空气排尽。水泵启动时贮水箱内的水位会下降，这时应打开新鲜水注入阀门，将水箱注满水 ⑥ 打开喷淋水控制阀门，将压力调到 0.05 MPa，直至将空瓶注满水为止 ⑦ 将操作选择开关旋钮调到 0 位档 ⑧ 将速度调节旋钮调到 0 位档 ⑨ 启动主机按钮，绿色信号灯亮，主机处于运行状态 ⑩ 将速度调节旋钮缓慢调到与安瓿规格相适应的位置，清洗开始	 超声波清洗机
3	烘干操作	启动 ASZ620 型灭菌干燥机进行烘干，步骤如下： ① 打开电源，置于 ON 位置 ② 进入主操作界面，按压启动按钮，开动机器，观察各层流风机及排风机是否运行 ③ 按压网带手动启动按钮，检查网带走动是否正常 ④ 按压网带自动启动按钮，用手拨动进口处控制开关弹片，观察两个弹片接近开关时，是否正常工作 ⑤ 在主操作界面按压温度设定按钮，按照生产工艺要求设定各区工作控制温度 ⑥ 在主操作界面按压启动按钮，干燥机开始工作	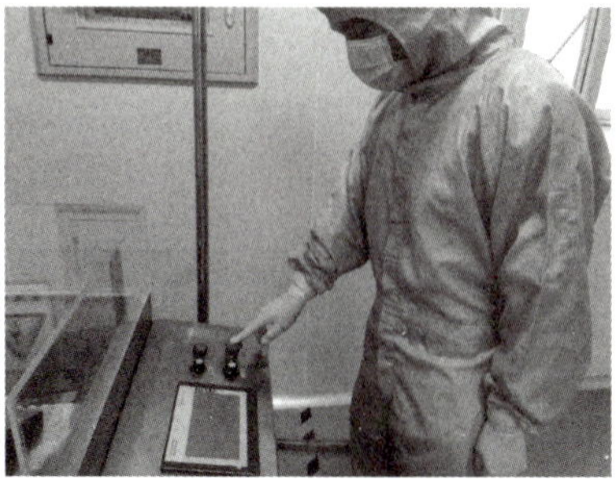 开启烘干前超声波清洗机

续表

序号	步骤	操作要点	示意图
3	烘干操作	⑦ 从主操作界面进入温度显示界面，待消毒区温度达到设定温度后，先开启前面生产线的洗瓶机，清洗后的安瓿随着传送带转运过来，即可开始烘干。在安瓿进入隧道前，调整前后风门，使其距瓶口 5~10mm 为宜	
4	停机操作	① 安瓿清洗烘干结束，待清洗机的最后一支安瓿送出，关闭清洗机的气、水、电 ② 关闭灭菌干燥机时，先按网带启动手动，待干燥机内部瓶子走至冷却段后，按压主操作界面的启动按钮，待最后一支安瓿送出后，按压停止按钮，当烘箱内温度降到 100 ℃以下时，干燥机会自动停止	 停机
5	清洁清场操作	将设备换上“待清洁”状态标识，房间换上“待清场”状态标识。按照相应设备清洁标准操作规程和《安瓿清洗岗位标准操作规程》中清场规定操作 (1) 超声波清洗机的清洁步骤 ① 运行完毕，关闭气、水、电 ② 取出清洗箱溢水管，排空箱内水 ③ 取出贮水箱溢水管，排空箱内水 ④ 用水将清洗槽冲洗干净。清洗贮水箱内过滤网及过滤罩内的滤芯 ⑤ 将机器外部的污迹、水擦拭干净 (2) 灭菌干燥机的清洁步骤 ① 取下底座保护罩门，清除底座内的尘埃，并用水冲洗，注意保护电机和电控箱，防止水渗入 ② 将机器外部的污迹、水擦拭干净 (3) 清场要求 ① 岗位操作人员将生产废弃物用手推车送至指定位置，按车间污物、废物管理规程处理 ② 对器具进行清洁消毒 ③ 用本岗位的清洁工具进行地漏、地面、墙面、操作台面的清洁消毒。按照先物后地、先内后外、先上后下的顺序进行 ④ 检查各设备系统运行正常后，均挂贴“完好”状态标识 ⑤ 清场完毕，联系 QA 人员进行清场效果检查，如不合格需重新清场直至检查合格，并及时填写清场记录。QA 人员检查合格后，在清场记录上签名并发放清场合格证正、副本	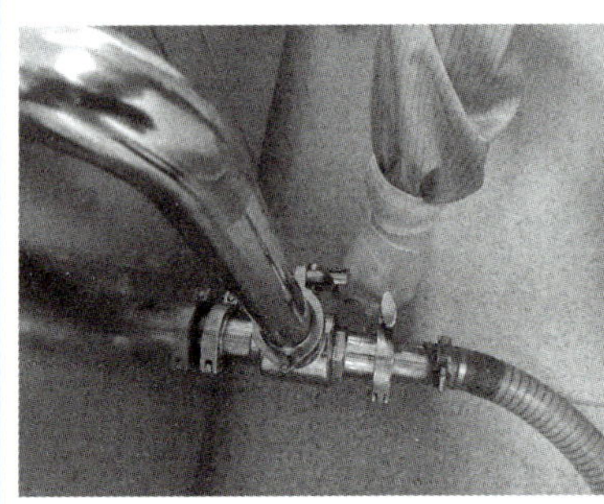 超声波清洗机清洁

续表

<table>
<tr><th>序号</th><th>步骤</th><th>操作要点</th><th>示意图</th></tr>
<tr><td>5</td><td>清洁清场操作</td><td>⑥ 及时更换生产设备状态标识为“已清洁”，更换房间状态标识为“已清场”
⑦ 将 QA 人员发放的清场合格证（正本）粘贴在批生产记录相应位置上，清场合格证（副本）挂在操作现场</td><td></td></tr>
<tr><td>6</td><td>记录填写</td><td>按照批生产记录填写要求，填写灌封岗位安瓿清洗烘干记录</td><td>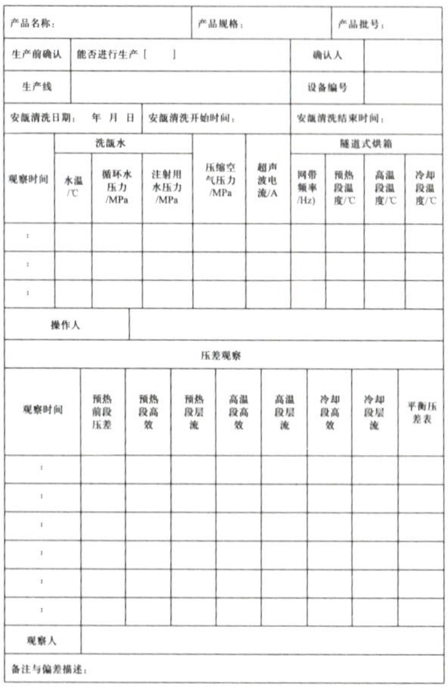
<table>
<tr><td colspan="4">产品名称：</td><td colspan="3">产品规格：</td><td colspan="3">产品批号：</td></tr>
<tr><td>生产前确认</td><td colspan="5">能否进行生产［　　］</td><td colspan="2">确认人</td><td colspan="2"></td></tr>
<tr><td>生产线</td><td colspan="5"></td><td colspan="2">设备编号</td><td colspan="2"></td></tr>
<tr><td colspan="3">安瓿清洗日期：　年　月　日</td><td colspan="3">安瓿清洗开始时间：</td><td colspan="4">安瓿清洗结束时间：</td></tr>
<tr><td rowspan="2">观察时间</td><td colspan="3">洗瓶水</td><td rowspan="2">压缩空气压力/MPa</td><td rowspan="2">超声波电流/A</td><td colspan="4">隧道式烘箱</td></tr>
<tr><td>水温/℃</td><td>循环水压力/MPa</td><td>注射用水压力/MPa</td><td>网带频率/Hz)</td><td>预热段温度/℃</td><td>高温段温度/℃</td><td>冷却段温度/℃</td></tr>
<tr><td>:</td><td></td><td></td><td></td><td></td><td></td><td></td><td></td><td></td><td></td></tr>
<tr><td>:</td><td></td><td></td><td></td><td></td><td></td><td></td><td></td><td></td><td></td></tr>
<tr><td>:</td><td></td><td></td><td></td><td></td><td></td><td></td><td></td><td></td><td></td></tr>
<tr><td colspan="3">操作人</td><td colspan="7"></td></tr>
</table>
<table>
<tr><td colspan="9">压差观察</td></tr>
<tr><td>观察时间</td><td>预热前段压差</td><td>预热段高效</td><td>预热段层流</td><td>高温段高效</td><td>高温段层流</td><td>冷却段高效</td><td>冷却段层流</td><td>平衡压差表</td></tr>
<tr><td>:</td><td></td><td></td><td></td><td></td><td></td><td></td><td></td><td></td></tr>
<tr><td>:</td><td></td><td></td><td></td><td></td><td></td><td></td><td></td><td></td></tr>
<tr><td>:</td><td></td><td></td><td></td><td></td><td></td><td></td><td></td><td></td></tr>
<tr><td>:</td><td></td><td></td><td></td><td></td><td></td><td></td><td></td><td></td></tr>
<tr><td>:</td><td></td><td></td><td></td><td></td><td></td><td></td><td></td><td></td></tr>
<tr><td>:</td><td></td><td></td><td></td><td></td><td></td><td></td><td></td><td></td></tr>
<tr><td>观察人</td><td colspan="8"></td></tr>
<tr><td colspan="9">备注与偏差描述：</td></tr>
</table>
安瓿清洗烘干记录</td></tr>
</table>

四、安瓿灌封岗位操作

安瓿灌封岗位操作见表 8-33。

表 8-33　安瓿灌封岗位操作

<table>
<tr><th>序号</th><th>步骤</th><th>操作要点</th><th>示意图</th></tr>
<tr><td>1</td><td>生产前检查与准备</td><td>安瓿灌封岗位在生产前准备中已进行整体生产前检查与准备。在灌封操作前，再行以下准备操作即可：
① 岗位操作人员根据生产指令取下现场状态标识牌，换上车间“生产中”和设备“正在运行”的状态标识，标明本岗位需要生产的药品名称（氯化钠注射液）、批号、规格（2 ml：18 mg）、生产批量、生产岗位、生产日期、操作人、复核人</td><td>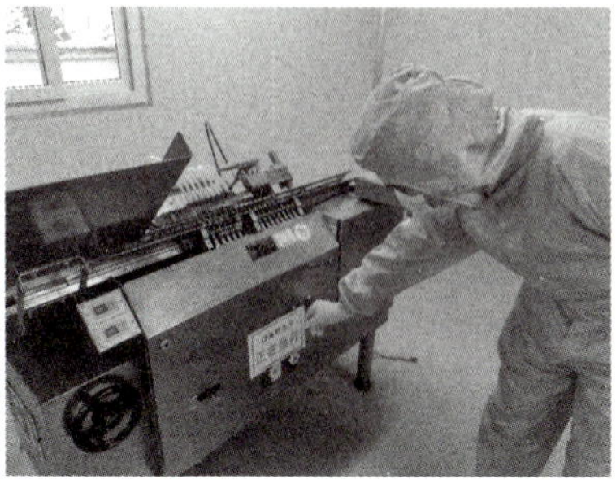
悬挂“正在运行”状态标识</td></tr>
</table>

续表

序号	步骤	操作要点	示意图
1	生产前检查与准备	② 按照《AGFL8 型安瓿灌封一体机标准操作规程》进行操作，使用前接通电源，打开灌封机电源开关，按下复位键和自动按钮，空机运转 2 min，运转正常后方可进行生产。若机器出现异常，应及时处理，处理完成后，机器正常方可生产 ③ 岗位操作人员从容器具清洁间容器具存放处取注射器、量筒、毛刷、镊子、洁净抹布、不锈钢盆、不锈钢桶和脱脂纱布，送到灌封间 ④ 将注射器、毛刷和镊子放在灌封机的台面上；将其中一个不锈钢盆接半盆注射用水，放在灌封机出瓶斗下面的操作架上，将一块洁净抹布放在盆中；将不锈钢桶口上盖一块脱脂纱布，绑好后，和另一个不锈钢盆共同放在操作架上	
2	生产操作	(1) 接选安瓿操作 ① 进行空安瓿检查。将灭菌烘干后由传送带传送至此的周转盘取出。操作时一手握住挡板端中间，另一手握住闭口端中间，搬起周转盘放置于操作架上 ② 进行烘干合格检查。用镊子从周转盘两端夹起 2 支安瓿，翻转 180°，使瓶口朝下，观察瓶内壁有无水珠或水流动的痕迹，若无则将安瓿放回原处，收好镊子。若有烘干不合格的安瓿，则另置收集，待重新灭菌烘干后再使用，做好记录 ③ 进行完整性检查。搬起一周转盘，靠近灯光，逐支检查周转盘内有无破损安瓿，若无，盖上盘盖待用。若有破损安瓿，夹出弃于废弃桶中 ④ 将检查过的周转盘重新装入进瓶斗中，挡上挡板备用 (2) 接收药液操作：灌封岗位操作人员接收药液，核对数量，确认无误后，在中间产品递交单上签字，打开输液管道进液阀，由配液岗位稀配操作人员过滤后的药液进入灌封间	 取中间产品

续表

序号	步骤	操作要点	示意图
2	生产操作	(3) 点火、调火操作：打开进气阀门，使清洁新生的氢气和氧气进入机器管道，用点火器点燃喷火口，调节阀门，调整火焰大小。按下点动按钮，试熔封，封口圆整光滑为合格，若有尖头、扁头、泡头、瘪头为不合格，根据相应问题调整火焰大小、压安瓿轴承压力、火焰中心线位置等 (4) 调节装量操作 ① 打开灌封机电源开关，按下复位键和点动按钮，试灌装 10 支，关闭点动按钮。取一支已灌装好的安瓿和一支准备好的注射器，抽取安瓿内灌装的药液，检查安瓿装量，调试好灌装量(每支 2.05~2.10 ml)，将注射器中药液注入绑脱脂纱布的不锈钢桶中，将安瓿倒放在不锈钢盆上的周转盘中，及时送交清洗烘干岗位操作人员重新进行清洗 ② 若有炸瓶时溅出的药液，及时用洁净抹布擦拭干净，并停机对炸瓶附近的安瓿进行检查 (5) 灌封操作：按下灌封机自动按钮，取下周转盘前挡板，灌封进行中适时观察灌封情况和熔封情况，若有问题停机检查，并且每隔一段时间应检查装量 (6) 取中间产品 ① 将空周转盘开口端朝内，送至灌封机出瓶斗上。用两块挡板挡住灌封机出瓶轨道上的安瓿，将安瓿送入周转盘内 ② 当周转盘内装满安瓿中间产品时，取出一挡板，从周转盘开口端附近的一面切向另一面，将盘中安瓿和出瓶轨道上的安瓿隔开 ③ 将另一挡板取出，接第一个挡板切入的地方重新切入靠近周转盘一面的安瓿，挡住盘中的安瓿，将周转盘从出瓶斗中推出 ④ 反复操作直至灌封结束	

续表

序号	步骤	操作要点	示意图
3	生产结束操作	① 将房间换上“待清场”状态标识，设备换上“待清洁”状态标识 ② 操作人员填写中间产品递交单，进行中间产品的交接，中间产品放入传递窗内，由灭菌（灭菌后室）岗位操作人员接收。将中间产品递交单一份贴于批生产记录中，一份交给灭菌（灭菌后室）岗位操作人员 ③ 将装量和熔封不合格的药液及未使用的安瓿回收	 更换“待清场”状态标识
4	清洁清场	① 按照《AGFL8 型安瓿灌封一体机清洁标准操作规程》《安瓿灌封岗位清场标准操作规程》进行清洁、清场，挂贴设备“清洁中”和房间“清场中”状态标识 ② 检查设备运行正常后，挂贴“完好”状态标识 ③ 更换生产设备状态标识为“已清洁”，更换房间状态标识为“已清场”	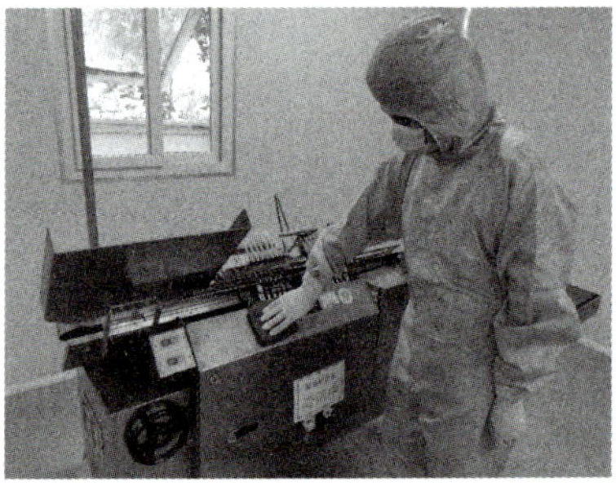 挂贴“清洁中”状态标识
5	QA 人员检查	① 联系 QA 人员进行清场效果检查，如不合格需重新清场直至检查合格，并及时填写清场记录。QA 人员检查合格后，在清场记录上签名并发放清场合格证正、副本 ② 将 QA 人员发放的清场合格证（正本）粘贴在批生产记录相应位置上，清场合格证（副本）挂在操作现场	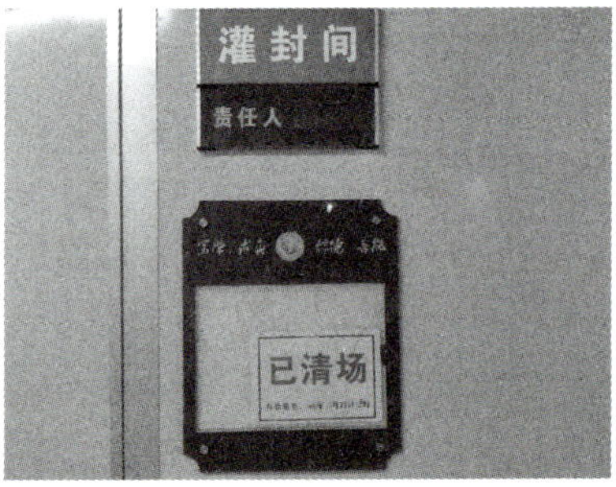 灌封岗位“已清场”状态标识
6	记录填写	按照批生产记录填写要求，填写安瓿灌封记录	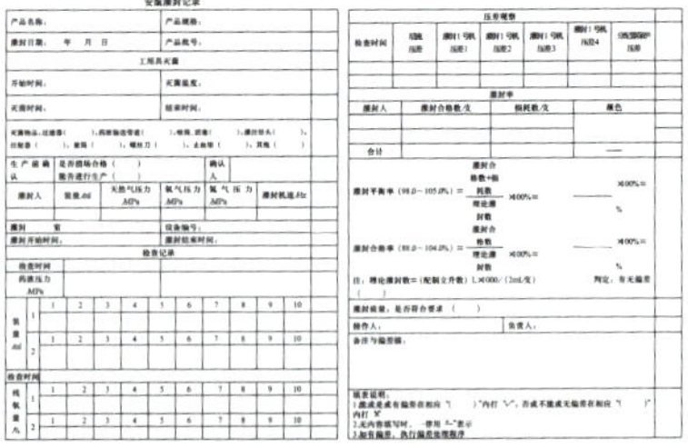 安瓿灌封记录

五、安瓿灌封一体机的标准操作

AGFL8 型安瓿灌封一体机的标准操作见表 8-34。

表 8-34　AGFL8 型安瓿灌封一体机的标准操作

序号	步骤	操作要点	示意图
1	启动前的准备	① 对齿轮、绞龙等部件加润滑油。检查变速箱内油平面，需要时加注适宜的润滑油 ② 检查机器燃气、药液管路、电路连接是否符合要求 ③ 检查灌装泵是否符合要求 ④ 转动手轮，空载使机器运行几次，检查是否有卡阻现象 ⑤ 按“ON”打开电源开关	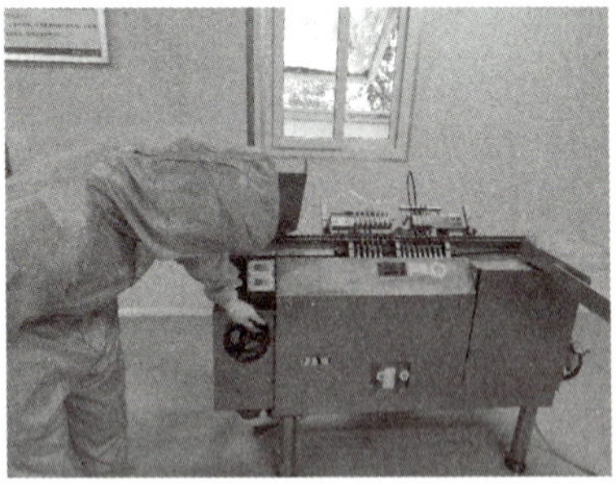 灌封机生产前检查
2	运行风机	① 打开压缩空气阀门和燃气阀门，打开电器箱侧端主开关，接通主电源，进入主操作界面 ② 点击“设备维护”按钮，进入操作界面，输入用户名和密码，点击“确认”，进入下一界面，即为生产操作界面 ③ 在生产操作界面，点击“层流风机”按钮，按钮变为绿色，检查层流风速是否符合要求，然后点击“伺服联动”按钮，按钮变为绿色 ④ 打开风机电源，开关指示灯亮，显示风机工作。调节面板上的层流风机风量，调节变频器频率，如按顺时针方向旋转电位器，则风量增大，反之风量减小，将风速控制在规定风量 ⑤ 风机达到转速后，查看初、高效压差表值是否合格。初效压差表用于对初效过滤器两端进行实时监测，超过警戒值时说明需要更换。高效压差表用于对层流罩外的压力进行实时监测，以便观察过滤器的性能，超过警戒值时注意及时更换 ⑥ 试运行结束后，先将调频器转速归零，然后关闭风机按钮	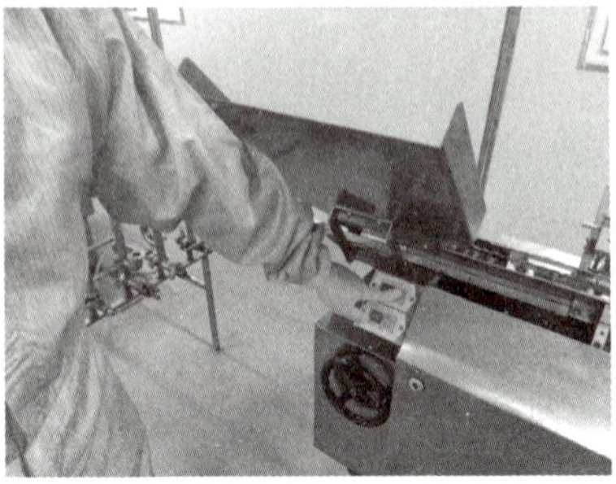 灌封机运行
3	灌封操作	① 检查触摸屏下方有无任何报警显示，已烘干的安瓿是否已在网带上排列好，并将倒在网带上的安瓿扶正。再检查灌装管道中是否充满药液 ② 各检查项合格后，点击主操作界面的“系统运行”和“主机运行”按钮，按钮变为绿色。检查转瓶系统是否正常运转	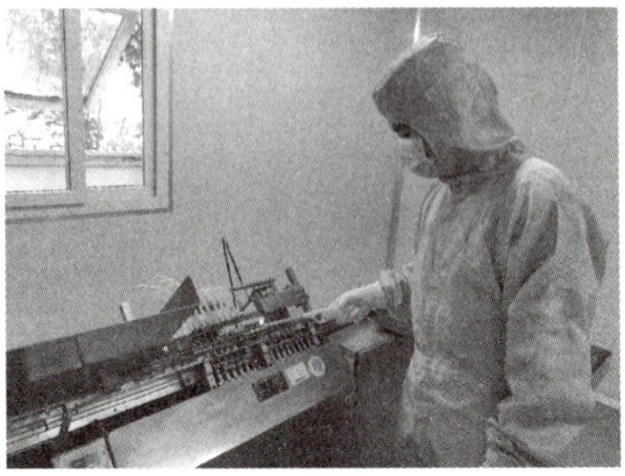 灌封机点火操作

续表

序号	步骤	操作要点	示意图
3	灌封操作	③ 确认燃气管道正常、气压正常后，点击“点火系统”按钮，按钮变为绿色，进行燃气点火测试，根据经验调节燃气流量阀门，使火焰达到理想状态 ④ 在主操作界面点击下一页，进入“灌装”界面，可以选择 3 种灌装方式：全灌，即不管是否装瓶，灌装泵均会实现灌装动作；全不灌，即不管是否装瓶，灌装泵均不会有灌装动作；无瓶不灌，即只有当装瓶时才会有相应的灌装泵动作，可有效地防止错灌、漏灌现象 ⑤ 点击“缺瓶检测”和“液位检测”按钮，按钮变为绿色。开动“主机调速”至设定速度，按“绞龙启停”按钮，按钮变为绿色。进几组安瓿后再按“绞龙启停”按钮，按钮绿色熄灭时，停止进瓶，检查装量，调节装量调节装置，使装量在标准范围内。观察灌装、拉丝效果，将火焰调至最佳，获得圆整光滑的封口，尽量减少药液及安瓿浪费 ⑥ 确认安全门关好后，在工作界面点击“安全门检测”按钮，按“绞龙启停”按钮，按钮亮，绞龙进瓶开始生产 ⑦ 操作中出现装量不在控制范围内时，应及时调整微调装置。产品封口不圆整时应观察针头是否有漏液、松动，如有问题应及时调整或更换，另外，需观察火焰的大小，并调节燃气流量计加以控制	
4	结束操作	① 拆卸灌装泵及管路，移至指定清洁位置清洁，注意泵体与活塞应配对做好标识，以免混装 ② 检查设备运行正常后，挂贴“完好”状态标识 ③ 按照《安瓿灌封一体机清洁标准操作规程》对机器进行清洁，并擦拭干净，然后进行消毒。清洁完毕，挂上“已清洁”状态标识 ④ 填写设备运行记录	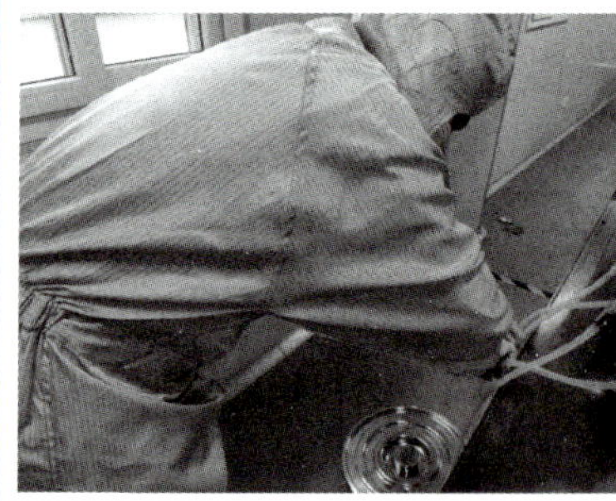 灌封机拆卸管路

六、安瓿灌封一体机的清洁

安瓿灌封一体机的清洁操作见表 8-35。

表 8-35　安瓿灌封一体机的清洁操作

序号	步骤	操作要点	示意图
1	清洁前准备	① 准备清洁工具：不脱落纤维的洁净抹布、尼龙扫把、镊子、毛刷、清洁盆、橡胶手套 ② 准备清洁剂：纯化水、注射用水、液体洗涤剂 ③ 准备消毒剂：75% 乙醇溶液、0.2% 苯扎溴铵溶液（每月交替使用）	 清洁工具
2	灌封一体机的清洗	① 关闭燃气阀、保护气阀，从配电柜处关闭电源 ② 打开层流罩侧门，拆卸灌注系统，放在指定容器内；用毛刷清除灌封一体机进瓶斗、出瓶斗、齿板及其他部位存留的碎玻璃屑，收集并弃至废弃物暂存容器内 ③ 用灭菌洁净抹布浸清洁剂将进瓶斗、出瓶斗、齿板，以及层流罩内、外表面上的药液和污垢擦拭干净，用洁净抹布浸纯化水将表面污迹清洗干净，再用洁净抹布浸消毒剂擦拭消毒 2 遍 ④ 先用洁净抹布蘸清洁剂擦除机器各部位表面的污迹，再用洁净抹布浸纯化水将各表面清洗干净，最后用洁净抹布浸消毒剂擦拭消毒 2 遍 ⑤ 先用洁净抹布蘸清洁剂擦净转动部位油垢，再用干净的洁净抹布浸纯化水擦洗净清洁剂，最后用干净的洁净抹布浸消毒剂擦拭消毒 2 遍 ⑥ 灌注系统存放在指定容器内转运到清洗消毒室后，将各部件拆卸，先用纯化水洗净各部件内残留药液，再用消毒剂浸泡 15 min ⑦ 将灌注系统各部件从消毒剂中取出，用 0.22 μm 滤膜过滤的注射用水冲洗，除净残留消毒剂，放入指定的洁净容器内，热压灭菌（121 ℃，15min）处理后，备用	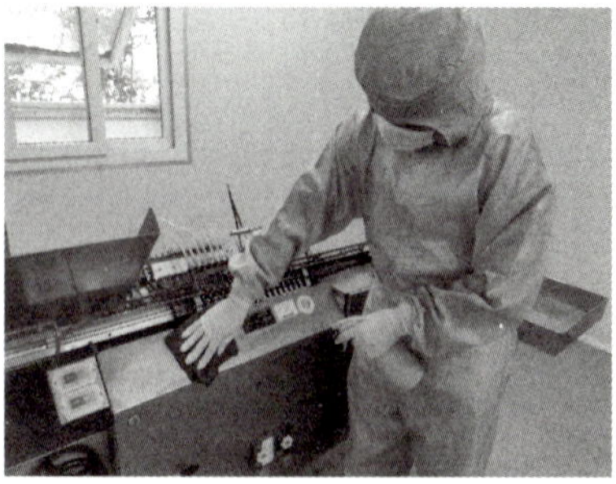 清洁灌封机

续表

序号	步骤	操作要点	示意图
3	QA 人员检查	经 QA 人员检查符合卫生要求，悬挂“已清洁”状态标识	 灌封一体机已清洁
4	文件记录	及时填写安瓿灌封一体机清洁记录	 填写清洁记录

七、岗位清场操作

灌封岗位清场操作见表 8-36。

表 8-36 灌封岗位清场操作

序号	步骤	操作要点	示意图
1	清场操作	① 按《清场管理制度》《容器具清洁管理制度》《安瓿灌封一体机清洁标准操作规程》做好清场、清洁工作 ② 岗位操作人员将装量和熔封不合格的药液及未使用的安瓿回收。将安瓿残次品等车间污物、废弃物装入废物贮器传出室外 ③ 清除本批产品相关文件资料、生产标识 ④ 用本岗位的清洁工具进行地漏、地面、墙面、操作台面的清洁消毒，遵循先物后地、先内后外、先上后下的原则	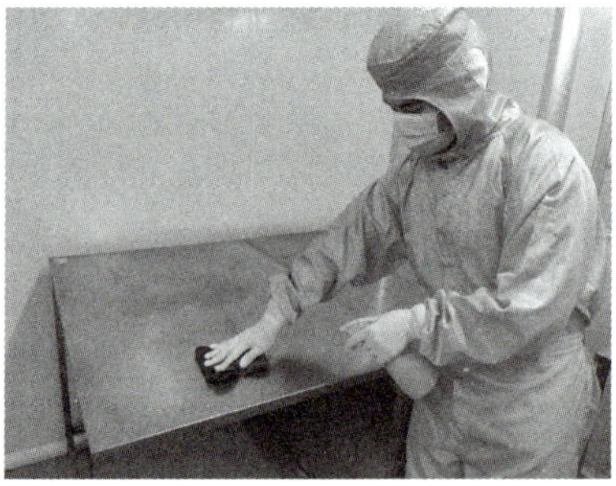 清洁台面

续表

序号	步骤	操作要点	示意图
1	清场操作	⑤ 按照《洁净区工器具、容器具清洁标准操作规程》清洁工器具，消毒后存放在洁净区内洁具清洁间 ⑥ 清场频次要求：小清场，即连续生产同一产品，每批间清场无须执行上述④⑤，每天生产结束清场均需执行上述操作。大清场，即每周生产结束或换产品，或一个品种已连续生产 3 天清场，或超过清场有效期，清场均执行上述操作	
2	清场检查	由 QA 人员确认清场是否合格，合格后由 QA 人员在清场记录上签字并发放清场合格证，作为下一批生产的许可凭证。清场合格证（正本）附在清场记录上，清场合格证（副本）挂在操作现场。如不合格需按程序重新清场，直至检查合格	 清场记录

灌封工序清场记录

产品名称		产品规格		产品批号	
清场类型	分类		清场内容	操作结果	
小清场［　］	连续生产同一产品	每批间清场［　］	1. 清点、清除废安瓿、残次品，无本批产品遗留物	［　］符合要求	
			2. 机器设备清洁符合工艺要求	［　］符合要求	
			3. 将与本批次产品相关记录和文件、物料及时清理	［　］符合要求	
			4. 更新生产标识牌信息	［　］符合要求	
		每天生产结束清场［　］	1. 清点、清除废安瓿、残次品，无本批产品遗留物	［　］符合要求	
			2. 灌封用的公用器具及除菌过滤器清洁符合工艺要求	［　］符合要求	
			3. 机器设备清洁符合工艺要求	［　］符合要求	
			4. 将与本批次产品相关记录和文件、物料及时清理	［　］符合要求	
			5. 环境清洁合格	［　］符合要求	
			6. 更新生产标识牌信息	［　］符合要求	
大清场［　］	每周生产结束或换产品或一个品种已连续生产3天清场或超过清场有效期［　］		1. 清点、清除废安瓿、残次品，无本批产品遗留物	［　］符合要求	
			2. 灌封用的公用器具及除菌过滤器清洁符合工艺要求	［　］符合要求	
			3. 机器设备清洁符合工艺要求	［　］符合要求	
			4. 将与本批次产品相关记录和文件、物料及时清理	［　］符合要求	
			5. 环境清洁合格	［　］符合要求	
			6. 更新生产标识牌信息	［　］符合要求	
清场人：			清场时间：　年　月　日　时　分		
复核人：			复核时间：　年　月　日　时　分		

八、岗位记录填写

1. 填写要求

灌封岗位批生产记录由岗位操作人员填写，岗位负责人及有关规定人员复核签字。不允许事前先填或事后补填，填写内容应真实。填写批生产记录应注意字迹工整、清晰，不允许用铅笔填写，且要求用笔颜色保持一致。批生产记录不能随意更改或销毁，若确实因填错需更改，务必在更改处画一横线后，将正确内容填写在旁边，并签字标明日期。

考核时为确保考评公平公正，原则上不允许岗位操作人员填写真实姓名，应填写准考证号或考试代号等。

2. 生产记录样例

（1）安瓿清洗烘干记录样例：见表 8-37。

表 8-37 安瓿清洗烘干记录

<table>
<tr><td colspan="4">产品名称：</td><td colspan="4">产品规格：</td><td colspan="3">产品批号：</td></tr>
<tr><td>生产前确认</td><td colspan="5">能否进行生产[ ]</td><td colspan="3">确 认 人</td><td colspan="2"></td></tr>
<tr><td>生 产 线</td><td colspan="5"></td><td colspan="3">设备编号</td><td colspan="2"></td></tr>
<tr><td colspan="3">安瓿清洗日期： 年 月 日</td><td colspan="3">安瓿清洗开始时间：</td><td colspan="5">安瓿清洗结束时间：</td></tr>
<tr><td rowspan="2">观察时间</td><td colspan="3">洗瓿水</td><td rowspan="2">压缩空气压力/MPa</td><td rowspan="2">超声波电流/A</td><td colspan="5">隧道式烘箱</td></tr>
<tr><td>水温/℃</td><td>循环水压力/MPa</td><td>注射用水压力/MPa</td><td>网带频率/Hz</td><td>预热段温度/℃</td><td>高温段温度/℃</td><td colspan="2">冷却段温度/℃</td></tr>
<tr><td>:</td><td></td><td></td><td></td><td></td><td></td><td></td><td></td><td></td><td colspan="2"></td></tr>
<tr><td>:</td><td></td><td></td><td></td><td></td><td></td><td></td><td></td><td></td><td colspan="2"></td></tr>
<tr><td>:</td><td></td><td></td><td></td><td></td><td></td><td></td><td></td><td></td><td colspan="2"></td></tr>
<tr><td colspan="3">操作人</td><td colspan="8"></td></tr>
</table>

压差观察

观察时间	预热前段压差	预热段高效	预热段层流	高温段高效	高温段层流	冷却段高效	冷却段层流	平衡压差表
:								
:								
:								
:								
:								
:								
观察人								

备注与偏差描述：

填表说明：

1. 能或是或有偏差在相应[ ]内打“√”；否或不能或无偏差在相应[ ]内打“×”
2. 无内容填写时，一律用“—”表示
3. 如有偏差，执行偏差处理程序

（2）安瓿灌封记录样例：见表 8-38。

表 8-38　安瓿灌封记录

<table>
<tr><td colspan="6">产品名称：</td><td colspan="6">产品规格：</td></tr>
<tr><td colspan="6">灌封日期：　　年　　月　　日</td><td colspan="6">产品批号：</td></tr>
<tr><th colspan="12">工用具灭菌</th></tr>
<tr><td colspan="6">开始时间：</td><td colspan="6">灭菌温度：</td></tr>
<tr><td colspan="6">灭菌时间：</td><td colspan="6">结束时间：</td></tr>
<tr><td colspan="12">灭菌物品：过滤器[　　]；药液输送管道[　　]；吸筒、活塞[　　]；灌注针头[　　]；注射器[　　]；量筒[　　]；螺丝刀[　　]；止血钳[　　]；其他[　　]。</td></tr>
<tr><td colspan="2">生产前确认</td><td colspan="5">是否清场合格[　　]
能否进行生产[　　]</td><td colspan="2">确认人</td><td colspan="3"></td></tr>
<tr><td colspan="2">灌封人</td><td colspan="2">装量/ml</td><td colspan="2">天然气压力/MPa</td><td colspan="2">氧气压力/MPa</td><td colspan="2">氮气压力/MPa</td><td colspan="2">灌封机速/Hz</td></tr>
<tr><td colspan="2"></td><td colspan="2"></td><td colspan="2"></td><td colspan="2"></td><td colspan="2"></td><td colspan="2"></td></tr>
<tr><td colspan="6">灌封　　　　室</td><td colspan="6">设　备　编　号：</td></tr>
<tr><td colspan="6">灌封开始时间：</td><td colspan="6">灌封结束时间：</td></tr>
<tr><th colspan="12">检查记录</th></tr>
<tr><td colspan="2">检查时间</td><td colspan="5"></td><td colspan="5"></td></tr>
<tr><td colspan="2">药液压力/MPa</td><td colspan="5"></td><td colspan="5"></td></tr>
<tr><td rowspan="4">装量 /ml</td><td rowspan="2">1</td><td>1</td><td>2</td><td>3</td><td>4</td><td>5</td><td>6</td><td>7</td><td>8</td><td>9</td><td>10</td></tr>
<tr><td></td><td></td><td></td><td></td><td></td><td></td><td></td><td></td><td></td><td></td></tr>
<tr><td rowspan="2">2</td><td>1</td><td>2</td><td>3</td><td>4</td><td>5</td><td>6</td><td>7</td><td>8</td><td>9</td><td>10</td></tr>
<tr><td></td><td></td><td></td><td></td><td></td><td></td><td></td><td></td><td></td><td></td></tr>
<tr><td colspan="2">检查时间</td><td colspan="10"></td></tr>
<tr><td rowspan="4">残氧量/%</td><td rowspan="2">1</td><td>1</td><td>2</td><td>3</td><td>4</td><td>5</td><td>6</td><td>7</td><td>8</td><td>9</td><td>10</td></tr>
<tr><td></td><td></td><td></td><td></td><td></td><td></td><td></td><td></td><td></td><td></td></tr>
<tr><td rowspan="2">2</td><td>1</td><td>2</td><td>3</td><td>4</td><td>5</td><td>6</td><td>7</td><td>8</td><td>9</td><td>10</td></tr>
<tr><td></td><td></td><td></td><td></td><td></td><td></td><td></td><td></td><td></td><td></td></tr>
<tr><th colspan="12">压差观察</th></tr>
<tr><td colspan="2">检查时间</td><td colspan="2">层流压差</td><td colspan="2">灌封 1 号机压差 1</td><td colspan="2">灌封 1 号机压差 2</td><td>灌封 1 号机压差 3</td><td>灌封 1 号机压差 4</td><td colspan="2">分配器保护压差</td></tr>
<tr><td colspan="2"></td><td colspan="2"></td><td colspan="2"></td><td colspan="2"></td><td></td><td></td><td colspan="2"></td></tr>
<tr><td colspan="2"></td><td colspan="2"></td><td colspan="2"></td><td colspan="2"></td><td></td><td></td><td colspan="2"></td></tr>
</table>

续表

灌封率			
灌封人	灌封合格数/支	损耗数/支	颜色
合计			—

$$\text{灌封平衡率}(98.0\%\sim105.0\%)=\frac{\text{灌封合格数}+\text{损耗数}}{\text{理论灌封数}}\times100\%=\frac{\qquad\qquad}{\qquad\qquad}\times100\%=\quad\%$$

$$\text{灌封合格率}(88.0\%\sim104.0\%)=\frac{\text{灌封合格数}}{\text{理论灌封数}}\times100\%=\frac{\qquad\qquad}{\qquad\qquad}\times100\%=\quad\%$$

注:理论灌封数 =(配制立升数)L × 1 000/(2 ml/支)　　　判定:有无偏差[　　]

灌封质量:是否符合要求[　　]

操作人:	负责人:

备注与偏差描述:

填表说明:

1. 能或是或有偏差在相应[　　]内打“√”;否或不能或无偏差在相应[　　]内打“×”
2. 无内容填写时,一律用“—”表示
3. 如有偏差,执行偏差处理程序

（3）灌封质量抽查记录样例：见表 8-39。

表 8-39 灌封质量抽查记录

产品名称		产品规格	
灌封日期		产品批号	
操 作 间		设备编号	
灌封开始时间		灌封结束时间	

质量检查记录

检查时间	盘号	颜色	装量	可见异物检查/支				外观检查/支				不合格/支
				玻璃	纤维	点子	其他	尖头	泡头	扁头	焦头	
	1											
	2											
	1											
	2											
	1											
	2											
	1											
	2											
	1											
	2											

灌封质量：是否符合要求[ ]

操作人		质量员	

备注与偏差描述：

填表说明：

1. 能或是或有偏差在相应[ ]内打“√”；否或不能或无偏差在相应[ ]内打“×”
2. 无内容填写时，一律用“—”表示。
3. 如有偏差，执行偏差处理程序

(4) 灌封工用具清洁记录样例:见表 8-40。

表 8-40　灌封工用具清洁记录

<table>
<tr><td colspan="2">产品名称:</td><td>产品规格:</td><td>产品批号:</td></tr>
<tr><td rowspan="2">工用具清洗</td><td colspan="3">每天生产结束,不换品种的时候:用注射用水冲洗工用具 5 min
每周生产结束或换品种,或一个品种连续生产 3 天,或超过清洁有效期:先用饮用水将工用具、附属物及容器冲洗 4 min 后,剔除未冲洗掉的附着物,再用 0.5% NaOH 溶液浸泡清洗 20 min,用饮用水冲洗 4 min,然后用 0.3% HCl 溶液浸泡清洗 4 min,用饮用水冲洗 4 min,最后用注射用水冲洗至 pH 为 5.0~7.0</td></tr>
<tr><td colspan="3">每天[　　]
注射用水冲洗工用具 5 min [　　]
每周[　　]/换品种[　　]/连续生产 3 天[　　]/超过清洁有效期[　　]
饮用水冲洗 4 min [　　],0.5% NaOH 溶液浸泡清洗 20 min [　　],饮用水冲洗 4 min [　　],0.3%HCl 溶液浸泡清洗 4 min [　　],饮用水冲洗 4 min [　　],注射用水冲洗至 pH 为 5.0~7.0 [　　]
清洗开始时间:　年　月　日　时　分,
结束时间:　年　月　日　时　分</td></tr>
<tr><td>操作人</td><td></td><td>复核人</td><td></td></tr>
</table>

备注与偏差描述:

填表说明:
1. 能或是或有偏差在相应[　　]内打“√”;否或不能或无偏差在相应[　　]内打“×”
2. 无内容填写时,一律用“—”表示
3. 如有偏差,执行偏差处理程序

（5）灌封岗位清场记录样例：见表 8–41。

表 8–41　灌封岗位清场记录

<table>
<tr><td>产品名称</td><td colspan="2"></td><td>产品规格</td><td>产品批号</td></tr>
<tr><td>清场类型</td><td colspan="2">分类</td><td>清场内容</td><td>操作结果</td></tr>
<tr><td rowspan="10">小清场
[　　]</td><td rowspan="10">连续生产同一产品</td><td rowspan="4">每批间清场
[　　]</td><td>1. 清点、清除废安瓿和残次品，无本批产品遗留物</td><td>[　　]符合要求</td></tr>
<tr><td>2. 机器设备清洁符合工艺要求</td><td>[　　]符合要求</td></tr>
<tr><td>3. 将与本批产品相关记录和文件、物料及时清理</td><td>[　　]符合要求</td></tr>
<tr><td>4. 更新生产状态标识牌信息</td><td>[　　]符合要求</td></tr>
<tr><td rowspan="6">每天生产结束清场
[　　]</td><td>1. 清点、清除废安瓿和残次品，无本批产品遗留物</td><td>[　　]符合要求</td></tr>
<tr><td>2. 灌封用的工用器具及除菌过滤器清洁符合工艺要求</td><td>[　　]符合要求</td></tr>
<tr><td>3. 机器设备清洁符合工艺要求</td><td>[　　]符合要求</td></tr>
<tr><td>4. 将与本批产品相关的记录和文件、物料及时清理</td><td>[　　]符合要求</td></tr>
<tr><td>5. 环境清洁合格</td><td>[　　]符合要求</td></tr>
<tr><td>6. 更新生产状态标识牌信息</td><td>[　　]符合要求</td></tr>
<tr><td rowspan="6">大清场
[　　]</td><td colspan="2" rowspan="6">每周生产结束或换品种，或一个品种已连续生产 3 天清场，或超过清场有效期[　　]</td><td>1. 清点、清除废安瓿和残次品，无本批产品遗留物</td><td>[　　]符合要求</td></tr>
<tr><td>2. 灌封用的工用器具及除菌过滤器清洁符合工艺要求</td><td>[　　]符合要求</td></tr>
<tr><td>3. 机器设备清洁符合工艺要求</td><td>[　　]符合要求</td></tr>
<tr><td>4. 将与本批产品相关的记录和文件、物料及时清理</td><td>[　　]符合要求</td></tr>
<tr><td>5. 环境清洁合格</td><td>[　　]符合要求</td></tr>
<tr><td>6. 更新生产状态标识牌信息</td><td>[　　]符合要求</td></tr>
<tr><td colspan="3">清场人：</td><td colspan="2">清场时间：　年　月　日　时　分</td></tr>
<tr><td colspan="3">复核人：</td><td colspan="2">复核时间：　年　月　日　时　分</td></tr>
<tr><td colspan="5">备注与偏差描述：</td></tr>
<tr><td>填表说明</td><td colspan="4">1. 清场类型，在相应[　　]内打“√”
2. 清场符合要求，在相应[　　]内打“√”
3. 清场不符合要求，在相应[　　]内打“×”
4. 无内容填写时，一律用“—”表示
5. 如有偏差，执行偏差处理程序</td></tr>
</table>

九、常见问题与处理方法

安瓿清洗烘干与灌封过程中的常见问题、原因及处理方法见表 8–42。

表 8–42　安瓿清洗烘干与灌封过程中的常见问题、原因及处理方法

常见问题		原因	处理方法
安瓿清洗洁净度不够		1. 注射用水压力不够 2. 压缩空气压力不够 3. 滤芯损坏或堵塞 4. 超声波不工作	1. 加大注射用水压力 2. 加大压缩空气压力 3. 更换滤芯 4. 检修超声波
灌封后安瓿外观质量问题	扁头	1. 预热火焰与拉丝火焰均太小 2. 压安瓿轴承转动不灵活或压力太小 3. 个别安瓿壁太厚	1. 加强前后两组火焰火力 2. 更换新轴承或调整安瓿压架内弹簧，加强压力，使安瓿能正常转动，形成拉丝 3. 清除不合格安瓿
	尖头	1. 拉丝火焰太小 2. 安瓿拉丝后回火时间太短 3. 拉丝夹底端过高，与火焰水平中心线距离太大 4. 个别安瓿壁太厚	1. 加强拉丝火焰强度 2. 调节控制火头凸轮，延长回火时间 3. 调节拉丝夹底端至稍高于火焰水平中心线 1 mm 左右(机械正常位置) 4. 清除不合格安瓿
	泡头	1. 拉丝火焰太强 2. 安瓿拉丝后回火时间过长 3. 拉丝夹底部稍低于火焰水平中心线，虽能熔封但易形成小泡头	1. 减弱拉丝火焰强度 2. 缩短拉丝后安瓿的回火时间 3. 将拉丝夹与火焰水平中心线调节至正常距离
	瘪头	加热火焰过小，不能烤干安瓿壁上的一些微小水汽，这些低温水汽使新形成的安瓿顶部圆弧受冷收缩而形成瘪头	加强加热火焰，使安瓿颈部全面受热，微小水汽尽早挥发
	焦头	安瓿颈部黏附有药液，产生的原因： 1. 针头位置不正 2. 针头在退出安瓿时，针头余滴黏附到颈壁上 3. 针头进入安瓿内位置太深或太浅，导致灌药时药液溅到或反喷到颈壁上 4. 针头灌药时行程不正确	1. 调整针头固定螺栓，使针头在灌药时处于安瓿口正中央位置 2. 在进药管道上并连一缓冲球，一端用八通与药管连接，另一端封闭，球内存 2/3 体积药液，或在进药管道上加一个可调夹，对进药量进行控制，从而避免针头余滴现象 3. 将针头最尖端改成两孔出药，并在灌药时伸至安瓿曲颈下 1~2 mm 即可 4. 调整灌药凸轮，在针头伸到安瓿曲颈处时开始灌注，在针头提起前停止灌注，避免针头在运动过程中药液对颈壁的黏附。利用变频器把速度调慢，适用于浓度较高或黏性大的药液

续表

常见问题		原因	处理方法
装量不符合要求		1. 泵与活塞密封间隙过大 2. 微调螺母移位 3. 灌液机有干扰或阻滞现象 4. 输液胶管弹性大，材质不符或壁薄 5. 玻璃泵固定件松动	1. 更换新泵 2. 检查调正后，紧固螺母 3. 检查排除灌液机故障 4. 更换输液胶管 5. 将装量调正后紧固固定件
安瓿碎瓶	安瓿进液时碎瓶	1. 链槽输瓶超前 2. 进料斗瓶子不足	1. 调整链槽时间，使其与传动齿条吻合 2. 进瓶斗加足瓶子、压棍
	安瓿出瓶时碎瓶	1. 出瓶托板未调整好 2. 出瓶座底平面高于托轨平面 3. 出瓶座槽腔不匀，或挤瓶 4. 尼龙弹片失效或损坏而倒瓶 5. 托瓶板行程不当或未对准中心	1. 调整出瓶托板凸轮时间 2. 调整出瓶座底平面，使其低于或平行于托轨平面 3. 拆除出瓶座，重新调整槽腔，使其牢固 4. 更换新弹片 5. 将托瓶板行程调整到位，并对准中心
熔封无火	火焰熄灭	1. 喷火嘴内有异物堵塞 2. 燃气和氧气流量及压力不足 3. 燃气不畅通	1. 清除喷火嘴内的异物 2. 调整流量计，使两气适合 3. 检查排除故障
	喷火嘴点不燃	1. 气阀开关未开 2. 针形损坏或失灵 3. 燃气阀损坏或失灵	1. 开启阀门 2. 修复或更换针形阀 3. 检修或更换燃气阀
记录填写不符合要求		没有及时填写或随意涂改、损坏记录	上岗前，应对岗位人员进行培训，要求及时、准确填写记录

任务考核

一、考核要求

1. 在线测试(5 min)

请扫描二维码完成在线测试。

在线测试：灌封

2. 实践考核(90 min)

(1) 依据《药品生产质量管理规范》《中国药典》(2020 年版)，1+X 药物制剂生产职业技能等级证书考核大纲、配套教材和数字化资源组织现场考试。以角色扮演法进行分组考核，要求在规定时间内完成小容量注射剂安瓿清洗、烘干、灌封岗位操作，并填写批生产记录。

(2) 分组要求：小组人数不少于 3 人，1 人扮演中间站管理员或暂存间管理员，1 人扮演考评员或质监员（QA 人员），1 人扮演岗位操作人员。

(3) 场景设置：应至少设有操作间、中间站、工具间，配备房间与设备状态标识牌、不锈钢盆与桶、过滤器、吸筒、活塞、灌注针头、注射器、量筒、可粘贴标签、清洁工具等。

(4) 其他要求：考核时应提前穿戴洁净服，考核过程中应按照操作要点规范操作，及时如实填写批生产记录等。

二、评分标准

灌封岗位操作评分标准见表 8-43。

表 8-43 灌封岗位操作评分标准

序号	考核内容	分值/分	评分要点	考生得分	备注
1	生产前检查	13	1. 正确检查复核房间状态标识（1 分） 2. 正确检查复核设备状态标识，确认设备处于“已清洁”状态，并且在有效期内（1 分） 3. 检查确认生产现场处于“已清场”状态，并且在有效期内（1 分） 4. 气源：检查空气压缩机正常，启动空气压缩机，使压缩空气贮罐内充盈额定工作压力（1 分） 5. 电源：检查供电箱，确认供电正常（1 分） 6. 水源管路：检查纯化水、注射剂用水阀门，确认供水正常（1 分） 7. 检查温湿度、压力表（1 分） 8. 操作人员在生产过程中应按照洁净区级别要求正确穿戴洁净服，佩戴手套（1 分） 9. 正确领取空安瓿，核对数量、QC 检验合格证（1 分） 10. 正确领取工用具，核对过滤器、吸筒、活塞、灌注针头、注射器、量筒数量及清洁标识牌（2 分） 11. 正确领取中间产品，核对中间产品名称、批号、加工状态，登记中间产品进出站台账（2 分）		
2	生产工用具灭菌	7	1. 正确使用灭菌柜（3 分） 2. 正确将滤芯组装入滤筒，其他工用具装入高压灭菌呼吸袋内（1 分） 3. 正确将待灭菌的物品置于消毒车上，推入灭菌柜内，并将柜门密封好（1 分） 4. 正确设置灭菌参数，121 ℃灭菌 30 min（1 分） 5. 正确取出灭菌后的工用具暂存（1 分）		

续表

序号	考核内容	分值/分	评分要点	考生得分	备注
3	安瓿清洗烘干	30	1. 正确进行安瓿清洗烘干准备工作：将滤芯正确装入过滤器罩内，检查滤罩及各管道接头是否牢固。接好溢水管，检查密封圈完整性。打开阀门注水，正确放置安瓿。检查层流及排风系统应风压平衡，压差正常，冷却水系统供水正常（10分） 2. 正确使用AQCL型120立式超声波清洗机进行安瓿清洗操作：通电加热，注水，调压到0.2 MPa。启动水泵，打开喷淋水，调压到0.05 MPa。调节开关，旋到0位档，调速到0位，主机启动。调速到与安瓿规格相适应的档位（10分） 3. 正确使用ASZ620型灭菌干燥机进行安瓿烘干操作：通电加热，风机正常运行。网带走动正常。检查进口处控制开关弹片，确保其正常工作。正确设定工艺参数。正确调整前后风门，离瓶口5~10 mm（10分）		
4	安瓿灌封	30	1. 正确进行安瓿清洗烘干准备工作：通电空转（3分） 2. 正确接选安瓿：夹起安瓿，翻转180°检查烘干效果，不合格者剔除。搬起安瓿周转盘，靠近灯光，逐支检查安瓿完整性，用镊子夹出破损的安瓿（4分） 3. 正确接收药液：核对数量，确认无误，签字，打开进液（3分） 4. 正确送空安瓿：正确将安瓿送入进瓶斗中（2分） 5. 正确点火，调整火焰（2分） 6. 正确调节装量（每支2.05~2.10 ml），试灌10支（3分） 7. 正确接中间产品（2分） 8. 正确使用安瓿灌封机：开关机正常运行，水电气接通，点火正常，绞龙运瓶正常（4分） 9. 灌封产品外观合格：没有扁头、瘪头、泡头、焦头（4分） 10. 灌封产品装量合格（3分）		
5	清洁清场	14	1. 清点、清除废安瓿和残次品，无本批产品遗留物（2分） 2. 机器设备清洁符合工艺要求（4分） 3. 将与本批产品相关的记录和文件、物料及时清理（2分） 4. 更新生产状态标识牌信息（2分） 5. 环境清洁合格，将地漏冲洗干净，并进行水封处理（4分）		

续表

序号	考核内容	分值/分	评分要点	考生得分	备注
6	生产记录	6	1. 准确、及时填写生产前检查与准备记录(2 分) 2. 准确、及时填写清场记录(2 分) 3. 正确粘贴上批清场合格证(副本)(2 分)		
岗位总分					

任务 8.5　灭菌与检漏

知识准备

PPT:
灭菌与检漏

岗位职责

灭菌与检漏岗位操作人员根据生产指令,严格按各产品的工艺要求进行生产灭菌和检漏。

1. 生产准备

进岗前按规定着装,进岗后执行灭菌与检漏岗位标准操作规程,认真检查灭菌与检漏设备是否已清洁干净,清场状态是否符合规定。根据生产指令,按规定程序从中间站领取物料。

2. 生产操作

灭菌与检漏岗位操作人员应严格按照生产指令、灭菌与检漏岗位标准操作规程进行生产。生产过程中不得擅自离岗,发现异常应及时进行排除并如实上报。对生产过程中的各项工艺参数的准确性负责,保证生产严格按照岗位操作程序和工艺规程进行。对灭菌的安全操作和产品的灭菌合格方面负责,保证灭菌药品装车整齐,装盘紧凑,无松动,无倾斜,无破损。按灭菌要求准确无误设置好灭菌参数,确保灭菌产品符合工艺要求。负责如实、及时填写灭菌与检漏记录,并负责填写生产环境的监测记录,在生产过程中检查机械设备、压力容器运行状态,检查各蒸汽管道及阀门质量情况,发现问题及时向上级管理人员反映。对设备的安全运行负责,进行及时的设备维护保养,认真养护本岗位设备、工具,设备完好率应在 95% 以上。灭菌与检漏岗位操作人员履行本岗位职责,QA 人员、工艺员有监督其执行的责任。

3. 生产结束

工作结束时,严格按灭菌检漏设备清洁标准操作规程清洁设备,按本岗位清场标准操作规程清场,认真填写相应记录,经 QA 人员检查合格后,悬挂清场合格标识牌。

4. 其他要求

工作期间严禁脱岗、串岗，不做与岗位工作无关之事；做到生产岗位各种标识准确、清晰明了；经常检查设备运转情况，注意设备保养，操作时发现故障应及时上报。

任务实施

一、安瓿灭菌与检漏岗位操作

安瓿灭菌与检漏岗位操作见表 8-44。

表 8-44　安瓿灭菌与检漏岗位操作

序号	步骤	操作要点	示意图
1	生产前准备	① 操作前，必须熟悉岗位所有设备结构、性能、工作原理及操作方法，否则严禁开机。操作人员必须按《人员进出生产区标准操作规程》的要求穿好工作服、鞋，戴好工作帽，才能进入操作间 ② 生产开始前，操作人员应认真检查操作间、生产设备及辅助设施的清洁卫生及状态标识情况，符合规定后方可开工生产 ③ 重点检查：灭菌检漏柜应清洁完成，并有 QA 人员核发的上批清场合格证（副本），检查设备有无“完好”状态标识，生产场所有无清场合格标识；检查设备各部件运转情况，检查设备旋转方向是否符合要求，冷水和纯化水是否到位 ④ 灭菌与检漏操作人员应认真阅读生产指令单，仔细核对从上一工序转来的物料，包括品名、规格、批号、数量等，无误后方可开始生产 ⑤ 按要求填写好生产状态标识卡后贴于灭菌检漏室的门上	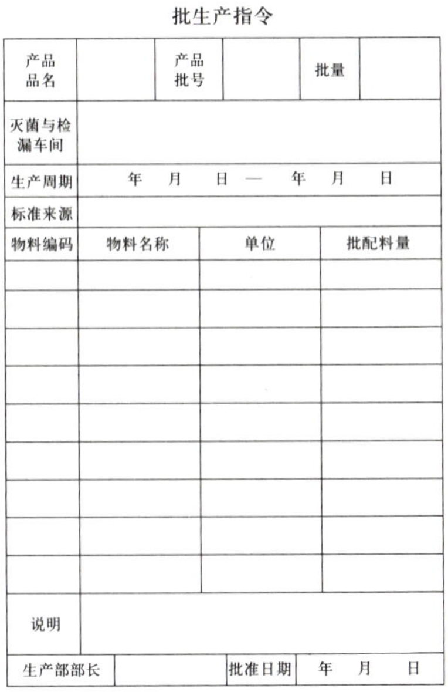 批生产指令 产品品名 / 产品批号 / 批量 灭菌与检漏车间 生产周期　年　月　日 — 年　月　日 标准来源 物料编码 / 物料名称 / 单位 / 批配料量 说明 生产部部长 / 批准日期　年　月　日 生产相关文件
2	温湿度与压差检查	检查灭菌检漏室温湿度、压差是否符合要求：温度应为 18~26 ℃，相对湿度应为 45%~65%，灭菌检漏室需保持相对负压	 检查温湿度

续表

序号	步骤	操作要点	示意图
3	物料领取	领料人员按物料领取程序及时领回物料放入灭菌检漏室，并做好登记	 领料工具
4	记录填写	① 按照批生产记录填写要求，填写生产前检查与准备记录 ② 粘贴上批清场合格证(副本)于记录相应位置	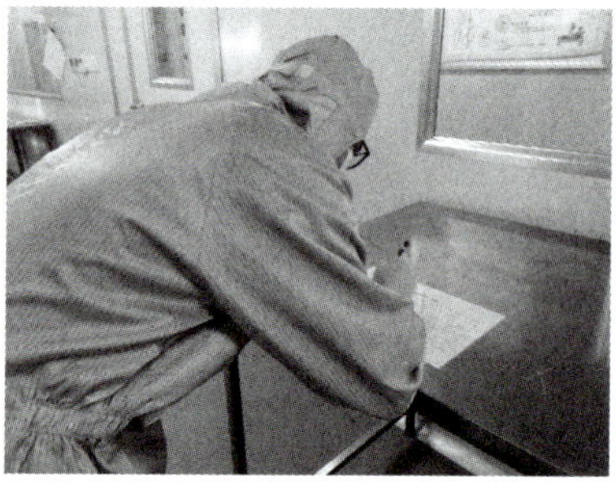 记录填写
5	生产过程	① 按《安瓿灭菌检漏柜标准操作规程》启动灭菌检漏柜，开始灭菌检漏操作，直至灭菌检漏完毕 ② 注意事项：操作中随时填写操作记录；进行灭菌检漏操作时应注意参数的设置要符合工艺规程规定，并在本机器的允许值范围内	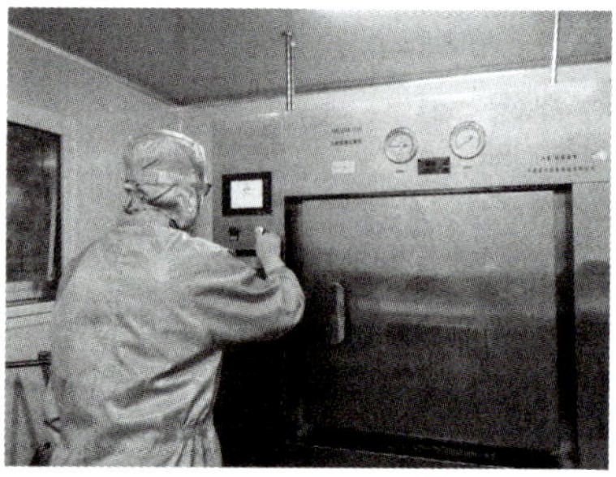 灭菌检漏柜操作
6	清洁与清场	① 灭菌检漏完毕后，操作人员按《安瓿灭菌检漏柜清洁标准操作规程》对灭菌检漏柜进行清洁，并清洗容器、管道等 ② 按照《灭菌检漏室清场标准操作规程》进行清场，填写清场记录，粘贴清场合格证 ③ 整理本批次操作的所有指令、生产操作记录及清场记录、岗位质量检查记录、质量检验凭证等，经岗位负责人复核签字后，随物料进入下一道工序	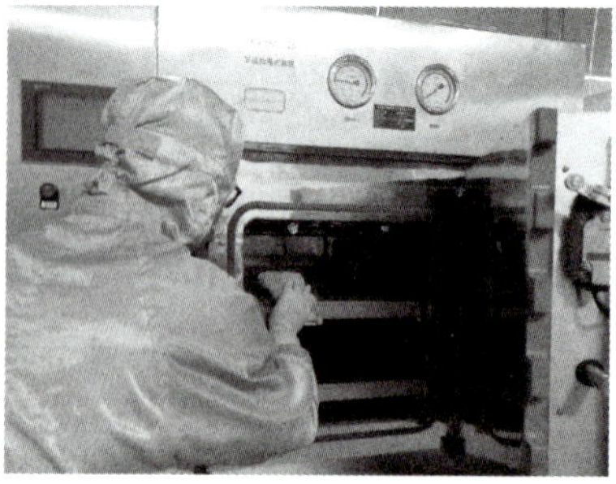 设备清洁

二、安瓿灭菌检漏设备的标准操作

水浴式安瓿灭菌检漏柜是根据国家对灭菌设备的要求而设计、生产的，是完全符合国家 GMP 要求的消毒灭菌装置。该系列水浴式安瓿灭菌检漏柜主要用于安瓿、西林瓶装等注射剂和口服液产品的水淋式灭菌操作和检漏清洗处理。用纯化水通过水泵循环，板式换热器加热，对物品进行水淋式灭菌操作。该设备温度均匀性好，温度调控范围宽，同时避免了工作过程中的二次污染。真空与色水相结合的检漏方式，保证了100% 的废品检出率。最后还可用清水进行清洗处理，保证瓶外壁干净无污染。

灭菌检漏柜主体由柜体、管道、电器、密封门、保温层、装饰板等几部分构成。其关键在于柜体的受压稳定性和在长期冷热交换下的热稳定性，以及双门的可靠运行和灵活操作。

安瓿灭菌检漏设备的标准操作见表 8-45。

表 8-45　安瓿灭菌检漏设备的标准操作

序号	步骤	操作要点	示意图
1	启动前的准备工作	① 确认灭菌柜连接的蒸汽、冷却水阀门处于开放状态，检查蒸汽压力是否达到 0.3~0.6 MPa，水源压力是否达到 0.2~0.4 MPa 等 ② 打开压缩空气阀门，使其压力达到 0.2~0.6 MPa ③ 旋转启动电源开关，为程序运行做好准备	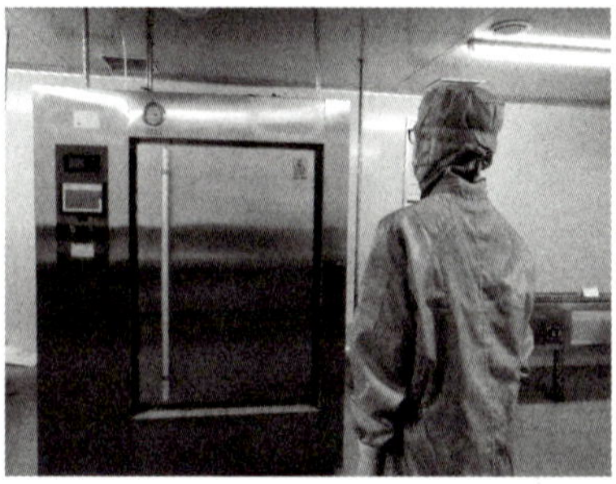 灭菌检漏前准备
2	设备启动	① 在灭菌间，将内车缓慢推入柜内，车与车之间保持间距，四周不要紧贴柜壁、门板，不要碰到柜底部的温度探头 ② 关闭灭菌柜前门，根据生产工艺规定和被灭菌产品的要求，设定灭菌产品的参数，并进行双人复核，准备启动 ③ 灭菌过程中，操作人员不得远离设备，应密切观察设备运行状况。当设备发生故障时，应及时处置，以免影响柜内中间产品的质量 ④ 做好灭菌产品的在线监控，将监控的数据和记录存档，便于追踪调查 ⑤ 灭菌结束后，从灭菌柜后室取出柜内已灭菌的产品。按下电源开关，关闭蒸汽、冷却水、压缩空气各阀门	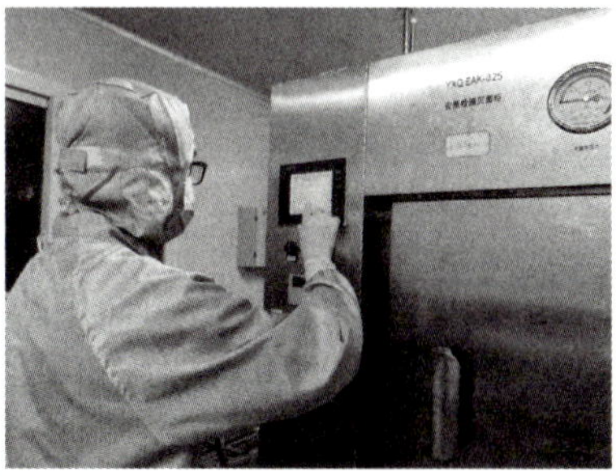 设备运行

续表

序号	步骤	操作要点	示意图
3	触摸屏操作	通过现场监控界面观察设备与程序运行情况，掌握灭菌过程中温度、时间、压力等全部数据信息；同时可以随机查阅该批次产品的灭菌趋势图、数据报告，以便于数据的存档管理 (1) 开门：启动面板上人机界面(触摸屏)至工作状态，进入程序界面，按“门操作界面”键，显示前门操作状态，按“门真空”键，门圈抽真空系统启动，抽排门圈内密封用压缩空气 (2) 约 15 s 以后，按一下进柜端开门键“开前门”，门圈抽真空系统复位，前门气缸收缩，前门向右移开 (3) 装载：将灭菌物品装入灭菌车，利用搬运车移至柜门，送入灭菌腔 (4) 关门：装载完毕，同样在“门操作”界面下，按“关前门”键，前门向左关闭 (5) 密封：如果此时前后门均为关闭位，准备进行灭菌操作，即可将门圈密封 (6) 自控运行：在界面选择画面中按下“自动界面”将转入“自动控制”，此时按下“启动”操作键，设备将按预设程序自动运行，画面将同时动态显示实时工况 ① 抽真空：抽一次真空，把柜内空气排出柜外 ② 升温：打开进气阀，向柜内进蒸汽，柜内温度逐渐升高 ③ 灭菌：当柜内温度、压力稳定在设定值后，按设定灭菌时间保持该状态进行灭菌 ④ 排气：打开排气阀，直到表压显示为零 ⑤ 真空检漏：抽真空，计时到真空系统停止 ⑥ 清洗：打开进水阀喷淋清洗。内层进灭菌用水，当达到中液位时，打开循环水泵和循环阀门，同时补压缩空气，清洗至排空内室纯化水后，进入结束程序 (7) 排放：打开排水阀 (8) 程序结束：当内室压力为零，整个程序自动终了	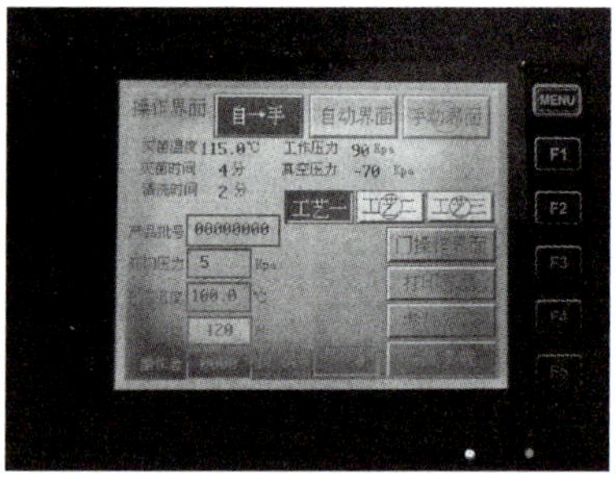触摸屏程序界面

续表

序号	步骤	操作要点	示意图
4	数据信息打印	每次灭菌结束后，必须将监控的数据信息完整打印出来，附于该批次生产记录中。将原始数据备份，可以防止操作中误删，也可用作参考	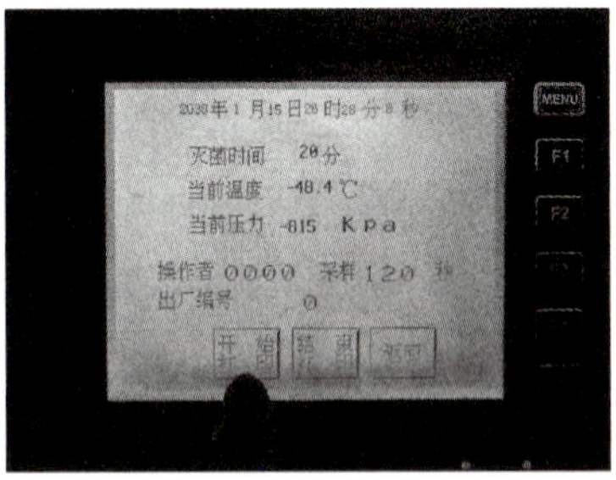 数据信息打印

三、安瓿灭菌检漏设备的清洁

清洁频次如下：更换品种时必须彻底清洁；连续生产时每班结束后进行局部清洁；一批产品未结束，因特殊情况需更换品种时进行全面清洁。具体清洁过程见表 8-46。

表 8-46　安瓿灭菌检漏设备的清洁操作

序号	步骤	操作要点	示意图
1	设备清洁	将设备内能收集的残留药料进行收集处理，操作现场的所有药料转出操作间。清洁工具：洁净抹布、塑料水桶、塑料笤帚（不脱落）、塑料簸箕、拖布	 设备清洁
2	灭菌检漏室清洁	① 用洁净抹布分别擦拭天棚、灯罩、墙面、门窗至无污迹和无水痕；清扫地面杂质，废料置废弃物容器中；用洁净抹布擦拭操作台至无污迹、无水痕 ② 清除地漏内杂物，用饮用水冲洗地漏至表面无异物	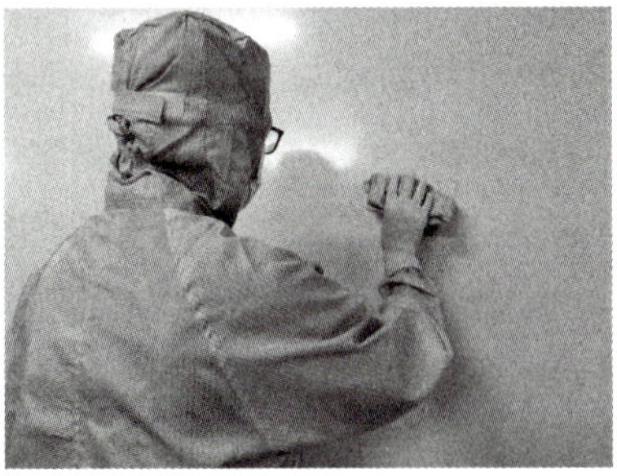 墙面清洁

四、安瓿灭菌检漏设备的维护

安瓿灭菌检漏设备的维护见表 8-47。

表 8-47 安瓿灭菌检漏设备的维护

序号	步骤	操作要点	示意图
1	设备维护与保养	① 每次灭菌结束后，需对灭菌室进行清理，去除柜内、滤网上的污物 ② 每天灭菌结束后，在手控操作界面排放柜底存水，对灭菌室进行清洗 ③ 长时间不用时，需将腔室擦洗干净，保持其干燥清洁，并将双门关闭 ④ 安全阀：安全阀是保证设备在设定压力下安全运行的重要部件，每月应反复提拉数次，保证其处于灵活状态 ⑤ 管路各滤网应每天清洗，确保畅通 ⑥ 压力表、测温探头应每年校验一次 ⑦ 每天排放压缩空气管道分水过滤器内存水 ⑧ 密封圈表面保持清洁，及时消除异物，如有残损应及时更换 ⑨ 锁紧机构应每月检查一次，注意有无松动、卡住现象，发现后需及时调整	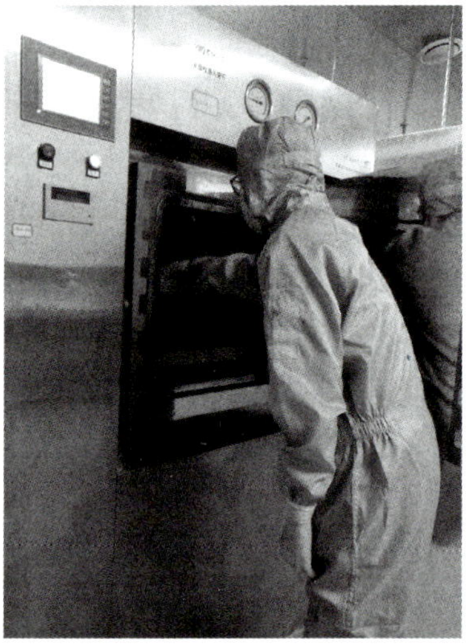 设备维护与保养

五、岗位清场操作

安瓿灭菌与检漏岗位清场操作见表 8-48。

表 8-48 安瓿灭菌与检漏岗位清场操作

序号	步骤	操作要点	示意图
1	清洁清场	① 用洁净抹布分别擦拭天棚、灯罩、墙面、门窗至无污迹和无水痕；清扫地面杂质，废料置废弃物容器中；用洁净抹布擦拭操作台至无污迹、无水痕 ② 清除地漏内杂物，用饮用水冲洗地漏至表面无异物	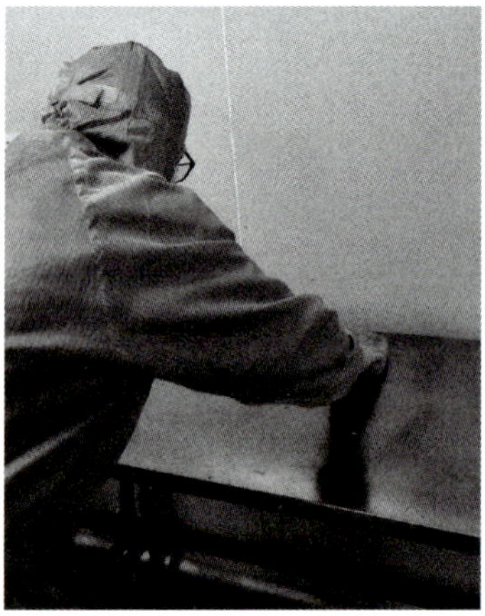 清洁清场

续表

序号	步骤	操作要点	示意图
2	清场确认及悬挂标识	① 清场结束后，由 QA 人员检查确认合格后，在清场合格证上签字。在操作间挂“已清场”状态标识 ② 及时做好清场记录 ③ 清洁有效期：本次清洁结束至下次生产前的时间间隔不得超过 3 天，超过的应在生产前重新清洁并消毒 ④ 容器具的清洁和存放：依照《周转容器的使用和清洁标准操作规程》进行	 “已清场”状态标识

六、岗位记录填写

1. 填写要求

岗位记录由岗位操作人员填写，岗位负责人及有关规定人员复核签字。不允许事前先填或事后补填，填写内容应真实。填写记录应注意字迹工整、清晰，不允许用铅笔填写，且要求用笔颜色保持一致，不能随意更改或销毁，若确实因填错需更改，务必在更改处画一横线后，将正确内容填写在旁边，并签字标明日期。

考核时为确保考评公平公正，原则上不允许岗位操作人员填写真实姓名，应填写准考证号或考试代号等。

2. 生产记录样例

灭菌工序记录样例：见表 8-49。

表 8-49 灭菌工序记录

<table>
<tr><td>产品名称：</td><td colspan="2">产品规格：</td><td colspan="2">产品批号：</td><td>灭菌日期： 年 月 日</td></tr>
<tr><td colspan="6">操作要点：
1. 复核清场：确认无上一批产品遗留
2. 灭菌温度：× ×；灭菌压力：0.10 MPa；真空压力：-0.05 MPa；灭菌时间：× ×；检漏时间：2 min；真空时间：2 min；一洗时间：2 min；二洗时间：2 min；排泄延时：2 min；冷却温度：80 ℃
3. 同一柜内不得混合灭菌不同品种、不同规格、不同批号的产品
4. 检查蒸汽和压缩空气压力是否达到 0.4~0.6 MPa
5. 灭菌后产品颜色为无色
6. 灭菌后的产品有标识显示</td></tr>
<tr><td>生产前确认</td><td>是否清场合格[ ]
能否进行生产[ ]</td><td>设备编码</td><td></td><td>确认人</td><td></td></tr>
</table>

续表

灭菌参数	灭菌温度：　℃	检漏方法：	检漏负压：　kPa
	灭菌时间：　min		检漏时间：　s

灭菌柜编号	柜次	开始温度/℃	开始时间	灭菌保温开始时间	灭菌温度/℃	灭菌保温结束时间	结束时间	灭菌数量/盘	损耗数/支	蒸汽压力/MPa	压缩空气压力/MPa	颜色	操作人	复核人

总柜数/柜		已灭菌盘数/盘		损耗总数/支	

$$灭菌平衡率(99.5\%\sim100.0\%)=\frac{已灭菌合格数+损耗总数}{灌封合格数}\times100\%=\frac{\qquad}{\qquad}\times100\%=\quad\%$$

判定：　　　　有无偏差[　　]

QC 无菌取样(含冷区)	支，共　　　柜次	取样人	
工序负责人		工艺员	

备注与偏差描述：

填表说明：

1. 能或是或有偏差在相应[　　]内打“√”；否或不能或无偏差在相应[　　]内打“×”
2. 无内容填写时，一律用“—”表示
3. 如有偏差，执行偏差处理程序

七、常见问题与处理方法

安瓿灭菌与检漏的常见问题、原因及处理方法见表 8-50。

表 8-50　安瓿灭菌与检漏的常见问题、原因及处理方法

常见问题	原因	处理方法
打开电源开关系统无电	1. 电源灯坏 2. 保险丝断 3. 供电问题	1. 更换灯泡 2. 更换保险丝 3. 检查供电系统，根据实际情况处理
按“启动”键不进入升温行程	1. 灭菌室门未关闭 2. 按“启动”键时间不够	1. 关闭灭菌室门 2. 重新按要求按下“启动”键
真空泵、管道泵不运转	1. 电源（AC380 V）未接通 2. 热继电器坏 3. 交流接触器坏	1. 接通电源（AC380 V） 2. 检修热继电器 3. 检修交流接触器
门关不严	1. 设备筒体内框与大门胶条接触处有杂物 2. 手动门的门把手未转到位	1. 清除杂物 2. 将手动门的门把手顺时针转到位
门不能打开	1. 在准备或结束行程 2. 瓶内最低温度未低于 90 ℃ 3. 内筒压力不是 0 MPa	1. 待进程结束 2. 待温度降至 90 ℃以下 3. 待压力降至 0 MPa
灭菌时间过长	1. 气源压力不正常 2. 灭菌参数设定不正确 3. 压缩空气压力不足造成进气阀未打开	1. 调整气源压力 2. 重新设定灭菌参数 3. 调整压缩空气压力
温度异常	1. 气源压力过高 2. 温度探头已坏 3. 温度变送器偏差太大 4. 温度修正值设定错误	1. 调整气源压力 2. 更换温度探头 3. 更换温度变送器 4. 重新设定灭菌参数

任务考核

一、考核要求

1. 在线测试（5 min）

请扫描二维码完成在线测试。

在线测试：灭菌与检漏

2. 实践考核（40 min）

以角色扮演法进行分组考核，要求在规定时间内完成灭菌与检漏岗位操作，并填写批生产记录。

(1) 分组要求：小组人数不少于 3 人，1 人扮演考评员，2 人扮演岗位操作人员。

(2) 场景设置：应至少设有中间站、灭菌检漏室，配备房间与设备状态标识牌、可粘贴标签、清洁工具等。

(3) 其他要求：考核时应提前穿戴洁净服，考核过程中应按照操作要点规范操作，及时如实填写批生产记录等。

二、评分标准

灭菌与检漏岗位操作评分标准见表 8-51。

表 8-51 灭菌与检漏岗位操作评分标准

序号	考核内容	分值/分	评分要点	考生得分	备注
1	领料前准备	30	1. 按进出一般生产区更衣规程进行更衣(20 分) 2. 对灭菌水进行检查，检查水源压力(5 分) 3. 试开机运行，检查设备运转是否正常，有无异常声响(5 分)		
2	灭菌检漏操作	50	1. 核对待灭菌检漏药品的名称、规格、批号、产量。准确无误后，将药品移至灭菌检漏柜内(10 分) 2. 将灭菌柜门关严，正确设置灭菌时间、温度等参数(15 分) 3. 正确进行灭菌检漏柜门的操作(15 分) 4. 正确操作用户界面(10 分)		
3	清场	20	1. 按顺序检查传递窗、灭菌车架、灭菌柜腔室、灭菌前后区域、暂存间、地漏应无遗留物(10 分) 2. 清场结束填写清场及设备清洁记录，并由 QA 人员检查确认清场合格后，贴挂清场合格证及“已清洁”状态标识(10 分)		
岗位总分					

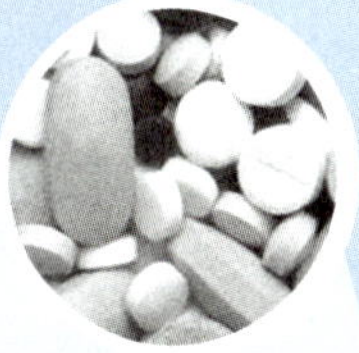

项目 9

氯化钠注射液质量检查

项目描述

药品质量标准的检验内容主要包括性状、鉴别、检查、含量测定等。药品的性状是对药品的外观、臭、味、溶解性、一般稳定性及物理常数等的规定，反映了药物或制剂特有的物理性质。鉴别是根据药品某些化学、物理或生物学等特性所进行的试验，以判断药物的真伪，是药品检验的首要环节。检查是对药品的安全性、有效性、均一性和纯度要求 4 个方面进行的试验分析。含量测定是指对药品（原料及制剂）中有效成分的含量或效价进行准确测定。

本项目以小容量氯化钠注射液的质量检验为例，基于普通岗位质检人员身份，按照检验岗位顺序，介绍实际岗位中鉴别、检查、含量测定等操作要点，使学员掌握注射剂检验过程中检品接收、鉴别、重金属检查、装量检查、无菌检查、细菌内毒素检查、pH 检查、可见异物检查、含量测定（沉淀滴定法）、规范记录等岗位操作技能。

学习目标

- 知识目标

1. 掌握小容量注射剂质量检验方法的基本知识。
2. 掌握小容量注射剂质量检验方法中相关设备的测量原理。
3. 熟悉质量检查岗位基本流程和记录规范。
4. 了解清场程序与要求。

- 能力目标

1. 能进行鉴别、检查（重金属、装量、无菌、细菌内毒素、pH、可见异物）、滴定分析等操作。
2. 能进行关键仪器的操作与维护。
3. 能进行检品接收、岗位清场、原始数据记录填写和归档等操作。
4. 能解决小容量注射剂质检过程中的常见问题。

- 素养目标

1. 养成药品质量检查严谨细致、认真负责的职业态度。
2. 培养爱岗敬业、精益求精的职业精神。
3. 树立爱护环境、绿色发展的环保意识。

知识导图

请扫描二维码了解本项目主要内容。

知识导图：氯化钠注射液质量检查

任务 9.1　氯化钠注射液质量分析

PPT：
氯化钠注射液质量分析

知识准备

一、小容量注射剂的质量标准

良好的处方、工艺、包装设计可以保证药物制剂保持物理、化学、生物学和微生物学特性的稳定，良好的药品生产过程控制可以保证批间和批内药物含量等的一致，良好的药物合成工艺、剂型和给药途径选择、制剂工艺设计、包装、贮藏条件可以保证药物的安全性与有效性。各类剂型质量标准的设立应充分考虑到原料药物的特性、临床用药的需求，以及影响药品的安全性、有效性和稳定性等各方面的因素。

《中国药典》（2020 年版）四部通则 0102 规定，注射剂应进行鉴别、检查（含装量、渗透压摩尔浓度、可见异物、不溶性微粒、无菌、细菌内毒素或热原、中药注射剂有关物质、重金属及有害元素残留量等）、含量测定等。小容量注射剂可泛指装量不大于 50 ml 的单剂量注射剂。

二、氯化钠注射液的外观性状

外观性状是对色泽和外表感观的规定。本品为氯化钠的等渗灭菌水溶液，应为无色的澄明液体。

注射剂所用溶剂应安全无害，并与其他药用成分兼容性良好，不得影响活性成分的疗效和质量。溶剂一般分为水性溶剂和非水性溶剂。①水性溶剂最常用的为注射用水，也可用 0.9% 氯化钠溶液或其他适宜的水溶液。②非水性溶剂常用植物油，主要为供注射用的大豆油，其他还有乙醇、丙二醇和聚乙二醇等。供注射用的非水性溶剂，应严格限制其用量，并应在各品种项下进行相应的检查。

难溶性药物可采用增溶、乳化或粉碎等工艺制备成溶液型、乳状液型或混悬型注射液。

注射液的外观性状检查应包括溶液颜色检查、澄清度检查、不溶性微粒检查和可见异物检查。

（1）溶液颜色检查法系将药物溶液的颜色与规定的标准比色液比较，或在规定的波长处测定其吸光度。品种项下规定的“无色”系指供试品溶液的颜色相同于水或所用溶剂，“几乎无色”系指供试品溶液的颜色不深于相应色调 0.5 号标准比色液。

（2）澄清度检查法系将药品溶液与规定的浊度标准液相比较，用以检查溶液的澄清程度。除另有规定外，应采用第一法进行检测。品种项下规定的“澄清”系指供试品溶液的澄清度与所用溶剂相同，或不超过 0.5 号浊度标准液的浊度。“几乎澄清”系指供试品溶液的浊度介于 0.5 号与 1 号浊度标准液的浊度之间。

(3) 不溶性微粒检查法用于检查静脉用注射剂（溶液型注射液、注射用无菌粉末、注射用浓溶液）及供静脉注射用无菌原料药中不溶性微粒的大小及数量。本法包括光阻法和显微计数法。当光阻法测定结果不符合规定或供试品不适于用光阻法测定时，应采用显微计数法进行测定，并以显微计数法的测定结果作为判定依据。

光阻法不适用于黏度过高和易析出结晶的制剂，也不适用于进入传感器时容易产生气泡的注射剂。对于黏度过高，采用两种方法都无法直接测定的注射液，可用适宜的溶剂稀释后测定。

(4) 可见异物系指存在于注射剂、眼用液体制剂和无菌原料药中，在规定条件下目视可以观测到的不溶性物质，其粒径或长度通常大于 50 μm。注射剂在出厂前应采用适宜的方法逐一检查可见异物，并同时剔除不合格产品。可见异物检查法有灯检法和光散射法，一般常用灯检法。

任务实施

一、制剂鉴别

本品显钠盐与氯化物鉴别的反应（通则 0301）。

1. 检测前的准备

检测前准备工作见表 9–1。

表 9–1　检测前准备工作

<table>
<tr><th>序号</th><th>步骤</th><th>操作要点</th><th>示意图</th></tr>
<tr><td>1</td><td>接收检测指令</td><td>① QA 人员接收检测指令，领取检品交接单（空白）等文件。对照检测指令，检查核对检品名称、规格、批号等是否与要求一致，完成检品交接单填写
② QC 人员打印标准操作规程（空白原始记录），仔细阅读标准操作规程，明确质量标准、检品名称、规格、分析方法、注意事项等指令</td><td rowspan="2">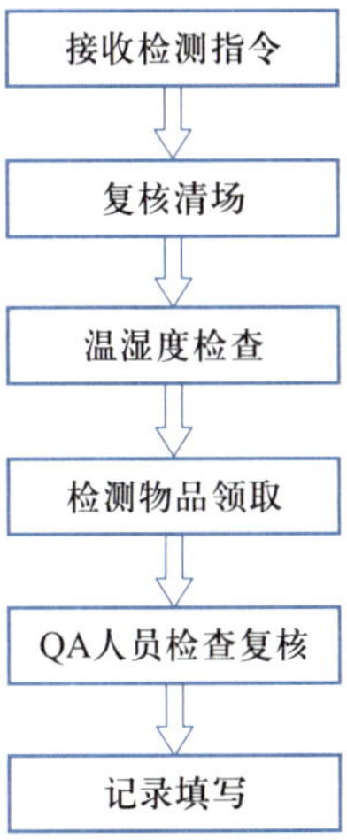

检测前准备</td></tr>
<tr><td>2</td><td>复核清场</td><td>① 检查检测场地是否有上一批检测遗留的检品等
② 检查操作间门窗、墙壁、地面等是否干净，有无浮尘，是否光洁、明亮
③ 检查操作间清场合格证和状态标识。检查是否遗留上一批次批检测记录等文件</td></tr>
</table>

续表

序号	步骤	操作要点	示意图
3	温湿度检查	判定温湿度是否符合要求:温度应在 18~26 ℃,相对湿度应在 45%~65%	
4	检测物品领取	领取检测所需的试剂、试药及器材。检查所需试剂、试药标签,确认未失效。填写物品领用表	
5	QA 人员检查复核	① 检测前,按照标准操作规程中的要点进行复核,任何一条不符合要求则不能进入下一程序 ②QA 人员现场复核无误后签字准检	
6	记录填写	① 按照标准操作规程填写要求,填写检测前检查与准备记录 ② 粘贴清场合格证(副本)于记录中	

2. 检测过程

氯化钠注射液钠盐与氯化物鉴别检测操作见表 9-2。

表 9-2　氯化钠注射液钠盐与氯化物鉴别检测操作

序号	步骤	操作要点	示意图
1	着装	穿工作服,戴丁腈手套,不戴手饰	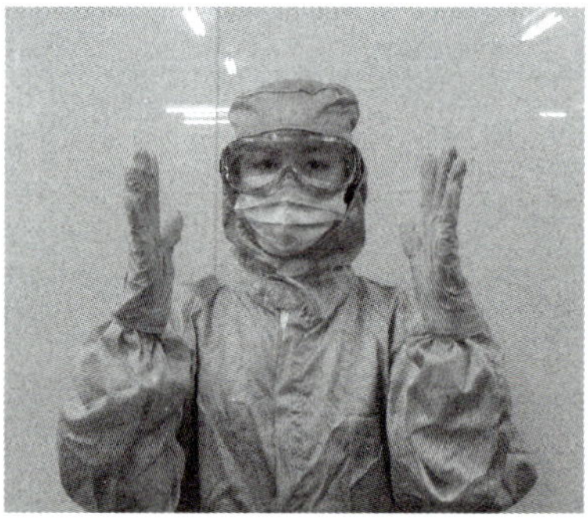 着装
2	清洗	洗净相关器材	
3	钠盐鉴别	① 取铂丝,用盐酸湿润后,蘸取供试品,在无色火焰中燃烧,火焰即显鲜黄色 ② 注意盐酸使用后应及时扣上塞子。试验现象要及时记录在原始记录上	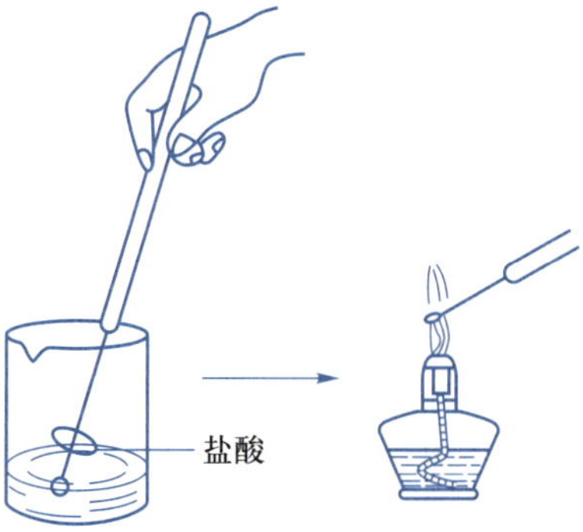 焰色反应

续表

序号	步骤	操作要点	示意图
4	氯化物鉴别	① 取供试品溶液，加稀硝酸使成酸性后，滴加硝酸银试液，即生成白色凝乳状沉淀；分离，沉淀加氨试液即溶解，再加稀硝酸酸化后，沉淀复生成 ② 可稍微沉淀片刻，倾去上清液，分离出底部沉淀，也可以采用离心机离心后，再倾去上清液，分离出底部沉淀。试验现象要及时并全部记录在原始记录上	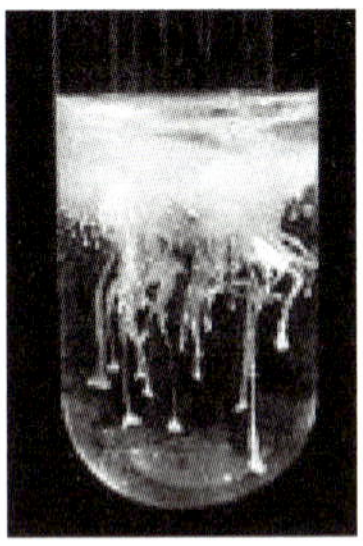 AgCl 沉淀

3. 检测后物品的清洁和归还

检测后物品的清洁和归还操作见表 9–3。

表 9–3　检测后物品的清洁和归还操作

序号	步骤	操作要点	示意图
1	清洁	洗净相关器材	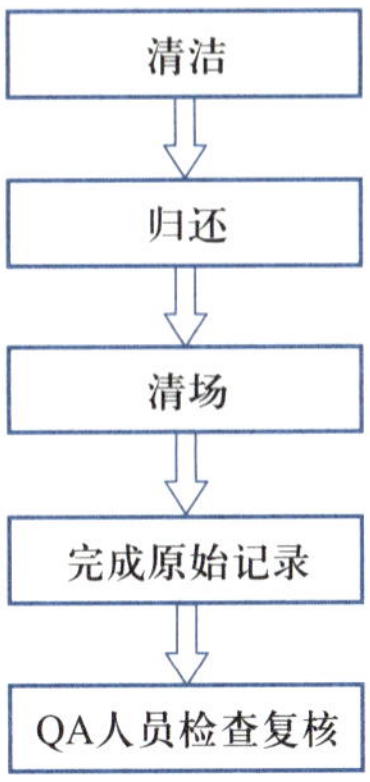 检测后物品的清洁和归还
2	归还	按要求归还试剂、试药及相关器材，填写物品归还表	
3	清场	清洁操作台面，按规定回收废液、废物；微生物检测废料应回收至相应的生物废物回收桶内，器材进行必要的消毒；关水关电。检查操作间的清场合格证和设备状态标识	
4	完成原始记录	按照标准操作规程填写要求填写完原始记录，交 QA 人员	
5	QA 人员检查复核	① 按照标准操作规程中检测要点复核 ② QA 人员复核无误后签字，将原始记录存档，并出具最终检测报告	

二、重金属检查

《中国药典》(2020 年版) 规定：取本品 50 ml，蒸发至约 20 ml，放冷，加醋酸盐缓冲液 (pH 3.5) 2 ml 与水适量使成 25 ml，依法检查 (通则 0821 第一法)，含重金属不得过千万分之三。

1. 检测前的准备

同本任务“一、制剂鉴别”中“1. 检测前的准备”。

2. 检测过程

氯化钠注射液的重金属检查操作见表 9–4。

表 9–4　氯化钠注射液的重金属检查操作

序号	步骤	操作要点	示意图
1	着装	穿工作服，戴丁腈手套，不戴手饰	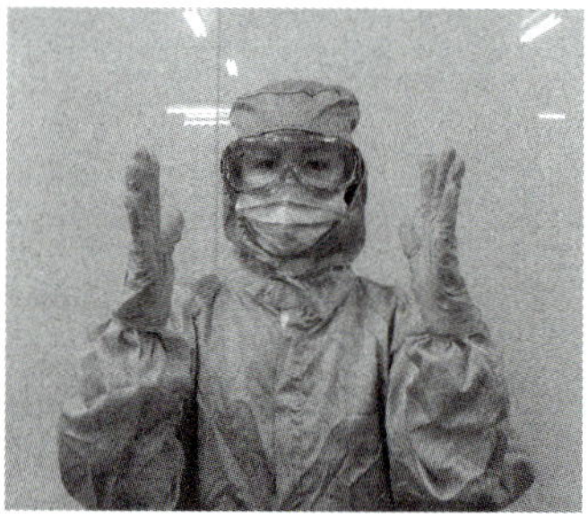 着装
2	清洗	洗净相关玻璃器材	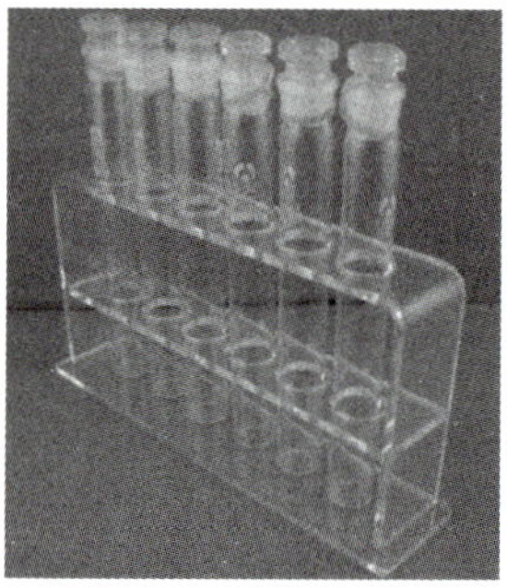 清洗器材，准备检品
3	准备检品	① 用 50 ml 量杯量取本品 50 ml，置水浴锅中，将温度调至 98 ℃，蒸发至 18 ml 左右，取出，放冷后转入 25 ml 纳氏比色管中，备用 ② 蒸发后倾倒溶液前，应将量杯外壁擦干。倒完后，应用少量纯化水多次清洗量杯内壁，洗液并入纳氏比色管中	
4	制作甲管	取第 3 步制作的检品，加醋酸盐缓冲液（pH 3.5）2 ml 与水适量使成 25 ml	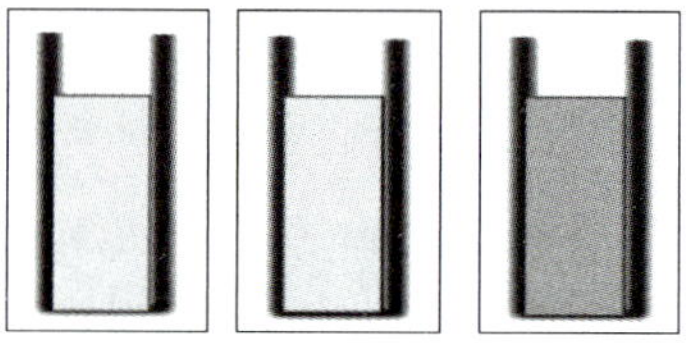 制作对照管、样品管、监测管
5	制作乙管	① 计算标准铅溶液：应取体积 $L=CV/S$ ② 精密量取标准铅溶液，加醋酸盐缓冲液（pH 3.5）2 ml 与水适量使成 25 ml	
6	制作丙管	照第 3 步准备检品，再精密量取与乙管相同量的标准铅溶液，加醋酸盐缓冲液（pH 3.5）2 ml 与水适量使成 25 ml	
7	显色	在甲、乙、丙 3 管中分别精密加入硫代乙酰胺试液各 2 ml，摇匀，放置 2 min。注意甲、乙、丙管在制作时需平行操作，不可有过大时差	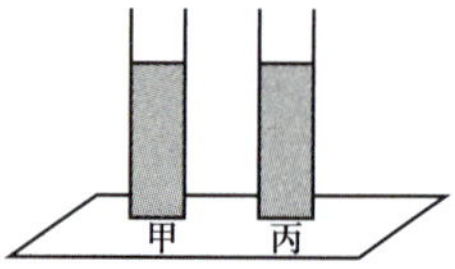 丙管颜色不浅于甲管
8	检视	打开甲、乙、丙管的塞子，在白背景下，从上至下检视，对比辨色。当丙管中显出的颜色不浅于甲管时，乙管中显示的颜色与甲管比较，不得更深。如丙管中显出的颜色浅于甲管，应取样按第二法重新检查。及时在原始记录上记录检视结果	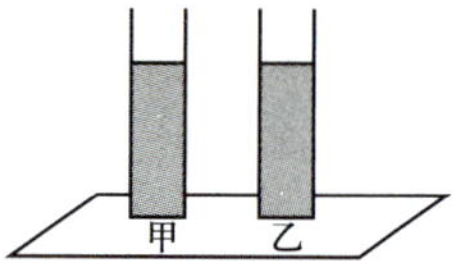 乙管颜色不深于甲管 重金属检查检视

3. 检测后物品的清洁和归还

同本任务“一、制剂鉴别”中“3. 检测后物品的清洁和归还”。

三、渗透压摩尔浓度检查

配制注射剂时，可根据需要加入适宜的附加剂，如渗透压调节剂、pH 调节剂、增溶剂、助溶剂、抗氧剂、抑菌剂、乳化剂、助悬剂等。静脉输液及椎管注射用注射液按各品种项下的规定，照渗透压摩尔浓度测定法（通则 0632）测定，应符合规定。

《中国药典》（2020 年版）规定，氯化钠注射液渗透压摩尔浓度应为 260~320 mOsmol/kg。

1. 检测前的准备

同本任务“一、制剂鉴别”中“1. 检测前的准备”。

2. 检测过程

氯化钠注射液的渗透压摩尔浓度检查操作见表 9-5。

表 9-5 氯化钠注射液的渗透压摩尔浓度检查操作

<table>
<tr><th>序号</th><th>步骤</th><th>操作要点</th><th>示意图</th></tr>
<tr><td>1</td><td>着装</td><td>穿工作服，戴丁腈手套，不戴手饰</td><td rowspan="7">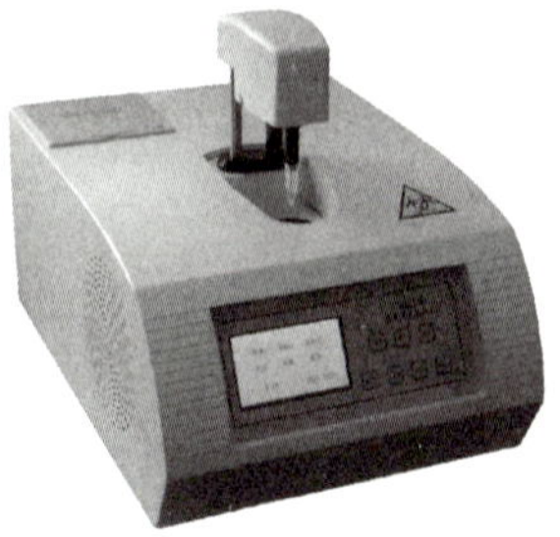
冰点渗透压测定仪
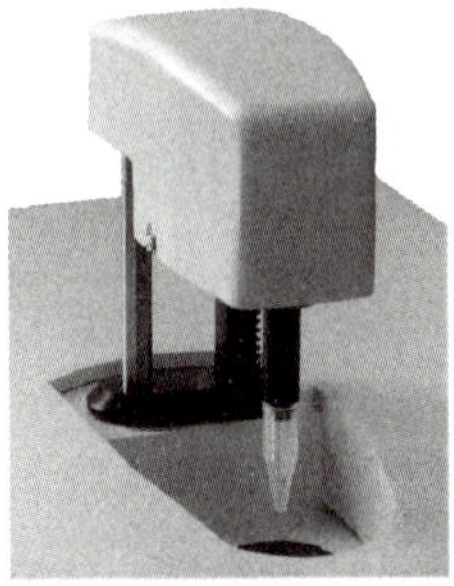
PU 管</td></tr>
<tr><td>2</td><td>清洗</td><td>洗净相关玻璃器材</td></tr>
<tr><td>3</td><td>检查设备状态标识</td><td>检查设备状态标识，若为正常，则可使用，并调节状态标识至“运行”</td></tr>
<tr><td>4</td><td>开机</td><td>设备开机预热 20~30 min。取下 PU 保护套，按标准操作规程要求清洗擦拭设备冷针冷穴</td></tr>
<tr><td>5</td><td>校准</td><td>① 用纯化水校零
② 用标准渗透压溶液校准 2 次
③ 在冷针上装 PU 管时，应旋转装入，切忌左右摆动</td></tr>
<tr><td>6</td><td>测量</td><td>① 用 PU 管装样品适量，测量
② 及时在原始记录上记录测量结果</td></tr>
<tr><td>7</td><td>清洁关机</td><td>清洁冷针冷穴，关机。调整设备状态标识，填写仪器使用记录</td></tr>
</table>

3. 检测后物品的清洁和归还

同本任务“一、制剂鉴别”中“3. 检测后物品的清洁和归还”。

四、含量测定

《中国药典》（2020 年版）规定，氯化钠注射液含量测定方法为：精密量取本品

10 ml，加水 40 ml、2% 糊精溶液 5 ml、2.5% 硼砂溶液 2 ml 与荧光黄指示液 5~8 滴，用硝酸银滴定液（0.1 mol/L）滴定。每 1 ml 硝酸银滴定液（0.1 mol/L）相当于 5.844 mg 的 NaCl。

1. 检测前的准备

同本任务“一、制剂鉴别”中“1. 检测前的准备”。

2. 检测过程

氯化钠注射液的含量测定操作见表 9-6。

表 9-6　氯化钠注射液的含量测定操作

序号	步骤	操作要点	示意图
1	着装	穿工作服，戴丁腈手套，不戴手饰	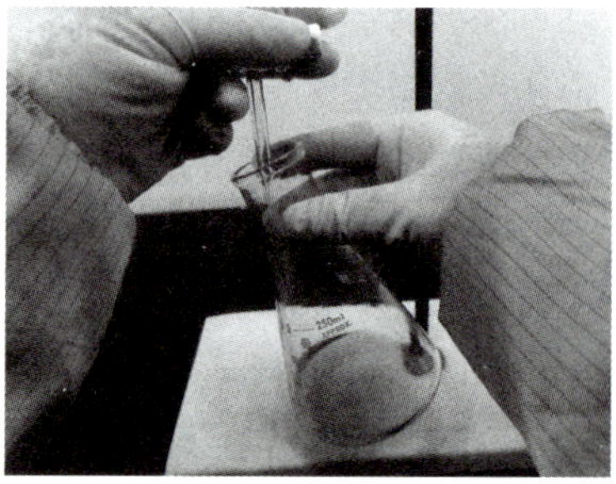 终点判断
2	清洗	洗净相关玻璃器材，用滴定液润洗滴定管	
3	测量	用 10 ml 刻度吸量管精密量取本品 10 ml，置于锥形瓶中，用量筒加水 40 ml，再加入 2% 糊精溶液 5 ml、2.5% 硼砂溶液 2 ml 与荧光黄指示液 5~8 滴，滴定	
4	终点判断与记录	①滴定至溶液呈浅红色，即为终点。停止滴定，及时在原始记录上记下终读数。平行测量 5 次 ②若记录有误，请采用杠改法进行修改。注意滴定前应先记录初读数	

3. 检测后物品的清洁和归还

同本任务“一、制剂鉴别”中“3. 检测后物品的清洁和归还”。

任务考核

一、考核要求

1. 在线测试（5 min）

请扫描二维码完成在线测试。

在线测试：氯化钠注射液质量分析

2. 实践考核（60 min）

要求在规定时间内完成玻璃器材选择和氯化钠注射液含量测定，平行测量 3 次，并填写原始记录。

（1）场景设置：应至少准备滤纸片、5 ml 与 10 ml 刻度吸量管、锥形瓶、量筒、烧杯、2% 糊精溶液、2.5% 硼砂溶液、荧光黄指示液、硝酸银滴定液、废液缸、酸式滴定管和碱式滴定管等。

(2) 其他要求：考核时应提前穿戴工作服，考核过程中应按照操作要点规范操作，及时如实填写原始记录等。

二、评分标准

质量检查岗位操作评分标准见表 9-7。

表 9-7　质量检查岗位操作评分标准

序号	考核内容	分值/分	评分要点	考生得分	备注
1	检测前检查	3	1. 正确检查复核房间状态标识（1 分） 2. 正确检查复核设备状态标识（1 分） 3. 房间温湿度检查（1 分）		
2	着装及选择器材	8	穿戴错一处，扣 2 分。器材选错一个，扣 2 分		
3	检测过程	39	1. 正确清洗玻璃器材（3 分） 2. 正确润洗、安装、调试滴定管（3 分） 3. 在使用移液管过程中能正确使用滤纸（8 分） 4. 及时记录初读数（2 分） 5. 滴定手势正确（8 分） 6. 滴定速度控制得当（7 分） 7. 及时记录终读数（2 分） 8. 终点颜色判断准确（6 分。错一次，扣 2 分） 9. 漏液(错误一次扣 5 分，重做一次扣 5 分)		
4	清场	9	1. 正确清洁、维护滴定管（3 分） 2. 正确更换状态标识（1 分） 3. 清洁地面、台面（1 分） 4. 60 min 内完成岗位操作（4 分）		
5	原始记录	41	1. 及时规范填写记录（10 分。记录格式不规范，一处扣 3 分） 2. 计算公式正确（2 分），计算过程正确（6 分），结果正确（2 分） 3. 准确度（10 分。在 0.2% 以内不扣分，每超 0.2% 扣 3 分） 4. 精密度，RSD（10 分。在 0.2% 以内不扣分，每超 0.2% 扣 3 分） 5. 正确粘贴清场合格证（1 分）		
岗位总分					

任务 9.2　氯化钠注射液质量检查操作

PPT:
氯化钠注射液质量检查操作

知识准备

小容量注射剂的质量检查

检查是对药品的安全性、有效性、均一性和纯度要求(杂质检查)4 个方面进行的试验。药品的安全性是指在正常用法用量下,药品应不引起与用药目的无关的严重不良反应;其检查项目包括异常毒性、热原、细菌内毒素、升压物质、降压物质、无菌、微生物限度、过敏性等。有效性是指药品能否在人体内发挥相应的用药效力;其检查项目包括崩解时限、溶出度与释放度、最低装量等。药物制剂的均一性是指各单位剂量之间的均匀程度,是保障用药"量"安全有效的重要指标,其检查项目包括片剂的重量差异和含量均匀度、注射剂的装量和装量差异。纯度检查是指对药品中所含的杂质进行检查和对"量"进行控制。

《中国药典》(2020 年版)规定,注射液应进行装量、渗透压摩尔浓度、可见异物、不溶性微粒、无菌、细菌内毒素或热原、中药注射剂有关物质、重金属及有害元素残留量等检查。氯化钠注射液应进行装量、重金属、渗透压摩尔浓度、可见异物、pH、无菌、细菌内毒素或热原等检查。

1. 装量检查法(通则 0102)

注射剂的灌装标示装量不大于 50 ml 时,可参考表 9-8 适当增加装量。除另有规定外,多剂量包装的注射剂,每一容器的装量一般不得超过 10 次注射量,增加的装量应能保证每次注射用量。

表 9-8　装量检查中增加装量校正　　单位:ml

标示装量	增加量	
	易流动液	黏稠液
0.5	0.10	0.12
1	0.10	0.15
2	0.15	0.25
5	0.30	0.50
10	0.50	0.70
20	0.60	0.90
50	1.0	1.5

注射液及注射用浓溶液照下述方法进行装量检查，应符合规定。

供试品标示装量不大于 2 ml 者，取供试品 5 支（瓶）；2 ml 以上至 50 ml 者，取供试品 3 支（瓶）。开启时注意避免损失，将内容物分别用相应体积的干燥注射器及注射针头抽尽，然后缓慢连续地注入经标化的量入式量筒内（量筒的大小应使待测体积至少占其额定体积的 40%，不排尽针头中的液体），在室温下检视。测定油溶液、乳状液或混悬液时，应先加温（如有必要）摇匀，再用干燥注射器及注射针头抽尽后，同前法操作，放冷（加温时），检视。每支（瓶）的装量均不得少于其标示装量。

2. 可见异物检查法（通则 0904）

注射剂、眼用液体制剂应在符合 GMP 的条件下生产，产品在出厂前应采用适宜的方法逐一检查并同时剔除不合格产品。临用前，需在自然光下目视检查（避免阳光直射），如有可见异物，不得使用。

可见异物检查法有灯检法和光散射法。一般常用灯检法（图 9–1），也可采用光散射法。灯检法不适用的品种，如用深色透明容器包装或液体色泽较深（一般深于各标准比色液 7 号）的品种可选用光散射法；混悬型、乳状液型注射液和滴眼液不能使用光散射法。

实验室检测时应避免引入可见异物。当制备注射用无菌粉末和无菌原料药供试品溶液时，或供试品的容器不适于检查（如透明度不够、不规则形状容器等），需转移至适宜容器中时，均应在 B 级的洁净环境（如层流净化台）中进行。

用于本试验的供试品，必须按规定随机抽样。

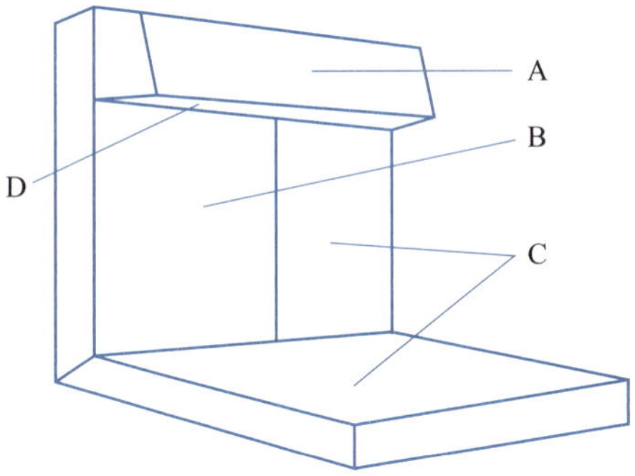

A. 带有遮光板的日光灯光源（光照度可在 1 000~4 000 lx 范围内调节）；B. 不反光的黑色背景；C. 不反光的白色背景和底部（供检查有色异物）；D. 反光的白色背景（指遮光板内侧）。

图 9–1　灯检法示意图

检查人员条件：远距离和近距离视力测验，均应在 4.9 及以上（矫正后视力应为 5.0 及以上）；应无色盲。

用无色透明容器包装的无色供试品溶液，检查时被观察供试品所在处的光照度应为 1 000~1 500 lx；用透明塑料容器包装、棕色透明容器包装的供试品或有色供试品溶液，光照度应为 2 000~3 000 lx；混悬型或乳状液型供试品，光照度应增加至约 4 000 lx。

注射液除另有规定外，取供试品 20 支（瓶），除去容器标签，擦净容器外壁，必要时将药液转移至洁净透明的适宜容器内。供试品装量每支（瓶）在 10 ml 及 10 ml 以下的，每次可手持 2 支（瓶）检查。

结果判定：供试品中不得检出金属屑、玻璃屑、长度超过 2 mm 的纤维、最大粒径超过 2 mm 的块状物、静置一定时间后轻轻旋转时肉眼可见的烟雾状微粒沉积物、无法计数的微粒群或摇不散的沉淀，以及在规定时间内较难计数的蛋白质絮状物等明显可见异物。

供试品中如检出点状物、2 mm 以下的短纤维和块状物等微细可见异物，生化药品或生物制品中若检出半透明的小于约 1 mm 的细小蛋白质絮状物或蛋白质颗粒等微细可见异物，除另有规定外，其中生物制品注射液、滴眼剂结果判定应符合表 9–9 中的规定，非生物制品注射液、滴眼剂结果判定应符合表 9–10 中的规定。

表 9–9　生物制品注射液、滴眼剂结果判定

<table>
<tr><th rowspan="2">类别</th><th colspan="2">微细可见异物限度</th></tr>
<tr><th>初试 20 支（瓶）</th><th>初、复试 40 支（瓶）</th></tr>
<tr><td>注射液</td><td rowspan="2">装量 50 ml 及以下，每支（瓶）中微细可见异物不得超过 3 个
装量 50 ml 以上，每支（瓶）中微细可见异物不得超过 5 个
如仅有 1 支（瓶）超出，符合规定
如检出 2 支（瓶）超出，复试
如检出 3 支（瓶）及以上超出，不符合规定</td><td>2 支（瓶）以上超出，不符合规定</td></tr>
<tr><td>滴眼剂</td><td>3 支（瓶）以上超出，不符合规定</td></tr>
</table>

表 9–10　非生物制品注射液、滴眼剂结果判定

<table>
<tr><th colspan="2" rowspan="2">类别</th><th colspan="2">微细可见异物限度</th></tr>
<tr><th>初试 20 支（瓶）</th><th>初、复试 40 支（瓶）</th></tr>
<tr><td rowspan="2">注射液</td><td>静脉用</td><td>如 1 支（瓶）检出，复试
如 2 支（瓶）或以上检出，不符合规定</td><td>超过 1 支（瓶）检出，不符合规定</td></tr>
<tr><td>非静脉用</td><td>如 1~2 支（瓶）检出，复试
如 2 支（瓶）以上检出，不符合规定</td><td>超过 2 支（瓶）检出，不符合规定</td></tr>
<tr><td colspan="2">滴眼剂</td><td>如 1 支（瓶）检出，符合规定
如 2~3 支（瓶）检出，复试
如 3 支（瓶）以上检出，不符合规定</td><td>超过 3 支（瓶）检出，不符合规定</td></tr>
</table>

3. pH 测定法（通则 0631）

pH 是水溶液中氢离子活度的方便表示方法。pH 定义为水溶液中氢离子活度（a_{H^+}）的负对数，即 $pH=-\lg a_{H^+}$，但氢离子活度难以由实验准确测定。溶液的 pH 常使用 pH 计（酸度计）测定。水溶液的 pH 通常以玻璃电极为指示电极、饱和甘汞电极或银氯化银

电极为参比电极进行测定。pH 计（酸度计）应定期进行计量检定，并符合国家有关规定。测定前，应采用规定的标准缓冲液校正仪器，也可用国家标准物质管理部门发放的标示 pH 准确至 0.01 pH 单位的各种标准缓冲液校正仪器。

4. 无菌检查法（通则 1101）

无菌检查法系用于检查药典要求无菌的药品、生物制品、医疗器械、原料、辅料及其他品种是否无菌的一种方法。若供试品符合无菌检查法的规定，仅表明供试品在该检验条件下未发现微生物污染。

无菌检查应在无菌条件下进行，试验环境必须达到无菌检查的要求，检验全过程应严格遵守无菌操作原则，防止微生物污染，防止污染的措施不得影响供试品中微生物的检出。单向流空气区域、工作台面及受控环境应定期按医药工业洁净室（区）悬浮粒子、浮游菌和沉降菌测试方法的现行国家标准进行洁净度确认。隔离系统应定期按相关的要求进行验证，其内部环境的洁净度须符合无菌检查的要求。日常检验需对试验环境进行监测。

培养基可按《中国药典》（2020 年版）规定的处方制备，也可使用按该处方生产的符合规定的脱水培养基或商品化的预制培养基。配制后应采用验证合格的灭菌程序灭菌后使用或保存。

培养基在使用前应进行适用性检查，应符合培养基的无菌性检查及灵敏度检查的要求。本检查可在供试品的无菌检查前或与供试品的无菌检查同时进行。

无菌性检查：每批培养基一般随机取不少于 5 支（瓶），置各培养基规定的温度培养 14 天，应无菌生长。

灵敏度检查：灵敏度检查所用的菌株传代次数不得超过 5 代（从菌种保存中心获得的干燥菌种为第 0 代），并采用适宜的菌种保藏技术进行保存和确认，以保证试验菌株的生物学特性。

《中国药典》（2020 年版）常采用薄膜过滤法和直接接种法进行供试品处理及培养基接种。

（1）薄膜过滤法：薄膜过滤法一般应采用封闭式薄膜过滤器，根据供试品及其溶剂的特性选择滤膜材质。无菌检查用的滤膜孔径应不大于 0.45 μm。滤膜直径约为 50 mm，若使用其他尺寸的滤膜，应对稀释液和冲洗液体积进行调整，并重新验证。使用时，应保证滤膜在过滤前后的完整性。

水溶性供试液过滤前，一般应先将少量的冲洗液过滤，以润湿滤膜。油类供试品，其滤膜和过滤器在使用前应充分干燥。

（2）直接接种法：直接接种法适用于无法用薄膜过滤法进行无菌检查的供试品，即取规定量供试品分别等量接种至硫乙醇酸盐流体培养基和胰酪大豆胨液体培养基中。除生物制品外，一般样品无菌检查时两种培养基接种的瓶或支数相等；生物制品无菌检查时硫乙醇酸盐流体培养基和胰酪大豆胨液体培养基接种的瓶或支数为 2∶1。除另有规定外，每个容器中培养基的用量应符合接种的供试品体积不得大于培养基体积的

10%，同时，硫乙醇酸盐流体培养基每管装量不少于 15 ml，胰酪大豆胨液体培养基每管装量不少于 10 ml。供试品检查时，培养基的用量和高度同方法适用性试验。

5. 细菌内毒素检查法（通则 1143）

《中国药典》（2020 年版）中，除另有规定外，静脉用注射剂按照细菌内毒素检查法（通则 1143）或热原检查法（通则 1142）检查，应符合规定。

细菌内毒素检查法系利用鲎试剂来检测或量化由革兰氏阴性菌产生的细菌内毒素，以判断供试品中细菌内毒素的限量是否符合规定的一种方法。细菌内毒素的量用内毒素单位（EU）表示，1 EU 与 1 个内毒素国际单位（IU）相当。

细菌内毒素检查包括两种方法，即凝胶法和光度测定法，后者包括浊度法和显色基质法。供试品检测时，可使用其中任何一种方法进行试验。当测定结果有争议时，除另有规定外，以凝胶限度试验结果为准。

本试验在操作过程中应防止内毒素的污染。试验所用的器皿需经处理，以去除可能存在的外源性内毒素。耐热器皿常用干热灭菌法（250 ℃、至少 30 min）去除，也可采用其他确证不干扰细菌内毒素检查的适宜方法。若使用塑料器具，如微孔板和与微量加样器配套的吸头等，应选用标明无内毒素并且对试验无干扰的器具。

细菌内毒素检查用水应符合灭菌注射用水标准，其内毒素含量小于 0.015 EU/ml（凝胶法）或小于 0.005 EU/ml（光度测定法），且对内毒素试验无干扰作用。鲎试剂是从鲎的血液中提取出的冻干试剂，可以与细菌内毒素发生凝集反应。

一般供试品溶液和鲎试剂混合后溶液的 pH 在 6.0~8.0 的范围内为宜，可使用适宜的酸、碱溶液或缓冲液调节 pH。供试品溶液一般在不超过最大有效稀释倍数（MVD）的浓度下进行内毒素限值的检测。

（1）凝胶法：凝胶法系通过鲎试剂与内毒素产生凝集反应的原理进行限度检测或半定量检测的方法。

1）凝胶限度试验：按《中国药典》（2020 年版）规定制备溶液 A（供试品溶液）、B（供试品阳性对照溶液）、C（阳性对照溶液）和 D（阴性对照溶液），使用稀释倍数不超过 MVD 并且已经排除干扰的供试品溶液来制备溶液 A 和 B。在确认试验有效后，若溶液 A 的两个平行管均为阴性，则判定供试品符合规定。

2）凝胶半定量试验：本方法系通过确定反应终点浓度来量化供试品中内毒素的含量。按《中国药典》（2020 年版）规定制备溶液 A（系列供试品溶液）、B（供试品阳性对照溶液）、C（系列阳性对照溶液）和 D（阴性对照溶液）。系列溶液 A 中每一系列平行管的终点稀释倍数乘以 λ，为每个系列的反应终点浓度。如果检验的是经稀释的供试品，则将终点浓度乘以供试品进行半定量试验的初始稀释倍数，即得到每一系列内毒素浓度 c。

在确认试验有效后，若每一系列内毒素浓度均小于规定的限值，则判定供试品符合规定。

（2）光度测定法：光度测定法分为浊度法和显色基质法。

浊度法系利用检测鲎试剂与内毒素反应过程中的浊度变化而测定内毒素含量的

方法。根据检测原理，可分为终点浊度法和动态浊度法。

显色基质法系利用检测鲎试剂与内毒素反应过程中产生的凝固酶使特定底物释放出呈色团的多少而测定内毒素含量的方法。根据检测原理，分为终点显色法和动态显色法。

任务实施

一、装量检查

1. 检测前的准备

同任务 9.1 “一、制剂鉴别”中“1. 检测前的准备”。

2. 检测过程

装量检查操作见表 9-11。

表 9-11　装量检查操作

序号	步骤	操作要点	示意图
1	着装	穿工作服，戴丁腈手套，不戴手饰	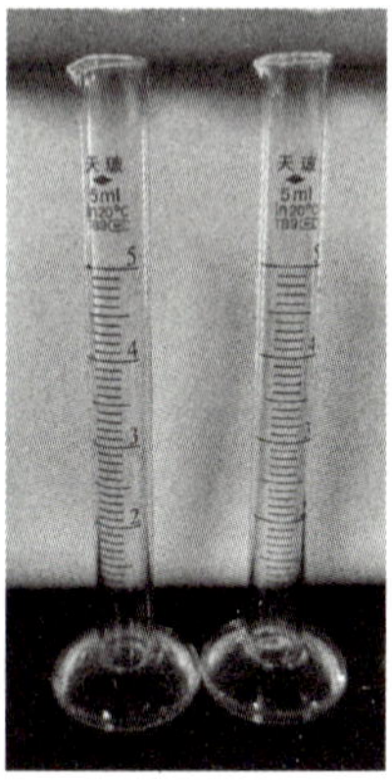 量入式量筒
2	准备	将量入式量筒洗净并干燥	
3	测量	取供试品 3 支(瓶)。将内容物分别用相应体积的干燥注射器及注射针头抽尽，然后缓慢连续地注入经标化的量入式量筒内。在室温下检视	
4	记录	① 及时在原始记录上记下数据。平行测量 3 次 ② 若记录有误，请采用杠改法进行修改。注意滴定前应先记录初读数	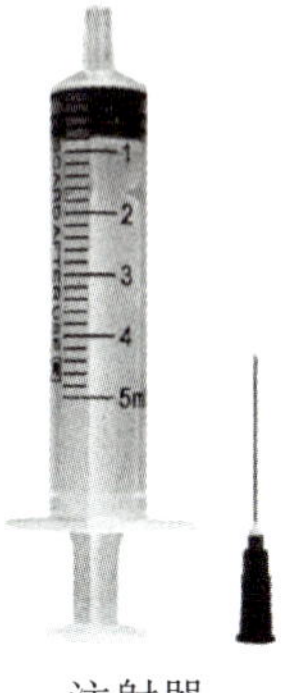 注射器

3. 检测后物品的清洁和归还

同任务 9.1 “一、制剂鉴别”中“3. 检测后物品的清洁和归还”。

二、可见异物检查

1. 检测前的准备

同任务 9.1 “一、制剂鉴别”中“1. 检测前的准备”。

2. 检测过程

可见异物检查操作见表 9-12。

表 9-12　可见异物检查操作

序号	步骤	操作要点	示意图
1	着装	穿工作服，戴丁腈手套，不戴手饰	 人工灯检（一）
2	开机	检查设备状态标识是否正常，开机预热，确认坐姿和视线高度，将视线高度处光照度调节至 1 000~1 500 lx	
3	测量	取供试品 20 支（瓶），除去容器标签，擦净容器外壁，必要时将药液转移至洁净透明的适宜容器内。供试品装量每支（瓶）在 10 ml 及 10 ml 以下的，每次可手持 2 支（瓶）检查。	 人工灯检（二）
4	判断与记录	将供试品置遮光板边缘处，在明视距离（指供试品至人眼的清晰观测距离，通常为 25 cm），手持容器颈部，轻轻旋转和翻转容器（但应避免产生气泡），使药液中可能存在的可见异物悬浮，分别在黑色和白色背景下目视检查，重复观察，总检查时限为 20 s。合格品放入蓝盘，不合格品放入红盘。检测完毕，及时在原始记录上记下数据	 人工灯检（三）

3. 检测后物品的清洁和归还

同任务 9.1 “一、制剂鉴别”中“3. 检测后物品的清洁和归还”。

三、pH 检查

《中国药典》(2020 年版)规定，氯化钠注射液的 pH 应为 4.5~7.0(通则 0631)。

1. 检测前的准备

同任务 9.1 “一、制剂鉴别”中“1. 检测前的准备”。

2. 检测过程

pH 检查操作见表 9-13。

表 9-13 pH 检查操作

序号	步骤	操作要点	示意图
1	着装	穿工作服，戴丁腈手套，不戴手饰	
2	检查设备状态标识	检查设备状态标识，若为正常，则可使用，并调节状态标识至“运行”	
3	开机	开机预热 20~30 min	
4	校正	选择两种 pH 约相差 3 个 pH 单位的标准缓冲液，先取与供试品溶液 pH 较接近的第一种标准缓冲液对仪器进行校正(定位)，使仪器示值与表列数值一致。再用第二种标准缓冲液核对仪器示值，与表列数值相差应不大于 ±0.02 pH 单位。若大于此差值，则应小心调节斜率，使示值与第二种标准缓冲液的表列数值相符。重复上述定位与斜率调节操作，至仪器示值与标准缓冲液的规定数值相差不大于 ±0.02 pH 单位。否则，需检查仪器或更换电极后，再行校正至符合要求	 pH 计
5	测量与记录	取供试品溶液适量装入小烧杯中，以能浸没电极球膜为宜。插入电极，待数值稳定后，及时在原始记录上记下读数。平行测定 2 次	

3. 检测后物品的清洁和归还

同任务 9.1 “一、制剂鉴别”中“3. 检测后物品的清洁和归还”。

四、无菌检查

《中国药典》(2020 年版)规定：取本品，经薄膜过滤法处理，以金黄色葡萄球菌为阳性对照菌，依法检查（通则 1101），应符合规定。

1. 检测前的准备

同任务 9.1 “一、制剂鉴别” 中 “1. 检测前的准备”。

2. 检测过程

无菌检查操作见表 9-14。

表 9-14 无菌检查操作

序号	步骤	操作要点	示意图
1	仪器准备	准备无菌操作台（在 B 级背景下的 A 级单向流洁净区域）、三联集菌仪、玻璃器皿、高压蒸汽灭菌器、恒温培养箱及生化培养箱、无菌室内其他常备器具	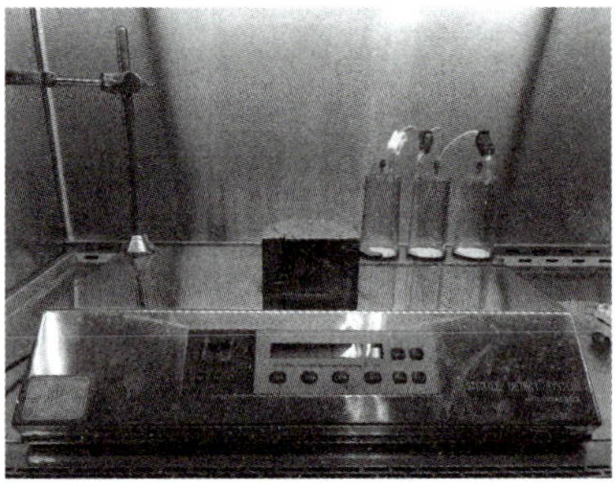 三联集菌仪
2	试剂准备	① 菌种：金黄色葡萄球菌〔CMCC（B）26003〕，铜绿假单胞菌〔CMCC（B）10104〕，枯草芽孢杆菌〔CMCC（B）63501〕，生孢梭菌〔CMCC（B）64941〕，白念珠菌〔CMCC（F）98001〕，黑曲霉〔CMCC（F）98003〕等，为国家药品检定机构分发的标准菌种 ② 培养基：硫乙醇酸盐流体培养基和胰酪大豆胨液体培养基 ③ 供试品：氯化钠注射液 ④ 纯化水及其他试剂	 培养基的制备与检查
3	培养基的适用性检查	无菌检查用的硫乙醇酸盐流体培养基和胰酪大豆胨液体培养基等应符合培养基的无菌性检查及灵敏度检查的要求 （1）无菌性检查：每批培养基一般随机取不少于 5 支（瓶），置各培养基规定的温度培养 14 天，应无菌生长 （2）灵敏度检查 ① 菌液制备：接种金黄色葡萄球菌、铜绿假单胞菌、枯草芽孢杆菌的新鲜培养物至胰酪大豆胨液体培养基中或胰酪大豆胨琼脂培养基上，接种生孢梭菌的新鲜培养物至硫乙醇酸盐流体培养基中，30~35 ℃培养	

续表

序号	步骤	操作要点	示意图
3	培养基的适用性检查	18~24 h。接种白念珠菌的新鲜培养物至沙氏葡萄糖液体培养基中或沙氏葡萄糖琼脂培养基上，20~25 ℃培养 2~3 天，上述培养物用 pH 7.0 无菌氯化钠－蛋白胨缓冲液或 0.9% 无菌氯化钠溶液制成适宜浓度菌悬液。接种黑曲霉至沙氏葡萄糖琼脂斜面培养基或马铃薯葡萄糖琼脂培养基上，20~25 ℃培养 5~7 天或直到获得丰富的孢子，加入适量含 0.05%（ml/ml）聚山梨酯 80 的 pH 7.0 无菌氯化钠－蛋白胨缓冲液或含 0.05%（ml/ml）聚山梨酯 80 的 0.9% 无菌氯化钠溶液，将孢子洗脱。然后，采用适宜的方法吸出孢子悬液至无菌试管内，用含 0.05%（ml/ml）聚山梨酯 80 的 pH 7.0 无菌氯化钠－蛋白胨缓冲液或含 0.05%（ml/ml）聚山梨酯 80 的 0.9% 无菌氯化钠溶液制成适宜浓度的孢子悬液 菌悬液若在室温下放置，一般应在 2 h 内使用；若保存在 2~8 ℃可在 24 h 内使用。黑曲霉孢子悬液可保存在 2~8 ℃，在验证过的贮存期内使用 ② 培养基接种：取适宜装量的硫乙醇酸盐流体培养基 7 支，分别接种不大于 100 cfu 的金黄色葡萄球菌、铜绿假单胞菌、生孢梭菌各 2 支，另 1 支不接种作为空白对照；取适宜装量的胰酪大豆胨液体培养基 7 支，分别接种不大于 100 cfu 的枯草芽孢杆菌、白念珠菌、黑曲霉各 2 支，另 1 支不接种作为空白对照。接种细菌的培养管培养时间不得超过 3 天，接种真菌的培养管培养时间不得超过 5 天 ③ 结果判定：空白对照管应无菌生长，若加菌的培养基管均生长良好，判该培养基的灵敏度检查符合规定	
4	稀释液、冲洗液的制备	稀释液、冲洗液配制后应采用验证合格的灭菌程序灭菌。一般采用 0.1% 无菌蛋白胨水溶液或 pH 7.0 无菌氯化钠－蛋白胨缓冲液。也可选用 0.9% 无菌氯化钠溶液作为稀释液或冲洗液	

续表

序号	步骤	操作要点	示意图
5	方法适用性试验	(1) 菌种及菌液制备：金黄色葡萄球菌、枯草芽孢杆菌、生孢梭菌、白念珠菌、黑曲霉的菌株及菌液制备同培养基灵敏度检查。大肠埃希菌〔CMCC(B)44 102〕的菌液制备同金黄色葡萄球菌 (2) 薄膜过滤法适用性验证：按供试品的无菌检查要求，取每种培养基规定接种的供试品总量，采用薄膜过滤法过滤，冲洗，在最后一次的冲洗液中加入不大于 100 cfu 的试验菌，过滤。加培养基至滤筒内，接种金黄色葡萄球菌、大肠埃希菌、生孢梭菌的滤筒内加硫乙醇酸盐流体培养基；接种枯草芽孢杆菌、白念珠菌、黑曲霉的滤筒内加胰酪大豆胨液体培养基。另取一装有同体积培养基的容器，加入等量试验菌，作为对照。置规定温度培养，培养时间不得超过 5 天 (3) 结果判定：与阳性对照比较，若含供试品的各容器细菌均生长良好，则供试品在该检验量和检验条件下无抑菌作用或可忽略不计，供试品可按该法进行无菌检查	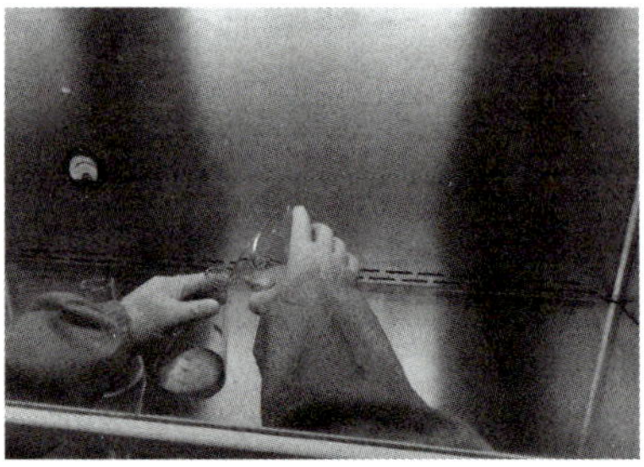 菌种及菌液制备 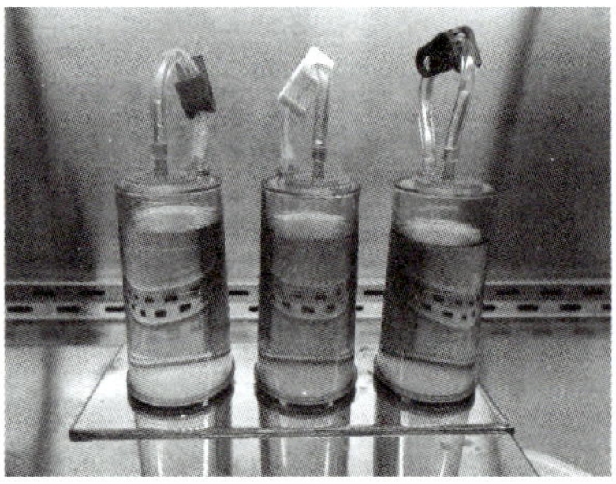 薄膜过滤法适用性验证
6	供试品无菌检查	(1) 检验数量与检验量 ① 检验数量：检验数量是指一次试验所用供试品最小包装容器的数量，成品每亚批均应进行无菌检查。除另有规定外，出厂产品符合《中国药典》(2020 年版) 四部通则 1101 规定；上市产品监督检验按《中国药典》(2020 年版) 四部通则 1101 规定进行。最少检验数量不包括阳性对照试验的供试品用量 ② 检验量：是指供试品每个最小包装接种至每份培养基的最小量。除另有规定外，供试品检验量应符合《中国药典》(2020 年版) 四部通则 1101 规定。若每支(瓶)供试品的装量按规定足够接种两种培养基，则应分别接种硫乙醇酸盐流体培养基和胰酪大豆胨液体培养基。采用薄膜过滤法时，只要供试品特性允许，应将所有容器内的内容物全部过滤	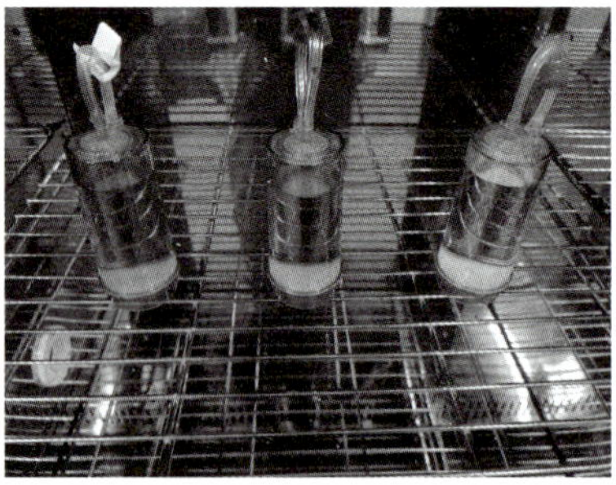 培养和观察

续表

序号	步骤	操作要点	示意图
6	供试品无菌检查	(2) 阳性对照：应根据供试品特性选择阳性对照菌。无抑菌作用及抗革兰氏阳性菌为主的供试品，以金黄色葡萄球菌为对照菌；根据《中国药典》(2020 年版)，氯化钠注射液样品无菌检查用的阳性对照即为金黄色葡萄球菌。阳性对照试验的菌液制备同方法适用性试验，加菌量不大于 100 cfu，供试品用量同供试品无菌检查时每份培养基接种的样品量。阳性对照培养不超过 5 天，应生长良好 (3) 阴性对照：供试品无菌检查时，应取相应溶剂和稀释液、冲洗液同法操作，作为阴性对照。可用与供试品同量的 0.1% 蛋白胨水溶液作为阴性对照。阴性对照培养不得有菌生长 (4) 供试品处理及接种培养基：操作时，用适宜的方法对供试品容器表面进行彻底消毒，如果供试品容器内有一定的真空度，可用适宜的无菌器材（如带有除菌过滤器的针头）向容器内导入无菌空气，再按无菌操作启开容器取出内容物 薄膜过滤法一般应采用封闭式薄膜过滤器，根据供试品及其溶剂的特性选择滤膜材质。无菌检查用的滤膜孔径应不大于 0.45 μm。滤膜直径约为 50 mm，若使用其他尺寸的滤膜，应对稀释液和冲洗液体积进行调整，并重新验证。使用时，应保证滤膜在过滤前后的完整性 水溶性供试液过滤前，一般应先将少量的冲洗液过滤，以润湿滤膜。供试液经薄膜过滤后，若需要用冲洗液冲洗滤膜，每张滤膜每次冲洗量一般为 100 ml，总冲洗量一般不超过 500 ml，最高不得超过 1 000 ml，以避免滤膜上的微生物受损伤 水溶性液体供试品取规定量，直接过滤，或混合至含不少于 100 ml 适宜稀释液的无菌容器中，混匀，立即过滤。冲洗后，1 份滤器中加入 100 ml 硫乙醇酸盐流体培养基，1 份滤器中加入 100 ml 胰酪大豆胨液体培养基	

续表

序号	步骤	操作要点	示意图
6	供试品无菌检查	(5) 培养和观察：将上述接种供试品后的培养基容器分别按各培养基规定的温度培养不少于 14 天(接种生物制品的硫乙醇酸盐流体培养基的容器应分成两等份，一份置 30~35 ℃培养，一份置 20~25 ℃培养)。培养期间应定期观察并记录是否有菌生长。如在加入供试品后或在培养过程中，培养基出现浑浊，培养 14 天后，不能从外观上判断有无微生物生长，可取该培养液不少于 1 ml 转种至同种新鲜培养基中，将原始培养物和新接种的培养基继续培养不少于 4 天，观察接种的同种新鲜培养基是否再出现浑浊；或取培养液涂片，染色，镜检，判断是否有菌	
7	结果判定和记录	(1) 结果判定：阳性对照管应生长良好，阴性对照管不得有菌生长。否则，试验无效 ① 若供试品管均澄清，或虽浑浊但经确证无细菌生长，判供试品符合规定 ② 若供试品管中任何一管显浑浊并确证有菌生长，判供试品不符合规定，除非能充分证明试验结果无效，即生长的微生物非供试品所含 (2) 当符合下列至少 1 个条件时方可判试验结果无效 ① 无菌试验所用的设备及环境的微生物监控结果不符合无菌检查法的要求 ② 回顾无菌试验过程，发现有可能引起微生物污染的因素 ③ 阴性对照有菌生长 ④ 供试品管中生长的微生物经鉴定后，确证是因无菌试验中所使用的物品和/或无菌操作技术不当引起的 (3) 试验若经确认无效，应重试。重试时，重新取同量供试品，依法检查若无菌生长，判供试品符合规定；若有菌生长，判供试品不符合规定	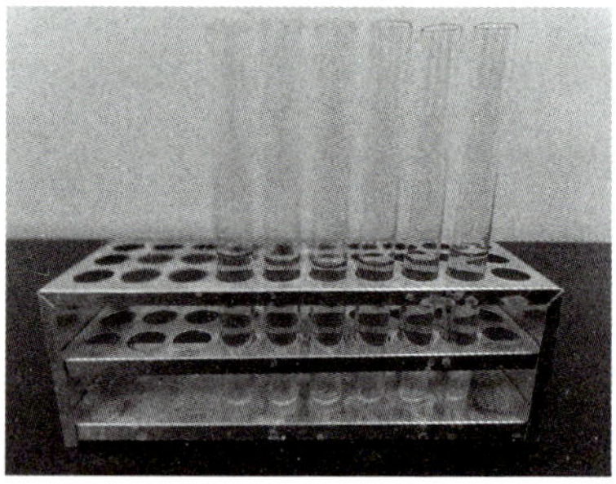 结果判定和记录

3. 检测后物品的清洁和归还

同任务 9.1 “一、制剂鉴别”中“3. 检测后物品的清洁和归还”。

注意：①使用过的仪器、工具清洗后，还需要进行高压灭菌处理。②清洁整理无菌操作台（在 B 级背景下的 A 级单向流洁净区域）并消毒。

五、细菌内毒素检查

《中国药典》（2020 年版）规定：取本品，依法检查（通则 1143），每 1 ml 中含内毒素的量应小于 0.50 EU。

1. 检测前的准备

同任务 9.1 “一、制剂鉴别”中“1. 检测前的准备”。

2. 检测过程

细菌内毒素检查操作见表 9-15。

表 9-15　细菌内毒素检查操作

序号	步骤	操作要点	示意图
1	仪器准备	① 准备旋涡混合器、移液枪（1 000 μl、100 μl）或相应量程的移液管、无热原枪头、封口膜、试管（10 mm × 75 mm）或其他适宜容器、镊子（金属）、安瓿架、记号笔、恒温水浴器、烘箱、金属盒 ② 用具除去外源性内毒素：将用具（试管、移液管、镊子等）放入金属盒，在 250 ℃干烤 30 min 或 180 ℃干烤 120 min，除去外源性内毒素	
2	试剂准备	① 细菌内毒素工作标准品：系以细菌内毒素国家标准品为基准标定，其效价应不小于 2 EU，不大于 50 EU ② 细菌内毒素检查用水：系指与灵敏度为 0.03 EU/ml 或更高灵敏度的鲎试剂在 37 ℃ ±1 ℃条件下 24 h 不产生凝集反应的灭菌注射用水 ③ 鲎试剂：0.1 ml/支（λ=0.25 EU/ml） ④ 供试品：根据鲎试剂灵敏度的标示值（λ），将细菌内毒素工作标准品用细菌内毒素检查用水溶解，在旋涡混合器上混合 15 min，然后分别制成 2 λ、λ、0.5 λ 和 0.25 λ 四个浓度的内毒素标准溶液，每稀释一步均应在旋涡混合器上混合 30 s。取不同浓度的内毒素标准溶液分别与等体积（如 0.1 ml）的鲎试剂溶液混合，每一个浓度平行做 4 管；同时用细菌内毒素检查用水做 2 管阴性对照管	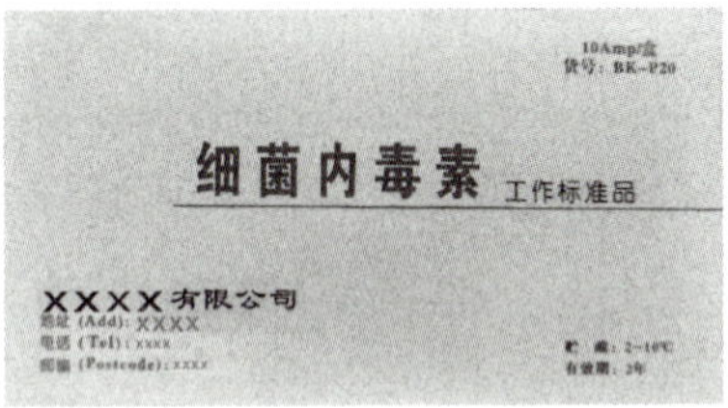 细菌内毒素工作标准品 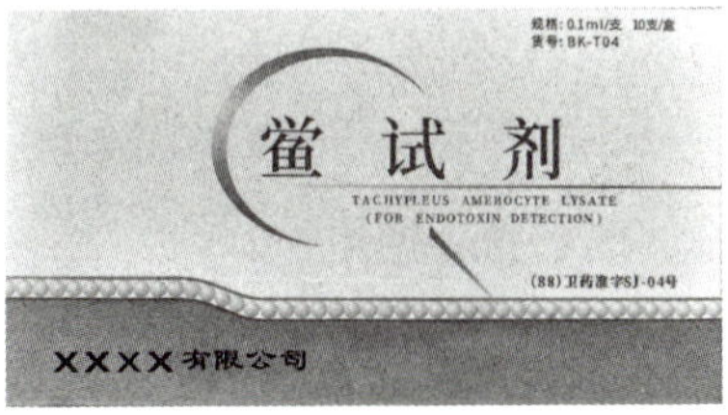 鲎试剂

续表

<table>
<tr><th>序号</th><th>步骤</th><th>操作要点</th><th>示意图</th></tr>
<tr><td>3</td><td>鲎试剂灵敏度复核试验</td><td>将各管中溶液轻轻混匀后，封闭管口，垂直放入 37 ℃±1 ℃的恒温器中，保温 60 min±2 min。然后将试管从恒温器中轻轻取出，缓缓倒转 180°，若管内形成凝胶，并且凝胶不变形、不从管壁滑脱，则为阳性；未形成凝胶或形成的凝胶不坚实、变形并从管壁滑脱者为阴性。保温和拿取试管过程中应避免振动，造成假阴性结果
如果最大浓度 2 λ 管均为阳性，最低浓度 0.25 λ 管均为阴性，阴性对照管均为阴性，试验方为有效。按下式计算鲎试剂灵敏度的测定值 λ_c
$$\lambda_c = \text{antilg}(\sum X/n)$$
式中，X 为反应终点浓度的对数值（lg）。反应终点浓度是指系列浓度递减的前面配制的四个内毒素标准溶液中最后一个呈阳性结果的浓度。当 λ_c 在 0.5 λ~2 λ（包括 0.5 λ 和 2 λ）时，该批次鲎试剂方可用于细菌内毒素检查，并以 λ 为该批鲎试剂的灵敏度。每批新的鲎试剂在用于试验前都要进行灵敏度的复核</td><td>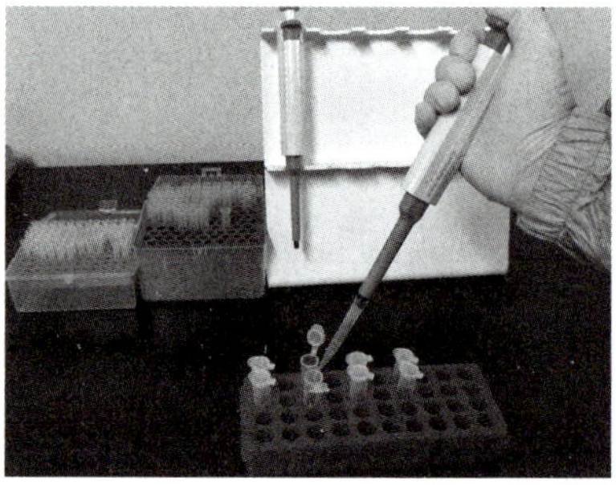
内毒素检查</td></tr>
<tr><td>4</td><td>供试品干扰试验</td><td>分别用供试品溶液配制阴性对照溶液①；用细菌内毒素检查用水配制阴性对照溶液④。按鲎试剂灵敏度复核试验项下，用细菌内毒素检查用水和供试品的最大有效稀释倍数（MVD）稀释液分别将同一支细菌内毒素工作标准品制成含细菌内毒素工作标准品 2 λ、λ、0.5 λ 和 0.25 λ 四种浓度的内毒素溶液。用供试品溶液制成的供试品内毒素溶液②，每一个浓度平行做 4 管；用细菌内毒素检查用水制成的内毒素溶液③，每一个浓度平行做 2 管
将各管中溶液轻轻混匀后，封闭管口，垂直放入 37 ℃±1 ℃的恒温器中，保温 60 min±2 min。然后将试管从恒温器中轻轻取出，缓缓倒转 180°，若管内形成凝胶，并且凝胶不变形、不从管壁滑脱，则为阳性；未形成凝胶或形成的凝胶不坚实、变形并从管壁滑脱者为阴性。保温和拿取试管过程中应避免振动，造成假阴性结果</td><td>
<table>
<tr><th>编号</th><th>内毒素浓度/被加入内毒素的溶液</th><th>稀释用液</th><th>稀释倍数</th><th>所含内毒素浓度</th><th>平行管数</th></tr>
<tr><td>①</td><td>无/供试品溶液</td><td>—</td><td>—</td><td>—</td><td>2</td></tr>
<tr><td rowspan="4">②</td><td rowspan="4">2λ/供试品溶液</td><td rowspan="4">供试品溶液</td><td>1</td><td>2 λ</td><td>4</td></tr>
<tr><td>2</td><td>1λ</td><td>4</td></tr>
<tr><td>4</td><td>0.5 λ</td><td>4</td></tr>
<tr><td>8</td><td>0.25λ</td><td>4</td></tr>
<tr><td rowspan="4">③</td><td rowspan="4">2λ/检查用水</td><td rowspan="4">检查用水</td><td>1</td><td>2 λ</td><td>2</td></tr>
<tr><td>2</td><td>1λ</td><td>2</td></tr>
<tr><td>4</td><td>0.5 λ</td><td>2</td></tr>
<tr><td>8</td><td>0.25λ</td><td>2</td></tr>
<tr><td>④</td><td>无/检查用水</td><td>—</td><td>—</td><td>—</td><td>2</td></tr>
</table>
供试品干扰试验溶液的配制分组</td></tr>
</table>

续表

<table>
<tr><th>序号</th><th>步骤</th><th>操作要点</th><th>示意图</th></tr>
<tr><td>4</td><td>供试品
干扰试验</td><td>只有当内毒素溶液③的系列浓度均为阳性，并且阴性对照溶液①与④均为阴性时，试验才有效。并且当供试品内毒素溶液②结果符合灵敏度复核试验要求时，认为供试品在该浓度下无干扰作用。其他情况认为供试品在该浓度下存在干扰作用。若供试品溶液在小于 MVD 的稀释倍数下对试验有干扰，应将供试品溶液进行不超过 MVD 的稀释，再重复进行干扰试验。可通过对供试品进行更大倍数稀释或采用其他适宜方法（如过滤、中和、透析或加热处理等）排除干扰。当鲎试剂、供试品的来源、供试品的配方或生产工艺有变化时，须重新进行干扰试验
供试品的最大有效稀释倍数（MVD）按下式计算：
$$MVD = cL/\lambda$$
式中，L 为供试品的细菌内毒素限值。c 为供试品溶液的浓度，当 L 分别以 EU/ml、EU/mg 或 EU/U 为单位表示时，则 c 的单位需为 ml/ml、mg/ml 或 U/ml。λ 为在凝胶法中鲎试剂的标示灵敏度（EU/ml），或是在光度测定法中所使用的标准曲线上最低的内毒素浓度</td><td></td></tr>
<tr><td>5</td><td>检查</td><td>使用稀释倍数不超过 MVD 已排除干扰的供试品溶液分别配制不含细菌内毒素的溶液 A 和内毒素浓度为 2λ 的溶液 B；使用细菌内毒素检查用水分别配制内毒素浓度为 2λ 的溶液 C 和不含细菌内毒素的溶液 D；然后分别取 A，B，C，D 四种溶液与等体积（如 0.1 ml）的鲎试剂溶液混合，每一组平行做 2 管
将各管中溶液轻轻混匀后，封闭管口，垂直放入 37 ℃±1 ℃的恒温器中，保温 60 min±2 min。保温和拿取试管过程中应避免振动，造成假阴性结果</td><td><table><tr><th>编号</th><th>内毒素浓度/配制内毒素的溶液</th><th>平行管数</th></tr><tr><td>A</td><td>无/供试品溶液</td><td>2</td></tr><tr><td>B</td><td>2λ/供试品溶液</td><td>2</td></tr><tr><td>C</td><td>2λ/检查用水</td><td>2</td></tr><tr><td>D</td><td>无/检查用水</td><td>2</td></tr></table></td></tr>
</table>

续表

序号	步骤	操作要点	示意图
6	结果判定及记录	将试管从恒温水浴中轻轻取出，缓缓倒转 180° 时，管内凝胶不变形，不从管壁滑脱者为阳性，记录为(+)；凝胶不能保持完整并从管壁滑脱者为阴性，记录为(–)。如供试品管 2 支均为(–)，应认为符合规定；如 2 支均为(+)，应认为不符合规定；如 2 支中 1 支为(+)，1 支为(–)，按上述方法另取 4 支供试品管复试，4 支中 1 支为(+)，即认为不符合规定。如阳性对照管为(–)或供试品阳性对照管为(–)或阴性对照管为(+)，则试验无效	 阳性 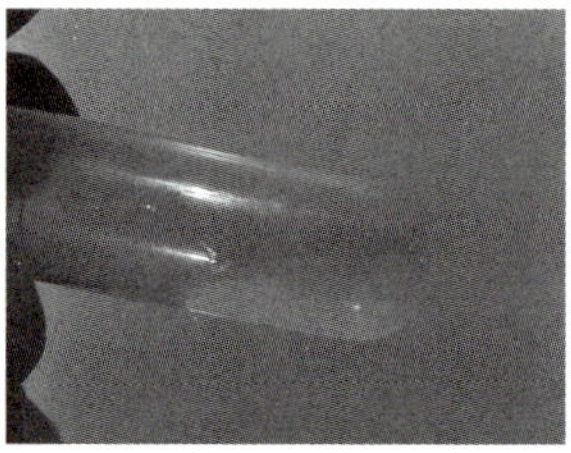 阴性

3. 检测后物品的清洁和归还

同任务 9.1 “一、制剂鉴别” 中 “3. 检测后物品的清洁和归还”。

注意：①使用过的仪器、工具清洗后，还需要进一步干烤除去外源性内毒素。②清洁整理无菌操作台的台面与空间。

六、质量检查设备的标准操作

1. PHS–3C 型数显酸度计的标准操作

PHS–3C 型数显酸度计的标准操作见表 9–16。

表 9–16 PHS–3C 型数显酸度计的标准操作

序号	步骤	操作要点	示意图
1	仪器与试剂准备	① 检查 pH 计。仪器各功能键应能正常工作，各紧固件无松动。玻璃电极应完好，内参比电极应浸入 3 mol/L 氯化钾溶液中，电极插头应清洁、干燥。检查仪器校验标识，确认仪器处于校验周期内。检查上次《仪器设备使用记录》填写的仪器状态，确认仪器处于正常状态 ② 按照说明书来配制标准缓冲液	 pH 计 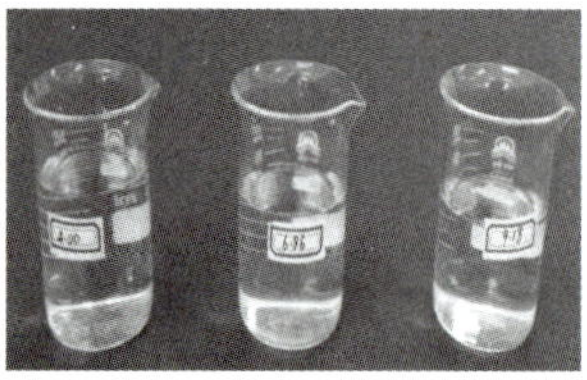 标准缓冲液

续表

序号	步骤	操作要点	示意图
2	开机	① 打开电源开关，按“pH/mV”转换键，使仪器进入 pH 测量状态 ② 按“温度”键，使仪器进入溶液温度调节状态（此时温度单位以℃指示）	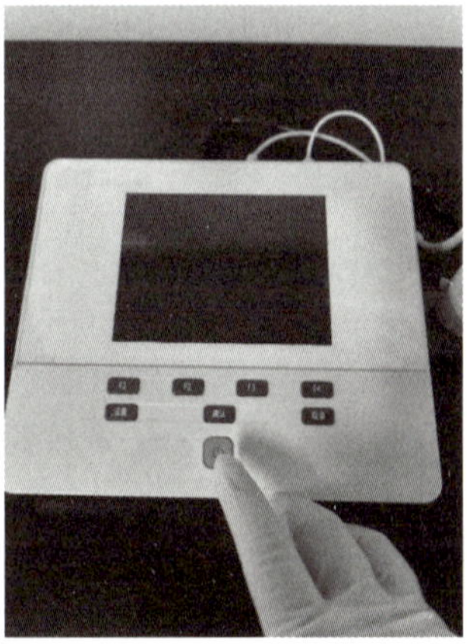 开机预热，调整温度
3	标定	① 选取与供试品溶液 pH 较接近的第一种标准缓冲液对仪器进行定位 ② 用纯化水清洗过的电极插入选择的第一种标准缓冲液中，待读数稳定后按“定位”键，仪器显示实测的 pH，按“△”键或“▽”键调节 pH 至与标准缓冲液的表中数值相符，按“确认”键，仪器进入 pH 测量状态，pH 指示灯停止闪烁 ③ 仪器定位后，用第二种标准缓冲液核对仪器显示值，待读数稳定后按“斜率”键，误差应不大于 ±0.02 pH 单位。若大于此偏差，则应小心调节斜率，使显示值与第二种标准缓冲液的表列数值相符。重复上述定位与斜率调节操作，至仪器显示值与标准缓冲液的规定数值相差不大于 0.02 pH 单位。按“确认”键，仪器进入 pH 测量状态，pH 指示灯停止闪烁，标定完成	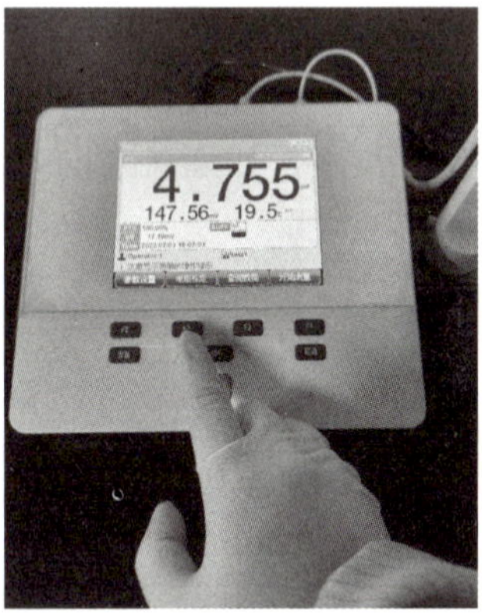 标定
4	测定 pH	用纯化水清洗电极头部，再用被测溶液清洗一次；把电极浸入被测溶液中，用玻璃棒搅拌溶液，使溶液均匀，在显示屏上读出溶液的 pH	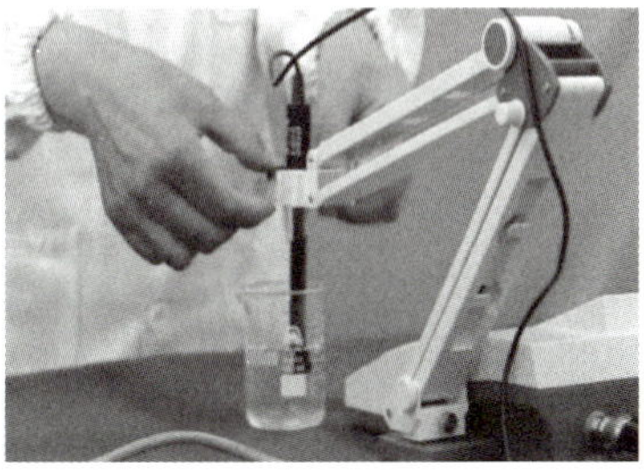 测定 pH
5	测定后处理	测定结束后，用纯化水清洗电极，并装入保护套内，做好仪器清洁，并填写仪器设备使用记录	

2. 人工灯检的标准操作

人工灯检的标准操作见表 9–17。

表 9–17　人工灯检的标准操作

序号	步骤	操作要点	示意图
1	着装	穿工作服，戴丁腈手套，不戴手饰	 澄明度检测仪
2	开机	检查设备状态标识是否正常，开机预热，确认坐姿和视线高度，在暗室内，将视线高度处的光照度调节至 1 000~1 500 lx	
3	测量	取供试品 20 支(瓶)，除去容器标签，擦净容器外壁，必要时将药液转移至洁净透明的适宜容器内。供试品装量每支(瓶)在 10 ml 及 10 ml 以下的，每次可手持 2 支(瓶)检查	 人工灯检(一) 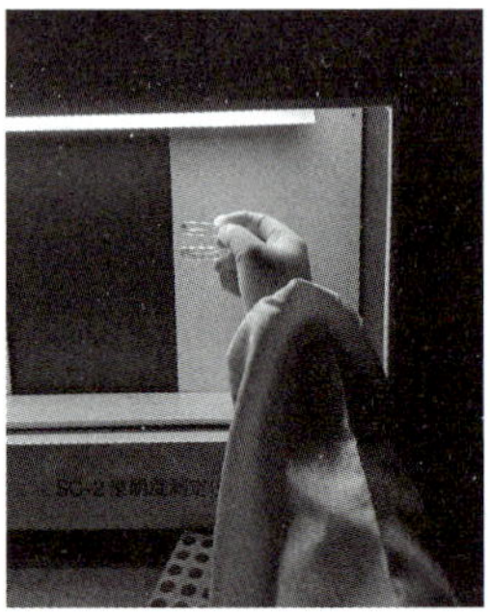 人工灯检(二)
4	判断与记录	将供试品置遮光板边缘处，在明视距离(指供试品至人眼的清晰观测距离，通常为 25 cm)，手持容器颈部，轻轻旋转和翻转容器(但应避免产生气泡)，使药液中可能存在的可见异物悬浮，分别在黑色和白色背景下目视检查，重复观察，总检查时限为 20 s。合格品放入蓝盘，不合格品放入红盘。检测完毕，及时在原始记录上记下数据	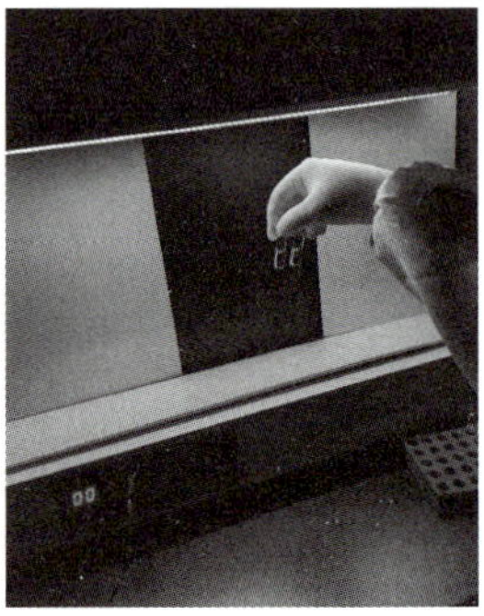 人工灯检(三)

续表

序号	步骤	操作要点	示意图
5	清场	① 将可利用的不良品集中收集、清点数量，送至中间站做回收处理；将不可利用的废品集中收集、清点数量，送至中间站不合格品区做销毁处理；将灯检合格的半成品集中收集、清点数量，存放于指定区域内，并在货位的醒目处贴挂状态标识 ② 按《灯检室清场标准操作规程》对灯检室进行清场；灯检机按《灯检机清洁标准操作规程》进行清洁；清场结束应填写清场记录，并请 QA 人员检查确认合格后，签字并贴挂“已清场”状态标识	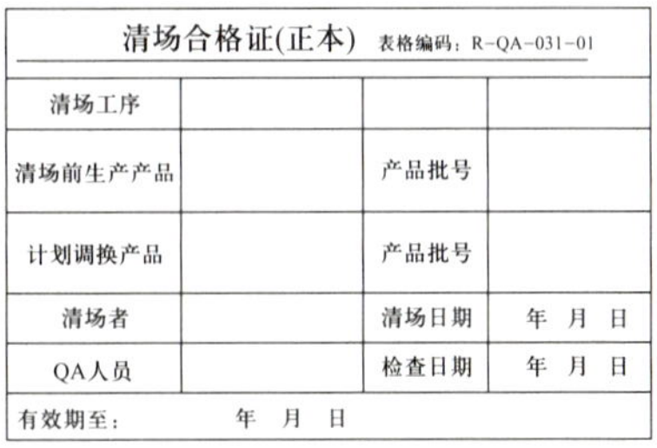 清场合格证(正本)　表格编码：R-QA-031-01 清场工序 | 清场前生产产品 | 产品批号 计划调换产品 | 产品批号 清场者 | 清场日期 年 月 日 QA人员 | 检查日期 年 月 日 有效期至：年 月 日 清场合格证

七、岗位清场操作

质量检查岗位清场操作见表 9-18。

表 9-18　质量检查岗位清场操作

序号	步骤	操作要点	示意图
1	清洁	洗净相关器材	
2	归还	按要求归还试剂、试药及相关器材，填写物品归还表	
3	清场	① 清洁操作台面，按规定回收废液、废物；微生物检测废料应回收至相应的生物废物回收桶内，器材进行必要的消毒；关水关电。检查操作间清场合格证和设备状态标识 ② 使用过的仪器、工具清洗后，还需要进行高压灭菌处理，干烤除去外源性内毒素 ③ 清洁整理无菌操作台（在 B 级背景下的 A 级单向流洁净区域）并消毒。整理无菌操作台的台面与空间	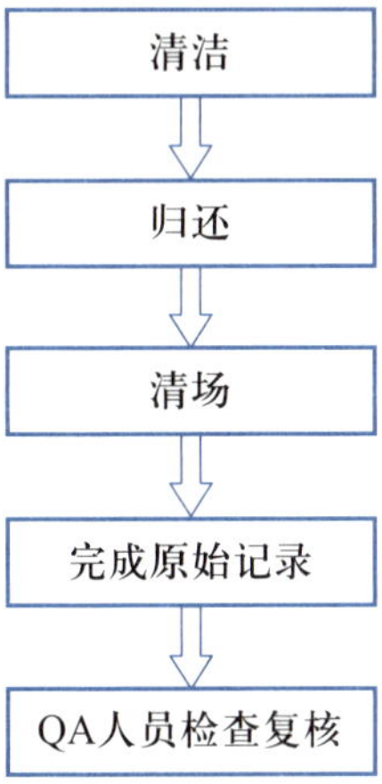 清洁 → 归还 → 清场 → 完成原始记录 → QA人员检查复核 操作流程
4	完成原始记录	按照标准操作规程填写要求填写完原始记录，交 QA 人员	
5	QA 人员检查复核	① 按照标准操作规程中检测要点复核 ② QA 人员复核无误后签字，将原始记录存档	

八、岗位记录填写

1. 填写要求

原始记录由岗位操作人员填写，岗位负责人及有关规定人员复核签字。不允许事前先填或事后补填，填写内容应真实。填写批生产记录应注意字迹工整、清晰，不允许用铅笔填写，且要求用笔颜色保持一致。批生产记录不能随意更改或销毁，若确实因填错需更改，务必在更改处画一横线后，将正确内容填写在旁边，并签字标明日期。

考核时为确保考评公平公正，原则上不允许岗位操作人员填写真实姓名，应填写准考证号或考试代号等。

2. 生产记录样例

质量检查岗位记录样例见表 9-19~表 9-23。

表 9-19　注射液装量检查记录

<table>
<tr><td colspan="2">产品名称：</td><td colspan="2">产品规格：</td><td colspan="2">产品批号：</td><td colspan="2">检查日期：　年　月　日</td></tr>
<tr><td colspan="8">操作要点：
1. 复核清场：确认无上一批产品遗留
2. 同一工作室只能检查一种产品或一个批号的产品
3. 工班长对每人每批检品进行逐盘随机抽查、监控
4. QA 人员抽查合格后挂绿牌，不合格品挂红牌</td></tr>
<tr><td>生产前确认</td><td colspan="4">是否清场合格[　　]　能否进行生产[　　]</td><td>确认人</td><td colspan="2"></td></tr>
<tr><td colspan="2">检查人</td><td colspan="2">抽检数量/支</td><td colspan="2">合格品总数/支</td><td colspan="2">不合格品总数/支</td></tr>
<tr><td colspan="2"></td><td colspan="2"></td><td colspan="2"></td><td colspan="2"></td></tr>
<tr><td colspan="2"></td><td colspan="2"></td><td colspan="2"></td><td colspan="2"></td></tr>
<tr><td colspan="2"></td><td colspan="2"></td><td colspan="2"></td><td colspan="2"></td></tr>
<tr><td colspan="2"></td><td colspan="2"></td><td colspan="2"></td><td colspan="2"></td></tr>
<tr><td colspan="2"></td><td colspan="2"></td><td colspan="2"></td><td colspan="2"></td></tr>
<tr><td colspan="2"></td><td colspan="2"></td><td colspan="2"></td><td colspan="2"></td></tr>
<tr><td colspan="2"></td><td colspan="2"></td><td colspan="2"></td><td colspan="2"></td></tr>
<tr><td colspan="2"></td><td colspan="2"></td><td colspan="2"></td><td colspan="2"></td></tr>
<tr><td colspan="2">总计</td><td colspan="2"></td><td colspan="2"></td><td colspan="2"></td></tr>
<tr><td>装量检查</td><td>装量检查开始时间</td><td colspan="3"></td><td colspan="2">装量检查结束时间</td><td></td></tr>
<tr><td colspan="3" rowspan="2">小组质量员：</td><td colspan="5">QA 人员总抽检</td></tr>
<tr><td colspan="3">结论：</td><td colspan="2">抽检人：</td></tr>
<tr><td colspan="2">工序负责人</td><td colspan="2"></td><td colspan="2">工艺员</td><td colspan="2"></td></tr>
</table>

表 9-20　pH 检查记录

产品名称：	产品规格：	产品批号：	检查日期：　年　月　日

操作要点：
1. 复核清场：确认无上一批产品遗留
2. 同一工作室只能检查一种产品或一个批号的产品
3. 工班长对每人每批检品进行逐盘随机抽查、监控
4. QA 人员抽查合格后挂绿牌，不合格品挂红牌

生产前确认	是否清场合格[　] 能否进行生产[　]	确认人	
检查人	抽检数量/支	pH_1	pH_2

pH 计编号		检查开始时间		检查结束时间	

小组质量员：	QA 人员总抽检	
	结论：	抽检人：

工序负责人		工艺员	

表 9-21　灯检工序记录及质量检查记录（人工灯检）

产品名称：	产品规格：	产品批号：	检查日期：　年　月　日

操作要点：

1. 复核清场：确认无上一批产品遗留
2. 同一工作室只能灯检一种产品或一个批号的产品
3. 每班生产前检查光照度，光照度在 1 000~1 500 lx；溶液颜色为无色，装量在 1.00~1.15 ml
4. 工班长对每人每批检品进行逐盘随机抽查、监控
5. QA 人员抽查可见异物合格后挂绿牌，不合格品挂红牌

生产前确认	是否清场合格[　]	能否进行生产[　]	确认人	

灯检人	灯检盘数/盘	灯检总数/支	灯检合格品总数/支	不合格品总数/支	不合格品类别/支							灯检台编号	光照度/lx
					玻屑	纤维	点子	检漏	颜色	装量	其他		
总计													—

灯检　　室	灯检开始时间		灯检结束时间	

$$灯检平衡率(98.0\%\sim102.0\%)=\frac{灯检合格品总数+不合格品总数}{灯检总数}\times100\%=\frac{\quad}{\quad}\times100\%=\qquad\%$$

$$灯检合格率(94.0\%\sim100.0\%)=\frac{灯检合格品总数}{灯检总数}\times100\%=\frac{\quad}{\quad}\times100\%=\qquad\%$$

判定：　有无偏差[　]

续表

质量检查记录

灯检人	内部质量检查/支						结果判定	外观质量检查/支					结果判定
	抽检数量	玻屑	纤维	点子	浑浊	其他		抽检数量	泡头	凹头	焦头	其他	
							是否符合要求[　]						是否符合要求[　]
							是否符合要求[　]						
							是否符合要求[　]						
							是否符合要求[　]						
							是否符合要求[　]						
							是否符合要求[　]						
							是否符合要求[　]						
							是否符合要求[　]						

颜色(抽检 2 支)	是否符合要求[　]	装量(抽检 2 支)	是否符合要求[　]
灯检台编号		光照度/lx	
小组质量员：		QA 人员总抽检	
		结论：	抽检人：
工序负责人		工艺员	
备注与偏差描述：			

填表说明：
1. 能或是或有偏差在相应[　　]内打“√”；否或不能或无偏差在相应[　　]内打“×”
2. 无内容填写时，一律用“—”表示
3. 如有偏差，执行偏差处理程序

表 9-22　无菌检查记录

检查日期：		环境温度：　℃	环境湿度：　%
品　　名		批　　号	
抽　样　量		送检部门	
培养基种类	培养基批号	培养基温度/℃	培养基装量/ml
硫乙醇酸盐流体培养基			
胰酪大豆胨液体培养基			
对照菌液的制备：			
样品处理：			
培养条件：			

观察记录															
观察天数		1	2	3	4	5	6	7	8	9	10	11	12	13	14
硫乙醇酸盐流体培养基	供试品														
	阴性对照														
	阳性对照														
胰酪大豆胨液体培养基	供试品														
	阴性对照														
	阳性对照														
结　论															
检验人：									复核人：						
备　注															

表9-23　细菌内毒素检验记录

品名		批号	
抽样量		送检部门	
鲎试剂批号		鲎试剂生产厂家	
灵敏度标示值		工作标准品效价	

稀释步骤：

	取样量	试验温度	保温时间	结果
供 试 品				
阴性对照				
阳性对照				
供试品阳性对照				
判　　定				
备　　注				

任务考核

一、考核要求

1. 在线测试(5 min)

请扫描二维码完成在线测试。

在线测试：氯化钠注射液质量检查操作

2. 实践考核(60 min)

以角色扮演法进行考核，要求在规定时间内完成以下内容。①必考内容：样品细菌内毒素检查岗位操作。②选考内容：从装量、pH、灯检中抽选1项，并填写批检查记录。

(1) 角色：药品质检部检测工作人员。

(2) 场景设置：房间与设备状态标识、无菌操作台、清洁工具、量入式量筒、注射器、pH计、澄明度检测仪等。

(3) 其他要求：考核时应提前穿戴洁净服，考核过程中应按照操作要点规范操作，及时如实填写检查记录等。

二、评分标准

各项质量检查操作评分标准见表 9-24~表 9-28。

表 9-24　细菌内毒素检查操作评分标准

序号	考核内容	分值/分	评分要点	考生得分	备注
1	计算供试品的 MVD	20	1. 正确写出 MVD 的计算公式(8 分) 2. 代入已知条件,且计算结果准确(8 分) 3. 填写记录准确、真实、规范(4 分)		
2	供试品的稀释操作	25	1. 制定合理且正确的稀释过程(10 分) 2. 稀释操作中严格遵守操作规程(10 分。遇下列情况一次扣 3 分,直到扣完为止:移液枪头接触工作台面等非灭菌物品,供试品没有涡旋 30 s 就进行下一步稀释,供试品没有用细菌内毒素检查用水稀释,枪头混用或者更换枪头不及时) 3. 填写记录准确、真实、规范(5 分)		
3	细菌内毒素标准品的稀释操作	25	1. 制定合理且正确的稀释过程(10 分) 2. 稀释操作中严格遵守操作规程(10 分。遇下列情况一次扣 3 分,直到扣完为止:移液枪头接触工作台面等非灭菌物品,内毒素工作标准品没有涡旋 30 s 就进行下一步稀释,标准品没有用细菌内毒素检查用水稀释,枪头混用或者更换枪头不及时) 3. 填写记录准确、真实、规范(5 分)		
4	鲎试剂加样及结果观察记录	30	1. 供试品阳性对照溶液配制正确(10 分) 2. 鲎试剂正确复溶(5 分) 3. 供试品、供试品阳性对照溶液、阳性对照、阴性对照加样准确(10 分,每错一个扣 3 分,直到扣完为止) 4. 结果记录准确、真实、规范(5 分)		
岗位总分					

表 9-25　无菌检查操作评分标准

序号	考核内容	分值/分	评分要点	考生得分	备注
1	无菌技术基础	30	1. 正确穿戴无菌服、口罩、手套并按正确方式开启并进入无菌操作间(10 分) 2. 能规范完成接种环消毒、接种等基本操作(10 分) 3. 试验结束后,能规范合理收集、处理废物废液,清理试验环境(10 分)		

续表

序号	考核内容	分值/分	评分要点	考生得分	备注
2	培养基配制	30	1. 能根据检测对象选择合适的培养基(10 分) 2. 规范完成培养基的配制及灭菌操作(20 分)		
3	供试品的无菌检查	40	1. 能正确使用三联集菌仪(10 分) 2. 能按试验设计正确完成阳性对照、阴性对照、供试品溶液的准备(10 分) 3. 能按正确条件培养、观察各样本并及时准确记录(10 分) 4. 能根据观察结果正确判断检查结果(10 分)		
岗位总分					

表 9-26　注射液装量检查操作评分标准

序号	考核内容	分值/分	评分要点	考生得分	备注
1	检查前准备	20	核验装量检查工具是否符合要求(量入式量筒)(20 分)		
2	装量检查操作	60	1. 擦净安瓿外壁,轻弹安瓿颈部使液体全部下落(10 分) 2. 折断安瓿颈操作规范(不损失药液)(10 分) 3. 选择体积合适的注射器,抽尽供试品溶液(10 分) 4. 选择合适规格的量筒(量筒的大小应使待测体积至少占其额定体积的 40%)(10 分) 5. 注入量筒时不排尽针头中的液体(10 分) 6. 数据读取准确(10 分)		
3	结果记录	20	1. 记录填写正确、规范、真实(10 分) 2. 整理清洁(10 分)		
岗位总分					

表 9-27　PHS-3 C 型数显酸度计操作评分标准

序号	考核内容	分值/分	评分要点	考生得分	备注
1	温度补偿校正	20	1. 检查仪器,并悬挂“运行”状态标识(10 分) 2. 正确进行温度补偿校正操作(10 分)		

续表

序号	考核内容	分值/分	评分要点	考生得分	备注
2	用标准缓冲液进行校准	35	1. 标准缓冲液选择正确(至少两种缓冲液 pH 约相差 3 个 pH 单位,供试品溶液的 pH 处于两者之间)(10 分) 2. 用第一种标准缓冲液对仪器进行定位操作正确(10 分) 3. 用第二种标准缓冲液核对仪器显示值,调斜率(10 分) 4. 完成后用纯化水清洗电极(5 分) 5. 若校准过程中损坏电极,本项不得分		
3	测量供试品 pH	25	1. 用供试品溶液清洗电极(10 分) 2. 测定供试品溶液 pH 操作规范(不将电极作为搅拌棒使用)(10 分) 3. 记录填写正确、规范、真实(5 分) 4. 若测量过程中损坏电极,本项不得分		
4	仪器维护	20	1. 正确清洗电极(纯化水清洗)(10 分) 2. 使用完毕后将电极洗净放回浸泡液中,或插回装有浸泡液的电极套内,清洁仪器并贴挂“已清场”状态标识(10 分)		
岗位总分					

表 9-28　注射液人工灯检操作评分标准

序号	考核内容	分值/分	评分要点	考生得分	备注
1	灯检前检查及准备	25	1. 调节澄明度检测仪照度至正确范围且正确填写记录(10 分) 2. 确定待检药品的名称、规格、批号、检验数量等信息并规范填写记录(10 分) 3. 更换状态标识“已清洁”为“运行”(5 分)		
2	灯检操作	50	1. 每次检查手持供试品数量[10 ml 以下每次手持 2 支(瓶)]和姿势正确(10 分) 2. 供试品选用背景、衬底(黑、白两色)正确(10 分) 3. 供试品至人眼的距离(通常为 25 cm)适宜(10 分) 4. 供试品旋转和翻转速度(不得产生气泡)规范(10 分) 5. 供试品检查时间(每次不得少于 20 s)正确(10 分)		

续表

序号	考核内容	分值/分	评分要点	考生得分	备注
3	结果观察和记录	25	1. 记录填写正确、规范、真实(10 分) 2. 关闭、清洁仪器并贴挂“已清洁”状态标识(10 分) 3. 将合格与不合格品放回指定位置(5 分)		
岗位总分					

参考文献

[1] 国家药典委员会.中华人民共和国药典:2020年版[M].北京:中国医药科技出版社,2020.

[2] 马爱霞.药品GMP车间实训教程[M].北京:中国医药科技出版社,2016.

[3] 杨宗发,庞心宇,蒋猛.常用制药设备使用与维护[M].北京:高等教育出版社,2021.

[4] 林凤云,李芳,祁秀玲.药剂学[M].北京:高等教育出版社,2020.

[5] 欧阳卉,唐倩.药物分析[M].4版.北京:中国医药科技出版社,2021.

[6] 杨元娟,林锐,张慧婧.药品生物检定技术[M].北京:高等教育出版社,2021.

[7] 潘卫三.工业药剂学[M].2版.北京:高等教育出版社,2013.

[8] 何勤,张志荣.药剂学[M].3版.北京:高等教育出版社,2021.

[9] 国家中医药管理局职业技能鉴定指导中心.药物制剂工[M].北京:中国医药科技出版社,2020.

[10] 方亮.药剂学[M].9版.北京:人民卫生出版社,2023.